Les dynamiques d'intégration en zone franc en lien avec la zone euro

Les problèmes et scénarios

Collection « Études africaines »

dirigée par Denis Pryen et son équipe

Forte de plus de mille titres publiés à ce jour, la collection « Études africaines » fait peau neuve. Elle présentera toujours les essais généraux qui ont fait son succès, mais se déclinera désormais également par séries thématiques : droit, économie, politique, sociologie, etc.

Dernières parutions

Georges DUPRÉ, *Koto, l'égalité nécessaire, Savoir et pouvoir dans une société clanique, Les Nzèbi du Congo et du Gabon*, 2019.
Arthur VIDO, *Biographie du roi Kpengla du Danhomè,* 2019
Claude IGUMA WAKENGE, *Stade coltan, Extraction minière artisanale, réformes et changement social à l'est de la République démocratique du Congo,* 2019.
Phidias AHADI SENGE MILEMBA, *États de l'État en Afrique, Des déficiences fonctionnelles aux perspectives d'un horizon possible*, 2019.
Nestor Kobenan TAN, *L'Église au défi des identités, Pastorale de l'interculturalité en Côte d'Ivoire*, 2019.
Gervais MUBERANKIKO, *La protection du locataire-gérant en droit OHADA, Nouvelle édition*, 2019.
Mamadou Diarafa DIALLO, *L'hygiène en milieu de soins au Mali, Entre représentations, normes et pratiques,* 2019.
Galedi NZEY, *La formation des professeurs du second degré au Gabon (1971-2010)*, 2019.
Olivier FANDJIP, *Le temps dans le contentieux administratif en droit français et des États d'Afrique francophone*, 2019.
Olivier FANDJIP, *Les mutations récentes de la justice administrative en Afrique francophone. Étude critique à partir du modèle camerounais*, 2019.
Placide MALUNG'MPER AKPANABI, *L'éducation aux valeurs chez les Ding orientaux en RDC, De 1885 à nos jours, tome 1, 2 et 3, 2019.*
Jérôme TOUNG-NZUE, *Réalités du pouvoir au Gabon et fondements du blocage sociopolitique*, 2019.
NIAMKEY-KOFFI, *Révolution et liberté*, 2019.
Maurel Sosthène ONOMO ETABA, *Coopération internationale et terrorisme en Afrique, L'expérience africaine du droit de poursuite terrestre,* 2019.
Jean OTEMIKONGO MANDEFU YAHISULE, *La gouvernance universitaire au Congo-Kinshasa*, 2019.
Emmanuel KASONGO MUNGONGO, *La gouvernance des entités territoriales décentralisées, Défis et enjeux de la gestion des finances publiques communales à Kinshasa,* 2019.
Paul AKOGNI, Arthur VIDO et Didier Marcel HOUÉNOUDÉ (dir.), *Le patrimoine historique au service du développement du Bénin,* 2019.
Marie Rose BANGOURA, *Gestion des déchets solides ménagers et ségrégation socio-spatiale dans la ville de Conakry,* 2019.

Thimoté DONGOTOU

Les dynamiques d'intégration en zone franc en lien avec la zone euro

Les problèmes et scénarios

Tome I

L'Harmattan

5-7, rue de l'Ecole-Polytechnique, 75005 Paris

www.editions-harmattan.fr

ISBN : 978-2-343-13843-5
EAN : 9782343138435

Dédicace

Je dédie cette thèse :

À mon défunt père Dongotou Joseph

À ma défunte mère Madame Dongotou née Bossono Léonie

À mes défuntes maman Victorine Dongotou et à maman Marie Dongotou, pour qui le chemin de l'école est une des ressources la plus sûre qui conduit au bien-être social de tous.

À mes frères et sœurs biologiques Justin, Jeannette, Dieudonne, Bruno, Mathurin, Jean Claude, Hyacinthe, Virginie, Olivier, Serge, Gislain, Emma Judith, Pulcherie Blanche, Nanette, Renalte, et mes ami (e) s qui ont beaucoup prié pour moi.

À mes neveux et nièces Rock Symphorien, Mireille, Thibault, Bosno, Sylvain, Merlan, Bablin, Lidia, Ylia, Juste, Arcade, Cleopatre, Dieuma, Dohelle, Horvannne, Eliza, Grâce, Juliand, Stevianne et autres.....

À la famille Essembolo et Bolobélé, Mantata, Kété et Engoyo, qui m'encourageaient à suivre la voie de l'école.

À Florence Dongotou et la belle famille Okabande qui m'ont beaucoup soutenu pendant mes études.

Mots Clés

– Théories des Zones Monétaires Optimales (ZMO)
– Approches économiques, sociales et fiscalo-douannière de l'intégration (approche d'intégration par la fiscalité et règles)

Remerciements

Ce premier tome du livre est le condensé des trois premières parties de ma thèse de doctorat soutenue en avril 2009 à l'École des Hautes Études en Sciences sociales EHESS Paris France (sous la direction de Claude GNOS et la co-direction de Jacques SAPIR) devant un jury composé des professeurs de renommée internationale (voir rapport de soutenance en annexes). La thèse était intitulée : *Les dynamiques d'intégrations économiques et monétaires en Zone Franc à l'heure de l'euro et développement institutionnel.* À l'issue de la soutenance, la mention très honorable avec l'autorisation de reproduction de la thèse dans son intégralité a été accordée après relecture.

Notons que cette thèse est le fruit d'un long travail, qui est à l'origine de nombreux apports, soutiens et encouragements de plusieurs personnes. Je tiens ici à les remercier.

Tout d'abord, en commençant par mes Directeurs de thèse :

Monsieur Claude GNOS, Directeur principal, Directeur du Centre d'Études Monétaires et Financières CEMF-LEG (ex LATEC) Université de Bourgogne Faculté des sciences Économiques et de Gestion Dijon, Responsable de la dominante « Économie Monétaire Ouverte : Analyse et Politique Économique » du DEA (Master), Chercheur associé au Research Laboratory for Monetary Economies, Université de Lugano et Centro di Studi bancari (Suisse), qui doit mériter un grand hommage et des remerciements exceptionnels, du fait d'avoir accepté de diriger cette thèse durant toutes les années de sa préparation. En effet confrontée aux problèmes d'ordre matériels et pratiques, sans ces encadrements et recommandations surtout très volontaires dans un esprit de patience, cette thèse de recherche n'aurait pu aboutir.

Tous ces conseils, corrections et encouragements, me redonnaient chaque année l'envie de mener à bien mes recherches et l'envie d'écrire parallèlement des articles en économie à valeur de publication.

Ces recommandations répétées en vue d'effectuer un stage dans une institution financière, à la Banque des États de l'Afrique Centrale (BEAC), me donnaient également chaque fois le courage et la détermination d'avancer dans mes recherches de terrain, malgré les problèmes d'ordre matériel que j'ai rencontré au sein de cette institution sous-régionale. De ce fait je remercie, respectueusement l'ancien Gouverneur de la BEAC son Excellence Jean-Fellix Mamalepot, qui m'a recommandé de me rapprocher du bureau extérieur de ladite institution à Paris, représenté par Roger Kemadjou. Ce dernier aurait pu m'accueillir, faute de conditions matérielles insuffisantes, mais m'a beaucoup encouragé par sa note en réponse à ma demande de stage. Tous ces éléments ont beaucoup contribué à la volonté de poursuivre mes recherches.

Que soient aussi remerciés les membres du CEMF, car les thèmes développés au sein ce centre de recherche m'ont permis de jeter un coup d'œil sur les théories monétaires post-keynésiennes.

Monsieur Jacques Sapir, Directeur d'Études à l'EHESS et Directeur du CEMI-EHESS, qui volontairement a accepté de co-diriger la thèse où il a trouvé le sujet très pertinent. Je dois également le remercier d'une part pour sa rigueur vis-à-vis de mon travail et d'autre part pour des enseignements que j'ai reçu dans ces séminaires dans le cadre de la formation doctorale « RCD » devenue « territoire, sociétés et développement » et ces contributions dans le cadre des séminaires du CEMI-EHESS. Ces Séminaires m'ont donné des pistes de réflexion pour appréhender et approfondir mon thème de recherche. Monsieur Sapir s'est beaucoup investi pour me recommander sur les recherches de financement de mes recherches.

Les apports et soutiens des membres du CEMI (Centre d'Études et des modes d'industrialisation), centre auquel je suis rattaché ont été de beaucoup pour que ce travail aboutisse, notamment : Bernard Chavance (Professeur, Paris 7) qui par sa rigueur d'encadrement m'encourageait dans les séminaires du CEMI, Dominique Lebleux (Chercheuse, secrétariat du CEMI) a été d'un soutien matériel et pédagogique très formidable à mon égard, Assen Slim (Maître de conférences) que j'ai beaucoup apprécié pour ces conseils, son écoute et son pragmatisme, Eric Lahille (Professeur-chercheur), Cédric Durand (Maître de Conférences), Agnes Labrousse (Maître de Conférences), qui me fortifiaient de temps en temps par leur expérience. Les doctorants du CEMI-EHESS, Bellona Markusen, Tatiana Speranskian, Tahuy Chhan, Moritz Hunsman, Nacer Ouaren, Abdelkader El Moutaoukil et les autres doctorants m'encourageaient beaucoup et méritent des remerciements de ma part.

Les journées franco-russes organisées en collaboration avec le CEMI-EHESS, m'ont aussi ouvert des pistes pour approfondir mon travail. Je tiens également à remercier les participants en premier lieu le Professeur Victor IVANTER de l'Institut de Prévision de l'Économie Nationale/ Académie des sciences de Russie.

Je tiens également à remercier Monsieur Roger Meunier Ingénieur de recherches au sein de la formation doctorale recherches comparatives sur le Développement « RCD » du DEA « master » EHESS, qui me donnait durant toutes ces années de préparation de la thèse des pistes et orientations pour avancer dans mes recherches. J'ai aussi suivi son séminaire d'Anthropologie économique, qui m'a permi d'aborder dans la thèse des aspects anthropologiques et sociologiques de l'intégration économique et monétaire en Afrique et particulièrement en Zone Franc, une nouveauté dans la problématique des zones monétaires optimales, notamment dans l'approche d'intégration par la fiscalité. Je remercie aussi Madame Marie Claude FINAS Responsable administrative de la formation doctorale « Territoire, sociétés et développement » pour les dernières modifications intervenues lors de la reformulation du sujet de la thèse.

Tous les membres du jury, y compris son Président et rapporteurs qui ont accepté d'y faire partie doivent être sincèrement remerciés.

Cette thèse n'a pu aboutir grâce aux conseils que me prodiguait durant les années de préparation, tout le personnel de la scolarité de l'EHESS, surtout Madame Guarischi et Madame Maria Charrier, qui méritent d'être récompensées pour leurs brillantes responsabilités qu'elles exercent à l'école. Elles ont souvent servi de relais avec mes Directeurs pour les démarches administratives et me fortifiaient avec un esprit communautaire et d'équipe. Que soient aussi remerciées Mesdames, Danielle Bohn et Claudine Raymond, sans oublier Monsieur H. Caracena qui a souvent tranché sur mon dossier.

Je n'oublierai jamais des exonérations que j'ai reçues de la Direction de l'école pour mener à terme mon travail. J'adresse tous mes remerciements à la Présidence de l'École et à la Présidente de L'EHESS.

Je dois nécessairement remercier, les participants au groupe de travail pour la conception du site en français « Focus Group French Website » dont je fais partie intégrante, organisé par la Banque Mondiale Paris, sous la direction de Madame Stéphanie de Chassy consultante, le 25 janvier 2005, où j'ai exposé un résumé de mes travaux. En effet, tous les participants m'ont encouragé à poursuivre mes recherches, parmi eux Monique Reisner, consultante en marketing ; Doubate (ATER faculté des sciences économiques de Reims), Engelbert Deumaga, Consultant Financier International, Expert Comptable et Commissariat aux Comptes IAE Paris, Cathérine Nallet Lugaz Traductrice PAO.

Je remercie aussi Annie Cohade du CERDI, qui m'avait invité de participer au colloque organisé à Clermont-Ferrand les 19 et 20 mai 2005 par l'AFSE, sous le thème « l'économie du développement et de transition », malgré mon empêchement dû aux problèmes matériels. Le document de ce colloque m'a servi de cadre de réflexion pour l'un des chapitres de la thèse.

D'autres supports ont été très utiles pour mener à bien la thèse à savoir : les présentations d'ouvrages, les participations aux conférences internationales, aux journées d'étude organisées par d'autres centres de recherche (CEA, AC2R, IFRI, CEPN.). Les rencontres avec les professionnels de l'énergie (UE-RUSSIE, EDF, TAC, UNILOG.). La conférence sur les gaz à effet de serre organisée par l'économiste américaine Madame Clapps au consulat des USA à Paris, la participation dans les séminaires organisés par le Collège de France ont contribué à étendre ma réflexion sur d'autres champs de recherches montrant l'intérêt de la pluridisciplinarité de la thèse.

Toute l'équipe de la salle informatique de L'EHESS, Alain, Ferra, Dora où la plus grande partie de ma thèse a été saisie mérite d'être remerciée pour leur assistance (surtout Madame Martine Hengel à la direction du service informatique de l'école) et les membres de la sécurité et de la cafétéria de l'école qui ont tous manifesté un amour fraternel à mon égard.

Je n'oublierai pas les étudiants doctorants et non doctorants qui m'encourageaient tous les jours lorsqu'ils me voyaient travailler d'arrache-pied à temps plein en train de saisir cette thèse avec détermination. Certains d'entre eux ont bénéficié de mon expérience dans la recherche.

Nora Bouauina, doctorante au laboratoire de démographie historique de l'EHESS, exerçant à la salle d'informatique, m'a beaucoup aidé à la conception, mise en forme et la pagination de cette thèse, mérite d'être remerciée. Kantiébo R. Elodie Edjou (Docteur en anthropologie et ethnologie) pour ces précieux conseils reçoit mes remerciements. Ekabouma Pascal (cadre de Banque en DEA RCD), Barri Idrissa (Doctorant TES, EHESS) méritent des remerciements très sincères de ma part, car ils ont pu m'approcher et m'ont apporté en dernière année de thèse un soutien moral. Je ne peux oublier les personnes suivantes : Karen Lopez (EHESS), Amadou Tidiane NDIAYE (Doctorant EHESS), André Docteur EHESS, Iffodo Aly Gilbert (Doctorant en Histoire EHESS, ancien Député à l'Assemblée Nationale en Guinée) pour leurs conseils très précieux. Je dois remercier Victor Godé (Docteur en sciences linguistiques EHESS-Paris), Docteur Keita (Historien-EHESS), Jean-David Mfila (Anthropologue, CEA-EHESS) qui m'ont soutenu moralement pour avancer dans mon travail.

Le personnel de la Bibliothèque de l'EHESS, pour leur précieux travail de renseignements et d'orientations bibliographiques et les documents que j'ai pu consulter durant toutes ces années de préparation de la thèse est à remercier.

Jacqueline Nivard qui m'a encadré sur les ateliers du logiciel de gestion bibliographique (Refworks) organisés par le CEMC, CERC-EHESS en janvier 2006, mérite des remerciements de ma part.

Le personnel du Centre de Documentation FRANCE-EUROPE-MONDE de la Documentation Française, qui m'a aidé à retrouver les éléments de recherche sur la fiscalité dans les pays en développement question qui a constitué le noyau dur de la thèse. Ce qui m'a permis de comprendre le fonctionnement et dysfonctionnement de la zone Franc et la recherche d'une approche monétaire plus intégrée en Afrique.

Mes parents, mes frères et sœurs, mes ami (e) s ont été de beaucoup pour que je puisse terminer cette thèse et ont joué un rôle catalyseur (souvent servis d'intermédiaire entre l'Afrique et Paris). À ce titre ils méritent des remerciements très sincères et légitimes de ma part. Je peux citer Bernard Eloko, professeur d'anglais à l'Université Marien Ngouabi de Brazzaville Congo, en poste à Washington à l'époque qui avait souvent servi de traducteur de mes articles en Anglais qui sont en cours de publication, Docteur Dieudonné

Ndongotou, Médecin Stomatologiste, Docteur Ludovic Gnekoumou qui m'encourageaient d'avancer dans ma thèse.

Docteur Guy Auguste Likillimba « Docteur en droit », Maître de Conférences, avocat au Barreau de Paris France qui m'a beaucoup exhorté. Guy Armand Mokonzi, économiste Clermont-Ferrand, Serge Urbain Didier Ingouaka « économiste et informaticien », Ingouaka Guy « Professeur d'anglais à Boulogne et Valenciennes », Ingouaka Roger « Géologue à Lille », Sébastien Belela « Gestionnaire et financier » Paris, Eustache Ebondo Wa Mandzila Docteur en droit et enseignant titulaire à l'école de commerce Marseille, Bobongo Frédérique « Juriste » Reims et Madzaba Narcisse « Ingénieur TPB » CNAM Paris, Bolongo Ludovic « Enseignant des Collèges en France » ont joué un rôle primordial. Dzebas Edgar Gatien cadre à Total E & P Pointe-Noire Congo a souvent servi d'interlocuteur sérieux pour les documents qu'il ma fourni sur la zone Franc. Ndongotou Évariste Bruno « Professeur d'éducation physique et sportive » et inspecteur de sport (Congo) doit vivement être remercié pour ces conseils. Mes sœurs Marianne Songo, Marie Noelle Moka, Jeanette Ossetumba et les autres sont vivement remerciées pour leur soutien social à mon égard en dernière année de la thèse. Paul Nibassengue et Lili qui m'ont beaucoup soutenu et méritent toutes mes amitiés. Je n'oublierai jamais Monsieur Christian Comelliau, Professeur à l'Institut Universitaire d'Étude du Développement (IUD-Genève) qui m'a encadré en DEA à l'EHESS-PARIS ; Monsieur C. Sauter pendant qu'il enseignait à l'EHESS « Séminaire sur l'économie Japonaise » m'avait encouragé de s'intéresser au développement économique de l'Afrique après les études doctorales, mérite aussi des remerciements de ma part. En fin je tiens à signaler que cette thèse est l'une des récompenses que je dois aux autorités de mon pays d'origine après avoir obtenu une bourse de deuxième et troisième cycle octroyée par l'État congolais dans la décennie 1990 pour poursuivre mes études doctorales en France. Je tiens ici à les remercier, notamment le ministère de l'enseignement supérieur, la direction de l'orientation et des bourses et l'office de gestion des étudiants et stagiaires en Europe occidentale OGES à Paris.

Enfin je tiens à remercier à titre honorifique Madame Marini qui ne cessait de m'encourager durant les années de préparation de cette thèse quand elle remarquait quelques fatigues qui semblaient parfois me gagner. Madame Cathérine Redon qui a suivi de près mon travail sur plan administratif. Monsieur Yves Chevier, Président de la Commission de la scolarité, Directeur de l'école doctorale des Sciences sociales, mérite des remerciements de ma part pour m'avoir conseillé de faire une relecture de la première version de cette thèse après les critiques avisées formulées dans les pré-rapports par les Professeurs Philippe Hugon et Alain Parguez.

La mise en page et illustration de cet ouvrage ont été réalisée par Mme Diane Aumont.

Enfin, je remercie Mme Nicole Chirpaz et Thierry Labene pour leur soutien moral pendant mes études.

Introduction générale

Notre travail de recherche porte sur les dynamiques d'intégration économique et monétaire en zone Franc à l'heure de l'euro et la prise en compte du concept de développement institutionnel. La thèse expose, analyse et compare dans une méthodologie pluridisciplinaire, en rapport avec crises économiques, les dynamiques d'intégration économique et monétaire en zone Franc à l'heure de l'euro : de la crise économique des années 70-80 (PAS), en passant par la dévaluation du Franc CFA de janvier 1994 jusqu'à l'arrimage de ce dernier à l'euro à nos jours. Enfin la thèse propose les nouvelles régulations économiques et monétaires en zone Franc à l'heure de l'euro comme approches du développement institutionnel : elle porte sur le régionalisme institutionnel.

La Zone Franc, dont la création, bien que difficilement datable, a connu trois grandes périodes :

- Une période de prospérité depuis sa création jusqu'à la fin des années 1970 où l'ensemble des pays membres enregistrent des taux de croissance positifs
- Une période de crise, qui couvre le début des années 1980 jusqu'à 1993 et enfin une période de reprise économique depuis la dévaluation de janvier 1994 jusqu'à ce jour.

Notons que, la problématique de la Zone Franc, attire depuis sa création qui remonte à la première moitié du 20e siècle, l'attention de nombreux économistes, chercheurs et décideurs politiques. En effet cette zone n'a été perçue comme une expérience originale de zone monétaire que depuis la dévaluation du Franc CFA[1].

Depuis longtemps la parité du Franc CFA est restée inchangée de 1948 à 1994[2].

[1]« La dévaluation du Franc CFA et le traité de L'UEMOA ont sanctionné l'incapacité de la zone Franc africaine à créer un développement durable. Or, le problème reste entier. Ce qui laisse mal augurer des chances de succès d'une réforme pourtant fondamentale » CF : Alain BÉCART, *Revue BANQUE* N-550-JUILLET-AOÛT 1994 P47-49.

[2]Comme l'affirme Philippe HUGON , « La Zone Franc est en profonde mutation depuis la dévaluation des Francs CFA et Comorien en Janvier 1994 et leur arrimage à l'euro. Mais de nombreuses interrogations se font jour quant à son avenir. Le maintien de la zone est-il compatible avec les règles et avec les pratiques de l'union européenne ? Le découplage de la sphère monétaire (CFA fort , faible inflation , convertibilité) et de la sphère réelle (faible croissance et faible progrès de productivité des facteurs) peut-il être atténué ? ... » PH. HUGON , 1999 , *La zone Franc à l'heure de l'euro.* Karthala.

Ainsi donc ce thème que nous présentons et abordons ici a fait l'objet de plusieurs débats que nous tentons de renouveler.

Le but de notre de travail est de rechercher une approche médiane et équitable comparative pour le développement de la politique économique et monétaire internationale que nous avons appelée le régionalisme institutionnel.

À cet effet la science économique ou l'économie politique offre des outils théoriques et empiriques indispensables pour l'étude du régionalisme institutionnel dans le cadre de la mondialisation et/ou globalisation des économies africaines en général et en particulier de la zone Franc à l'heure de l'euro. Ces analyses des principaux clivages entre courants mobilisent la science économique, l'économie politique, la science politique, l'anthropologie économique ou l'ethnologie économique, la théorie de la régulation (macro-économie institutionnelle), les relations économiques et monétaires internationales, la sociologie, la philosophie et les sciences juridiques.

Notre travail poursuit trois objectifs à savoir :

OBJECTIF 1 : Le premier objectif consiste à montrer l'évolution et le fonctionnement de la zone Franc dans l'espace et dans le temps (organisation monétaire sui generis, (voir Hugon, 1999) : la prise en compte de la dimension spatiale et temporelle. Nous montrons le rôle de la théorie économique et monétaire dans le développement, en faisant une étude rétrospective et prospective du développement.

OBJECTIF 2 : Consiste à ressortir l'importance et la nécessité de la dimension comparative dans la théorie économique et monétaire notamment en étudiant les cas de la zone BEAC (CEMAC) et zone BCEAO (UEMOA) au sein de la zone Franc[3], en relation avec les autres zones monétaires coloniales. D'une manière générale, la thèse compare au plan théorique, les différentes configurations institutionnelles expliquant les mutations économiques dans les Pays en développement et en Zone Franc.

Notons que l'évolution et l'organisation de la zone Franc sont exposées dans l'ouvrage de Hugon, 1999 : « selon l'auteur peuvent être analysé au regard de l'économie politique internationale (Chavagneux, Coussy, 1998) et notamment de la théorie des régimes (Hugon 1997, Kebadjian 1999) ».

La zone Franc est, selon une définition s'inspirant de Krasner, « un ensemble de principes, de normes, de règles et de procédures de prise de décision monétaire et cambiaire autour desquelles les anticipations des acteurs convergent. Elle est un arrangement institutionnel, c'est-à-dire un dispositif qui apporte une solution à un dilemme d'action collective. Elle définit un principe d'ordre monétaire spécifique où le pays leader exerce un rôle hégémonique et où

[3]Le traité de l'UEMOA (ratifié le 11 janvier 1994) et le traité de la CEMAC (adopté le 16 mars 1994) ont visé une intégration institutionnelle conduisant à des transferts de souveraineté, inspirées de la construction européenne, visà-vis des institutions régionales (banques centrales et autorités gouvernementales). Les unions monétaires doivent se transformer en unions économiques. (Hugon, 1999).

les règles expriment des structures de pouvoir. Elle peut être analysée dans ses relations externes de conflits (coopération avec les autres régimes monétaires (exemple de l'Union européenne) ou avec le système monétaire international régulé par le FMI. Elle peut être analysée dans ses relations internes à partir des arrangements institutionnels et des pratiques des acteurs : décideurs publics, banques centrales, opérations privées. Elle est un espace monétaire évolutif de déploiement de nouvelles stratégies et de nouveaux enjeux tant internes qu'internationaux. »

C'est dans ce contexte justifié avec l'annonce de la dévaluation que, les rumeurs de démantèlement de la zone Franc ont cessé, et l'appellation Zone (monétaire) Franc reprend son sens. Dans le cas de l'Afrique de l'Ouest, on parle de l'Union Économique et Monétaire ouest-africain (UEMOA). Dans le cas de l'Afrique Centrale, on parle de la Communauté Économique Et Monétaire d'Afrique Centrale (CEMAC).

OBJECTIF 3 : Notre troisième objectif consiste à rechercher une approche nouvelle susceptible de rendre les rapports entre Zone Franc et la Zone EURO plus efficaces et efficients en vue du développement de la politique économique et monétaire internationale. Cette approche doit être utile à la science économique : telle est l'économie politique de l'intégration économique et monétaire en zone Franc à l'heure de l'euro. Cet objectif vise à mobiliser plusieurs fronts théoriques à partir de plusieurs objets répérés.

La pertinence de la Zone Franc, comme promotion au développement s'inscrit dans un large débat économique qui remonte aux années 1960 et se prolonge jusqu'aujourd'hui, notamment avec l'élaboration de Zone Monétaire Européenne (ZME ou UME).

De nombreuses études sur le thème avantages/inconvénients de l'union monétaire ont vu le Jour.

À ce titre, l'expérience de la Zone Franc africaine est très enrichissante, car regroupant quinze Pays en voie de développement.

La question de la pluridisciplinarité étant prise en compte dans la thèse, celle-ci s'articule autour de deux grandes périodes très remarquables dans l'évolution de la Zone Franc et deux idées fortes dominent notre travail :

1 – D'une part il s'agit de voir comment la Zone Franc a évolué depuis la crise des années 1980-93 (soit l'avant dévaluation).
2 – D'autre part la période de la reprise économique depuis 1994 jusqu'aujourd'hui, est analysée (c'est-à-dire l'après-dévaluation où les fondamentaux macro-économiques ont évolué dans les deux zones surtout dans la zone BEAC ces dernières années (2000-2005). Bien que politique avant tout et économique, la prise en compte des dimensions historiques, spatiales et temporelles, nous aidera à clarifier ces analyses.

La décennie 1980 marque un tournant dans l'évolution de la Zone Franc et un changement d'attitude et de comportement de la communauté internationale à son endroit : la situation économique et sociale des pays membres s'est dégradée très fortement, et le fonctionnement de la zone Franc a engendré certains coûts dont la pertinence est remise en cause.

Depuis la dévaluation du Franc CFA, la Zone Franc semble pouvoir être à nouveau considérée comme une Zone monétaire. Alors que durant les années 1980, la Zone Franc n'a pas vraiment fonctionné comme une Zone monétaire, puisque la fluidité du capital n'était guère effective : les quinze pays de la zone Franc ne pouvaient plus s'endetter.

En général cette thèse soulève le problème de l'avenir de la zone Franc en se fondant surtout des travaux sur la dévaluation de 1994, et sur l'arrimage du FCFA à l'euro. Comme l'affirment, Hakim Ben Hammuda et Moustapha Kassé : « la question de l'avenir du Franc CFA constitue un sujet de préoccupation pour les responsables politiques, les décideurs économiques ainsi que les universitaires. La dévaluation de 1994 a été à l'origine d'une grande inquiétude sur la capacité de cette zone à faire face aux mutations économiques et à maintenir son rattachement au Franc français. L'avènement de l'Euro a été un nouveau motif d'inquiétude sur les perspectives d'avenir du Franc CFA. Certes, l'Europe a entériné le rattachement du Franc à la monnaie commune. Cependant des questionnements subsistent sur l'avenir du Franc CFA et d'une manière générale celui des monnaies africaines dans un contexte de globalisation »[4].

« L'Afrique subit depuis quelques années un nouveau contexte international. La globalisation et, partant, le déclin de la pertinence des frontières physiques de l'État-nation constituent les principales caractéristiques de ce nouvel environnement. Au moment où les potentialités sont immenses et l'espérance plus grande, l'Afrique connaît depuis le début des années 80 une crise profonde. En dépit des réformes et des Programmes d'Ajustement Structurel appliqués au début des années 80, l'Afrique n'arrive pas à formuler de nouveaux projets de développement capables de mobiliser des populations avides elles aussi, comme le reste du monde, de progrès et de bien-être ». (Abdoulie JANNEH, 2001).

En se basant sur les objectifs fixés par notre travail, les deux premières parties s'intéressent d'abord à la période d'ajustement pré-dévaluation et post-dévaluation du Franc CFA. Ces deux parties sont consacrées à l'analyse rétrospective et prospective du développement : alors que la première se concentre sur l'organisation et l'évolution de la zone Franc issue comme les autres zones monétaires coloniales (zone sterling, escudo, peseta, rouble), d'un processus asymétrique jusqu'à l'arrimage du FCFA à l'euro ; la deuxième partie insiste sur l'analyse de la fiscalité dans les PVD et mobilise un corpus théorique intéressant pour la zone Franc africaine.

---

[4]Hakim Ben Hammouda et Moustapha Kassé (éds) , « L'avenir de la zone Franc Perspectives africaines , Préface d'Abdoulie Janneh CODESRIA-KARTHALA , 2001.

La troisième partie quant à elle, consacrée à l'analyse prospective du développement se concentre sur la période post-dévaluation du Franc CFA. Il s'agit ici de ressortir une approche nouvelle pour le développement de la politique économique et monétaire internationale. Mais cette vision prospective sera utile pour les recherches alternatives. Cette partie aborde en rapport avec les crises monétaires internationales, les différents scénarios de la remise en cause ou non de la non de la Zone Franc en s'inspirant des études sur l'intégration économique et monétaire européenne modèle non transposable aux réalités des pays de la Zone Franc africaine (car il ne s'agit pas de l'effet décalcomanie).

Enfin la quatrième partie est à la fois prospective et historique (rétrospective), mobilise les outils d'auteurs hétérodoxes pour traiter les problèmes régulationnistes en Zone Franc africaine. Cette partie est abordée dans le tome 2.

Ainsi donc ce travail de recherche que nous avons entrepris depuis quelques années, s'oriente dans quatre directions (parties) qui peuvent être d'ambler assez peu voisines.

Nous les avons, intitulées ainsi comme suit :

PREMIÈRE PARTIE : LA ZONE FRANC AFRICAINE COMME PROJET D'INTÉGRATION ET DE DÉVELOPPEMENT

Cette partie s'inscrit dans une approche rétrospective du développement et fait un bref aperçue historique et évolutive de la Zone Franc. Elle est divisée en trois chapitres :

- Le chapitre 1 s'intitule : la zone Franc une zone monétaire coloniale historique et évolutive. Ce chapitre cherche à définir le rôle des pays africains dans ce processus d'intégration et ses effets sur le développement en dissociant ses composantes verticales (les relations monétaires Franco-africaines) de ses composantes horizontales (les relations intra-africaines). C'est donc à ces deux pôles que nous analyserons la Zone Franc comme un projet d'intégration monétaire et de développement. Sur le plan historique, la Zone Franc est analysée ici comme une organisation sui generis issue d'un processus asymétrique comme les autres zones monétaires coloniales (zone sterling, zone rouble, zone escudo, zone peseta.) (voir annexe générale : les règles constitutives des zones monétaires-éléments de comparaison).
- La zone Franc et la problématique des zones monétaires optimales font l'objet du chapitre 2 : il s'agit d'aborder le fonctionnement de la zone Franc et d'en comprendre les rouages, au regard de la théorie économique. Il mobilise les travaux théoriques et empiriques sur les ZMO.

- Le chapitre 3 aborde les effets de dévaluation du FCFA et les efforts d'intégration dans la zone à l'heure de l'euro : il s'agit de présenter les enjeux économiques et sociaux internes de la dévaluation, puis les enjeux extérieurs notamment (Endettement extérieur, perte de compétitivité, relations de la France avec les institutions de Bretton Woods). Ce chapitre, traite les effets de dévaluations du Franc CFA jusqu'à l'arrimage ce dernier à l'euro. L'outil fiscal est privilégié dans la démarche, mais n'est pas trop approfondi. Il s'agit de voir comment la Zone Franc Africaine est à la recherche de l'optimalité.

Une analyse comparative des cycles vertueux et vicieux de la dévaluation est ainsi présentée.

Cette partie présente en encadré les différentes réformes économiques et monétaires déjà envisagées et qui sont encours en Afrique centrale (CEMAC) et en Afrique de l'Ouest (UEMOA) avant et après la dévaluation du Franc-CFA (Encadré : l'expérience d'une reforme économique et monétaire : Un essai sur la libéralisation des institutions monétaires de la zone BEAC (Cas de la CEMAC). Il s'agit aussi de voir l'évolution des fondamentaux macro-économiques dans les deux zones monétaires (voir annexes générales).

L'appellation Zone Franc, en référence aux Zones monétaires, indique (suppose) l'existence d'un cadre monétaire spécifique dans lequel évolue un groupe de pays. À partir de là, toute évolution ou tous résultats économiques s'analysent à travers ce critère d'appartenance.

Néanmoins, si le fonctionnement effectif des mécanismes au sein du groupe de pays ne correspond plus au cadre de Zone monétaire identifié, le critère d'appartenance à la Zone Franc perd de sa pertinence pour la compréhension et l'interprétation des résultats enregistre).

Il s'agira dans cette partie d'identifier les manifestations et les causes du dysfonctionnement de la Zone Franc, pour ensuite appréhender ses répercussions économiques ; de voir si la Zone Franc n'a pas été un handicap, puisqu'elle a retardé la dévaluation du Franc CFA et cette dernière a occulté le processus d'intégration économique et monétaire.

DEUXIÈME PARTIE : APPROCHE D'INTÉGRATION PAR LA FISCALITÉ ET RÈGLES

Il s'agit de rechercher un corpus théorique en zone Franc en s'inspirant de la réforme fiscalo-douanière.

Cette partie quant à elle, s'inscrit dans une démarche prospective du développement. Nous allons beaucoup insister sur l'intérêt des politiques fiscales qui sont susceptibles d'endiguer la crise économique et monétaire au sein de la CEMAC (cas du Cameroun) et de l'UEMOA (Cas de la Côte d'Ivoire), à l'instar des autres pays membres de la zone Franc. Le choix du Cameroun (deuxième économie de la zone) et de la Côte-d'Ivoire (en raison de son poids économique) a fait l'objet d'une attention particulière. En plus en 1994, les deux économies en crise depuis près de dix ans en comparaison d'autres pays africains de structure similaire et à taux de change flexibilité, comme le Ghana notamment, leurs performances macro-économiques n'avaient cessé de se dégrader depuis le milieu des années 80, malgré des efforts d'ajustement notables.

Ainsi donc, cette partie de la thèse met en évidence la rupture du débat des années 1980 dans l'évolution de cette zone.

L'étude des différentiels de taux d'intérêt entre les pays membres et la France confirme le dysfonctionnement de la zone Franc au cours des années 1980-1993 (voir partie annexe générale).

La dimension institutionnelle du régionalisme est prise en compte dans l'étude, les travaux de Philippe HUGON dans son ouvrage *« les économies en développement à l'heure de la régionalisation »*[5] sont enrichissants. Selon cette conception institutionnaliste, *« l'intégration est la mise en place d'un système commun de règles de la part des pouvoirs publics en relation avec les acteurs privés ; l'intégration par les règles concerne ainsi dans l'UEMOA, l'harmonisation des fiscalités, un droit social régional, un droit des affaires, des lois uniques d'assurance »* (Ph, HUGON, 2002).

Enfin cette étude mobilise un corpus théorique en faisant les choix entre approches micro et macro-économique d'une part et entre approches économique et politique d'autre part. L'apport des post-keynésiens est aussi abordé dans notre étude :

- Le Chapitre 4 est intitulé : L'Anthropologie pratique de l'intégration par la fiscalité dans les PED africains et apports post-keynésiens.
- Le Chapitre 5 fait une étude comparative et aborde de manière très détaillée la politique fiscale camerounaise et ivoirienne (étant donné l'absence de politique monétaire autonome : politique monétaire commune gérée par la Banque centrale de l'union) et la perte de l'outil de change (parité fixe entre les monnaies des pays africains membres et la France).

En effet, les différentes réformes fiscales à envisager sont elles susceptibles d'assurer, pour ces pays, les modifications structurelles indispensables, en même temps que les ressources fiscales nécessaires au maintien de l'équilibre budgétaire ?

Nous verrons dans le cas ivoirien que certaines mesures fiscales prises s'avèrent utiles pour la transformation économique du pays, et notamment

---

[5]PH, HUGON, « *La dimension institutionnelle du régionalisme et les théories institutionnalistes,* Karthala 2002 »

pour isoler le pays des perturbations internationales (chocs pétroliers, fluctuations des cours mondiaux).

L'origine de la crise ivoirienne qui sévi depuis les années 1980 s'explique par sa grande dépendance envers l'extérieur : (l'état des finances publiques est tel que toute détérioration des recettes fiscales, et par ce biais du déficit budgétaire, n'est pas soutenable).

Les mesures requises pour accroître les recettes fiscales sont-elles compatibles avec le souci de libéralisation ?

Enfin cette partie tente d'identifier et d'analyser l'impact (et/ou les effets réels) de la dévaluation du Franc CFA, après sa mise en œuvre. Il s'agit ici d'approfondir notre analyse sur le fonctionnement de la zone Franc d'une part, et de faire un examen des conditions d'une évolution de cette zone vers la constitution d'une zone monétaire plus intégrée d'autre part, questions qui constituent le noyau dur de notre travail : le chapitre 5 donne les réponses à ces interrogations. Dans ce sens nous verrons que pour créer une zone économique intégrée, il faudrait en effet *supprimer les distorsions fiscales et opter en premier lieu à la taxation des revenus de l'épargne et le code de conduite sur la fiscalité des entreprises : les déséquilibres des flux monétaires et financiers ont une origine réelle, l'inégale compétitivité des économies nationales, dépend d'un ensemble de facteurs comme : (la productivité ; le niveau des rémunérations des charges sociales et de la fiscalité, qu'il est indispensable d'harmoniser si les pays de la zone Franc souhaitent préserver un développement équilibré de l'activité économique sur leur territoire).*[6]

Au total, cette partie est aussi consacrée à l'étude de la dévaluation du Franc CFA en se fondant sur les différents travaux y relatifs dans les pays en voie de développement et les divergences de point de vue suivant les auteurs. Le rôle de la fiscalité dans les pays en développement et en zone Franc est privilégié dans notre étude. Mais les réformes du système fiscal en Afrique font partie des propositions que nous avons envisagées pour rechercher une approche médiane et équitable par intégration fiscale. Sur le plan social, anthropologique et historique, la « loi des pauvres » en Angleterre où la protection sociale fiscalisée a joué un rôle déterminant aux XVIIIe et XIXe Siècles, a retenu l'attention pour approfondir nos analyses. Une abondante littérature sur la fiscalité dans les pays en développement, a fait l'objet de plusieurs écrits dont nous tentons prudemment ici de renouveler, notamment dans le cas des pays de la zone Franc de la CEMAC et de l'UEMOA. Sur le plan anthropologique, notons que 5 % de la population de la zone est bancarisée, monnaie non équivalente d'échanges dans plusieurs espaces.

---

[6]L'harmonisation de la fiscalité des activités productives et de la fiscalité de l'épargne, en vue de l'initiation du processus de mise en place des institutions de libre circulation des biens, des services, des capitaux et des personnes sont l'un des objectifs de la zone CEMAC et UEMOA.

Après avoir traité des aspects actuels de la fiscalité, cette deuxième partie est consacrée aux défis qui engagent l'avenir des pays en Développement notamment les pays de la Zone Franc à l'arrimage l'euro. Il s'agit d'aborder la transition fiscalo-douanière, et plus précisément les réformes fiscalo-douanières et leurs conséquences dans un contexte de mondialisation.

Tout en sachant que la modification des taux de taxation agit directement sur les prix et des revenus avec des effets immédiats et à long terme. Elle place certaines catégories d'agents économiques dans une situation de grande vulnérabilité. Les résultats des modèles macro-économiques abordés dans le chapitre 5 livrent sur ce thème peu étudié des enseignements intéressants.

Des propositions et des recommandations que livrent un certain nombre d'auteurs nous invitent à la prudence, en nous montrant les effets positifs, mais aussi négatifs, des réformes fiscales dans les pays où le marché n'épuise pas tous les comportements économiques.[7]

Les aspects anthropologiques sont intégrés dans l'analyse juste pour mieux comprendre le rôle de la protection sociale fiscalisée.

TROISIÈME PARTIE : LA CRÉATION MONÉTAIRE EN ZONE FRANC AFRICAINE « CONDITIONS ET SCÉNARIOS »

Cette partie mobilise un certain nombre d'outils, du point de vue des relations économiques et monétaires internationales, que nous avons repérés.

Dans cette partie la thèse étudie les conditions de création d'une zone monétaire plus intégrée en Zone Franc Africaine et les différents scénarios de la remise en cause ou non de la zone Franc.

Il s'agit en effet d'aborder la question : De la possibilité et/ou non de créer une zone monétaire en Afrique fondée sur la création d'une monnaie unique et/ou commune spécifique.

Cette étude présente les vertus négligées d'une monnaie unique et/ou commune sur le plan théorique (apport de GNOS, Claude) et se réfère également aux travaux du groupe de travail conduit par DE BOISSIEU, Christian sur les différents scénarios de la zone Franc à l'horizon 2010, bien que datant de plus d'une vingtaine d'années. Nous proposons également les scénarios du futur dans une vision d'élargissement de la zone Franc à d'autres pays africains hors zone Franc. (travaux du CODESRIA).

Cette partie est à la fois historique et évolutive, comprend deux chapitres :

[7]Par exemple la libéralisation des échanges, l'abaissement des droits de porte ne s'opère pas automatiquement au bénéfice des pays en Développement, en particulier en Afrique. Le domaine de la technique fiscale demande à être dépassé et les projets de réorganisation gagnent à s'insérer dans une approche qui privilégie une compréhension globale des sociétés du tiers-monde. (G. CHAMBAS).

- Le chapitre 6 étudie les relations de causalité entre la zone FCFA et la Zone EURO.
- Le chapitre 7, les différentes approches internationales (et supranationales de la monnaie) à partir d'une analyse des fondements des crises monétaires du point de vue des relations économiques et monétaires internationales.

Cette contribution de la théorie économique et monétaire internationale mobilise entre autres les analyses des auteurs non orthodoxes post-keynésiens comme Claude GNOS, Bernard Schmitt sur le rôle international de la monnaie.

Nous nous sommes posés alors, les questions suivantes :

- Le Franc CFA et L'EURO sont elles des monnaies internationales ?
- Est-il possible de créer une zone monétaire en Afrique fondée sur la création d'une monnaie unique et/ou commune ?

Une approche anthropologique et historique de l'intégration économique et monétaire en Afrique sera abordée à la fin de notre travail qui ouvrira une réflexion pour les recherches futures.

C'est la raison pour laquelle nous avons jugé utile dans le chapitre 7, de réactualiser les débats sur la flexibilité du taux de change (notamment les leçons à tirer des crises monétaires : les réponses de Keynes et les néo-kéynésiens) et le débat sur la nouvelle zone Franc africaine : dévaluation de la monnaie Franc CFA arrimée à l'euro ou faire des réformes monétaires renforcées ?

QUATRIÈME PARTIE : LES NOUVELLES RÉGULATIONS ÉCONOMIQUES ET L'ÉCONOMIE POLITIQUE DE L'INTÉGRATION (voir tome 2)

Il s'agit ici d'une tentative de recherche d'une nouvelle approche institutionnelle en zone Franc à l'heure de l'euro. Ici notre démarche se veut tout à la fois globale, avec la comparaison des principaux indicateurs du développement, et micro-économique afin d'éclairer les étapes significatives de ces transformations. Mais la dimension méso-économique est aussi non négligeable. Elle se divise en deux chapitres qui s'inscrivent dans une démarche rétrospective et prospective du développement.

- Dans le chapitre 8 (voir tome 2), il s'agit de repenser les débats des nouvelles régulations macro-économiques en Zone Franc à l'heure de l'intégration économique et monétaire européenne : Il soulève le problème de la recherche d'un modèle de développement centré sur le désengagement de l'État en zone Franc (l'exemple du Congo et de la Côte-d'Ivoire) en terme de partenariat Public-Privé, c'est-à-dire la prise en compte des régulations sectorielles. Au niveau micro-économique (Secteur des télécoms, eau, et électricité.). Mais cette approche n'est pas suffisante et peut être critiquable. Ainsi l'introduction d'une vision méso-économique et institutionnelle semble utile pour appréhender la question.

Dans ce chapitre, nous abordons aussi la question des déséquilibres des paiements intra-zone (Zone Euro-Zone FCFA) en vue de renforcer les relations commerciales entre les deux zones.

Il s'agit, brièvement, de rechercher les nouvelles formes de régulations économiques et sociales en zone Franc à l'heure de l'euro où différents fronts sont présentés offrant ici un cadre théorique pour approfondir les outils présentés par les différents travaux d'auteurs hétérodoxes d'inspiration keynésienne, marxiste, régulationniste, conventionnaliste, etc.

- Dans le chapitre 9 (voir tome 2), intitulé : le renouvellement des théories et modèles du développement du post-ajustement en Afrique condition nécessaire de l'intégration économique en zone Franc, plusieurs pistes sont explorées :

  - Une revue rapide de la littérature sur les théories du développement avant l'ajustement structurel et le renouvellement des stratégies du développement du post-ajustement en Afrique ;
  - Comment reformuler les analyses sur la stabilisation en vue des approches monétaires plus intégrées en Zone Franc africaine ;
  - Le renouvellement de l'analyse post-keynésienne en Zone Franc et les visions alternatives de développement et les problèmes de transition : (approche de SAPIR sur l'inflation sert de fondement pour cette étude). Cette question constitue un des enjeux économiques tant dans la zone euro et dans la zone Franc CFA. L'étude traite la question de l'origine des institutions et plusieurs travaux y relatifs partent dans plusieurs directions et suggèrent que le caractère national des institutions économiques continue d'être dominant quand on aborde la question de la nature de l'inflation.

De ce fait l'étude montre qu'il n'y a pas de modèle commun d'inflation et la mise en commun d'institutions financières n'a pas permis la convergence des économies. Le texte de SAPIR nous livre des arguments convaincants pour forger le débat.[8]

---

[8]Jacques SAPIR, 2006, Texte sur l'inflation, Documents de Travail CEMI-EHESS. Dans son ouvrage : *« Quelle économie pour le XXI è siècle,* Odile Jacob », l'auteur plaide pour une économie où les institutions (État, syndicats, associations, .) jouent un rôle régulateur. Pour Sapir on ne peut pas conçevoire une économie au XXI ème siècle sans institutions

Dans ce Chapitre, la thèse montre que la réalisation des initiatives intégrationnistes tant en Afrique, en Amérique Latine, en Asie, au Maghreb, ne peut se faire sans la prise en compte de la question de l'inflation qui mobilise des réactions émotionnelles : C'est là notre tentative de recherche d'une approche nouvelle que nous avons appelée : l'Économie politique de l'Intégration (EPI) ou encore l'économie politique institutionnelle.

Les travaux d'auteurs non orthodoxes comme ceux de A. Parguez, C. Gnos, B. Schmitt, Bougrine et Seccareccia et d'autres circuitistes sont intéressants à analyser.

D'autres travaux tels des post-keynésiens sont utiles pour notre étude. Ainsi comme l'affirment, P. PIEGA Y, L. P. ROCHON (2003) : « aujourd'hui, la contribution des post-keynésiens à la discussion scientifique en économie est substantielle. On a parfois prétendu qu'ils n'avaient rien à apporter de positif à la théorie économique, sans parler de leurs recommandations de politique économique, dans la mesure où leur union ne serait trouvée que dans leur critique de la théorie néoclassique. Il est vrai que leur courant s'est cristallisé autour de la controverse sur le capital et sur une critique de la théorie néoclassique. Il semble toutefois délicat de dénier aux arguments une quelconque validité du seul fait qu'ils soient critiques, même si l'on est en droit d'attendre que, de la critique, naissent des propositions positives. Comme nous pourrons le constater, l'union des post-keynésiens ne saurait néanmoins se limiter à cette dimension critique. En outre, leur contribution positive à la théorie monétaire est significative, même s'il elle n'a pas reçu toute l'attention qu'elle méritait ».

KING (2002) a affirmé pour sa part que : « si la théorie post-keynésienne est un retour aux idées de Keynes, elle constitue également un développement de ses principales intuitions. Ce retour à Keynes ne doit toutefois pas être considéré comme un retour à des idées démodées ».

Pour nous et comme pour tous les post-keynésiens, les économies monétaires sont chaotiques, sujettes à des crises récurrentes, elles doivent donc faire l'objet d'une analyse spécifique. Il s'agit d'une tâche complexe. *Mais Keynes nous donne les outils afin de forger les concepts appropriés.*[9]

Les deux idées fortes qui dominent dans cette thèse sont : de montrer d'une part l'importance de la dimension comparative du développement dans la théorie économique et monétaire et d'autre part de montrer le rôle de l'analyse rétrospective et prospective dans la théorie économique et monétaire :

---

régulatrices.

[9]Claude Gnos apporte une contribution dans l'ouvrage « *Théories monétaires post-keynésienne,* Economica, 2003). Il apporte aussi une critique de la vision chartaliste post-keynésienne, voir chapitre 9 (tome 2) de la thèse.

En définitive, voilà présenté le plan de route de notre travail qui va nous permettre de répondre à la problématique posée c'est-à-dire, la recherche d'une approche plus intégrée comparative entre la Zone Franc et la Zone Euro pour le développement de la politique économique et monétaire internationale. Il s'agit de présenter ici en relation avec les crises économiques, les dynamiques d'intégration en zone Franc à l'heure de l'euro où sont privilégiées : l'approche des Zones monétaires optimales d'une part et les questions institutionnelles (approches micro-macro et méso-économiques) mobilisant les outils d'auteurs hétérodoxes d'autre part.

Problématique

Ainsi, notre problématique s'articule autour des questions suivantes :

- Les fondements de la Zone Franc issus de ses composantes institutionnelles sont-elles porteurs d'effets de domination (intégration monétaire sous contrainte) et d'effets d'intégration (intégration monétaire sous tutelle) ?
- Zone Franc et la Zone Euro sont-elles des Zones monétaires optimales au sens de Mundell ?
- L'intégration économique et monétaire a-t-elle permis ou entravé le développement économique et social en Zone Franc Africaine avant et après la dévaluation du FCFA de janvier 1994 ? En d'autres termes en quoi la dévaluation et le plan de réformes qui l'accompagnent, l'arrimage à l'euro, peuvent-ils augmenter les chances de l'intégration et du développement en Zone Franc africaine ?[10]
- Quel est l'intérêt de l'impôt et de la politique fiscale dans le débat sur développement et sur la problématique des zones monétaires optimales en Zone Franc ?
- Quels sont les apports de la théorie économique et monétaire dans le débat de la création monétaire en Zone Franc africaine et en Afrique à l'heure de l'Euro ?
- Quelles sont les vertus négligées d'une monnaie unique et/ou commune dans la littérature économique et monétaire et dans le contexte des unions monétaires actuelles ?[11]
- Est-il possible d'inventer une nouvelle zone monétaire optimale en zone Franc et en Afrique ?

Voilà autant de questions auxquelles nous essayons de répondre dans cette thèse. D'autres questions auraient pu être posées, mais, les résultats de nos recherches nous limitent à ces interrogations dont les réponses sont données tant dans la partie empirique, dans les expériences des pays que dans la partie théorique.

---

[10]CH PH. HUGON (1999), *La zone Franc à l'heure de l'Euro,* Karthala.

[11]Claude GNOS (1992), Les vertus négligées d'une monnaie unique/ou commune, *Économie et Société.*

Les questions ainsi posées constituent les axes de notre recherche et ceci aussi bien pour les pays de la zone Franc et/ou hors zone Franc que celles de la zone Euro.

Nous répondons à ces questions de manière approfondie et précise, en nous basant sur de nombreux travaux théoriques et empiriques, des expériences de terrain.

Ainsi les neuf chapitres que compose la thèse couvrent donc un large éventail de sujets liés et nous les avons organisé logiquement afin de faire comprendre comment la problématique de la zone Franc-zone euro peut-être appréhendée dans le cadre institutionnel actuel.

La problématique du régionalisme institutionnel en Afrique (et donc du développement institutionnel) constitue à cet effet une voie à explorer pour réinventer un nouveau projet d'intégration qui ouvrira un nouveau contexte historique dans le cadre de la mondialisation et/*ou* globalisation. À ce sujet Philippe HUGON (2002) nous livre dans son ouvrage « *les économies en développement à l'heure de la régionalisation* » des arguments convaincants. De ce fait la compréhension de la Zone Franc Africaine à l'heure de l'euro doit donc se situer dans une perspective dynamique. Cette question soulève également le débat sur les spécificités de l'analyse institutionnelle des pays du Sud et leurs implications méthodologiques (cf Hugon, 2007).[12]

Avant d'entrer dans le vif du sujet, nous voudrions faire très brièvement trois remarques qui nous paraissent fondamentales :

- Premièrement, notons que l'intégration régionale constitue une nécessité en zone Franc et notamment pour la Sous-région d'Afrique Centrale et pour la Sous-région d'Afrique de l'Ouest. En effet, pour ces pays qui souffrent de la relative exiguïté de leurs marchés intérieurs, l'approche régionale, par l'organisation d'un marché sans frontières avec sa masse critique de consommateurs potentiels, concourt à accroître l'attractivité des deux sous-régions pour les investisseurs étrangers. Elle permet également d'additionner les ressources pour la réalisation d'infrastructures viables et, plus généralement, de projets communs.
- Deuxièmement, l'intégration régionale revêt une dimension politique. Elle constitue de nos jours un facteur indéniable de paix entre les pays des deux sous-régions. Elle est aussi un facteur multiplicateur de puissance, permettant aux États membres de faire valoir les intérêts des sous-régions avec plus d'assurance et plus de force dans le concert des nations.

[12]Voir annexe du chapitre VIII, où vous trouverez les développements du concept selon Arturio ISRAEL dans les travaux du CEMI (Voir Thèse de SENOBLE, R. sous la direction de J. SAPIR, 2002)

- Troisièmement, les idées sur le développement avancées dans ce travail sont sujettes à des modes, avec des périodes d'accélération, de déclin puis de renouveau. Ainsi, en est-il de même du processus d'intégration dans la Zone Franc et dans les deux sous-régions d'Afrique (zone BEAC-Zone BCEAO), comme du reste dans les autres régions du monde (Zone Euro.

En effet, bien que son enjeu ait été perçu dès le lendemain des indépendances, le processus d'intégration régionale en Afrique par exemple a traversé une période de relative léthargie à partir du milieu des années 70 jusqu'à la fin des années 80. Les profondes mutations de l'environnement économique international avec l'accélération du processus de mondialisation ainsi que la multiplication et le renforcement des blocs économiques régionaux qui jouent les premiers rôles dans les négociations économiques internationales, et la crise économique des années 80, ont convaincu les autorités de la zone Franc d'impulser un nouvel élan à ce processus.

En Zone Franc africaine, la Séquence de l'intégration régionale est originale, contrairement à l'expérience de l'Union européenne par exemple, ou à ce qui est enseigné dans les manuels d'économie internationale, l'intégration monétaire a précédé l'intégration économique. Ce qui se confirme en Afrique Centrale par exemple, depuis 1964 par la signature du Traité instituant l'Union douanière et économique de l'Afrique Centrale (UDEAC) puis en 1994 (CEMAC). Cette démarche unique, liée à l'histoire politique de ces États, est intéressante à analyser (chapitre 1).

Du point de vue formel, dans chaque chapitre de la thèse, une bibliographie est présentée (ouvrages, revues, articles, rapports, mémoires, thèses). Les Encadrés fournissent des informations essentielles surtout au plan théorique. Les Annexes fournissent des informations de référence très utiles pour la compréhension du sujet proposé.

Première partie

La zone franc africaine comme projet d'intégration et de développement (approche historique et évolutive de l'intégration)[13]

[13]L'historique l'intégration économique en zone Franc Africaine (Zone CEMAC, Zone UEMOA) est résumée en annexe de la première partie. PH. HUGON, 1999 décrit son organisation et pense que : « La zone Franc n'est pas réductible à une analyse fonctionnaliste ou instrumentaliste de la monnaie dont la valeur doit être liée aux fondamentaux de l'économie. Elle est une institution, un système régional ou une structure d'ordre partiel qui est un élément constitutif du système monétaire international.
Ancrée dans l'histoire coloniale, elle est évolutive. Elle demeure un régime monétaire original. La zone Franc/Afrique a une dimension verticale du fait des liens monétaires (l'organisation monétaire) et sociopolitiques (espace sociopolitique) entre la France et les pays africains et une dimension horizontale compte tenu des relations d'intégration que nouent les pays africains de la zone Franc. Cette orthogonalité de la zone l'éloigne d'une zone monétaire optimale ».

Mots Clés

– Zone Franc Africaine
– Zones monétaires, ZMO, dévaluation, intégration et développement.

Introduction de la première partie

À titre de rappel, cette partie étudie l'évolution de l'histoire d'intégration et de développement en Zone Franc CFA depuis sa création jusqu'à son arrimage à l'euro, car le but de cette partie est d'analyser la dynamique de l'intégration en zone Franc en relation avec les crises des années pré et post-coloniales jusqu'à la dévaluation du Franc CFA. Mais nous allons beaucoup plus insister sur la période de prospérité depuis la fin des années 1970 jusqu'à la crise des années 1980 à 1993 (avant la dévaluation du Franc CFA).

Les dimensions spatiales et temporaires de la Zone Franc seront ainsi analysées à fin de définir le rôle des pays africains dans ce processus d'intégration. C'est pourquoi l'étude consiste à monter que, « l'organisation monétaire de la Zone Franc est sui generis et évolutive, elle est issue comme les autres zones monétaires (sterling, escudo, peseta, rouble) d'un processus asymétrique (Hugon, 1999).

C'est-à-dire, les fondements de la Zone Franc sont issus de ses composantes verticales (relations Franco-africaines) et de ses composantes horizontales (relations intra-africaines). Ses composantes sont porteuses d'cffcts dc domination (intégration monétairc sous contraintc) ct d'cffcts d'intégration (intégration monétaire sous tutelle).

La Zone Franc constitue un espace monétaire, économique et culturel sans équivalent dans le monde. Cet ensemble, formé d'États et de territoires parfois très differents les uns des autres, est issu de l'évolution et des transformations de l'ancien Empire colonial français. Après l'accession à l'indépendance, la plupart des nouveaux États ont choisi de rester dans un ensemble homogène, dont le cadre institutionnel a été rénové et qui a été structuré par un système de change commun.

La Zone Franc rassemble la France et **quinze États africains** et des territoires du Pacifique répartis en quatre groupes :

- Huit États d'Afrique de l'Ouest : le Bénin, le Burkina Faso, la Côte-d'Ivoire, la Guinée Bissau, le Mali, le Sénégal et le Togo formant l'Union économique et monétaire ouest-africaine (UEMOA), dont l'institut d'émission est la Banque centrale des États de l'Afrique de l'Ouest (BCEAO) ; pour ce groupe, le Franc CFA est désormais désigné par Franc de la communauté financière d'Afrique ; son code ISO4217 est XOF.
- Six États d'Afrique Centrale, le Cameroun, le Centrafrique, le Congo, le Gabon, la Guinée Équatoriale et le Tchad ; formant la Communauté

économique et monétaire de l'Afrique Centrale (CEMAC), dont l'institut d'émission est la Banque des États de l'Afrique centrale (BEAC) ; pour ce groupe, le Franc CFA est désigné par Franc de la coopération financière d'Afrique Centrale, son code ISO 4217 est XAF.

- Les Comores, utilisant le Franc comorien ; son code ISO 4217 est KMF.
- L'île de la Réunion a utilisé le Franc CFA de 1945 à 1975, avant d'adopter le Franc français.
- Les trois collectivités françaises du Pacifique : la Polynésie française, Wallis-et-Futuna et la Nouvelle Calédonnie, dont l'institut d'émission est l'institut d'émission d'outre-mer (IEOM) utilisant le Franc pacifique (ou Franc CFP) ; son code ISO 4217 est XPF.

L'arrimage monétaire a permis à ces pays d'avoir une monnaie exceptionnellement stable pour l'Afrique (auparavant rattaché au Franc français, maintenant l'euro) en jugulant la tentation de la « planche à billets ». La plupart des pays de ces zones ont mis en place des mécanismes de contrôle des changes afin d'éviter les fuites de devises.

Ces monnaies (XAF, XOF, KMF et CFP) représentent 3 % de la masse monétaire de l'euro.

La Banque de France entretient des relations de coopération étroites avec les banques centrales de la Zone Franc. Elle participe, avec ses consœurs africaines, au fonctionnement des institutions communes de la zone.

Comme nous l'avons évoqué, le but de cette partie est de présenter les structures institutionnelles de la Zone Franc et leurs évolutions, afin de mettre en exergue la volonté exprimée par ces pays d'un approfondissement de l'intégration régionale pour conforter la croissance et permettre la réduction de la pauvreté. Ainsi donc l'intégration économique et monétaire devient une nécessité.

« L'intégration économique comme facteur de croissance et de développement »

Née de la volonté de la France pour prévenir les conséquences de la crise des années 1930 sur son économie et ses finances, puis renforcée la veille du déclenchement de la Seconde Guerre mondiale, la Zone Franc africaine, ayant comme monnaie le Franc CFA, a survécu à toutes les vicissitudes et ses contours géographiques ont évolué au gré de l'histoire. Actuellement elle comprend deux ensembles sous-régionaux : la CEMAC et l'UEMOA. Toutefois, comme zone monétaire, son fonctionnement repose sur quatre principes : une parité fixe entre le Franc CFA et l'euro, une convertibilité illimitée et une libre transférabilité des capitaux à l'intérieur de la zone, une centralisation des avoirs extérieurs dans un compte auprès du Trésor français et une uniformité des réglementations des échanges dans les rapports financiers internes à la zone et avec les pays hors zone.

L'arrimage du FCFA à l'euro présente des avantages et d'inconvénients.[14]

En annexe nous mettons plutôt l'accent sur les réformes économiques et monétaires menées après la dévaluation du Franc CFA jusqu'aujourd'hui tant en Afrique Centrale (CEMAC) qu'en Afrique de l'Ouest (UEMOA), où les apports des post-keynésiens seront abordés notamment les argumentations pour un véritable système bancaire dans nos économies institutionnelles actuelles.[15]

Mais la complexité du système économique actuel nous incite à la prudence lorsqu'il s'agit de proposer une analyse, dans la mesure où qu'aucune approche légitime ne peut se targuer du monopole de la vérité.

Les différentes études qui ont été menées sur la dévaluation du Franc CFA du 12 janvier 1994 étaient à l'ordre du jour depuis le milieu des années 1980 avec les rumeurs et spéculations qui s'étaient intensifiées depuis les années 1990.

Ces études s'intéressent essentiellement à la pertinence de la dévaluation et ses conséquences sur les quatorze pays africains membres : À fin d'endiguer les comportements déstabilisateurs dus aux anticipations de dévaluation, et notamment l'intensification des fuites de capitaux, les deux Banques centrales des unions monétaires de la zone ont été amenées à déclarer le non-rachat des billets d'émission exportés hors zone Franc à partir du premier août 1992.

L'adoption de telles mesures suggère les difficultés rencontrées dans la gestion de la zone Franc en tant que zone monétaire.

P. et S. GUILLAUMONT, S. DEVARAJAN et J. De MELO ont mené une série d'études sur les atouts ou les inconvénients de la Zone Franc, à travers des études comparatives entre les pays africains de la Zone Franc et les pays africains hors de la Zone Franc consistant :

- À analyser dans quelle mesure l'appartenance à la zone Franc a favorisé le développement des pays concernés ;
- Et à analyser en quoi cette appartenance a modifié les résultats économiques des pays.

En effet cette partie de la thèse s'intéresse aux pays de la zone Franc comme une expérience concrète de zone monétaire et cette expérience a

---

[14]Confert Article sur les nouvelles régulations économiques et monétaires entre la zone Franc et la zone euro, à paraître dans un papier que nous avons présenté au séminaire du CEMI. Juin 2008.

[15]Une analyse sur le rôle du système bancaire dans la création de la monnaie endogène et la formation du taux d'intérêt est développée par les post-keynésiens CF : « *Théories monétaire post-keynésiennes* » (PIEGAY. P et ROCHON. L-PH (2004), pl63-186.

retenu notre attention. *Les fondements de la Zone Franc issus de ses composantes verticales (les relations Franco-africaines) de ses composantes horizontales (les relations intra-africaines) sont-ils porteurs de domination ou d'effets d'intégration ?*

- *La zone Franc en théorie est-elle conforme à la théorie des zones monétaires eu égard son évolution au cours du temps ?*
- *Quelle est la pertinence de la dévaluation d'une monnaie (cas du Franc CFA) et ses conséquences sur les quinze pays africains membres ?*
- *Les reformes économiques et monétaires envisagées dans la zone Franc après la dévaluation du Franc CFA n'ont-elles pas entravé le fonctionnement de la zone Franc en tant que zone monétaire ?*
- *Quels sont les enjeux internes et externes (endettement extérieur, compétitivité-prix, relations de la France avec les institutions de Bretton Woods) des effets de la dévaluation ?*

Les réponses à toutes ces questions sont alors données dans les trois chapitres de cette partie de la thèse.

Alors que pendant la période coloniale, l'Afrique est intégrée dans les zones monétaires correspondants à l'espace économique dominé par la puissance coloniale, et que fonctionne ainsi les zones sterling, Franc, ou escudo, ces divers regroupements disparaissent pour laisser la place aux monnaies nationales.

La zone Franc est restée alors la seule exception du continent après avoir subi plusieurs départs (Guinée, Mali, Maroc, Tunisie et Algérie).

Ainsi donc, la décision de la création d'une monnaie nationale a plusieurs motivations certaines dont certaines sont historiques et politiques, et d'autres sont économiques :

- – **l'expérience historique** tient de l'histoire des pays industriels qui ont tous créé leur propre monnaie au profit d'autorité plus centralisée ;
- – **la motivation politique** quant à elle, contribue au pouvoir de souveraineté et d'unité du pouvoir national, justifiant ainsi la création du Mark ou de nos jours l'Euro ;
- – Si nous tenons compte **des motivations économiques,** c'est que la plupart des États considèrent qu'il ne peut y avoir d'indépendance politique sans indépendance économique, et nous retombons là encore sur l'affirmation de la souveraineté nationale. Mais dans ce cas, l'indépendance économique ne trouve pas sa justification seulement dans le politique.

Son autonomie lui permet de formuler des politiques de développement conforment aux caractéristiques propres de son pays. La monnaie devient alors un instrument clé pour résoudre le problème du financement de l'économie.

Signalons que la problématique des zones monétaires optimales bien qu'étant une question annexe nous sert de fondement théorique de la thèse, car cette question s'est développée au moment où la zone Franc se constituait. En plus la plupart des recherches antérieures sur la zone Franc traite de plus l'aspect historique et évolutif en terme d'inconvénients et avantages. Cette thèse essaye d'apporter quelque chose de nouveau en insistant sur l'anthropologie pratique de l'intégration et la prise en compte de la pluridisciplinarité.

Les réformes économiques et monétaires menées après la dévaluation du Franc CFA jusqu'aujourd'hui tant en Afrique centrale (CEMAC) qu'en Afrique de L'Ouest (UEMOA) sont présentées en annexes du chapitre I, où nous abordons la réforme au sein de la CEMAC : *Un essai sur la libéralisation des institutions monétaires de la zone BEAC et apports de la théorie économique.*

Une présentation générale de la zone Franc est faite en Annexe de la thèse (carte de la zone Franc africaine).

Cette partie est subdivisée en trois chapitres :

Chapitre I : La Zone Franc une Zone Monétaire coloniale historique et évolutive

Chapitre II : La Zone Franc et la Théorie des Zones Monétaires Optimales

Chapitre III : Les effets de dévaluation et efforts d'intégration dans la Zone Franc à l'heure de l'euro.

Nous avons repéré plusieurs objets pour construire les corpus théoriques indispensables à cette partie de la thèse. Il s'agit de : Zone Franc Africaine, Zones Monétaires, ZMO, dévaluation, intégration et développement.

Chapitre I
La zone franc une zone monétaire coloniale historique et évolutive

Introduction du chapitre I

I. Évolution historique

L'étude consiste à présenter et analyser les dimensions spatiales et temporaires de la Zone Franc, car cette zone comme fruit de la colonisation est apparue comme entité économique en 1929, puis comme une Zone monétaire en 1939. La délimitation temporaire de l'étude se calque ici sur l'histoire de la Zone Franc, celle-ci a été façonnée par des aménagements successifs des institutions préexistantes et des règles de fonctionnement en vigueur ; l'examen de l'organisation monétaire mise en place sous la colonisation, et son évolution est riche d'enseignements pour la compréhension des mécanismes actuels de la Zone Franc.

Les fondements de la Zone Franc issus de ses composantes verticales (relations Franco-africaines) et de ses relations horizontales (relations intra-africaines) sont-ils porteurs d'effets d'intégration sous contrainte ou d'effets d'intégration sous tutelle ?

Les asymétries relevées dans la Zone Franc ont-elles contribué à la réforme du système monétaire de la Zone, dans le but d'accroître la responsabilité de chaque pays sur la gestion de sa monnaie ?

I.1 – La période coloniale (l'intégration monétaire sous contrainte)

Il faut souligner ici qu'avant la crise de 1929, des prémices de la zone Franc à sa constitution de fait se faisaient sentir. La crise de 1929 est un élément moteur pour la création de la Zone Franc. C'est notamment pendant l'après-guerre que la Zone Franc voit le jour sous une organisation et un fonctionnement colonial (1945-1960). Alors l'intégration monétaire était sous contrainte.

Notons ici que l'appellation de la Zone Franc est relativement récente, puisqu'elle a fait son apparition en 1939 avec l'instauration du contrôle des changes, alors que la zone Franc existait de facto bien avant la Seconde

Guerre mondiale. En effet, dans l'Empire colonial français, des liens privilégiés entre les monnaies des territoires et le Franc métropolitain permettaient de délimiter une zone monétaire spécifique.

À de nombreux égards, les tensions économiques et politiques précédant la Seconde Guerre mondiale ont exercé des influences déterminantes sur la constitution de groupements monétaires rassemblant les pays européens et leurs possessions outre-mer : « Les zones monétaires, c'est-à-dire la structure monétaire d'ensemble polarisée autour d'une économie dominante développée, sont apparues comme des îlots cohérents après le cataclysme des années trente qui avait fait éclater l'économie mondiale libérale » (M. Rudloff, 1970, P 261).

Au sens large, une zone monétaire se définit principalement par la coexistence d'une monnaie dominante et de plusieurs monnaies satellites. L'unité de l'ensemble est assurée par la convertibilité de toutes ces monnaies entre elles sur la base de parités fixes. La cohésion de l'ensemble vis-à-vis de l'extérieur peut être marquée par l'appellation d'une réglementation des changes harmonisée ou commune. L'organisation de plusieurs pays en zone monétaire s'inscrit généralement dans un cadre plus large caractérisé par des rapports politiques et économiques privilégiés.

Dans une première phase, la France a marqué sa souveraineté dans les colonies en y imposant le Franc comme monnaie légale. À partir du milieu du XIX siècle, elle décida d'y organiser progressivement l'émission de billets localement et en confia le privilège à des banques privées : Banque de l'Algérie, Banque de l'Indonésie, Banque de l'Afrique occidentale, Banque des Antilles. Le plus souvent, des jetons spéciaux furent émis en contrepartie du retrait des monnaies indigènes (manille ou cauris) ou des monnaies étrangères qui circulaient dans ces territoires.

L'objectif pour les autorités françaises était celui d'adapter la distribution du crédit aux conditions locales. Les banques d'émission locale ont été soumises à un contrôle étroit de l'administration française compte du fait que les échanges sont devenus plus importants entre la métropole et les colonies.

Ainsi au lendemain de la Première Guerre mondiale, de nouveaux statuts ont imposé aux organismes d'émission des obligations plus strictes, en même temps qu'étaient mis en place des mécanismes permettant l'échange de leurs billets à parité avec ceux émis par la Banquede France. Les monnaies métropolitaines se substituèrent donc aux jetons coloniaux et demeurèrent seules en circulation en Afrique noire et dans les territoires du Pacifique. C'est ainsi qu'ont été créées au début des années 20, les premiers comptes d'opérations qui joueront un rôle central dans l'organisation des relations financières au sein de la zone Franc.

Mais c'est le second conflit mondial qui a donné une nouvelle cohésion à l'ensemble. L'inconvertibilité du Franc et la mise en place du contrôle des changes en 1939 ont délimité un espace géographique à l'intérieur duquel les monnaies demeuraient convertibles et faisaient l'objet, vis-à-vis de l'extérieur, de règles de protection communes. Les décrets de 1939 ont, pour la première fois, officialisé l'existence de la Zone Franc tandis que la réforme monétaire du 26 décembre 1945 a créé les Francs des colonies françaises du d'Afrique (CFA) et les Francs des colonies françaises du Pacifique (CFP), de valeur supérieure à celle du Franc métropolitain, rendant ainsi nécessaire la frappe de pièces propres à ces pays.

Par ailleurs, jusqu'à 1967 le critère d'appartenance à la zone Franc sera l'inscription sur la liste officielle des territoires vis-à-vis desquels n'est pas appliqué le contrôle des changes français.

L'interruption, du fait de la guerre, des relations entre la métropole et certaines de ses possessions coloniales a conduit le général de Gaule à confier à la Caisse centrale de la France libre, créée en 1941, le privilège d'émission notamment en Afrique équatoriale française et au Cameroun. Ce fut le début d'un mouvement de transfert à des établissements publics du privilège d'émission antérieurement confié à des établissements privés, qui s'est accéléré après la guerre sous l'impulsion des nationalisations en métropole. La Banque d'Algérie a été nationalisée en mai 1946 et la Banque de Madagascar et des Comores transformée en établissement semi-public en 1950. En 1955 a été créé l'Institut d'émission de l'Afrique équatoriale française et du Cameroun.

L'effort de rationalisation de la Zone Franc s'est également manifesté par la création d'un comité technique de coordination en 1951 (article de la loi du 24 mai 1951 relative aux comptes spéciaux du Trésor) dénommé en 1955 officiellement Comité monétaire de la Zone Franc, chargé de suivre les relations monétaires entre les territoires et de coordonner l'activité des divers instituts d'émission. Toutefois, à la suite de l'autonomie interne accordée par la France à certains territoires d'outre-mer, conjuguée aux changements intervenus dans le régime de l'émission en AOF et en AE, le Comité monétaire de la Zone Franc a vu son rôle s'amenuiser dès 1958.

Ainsi, au seuil des indépendances, la Zone Franc apparaît comme un ensemble fortement centralisé, caractérisé par une réglementation des changes unique, la mise en commun des réserves de change et la libre convertibilité, à des parités fixes, des différentes monnaies de l'ensemble.

Afin de tenir compte des évolutions différenciées des prix durant le conflit mondial, les parités du Franc CFA et du Franc CFP avaient été fixées respectivement à 1,7 et 2,4 ; elles sont passées à 2 francs pour le Franc CFA en octobre 1948 et 5,5 francs pour le Franc CFP en septembre 1949 ; ces parités ont ensuite été modifiées avec le passage au nouveau Franc français, l'établissant à : 1 Franc CFA=0,020FRF
1 Franc CFP=0,055FRF.

L'on peut dire ici que le concept de « Zone Franc a longtemps été employé dans un sens extensif recouvrant l'ensemble des relations nouées entre la France et ses anciennes Colonies » (H, Gérardin) :

« L'expression Zone Franc introduite dans notre pays pour les besoins du contrôle des changes avait déjà depuis longtemps perdu sa signification première pour en venir à définir successivement un ensemble des relations particulières, variées et multiformes, dans les domaines financier, commercial et monétaire, voire même politique et culturel » (L. Durand Reville, 1968, p.267).

I.2 - Les indépendances (intégration sous tutelle)

Notons ici que, l'accession à l'indépendance, entre 1914 et 1962, des territoires antérieurement placés sous la tutelle de la France n'a pas provoqué l'éclatement de la zone. Se sont ainsi retirés de la Zone Franc : le Liban (1948), le Maroc, la Tusinie et l'Algérie (entre 1956 et 1962).

- Ainsi après les indépendances les accords conclus entre la CEE et les anciennes colonies françaises, les relations entre ces dernières et la Franc se sont progressivement distendues dans plusieurs domaines ; dont celui des échanges extérieurs. Au plan monétaire, les liens sont demeurés étroits, ils sont devenus contractuels, et donnent seuls, depuis cetteépoque, corps à la Zone Franc. L'appartenance à cet ensemble suppose le respect de règles de fonctionnement, parmi celles-ci, l'application d'une réglementation commune de changes vis-à-vis de l'extérieur a constitué ; après les indépendances, et jusqu'en 1966, le critère d'appartenance à la zone Franc.
- Il est à souligner que la levée du contrôle des changes en décembre 1966, fut à l'origine d'une nouvelle définition de la Zone Franc et de la qualité du membre. Zone contractuelle, la Zone Franc est un groupement de pays liés entre eux et/ou avec la France par des conventions monétaires qui servent de cadre à la garantie monétaire accordée par la France à ses partenaires, par le biais d'un compte d'opérations ouvert dans les écritures du Trésor Public français.

Comme l'affirme Gérardin : « cette définition est doublement restrictive : au niveau de l'objet du groupement étudié, elle ne correspond plus à une Zone de coopération multidimensionnelle ; d'anciens membres (Guinée, Mauritanie, Madagascar) et d'anciennes colonies britanniques, belges et portugaises ont conservé, ou instauré, avec la France, des relations de coopération autres que monétaires similaires à celles entretenues par les membres de la Zone Franc. Au niveau de son aire géographique, cette Zone n'inclut plus les pays situés à la frange (Algérie, Maroc et Tunisie), dont la monnaie ne dispose pas de la garantie monétaire française » (H, Gérardin, 1988).

Dans ce contexte, l'image des trois cercles concentriques permet de délimiter la Zone Franc dans l'espace (X, de la Fournière, 1970, p.186) :

- Le premier cercle réunit la France, ses départements et territoires d'outre-mer (DOM-TOM) et ses collectivités territoriales à statut particulier.
- Le second cercle rassemble les quinze pays africains indépendants dont l'institut d'émission est lié au Trésor public français par une convention de compte d'opérations ;
- Le troisième cercle groupe les trois pays magrébins qui disposent d'un compte d'avance auprès de la Banque de France ; ce cercle se distingue des deux précédents par le fait que les pays membres ne suivent aucune des *quatre règles constitutives* de la Zone Franc :

1/ La convertibilité à parité fixe des différentes monnaies de la Zone ;
2/ La libre transférabilité des monnaies à l'intérieur de la Zone ;
3/ La mise en commun d'une part importante des avoirs extérieurs ;
4/ L'harmonisation des réglementations nationales des changes vis-à-vis de l'extérieur.

Au contraire, les États ayant choisi de rester dans la zone constituèrent un ensemble plus homogène, dans un cadre institutionnel rénové. Le système monétaire instauré à cette époque a permis à la zone Franc de demeurer un ensemble monétaire intégré autour de la France et sa monnaie.

Le cadre de la coopération entre la France et ses partenaires a été considérablement modifié par le fait que la France a reconnu aux États d'Afrique subsaharienne de la Zone Franc le droit de disposer de leur propre monnaie et de leur propre institut d'émission.

Notons que, les accords signés entre 1959 et 1962 par les pays appartenant à la Zone Franc ont défini les principes régissant l'organisation monétaire de la zone jusqu'en 1972-1973. Cette phase est ainsi caractérisée par des avancées en matière d'intégration monétaire des pays membres de la Zone Franc.

En avril 1959, six États nouvellement indépendants d'Afrique occidentale : la Côte-d'Ivoire, Dahomey (devenu le Bénin le 30 novembre 1975), Haute-Volta (devenue le Burkina Faso le 4 août 1983), Mauritanie (qui se retira de la zone Franc en 1973), Niger et Sénégal), auxquels se joindra le Togo en 1963, s'associèrent au sein de la Banque centrale des États de l'Afrique de l'Ouestcréée en remplacement de l'Institut d'émission d'AOF et du Togo pour gérer leur monnaie commune, le Franc CFA (Franc de la Communauté Financière Africaine).

En mai 1962, ces mêmes États fondèrent l'Union Monétaire ouest-africaine (UMOA). Les dispositions du traité instituant l'UMOA portent, principalement, sur les règles de l'émission monétaire, la circulation des signes monétaires ainsi que la liberté des transferts à l'intérieur de l'Union.

Le Mali, qui préféra créer sa propre banque d'émission et adopter sa monnaie, demanda son adhésion à l'UMOA en 1967, à la suite de graves difficultés financières. Son intégration devient effective le 1er juin 1984, au terme d'un processus d'assainissement financier, lorsque la Banque du Mali transféra son privilège d'émission à la BCEAO.

En Afrique centrale, cinq États (Cameroun, République centrafricaine, Congo, Gabon et Tchad) ont crée en 1959 la Banque centrale des États de l'Afrique équatoriale et du Cameroun (BCEAEC), qui s'est substitué à l'Institut d'émission de l'Afrique équatoriale et du Cameroun. Elle a pour mission de gérer l'émission du Franc CFA (Franc de la Coopération financière en Afrique centrale) dont la parité avec le Franc français est identique à celle de la monnaie oust-africaine. Comme pour la BCEAO, un compte du Trésor français a été ouvert sur les livres du Trésor français au nom de la BCEAEC.

En ce qui concerne Madagascar, les accords de coopération de juin 1960 signés avec la France ont créé le Franc malgache, dont la parité avec le Franc français était identique à celle des Francs CFA. Le privilège d'émission fut transformé en 1962 à l'Institut d'émission malgache. Madagascar devrait toutefois sortir de la Zone Franc en 1973.

Le rétablissement de la liberté des relations financières entre la France et l'étranger, en 1967, marque une nouvelle étape dans l'histoire de la zone Franc. En effet, la réglementation commune des changes disparaît comme critère d'appartenance à la Zone Franc. Depuis 1968, cette dernière est désormais circonscrite aux seuls pays qui ont passé des accords de coopération monétaire avec la France et dont les instituts d'émission disposent, de ce fait, d'un compte d'opérations sur les livres du Trésor français.

La volonté des partenaires de la France de modifier la distribution des pouvoirs monétaires au sein de la Zone Franc et de favoriser l'extension du domaine d'intervention des banques centrales a conduit à l'adoption de réformes concrétisées par la signature de nouveaux accords de coopération monétaire en, 1972-1973.

C'est ainsi que la présence française a été réduite au sein des conseils des conseils d'administration de la BCEAO et de la BEAC (Banque des États de l'Afrique centrale) qui a succédé à la BCEAC.

En outre, le transfert affectif du siège des banques centrales en Afrique a eu lieu en 1977 pour la BEAC (Yaoundé) et de nombreux postes de responsabilité dans les services centraux, les directions centrales et les directions nationales de chaque banque centrale ont été confiés à des cadres africains.

Dans ces deux zones d'émission, les réformes de 1972-1973 ont renforcé les pouvoirs des conseils d'administration, en matière de distribution du crédit, notamment en ce qui concerne les crédits consentis aux États et les crédits à moyen et long terme à l'économie. Les possibilités des Banques centrales de participer plus activement au développement des pays-membres sont renforcées.

L'accession des Comores à l'indépendance en 1976 s'est accompagnée du maintien du privilège de l'Institut d'émission des Comores auquel la Banque centrale des Comores a succédé le 1er juillet 1981. La parité du Franc comorien était équivalente à celle du Franc CFA.

En 1994, cette égalité a disparu lors de la dévaluation de 33 % du Franc comorien par rapport au Franc français (1 Franc comorien =O, O133FRF).

La parité du Franc CFA est restée inchangée jusqu'au 11 janvier 1994 lorsqu'il a été dévalué de 50 % par rapport au Franc français (1 Franc CFA=O, O1OFRF)

I.3 - Le rattachement à l'euro du Franc CFA

Au 1er janvier 1999, l'euro est devenu la monnaie de onze pays européens membres de l'Union économique et monétaire européenne (UEM) et le Franc français est devenu une subdivision non décimale de l'euro. L'euro a remplacé le Franc français comme ancre monétaire du Franc CFA et du Franc comorien. Cette substitution a déterminé automatiquement les parités en euro, du Franc CFA et du Franc comorien. Elle n'affecte pas les mécanismes de coopération monétaire de la zone Franc.

Le rattachement à l'euro n'a pas donné lieu à une modification des parités des Francs CFA et Comorien. Le 31 décembre 1998, le Conseil de l'Union européenne a fixé le taux de conversion irrévocable entre l'euro et le Franc Français (1 euro = 6,555957 FRF). Ce taux a déterminé automatiquement la valeur de l'euro en Franc CFA et en Franc comorien. Comme le Franc CFA s'échangeait en Franc français au taux de 100 FCFA pour un 1 FRF, la parité du Franc CFA est désormais de 1 euro = 655,957 FCFA. De la même façon, puisque le Franc comorien s'échangeait à un taux de 75 FC pour 1FRF, sa parité est désormais de 1 euro = 491,96775 FC.

II. Les Institutions et les mécanismes de la Zone Franc

II.1 - Les institutions (Voir encadrés chapitre 1)

Notons que la gestion des unions monétaires repose sur une organisation institutionnelle structurée permettant de concilier la centralisation des opérations monétaires et la prise en compte des impératifs économiques et politiques propres à chacun des pays membres.

1/ Dans l'Union Economique et Monétaire Ouest-Africaine : le traité de l'UEMOA a été signé par les chefs d'État du Bénin, du Burkina Faso, de la Côte-d'Ivoire, du Mali, du Niger, du Sénégal et du Togo, réunis à Dakar le 10 janvier 1994. Il est connu comme un complément de l'Union monétaire dont le traité a été conclu en 1973. À partir du noyau constitué par les huit États membres actuels, il est prévu une possibilité d'élargissement de l'Union aux autres pays de la sous-région. Cet objectif s'appuie sur un schéma cohérent de réformes articulé autour de quatre axes majeurs :

harmonisation du cadre légal et réglementaire, création d'un marché commun, surveillance multilatérale des politiques sectorielles nationales dans les principaux domaines d'activité économique.

Les organes de l'UEMOA sont constitués par la Conférence des chefs d'État, le Conseil des ministres, la Banque Centrale des États de l'Afrique de l'Ouest, la Commission Bancaire (CF annexes).

2/ Dans la zone d'émission de la Banque des États de l'Afrique Centrale : La signature, le 16 mars 1994, du traité instituant la Communauté Économique et Monétaire de l'Afrique Centrale (CEMAC) a prévu la création de deux ensembles, une union économique d'une part, et une union monétaire, d'autre part, visant à faire passer les États-membres d'une situation de coopération, qui existe ente eux, à une situation d'union parachevant le processus d'intégration régionale.

Quatre institutions rattachées à la CEMAC ont été créées *(cf annexes)* :

1/ l'Union Economique de l'Afrique Centrale (UEAC) ;
2/ l'Union Monétaire de l'Afrique Centrale (UMAC) ;
3/ le Parlement Conmunautaire ;
4/ la Cour de justice communautaire.

Chacune de ces institutions fait l'objet d'une convention. Les principaux organes de la Communauté sont :

- La Conférence des chefs d'État ;
- Le Conseil des ministres pour l'UEAC ;
- Le Comité ministériel pour l'UMAC ;
- Le Secrétariat exécutif ;
- La BEAC ;
- La Commission bancaire de l'Afrique centrale (COBAC)

3/ Aux Comores : La Banque centrale des Comores est un établissement public dont le siège est à Moroni. Elle a le privilège exclusif d'émettre les signes monétaires, billets et monnaies métalliques, ayant cours légal et pouvoir libératoire sur le territoire de la République fédérale islamique des Comores.

La BCC est administrée par un conseil d'administration composé de huit membres au plus désignés pour moitié chacun par le gouvernement comorien et le gouvernement français. Ils sont nommés pour un mandat de quatre ans, renouvelable. Le président du conseil d'administration est choisi par ce dernier en son sein, sur proposition du gouvernement de la République des Comores. Les délibérations du conseil doivent être adaptées à la majorité absolue.

Le gouverneur de la Banque est nommé par le président de la République, sur proposition du ministre des Finances et après avis conforme du conseil d'administration de la Banque. Il détient un mandat de cinq ans renouvelable. Il dispose d'une voie consultative.

Le gouverneur est assisté d'un vice-gouverneur nommé parle conseil d'administration pour une durée de quatre ans, renouvelable.

Deux censeurs, désignés pour un mandat de quatre ans, l'un par le gouvernement français, l'autre par le gouvernement comorien, assistent aux séances du conseil d'administration de la Banque avec une voix consultative.

II.2 - Les mécanismes

Notons que, l'union monétaire réalisée entre les pays de la Zone Franc fonctionne selon des principes inhérents à ce type d'association auxquels viennent s'adjoindre des particularismes issus de la mise en œuvre d'une coopération monétaire entre la France et les pays concernés. La mise en commun des avoirs extérieurs et les comptes d'opérations ont été assouplis.

Ainsi : « le compte d'opérations constitue toujours le mécanisme central de la coopération monétaire promu au sein de la Zone Franc : cette coopération est fondée sous la garantie illimitée donnée par la France à la monnaie émise par la Banque et sur le dépôt auprès du Trésor français de tout ou partie des réserves de change des États membres » (BEAC, 1976-2).

« Les avoirs extérieurs des pays membres de la BCEAO d'une part, de la BEAC d'autre part, sont mis en commun, comme le passé – un fonds commun des réserves de change étant créé a cet effet en Afrique Centrale – et de nouvelles conventions de compte d'opérations ont été passées entre ces deux Banques centrales et le trésor français afin de modifier l'organisation préexistante » (BCEA0, 1973; BEAC, 1974).

Nous allons présenter les principes de la coopération monétaire entre la France et les pays africains de la Zone Franc, analyser le fonctionnement des comptes d'opérations, et la concertation avec la France.

A) Les principes de la coopération monétaire entre la France et les pays africains de la Zone Franc

Ces principes on été rappelé dans la Convention de coopération monétaire du 23 novembre 1972 conclue entre les États-membres de la Zone d'émission de la Banque des États de l'Afrique centrale et la République française, ainsi que dans l'accord de coopération entre les pays membres de l'Union monétaire ouest-africaine et la République française du 4 décembre 1973.

Les principes fondamentaux sont au nombre de quatre :

1) La garantie illimitée du Trésor français : la convertibilité des monnaies émises par les différents instituts d'émission de la Zone Franc est garantie sans limites par le trésor français ;

2) La fixité des parités : les monnaies de la zone sont convertibles entre elles, à des parités fixes, sans limitation de montants ;

3) La libre transférabilité : les transferts sont, en principe, libres à l'intérieur de la zone ;

4) La centralisation des réserves de change : elle apparaît à deux niveaux puisque les États centralisent leurs réserves de change dans chacune des deux banques centrales tandis qu'en contrepartie de la convertibilité illimitée garantie par la France, les banques centrales africaines sont tenues de déposer au moins 65 % de leurs réserves de change auprès du Trésor français, sur le compte d'opérations ouvert au nom de chacune d'elles. À l'exception des sommes nécessaires à leur trésorerie courante et celles relatives à leurs transactions avec le Fonds monétaire intergouvernemental.

Depuis 1975, ces avoirs bénéficient d'une garantie de change vis-à-vis du DTS qui est l'unité de compte du Fonds monétaire international dont la valeur résulte du calcul journalier d'un panier de quatre monnaies (le dollar US, la livre, le yen et l'euro, ce dernier remplaçant le Franc français et le deutsche mark à partir du 1er janvier 1999.)

B) Les comptes d'opérations

On note ici que, la mise en œuvre des principes susmentionnés est rendue possible par l'application d'un mécanisme particulier, les comptes d'opérations, dont les modalités de fonctionnement ont été formalisées par des conventions conclues entre le ministre français de l'Économie et des Finances et le représentant de chacune des instituts d'émission de la Zone Franc. Toute opération de change effectuée par un pays africain de la zone Franc concerne implicitement, le mécanisme du compte d'opérations, les principaux effets résultant de ces opérations.

C) Le fonctionnement des comptes d'opérations

Les comptes d'opérations sont des comptes à vue ouverts auprès du Trésor français au nom de chacun des trois instituts d'émission : la BCEAO, la BEAC et la Banque centrale des Comores. Ces comptes sont rémunérés et offrent la possibilité d'un découvert illimité. Ces nouvelles conventions de comptes d'opérations conclues entre la France et les pays membres de la BEAC et de la BCEAO donnent une latitude de choix aux Banques centrales africaines dans la gestion d'une partie de leurs avoirs extérieurs dont désormais, 35 %, peuvent être placé hors compte ouvert auprès du Trésor français.

Le solde créditeur de compte d'opérations porte intérêt au profit de la BCEAO et de la BEAC et, depuis 1974, les conditions de rémunérations des dépôts, sur ces comptes identiques dans les deux zones d'émission.

Afin de prémunir leurs réserves en Francs contre toute dépréciation du taux de change du Franc français (d'aureavant euro), les partenaires africains de la France ont obtenu une garantie de Change pour leurs dépôts en compte d'opérations : « Le solde créditeur du compte d'opérations est garanti par référence à une unité de compte [DTS] agréé d'accord partie » (BCEAO,

1973-3), un différend étant apparu en 1976 entre la France et ses partenaires sur les modalités d'application de cette garantie de change, une nouvelle formule a été définie en 1980.

D) Le dispositif de sauvegarde

Depuis l'entrée en vigueur des nouveaux accords de coopération monétaire, des mesures de sauvegarde relativement contraignantes conditionnent le fonctionnement des comptes d'opérations dans les deux zones d'émission.

« L'étude de l'évolution des contreparties de la masse monétaire des pays africains africains (H. Gerardin, 1986, pp 427-429), montre comment malgré ces dispositions, les comptes d'opérations sont devenus débiteurs avec le contre-choc pétrolier : celui de la BCEAO, de mars 1980 à mars 1985, et fréquemment depuis août 1987, celui de la BEAC depuis août 1987 ; celui de la Banque du Mali ; de sa création en 1968 à sa suppression en 1984. Cette étude met en évidence le rôle déterminant des comptes d'opérations dans le fonctionnement de la Zone Franc.

Nous présentons également en annexes générales les différentes contre partie de la masse monétaire dans les deux zones (BEAC, BCEAO) pendant la décennie 80.

D'après ce dispositif de sauvegarde, il est stipulé que si les banques centrales peuvent recouvrir sans limitation aux avances du Trésor français, cette faculté doit, dans l'esprit des accords, revêtir un caractère exceptionnel. Ainsi pour éviter que les comptes d'opérations ne deviennent durablement débiteurs, des mesures dont certaines de nature préventive, ont été prévues :

a/ Ainsi, lorsque le rapport entre les avoirs extérieurs nets et les engagements à vue de chacune des banques centrales est demeuré au cours de trois mois consécutifs inférieur à 20 %, le conseil d'administration de la banque centrale concernée se réunit en vue d'adopter les mesures appropriées : relèvement des taux directeurs, réduction des montants de refinancement, etc. ;

b/ Les statuts de la BCEAO précisent que lorsque les disponibilités en compte d'opérations présentent une évolution qui laissera prévoir leur insuffisance pour faire face aux règlements à exécuter, elle devra alimenter le compte d'opérations par prélèvement sur les disponibilités qu'elle aura pu se constituer en devises étrangères autres que le Franc, demander la cession à son profit, contre Francs CFA, des devises détenues par les organismes publics ou privés des pays membres (pratique dite du « ratissage »), et invitera les États-membres à exercer leurs droits de tirage sur le Fonds monétaire international ;

c/ Les statuts de la BEAC prévoient que lorsque le compte d'opérations est débiteur durant trois mois consécutifs, les montants de refinancement maximum sont réduits de 20 % dans les pays dont la situation fait apparaître une position débitrice en compte d'opérations et de 10 % dans les pays dont la situation fait apparaître une position créditrice d'un montant inférieur à 15 % de la circulation fiduciaire rapportée à cette même situation.

d/ Enfin, les statuts des banques centrales précisent que leurs concours aux Trésors nationaux ne peuvent excéder 20 % des recettes fiscales (BCEAO) ou budgétaires ordinaires (BEAC) encaissées lors des derniers exercices budgétaires.

E) La concertation avec la France

Outre les fréquentes rencontres informelles entre les responsables français et africains, une réunion des ministres des Finances et de gouverneurs des États de la Zone Franc se tient semestriellement.

La première de ces réunions s'est tenue à Paris en mars 1965. Il a été décidé à cette occasion que les ministres se réuniraient deux fois par an, en avril, à la veille du Comité monétaire et financier international (CMFI) du Fonds monétaire intergouvernemental et du Comité du développement de la Banque mondiale et en septembre-octobre, à la veille des assemblées annuelles de ces deux institutions.

III. La situation économique des pays de la Zone Franc (Voir Annexes)

III.1 - Les caractéristiques générales (Cf. Annexes)

1/ Population

Notons que l'ensemble des pays africains de la zone Franc comptait en 2000 un peu plus de 100 millions d'habitants contre moins de 60 millions en 1980. Elle a ainsi augmenté aujourd'hui.

L'Afrique de l'Ouest regroupait 70,5 millions d'habitants en 2000, pour une superficie de 3,5 millions au km2 et l'Afrique centrale 30,9 millions d'habitants pour 3 millions de km2.

2/ Le poids économique global

Pour l'ensemble des deux zones d'émission, le produit intérieur brut (PIB) s'est élevé en 2000 à 320 milliards de Francs français, soit 3,6 % du PIB de la France. Deux économies dominent assez nettement l'ensemble de la Zone : la Côte-d'Ivoire représente 40 % du PIB de l'UEMOA et le Cameroun réalise la moitié du produit intérieur de la zone d'émission de la CEMAC.

C'est pourquoi le choix de ces deux économies de la zone se justifie dans ce travail de recherche.

Par contre le PIB par habitant des pays africains de la Zone Franc (PAZF) est parmi les plus faibles du monde : il s'est établi à 509 USD en 2000. Ce chiffre recouvre toutefois d'importantes disparités : le PIB par habitant est le plus élevé au Gabon avec 4100 USD et le plus faible au Niger avec 172 USD en 2000.

3/ Les principales productions

Les pays africains de la Zone Franc sont pour l'essentiel, des exportateurs de produits de base (pétrole, minerais, bois et produits agricoles). Le secteur industriel est peu développé, voire embryonnaire. La situation économique des pays africains de la zone Franc est ainsi fortement influencée par les fluctuations des cours des matières premières sur les marchés mondiaux.

Le pétrole et les produits agricoles (cacao, café, coton) constituent les principaux produits de base exportés par les PAZF :

- **la production totale de pétrole** de la zone Franc a atteint 40 millions de tonnes en 2000, soit 21 % de la production pétrolière de l'Afrique subsaharienne et 1 % de la production mondiale. La quasi-totalité de la production pétrolière de la Zone Franc provient de trois pays riverains du golfe de Guinée : le Gabon, le Congo et la Guinée Équatoriale, auxquels on peut ajouter le Cameroun. Les autres productions minières sont moins significatives, à l'exception du diamant au Centrafrique, des phosphates au Togo, du manganèse au Gabon, de l'or au Mali et de l'uranium au Niger ;
- **l'agriculture d'exportation** représente l'un des principaux secteurs économiques. Les cultures d'exportation concernent essentiellement le cacao, le café et le coton. La Côte-d'Ivoire et le Cameroun sont les principaux producteurs de la région, la Côte-d'Ivoire étant le premier producteur mondial de cacao avec près de 40 % de la production mondiale. Par ailleurs, les exportations de coton contribuent de manière principale aux recettes extérieures du Bénin, du Burkina Faso, du Mali et du Tchad.
- **le secteur industriel** apparaît relativement faible : il ne représente qu'un quart du PIB total des PAZF, soit 21 % en Afrique de l'Ouest et 34 % en Afrique centrale (ll % en excluant le secteur pétrolier). L'ensemble ne représente que l'équivalent de 3 % environ de la production industrielle française.

4/ Les relations économiques avec la France

Sur la période 1989-1999, la France a fourni 33 % des importations, constituées à 30 % de biens d'équipement et 22 % de biens de consommation et a absorbé 17 % des exportations des PAZF, principalement des produits alimentaires et agricoles. Elle se place ainsi très loin devant les autres grands pays exportateurs, notamment devant les États-unis (5 % des exportations et 17 % des importations en raison de l'importance des produits pétroliers). Le commerce entre la France et les pays de Zone Franc est traditionnellement important avec un montant total d'échanges qui a atteint 32,8 milliards de FRF d'importations françaises et 21,5 milliards de FRF d'exportations. L'excédent commercial de la France vis-à-vis de ces pays s'élevait ainsi à 10,1 milliards de FRF en 200 contre 2 milliards de FRF en 1994, année de la dévaluation.

Les principaux fournisseurs de la France sont la Côte-d'Ivoire, le Cameroun, le Gabon et le Sénégal : ces pays représentaient 85 % des livraisons à la France : Ces mêmes pays absorbaient plus des deux tiers des exportations françaises vers la zone.

Sur la décennie 1989-1998, la France a contribué à 71 % des flux nets d'investissements des pays de l'OCDE vers la Zone Franc. Le poids de la France dans le stock des investissements directs étrangers en Zone Franc accueillie plus de 40 % du total du stock des investissements français en Afrique.

Comment, alors que les pays africains connaissent des situations dissemblables au sein des Zones d'émission, maintenir une cohérence entre les politiques monétaires nationales ? À ce sujet la réponse en que ces situations nationales dissemblables plaident en faveur d'une rénovation des moyens de la politique monétaire, afin de conforter le contrôle exercé sur la création monétaire. C'est pourquoi les asymétries relevées dans la Zone Franc appellent une réforme du système monétaire de la zone, dans le but d'accroître la responsabilité de chaque pays sur la gestion de sa monnaie.

Ainsi les fondements de la zone Franc sont mis en évidence à travers cette étude de ses composantes institutionnelles, celles-ci étant simultanément porteuses d'effets de domination et d'effets d'intégration.

Voici donc brossée la situation générale de la Zone Franc qui est utile pour comprendre les enjeux de l'intégration régionale.

IV. La Zone Franc un projet d'intégration Régionale : l'intégration comme facteur de croissance et de développement (voir encadré)

Nous montrons ici les enjeux de la relation intégration économique et intégration monétaire au sens de la dynamique du développement des pays participants que : l'intégration monétaire doit être conçue comme un relais de l'intégration économique : « on ne peut grouper en Unions monétaires que des pays qui ont rapproché leurs économies ; il n'y a pas d'union monétaire sans obligation de maintenir en permanence la cohérence du développement de tous les partenaires ; sans concentration des financements » (J. Alibert, 1969, p. 9)

Notons que la convergence et la surveillance multilatérale des politiques macro-économiques s'inscrivent dans le cadre d'une croissance durable et équilibrée, visant la cohérence et l'efficacité des politiques économiques nationales dans le cadre de l'union monétaire, constituent une garantie de la stabilité de la monnaie unique.

Née de la volonté de la France pour prévenir les conséquences de la crise des années 1930 sur son économie et ses finances, puis renforcée la veille du déclenchement de la Seconde Guerre mondiale, la Zone Franc africaine, ayant comme monnaie le Franc CFA, a survécu à toutes les vicissitudes et ses contours géographiques ont évolué au gré de l'histoire. Actuellement elle comprend deux ensembles sous-régionaux : la CEMAC et l'UEMOA. Toutefois, comme zone monétaire, son fonctionnement repose sur quatre principes : une parité fixe entre le Franc CFA et l'euro, une convertibilité illimitée et une libre transférabilité des capitaux à l'intérieur de la zone, une centralisation des avoirs extérieurs dans un compte auprès du Trésor français et une uniformité des réglementations des échanges dans les rapports financiers internes à la zone et avec les pays hors zone. L'arrimage du FCFA à l'euro présente des avantages et d'inconvénients.[16]

IV.1 La stratégie d'intégration en Zone Franc a-t-elle favorisé, les conditions de développement de la monnaie FCFA arrimée à l'Euro ? « La nouvelle zone Franc africaine »

A) L'évolution de la zone Franc avant la dévaluation du Franc CFA

Tout en rappelant que « la dévaluation du Franc CFA et le traité de l'UEMOA ont sanctionné l'incapacité de la zone Franc africaine à créer un développement durable. Or, le problème reste entier. Ce qui laisse mal

[16]Confert TH. Dongotou, Article sur les nouvelles régulations économiques et monétaires entre la zone Franc et la zone euro, séminaire du CEMI. Juin 2008.

augurer des chances de succès d'une réforme pourtant fondamentale », Alain Bécart, nous donne des arguments sur la nouvelle zone Franc africaine que nous allons apprécier et reformuler à travers les développements qui suivent.

En effet comme nous le savons, le 12 janvier 1994 deux décisions importantes ont bouleversé la stratégie d'intégration en Afrique subsaharienne :

- d'une part, les FCFA (Franc de la communauté financière africaine et Franc de la coopération financière en Afrique centrale) et le FC (Franc comorien) ont été dévalués de manière substantielle.
- Le Franc français (qui a disparu) est passé de 50 FCFA et 50 FC à 100 FCFA (-50 %) ET 75 FC (-33 %) ;
- d'autre part a été signé le traité de l'Union économique et monétaire de l'Ouest africain (UEMOA).

Sur le plan économique et monétaire, ces deux décisions servaient à répondre aux graves problèmes économiques que la zone Franc africaine (ZFA) ne parvenait pas à résoudre et qui, pour une large part, étaient liés à l'existence d'une politique monétaire inadéquate, car fondamentalement procyclique comme ledit A. Bécart. C'est-à-dire qu'en période de croissance mondiale, elle a en effet conduit à des excès de dépenses publiques qui pèsent encore aujourd'hui sur les déséquilibres et, depuis le retournement conjoncturel mondial du début des années 1980, elle continue de freiner une activité déjà défaillante.

Raison pour laquelle l'auteur parle de l'incapacité de la ZFA de créer un développement durable pendant la période d'avant dévaluation du Franc CFA.

Mais les argumentations souvent avancées par la plupart des économistes dont nous confirmons est que le manque de compétitivité constitue la plus grande difficulté de la ZFA.

De ce fait, la croissance et l'inflation mondiales se sont ralenties, et la politique économique choisie dans le cadre du système de changes fixes a totalement perturbé la régulation en ne permettant pas d'offrir une réponse pertinente aux chocs extérieurs.

Une autre argumentation est que la baisse de l'activité depuis le début des années 1980 a peu à peu réduit les recettes publiques, ce qui, par le jeu automatique de la règle selon laquelle la contrepartie de la masse monétaire « créances au Trésor public » ne doit pas dépasser 20 % des recettes budgétaires de l'exercice précédent, a progressivement posé des problèmes de liquidité aux États.

Becart, ne souligne que deux réponses (au moins) préoccupantes, car moins favorables que celles des autres pays africains subsahariens (APASS), furent apportées :

1/ une dette interne à partir d'arriérés de paiement, dans le secteur public d'abord puis dans le monde rural fonctionnant tous deux essentiellement à partir de subventions, qui allait bientôt asphyxier le système bancaire ;
2/ et surtout, un endettement extérieur qui allait alourdir les contraintes des États.

Un ajustement structurel réel (ASR), de plus en plus lourd et difficile à supporter, a permis une réduction des dépenses publiques, mais insuffisante et plus faible que chez les concurrents, qui ont souvent pratiqué les dévaluations demandées par les institutions internationales et traditionnellement associées aux programmes d'aides et de restructuration. De plus, cet effort s'est surtout réalisé au détriment des investissements publics, seul poste budgétaire « flexible », les deux autres, la masse salariale et le service de la dette, étant intouchables.

Un autre argument développé stipule que, conjointement, l'arrêt de l'inflation mondiale, et en particulier en France et en Europe, allait pendant cette période ralentir la hausse des prix dans la ZFA en vertu de la loi de la parité des pouvoirs d'achat que nous avons déjà exposée dans les chapitres précédents.

Avec la hausse régulière du FF/$ depuis les accords de Plaza et la baisse continue des termes de l'échange, il allait s'ensuivre une diminution régulière du taux de change effectif réel (TCER) et, ainsi, une appréciation du FCFA réduisant la compétitivité des exportations de la zone Franc africaine poursuit l'auteur.

Avec pour résultat une réduction des avoirs extérieurs nets (AEN) dans la balance extérieure et une rigidité accrue de la politique de crédit par le jeu, cette fois, de la deuxième règle monétaire, qui veut que les AEN doivent en permanence couvrir 20 % de la création de monnaie destinée au secteur privé.

Dans ces conditions l'absence d'un investissement privé de remplacement, également limité par la fuite des capitaux, la fragilité du marché financier et l'extension du secteur informel liée à la rigueur de l'ajustement structurel réel (ASR), ne pouvaient que conduire à l'arrêt de la croissance dans la zone Franc africaine (ZFA).

Ainsi, le tableau ci-après confirme bien ces résultats :

Tableau 1 :

L'évolution des fondamentaux macro-économiques avant la dévaluation

T. 1-1 : Dette extérieure

ZFA	1990	1991	1992	1993
Dette extérieure	40M$= 12.000 MM FCFA	41M$= 12.300 MM FCFA	43M$= 13.000 MM FCFA	45M$= 13.500 MM FCFA

Sources : La zone Franc, BCEAO, BEAC, rapports annuels M=millions ; MM=milliards

T. l-2 : Évolution des avoirs extérieurs nets dans la ZFA (MM FCFA)

ZFA	1990	1991	1992	1993
AEN	-445	-283	-311	-334

Sources : La zone Franc, BCEAO, BEAC, rapports annuels

T. l-3 : Évolution des prix dans la ZFA (taux annuels moyens)

ZFA	1973/1981	1981/1985	1985/1989	1989/1993
Taux annuels moyens	12,00 %	6,60 %	3,50 %	1,50 %

Sources : La zone Franc, BCEAO, BEAC, rapports annuels

T. l-4 : Coefficient multiplicateur des prix-1973/1993

Pays	France	Cameroun	Côte d'Ivoire	Congo	Gabon	Niger	Sénégal
Coeff	4,3	5,5	4,7	4 ,6	5,3	3,5	4,6

Sources : Ministère de la Coopération

L'incapacité de la zone Franc africaine à créer un développement durable avant la dévaluation était liée entre autres au problème de l'intégration régionale.

En effet l'intégration régionale est un enjeu majeur pour les pays africains de la zone Francmais avant la dévaluation est n'est pas encore réalisée, malgré les réformes économiques et monétaires qui étaient très fondamentales.

Nous allons ainsi voir les arguments qui sont développés à ce sujet.

B) La stratégie de l'intégration régionale en zone Franc africaine avant la dévaluation

Les raisons de l'échec de cette intégration seront approfondies dans les chapitres 2 et 3 où nous essayons de montrer les efforts qui ont été menés à ce sujet. Mais à ce niveau d'analyse nous présentons, les points de vue qui nous semblent utiles à la compréhension de la problématique d'intégration régionale dans le contexte actuel de la zone Franc.

Pour A. Bécart, l'intégration régionale n'était pas réalisée pendant la période précitée :

« La stratégie de développement choisie il y a longtemps par la France, et réaffirmée constamment depuis les indépendances des pays membres, repose sur la production de cultures et de produits de rentes, mise en œuvre de manière centralisée et protégée par des taxes douanières. On était donc loin du schéma idéal de la spécialisation internationale en économie ouverte et concurrentielle et, les conditions d'existence de la zone optimale n'étant pas satisfaites, il est normal que l'intégration régionale souhaitée ne se soit pas réalisée. »[17]

Cette argumentation nous montre particulièrement que l'intégration régionale n'a pas été réalisée en zone Franc africaine comparativement à l'Union européenne. La théorie des zones monétaires optimales revient dans le débat de la non-réalisation de l'intégration régionale en zone Franc africaine. Comme l'avions nous également évoqué dans les analyses de C. GNOS sur les vertus négligées de la monnaie commune : des propositions ont été faites.

L'auteur souligne le fait que si l'on écarte, pour des raisons évidentes, les indicateurs de prix (prix des produits, taux d'intérêt et taux de change) qui sont restés stables, relativement uniformes et proches des indicateurs de prix français comme nous montre le tableau, ci-dessus, la convergence dans la zone Franc africaine (ZFA) peut être appréciée à partir du dernier critère de convergence de l'Union européenne notamment dans la phase III : la position financière des gouvernements.

- Un argument est alors avancé au sujet du ratio du déficit budgétaire par rapport au PIB : ce ratio doit être resté inférieur à 3 %. Il suffit de montrer que dans la zone Franc africaine (ZFA) la dispersion est très grande et que les résultats sont tous mauvais, à l'exception de ceux du Sénégal et du Gabon, et que, pour certains, ils se dégradent

[17]CF : A. BÉCART, op. cit

dangereusement, la Côte-d'Ivoire et le Cameroun notamment (voir graphique ci-dessous).

– Le ratio de la dette publique est aussi examiné : En examinant ensuite le ratio de la dette publique (interne) par rapport au PIB, qui ne doit pas dépasser 60 %, il conclut que ici encore que, la convergence n'existe pas, mais également, certains résultats sont devenus très inquiétants : ceux de la Côte-d'Ivoire et du Mali, de la Guinée Équatoriale et du Congo.

Ainsi donc ces deux ratios, parmi d'autres, prouvent à l'évidence l'absence de convergence nominale dans la ZFA, entre les Unions monétaires et à l'intérieur de chaque union avant la dévaluation de la monnaie FCFA.

Cette argumentation fonde même l'origine du traité de L'UEMOA[18] (en Afrique de l'Ouest) et plus tard de la CEMAC.

C'est ainsi dit l'auteur qu'il faut comprendre que le traité de l'Union Économique et monétaire de l'Ouest de africain (UEMOA) comme la volonté exprimée par les pays membres de créer les conditions d'une véritable intégration et d'un ajustement structurel plus efficace dans la région de l'Ouest africain, qui a complété le traité de 1973 de l'UMOA.

La nouveauté dans le traité est que cinq objectifs particulièrement novateurs sont ajoutés à l'ancien et apparaîssent comme une rupture nécessaire au succès durable de la dévaluation :

- Renforcer la compétitivité des activités économiques et financières dans la cadre d'un marché ouvert et concurrentiel ;
- Assurer la convergence des performances et des politiques économiques par l'institution d'une procédure de surveillance multilatérale ;
- Créer un marché commun, un tarif extérieur commun et une politique extérieure commune ;
- Instituer une coordination des politiques sectorielles nationales ;
- Harmoniser les législations nationales, en particulier le régime de la fiscalité.

Fondamentalement, surtout, il modifie la philosophie du développement mis en place par la France dans la ZFA.

Les arguments avancés par l'auteur au sujet de ce traité s'articulent en plusieurs points dont les scénarios sont les suivants :

---

[18]A LIRE Le traité dans la partie encadré du chapitre 6 : traité de l'union économique et monétaire ouest africain.

- En favorisant dorénavant l'ouverture à la concurrence des économies en voie de libéralisation, il devrait leur permettre de participer à la spécialisation internationale en jouant sur leurs avantages comparatifs qui ne sont pas négligeables.
- Cela implique le douloureux abandon de la protection aux frontières, ce qui pourrait éventuellement faire douter du réalisme du projet si, dans les faits, n'existait déjà une procédure régionale de surveillance demandée et mise en place par les pays membres eux-mêmes, et assortie de conditionnalités :
- Une Cour de justice composée de sept juges et chargée d'assurer l'interprétation uniforme du traité et des actes juridiques qu'il fonde, ainsi que leur application ; et une Cour des comptes, composée de trois conseillers, assurant le contrôle de l'ensemble des comptes des organes de direction de l'union (la conférence des chefs d'États et de gouvernements, le conseil des ministres et la commission, nouvel organe d'impulsion économique, composée de sept membres, proche de celle qui existe déjà dans l'Union européenne) et veillant à la transparence des comptes des États membres ainsi qu'à la fiabilité des données budgétaires nécessaires à l'exercice de la surveillance multilatérale.
- Cette stratégie nouvelle reste pourtant subordonnée aux règles de la politique monétaire antérieure.

Cet ensemble de mesures, qui modifie fondamentalement la stratégie d'intégration et de développement de la zone Franc africaine (ZFA), est accompagné par des programmes pluriannuels de réduction de la dette, en particulier vis-à-vis de la France (28 milliards FF), et de soutien du FMI (10 milliards) et de la Banque Mondiale (8 milliards FF).

Si l'on ajoute que, depuis 1989, la ZFA avait déjà entrepris une série de rénovations (systèmes bancaires et marchés financiers) et d'harmonisations (système juridique), les conditions semblent réunies pour que la dévaluation, soutenue par le nouveau traité, donne des résultats favorables en matière d'intégration effective et de développement durable, dit l'auteur.

Nous dirons que l'auteur essaye de venter ici les effets de la dévaluation du FCFA, en s'inspirant du processus'intégration du cas de la sous-région Afrique de l'Ouest, notamment du traité de l'UEMOA, nous présente les perspectives de la sous-zone dans le processus d'intégration de la zone Franc après la dévaluation du FCFA.

Les arguments qu'ils nous avancent se résument de la sorte :

- En particulier, le changement de parité, qui était devenu inévitable, va accroître la compétitivité des produits et permettre ainsi le rétablissement des équilibres.

- Par un effet prix immédiat, il va réduire les importations devenues relativement plus coûteuses en FCFA et augmenter les exportations. L'inflation immédiate qu'il entraîne devrait facilement (car les fondamentaux seront progressivement restaurés) être réduite par un gel plus ou moins durable des prix des produits importés.
- Ensuite, par effet revenu, la dévaluation va permettre de rééquilibrer la balance budgétaire. Elle augmente en effet la valeur des recettes provenant de l'étranger (l'aide internationale, notamment, et les taxes nombreuses sur les importations) et, surtout, elle fait bénéficier le budget d'une véritable taxe d'inflation, un seigneuriage qui réduit les coûts réels de la masse salariale et des créances sur l'État.
- La dévaluation, soutenue par une intégration maintenant mieux assurée et mieux contrôlée, va également améliorer progressivement les élasticités prix de l'offre en favorisant une meilleure allocation des ressources, plus conforme à la théorie des avantages comparatifs. En accroissant les prix des biens internationaux par rapport aux biens traditionnels, elle oriente les investissements et favorise à la fois leur production et la substitution des importations, mais aussi des exportations.
- En fin, il précise que, si l'ajustement a maintenant changé de forme et de dimension, les deux règles procycliques n'en ont pas moins été maintenues, et aussi longtemps que chaque politique économique demeurera directe et nationale, elles resteront nécessaires et produiront des effets non souhaités.

Au total voilà les évolutions macro-économiques et les perspectives d'intégration économique et monétaire dans la zone Franc africaine avant la dévaluation du Franc CFA d'une part et l'évolution aujourd'hui souhaitable d'après les termes de l'auteur si l'on veut voir se poursuivre l'expérience de cette nouvelle zone Franc africaine (NZFA), éventuellement au-delà des unions monétaires actuelles à systèmes de changes fixes.
Nous verrons dans le chapitre 8, en tome 2, les évolutions de ce processus d'intégration dans la zone Franc pour le cas de la zone BEAC (CEMAC), où les arguments de la nouvelle zone Franc africaine seront bien élucidé notamment avec le problème déséquilibre des balances de paiements respectifs intra-zone, pour renforcer les réformes déjà amorcées en vue de la recherche d'une zone économique et monétaire plus intégrée, notamment avec le débat européen.

Nous proposerons également, la création des banques sous-régionales à l'aube de l'intégration des économies mondiales, avec le phénomène de la globalisation. C'est-à-dire la nécessité des réformes monétaires[19] très

---

[19]« Nous désignons par réforme monétaire une procédure visant à remplacer, par un processus

fondamentales pour le développement de la politique et monétaire internationale.

C) L'accord entre l'Union européenne et les pays ACP

Le nouvel accord entre l'Union européenne du 3 juin 2000, comporte un volet commercial reposant sur des accords de partenariat conclu avec les regroupements régionaux parmi les pays ACP. Il témoigne de la volonté de la Communauté financière internationale de conforter les progrès réalisés dans l'approfondissement des mécanismes d'intégration régionale afin de lutter contre la persistance des handicaps structurels qui obèrent la croissance.

---

légal et ponctuel, plusieurs monnaies par un autre. Une telle procédure s'oppose aux démarches progressives s'appuyant sur des mécanismes de marché, qui ont un temps été envisagées, et que le traité de Maastricht a écarté aux zones d'ombres signalées antérieurement près. », Économie et Sociétés, 1992 tome 26 n-9-12 sept-oct.

Conclusion du chapitre I
Bilan Général et Perspectives

On peut alors conclure que les fondements de la Zone Franc sont mis en évidence à travers une étude de ses composantes institutionnelles verticales et horizontales celles-ci sont porteuses d'effets de domination (intégration monétaire sous contrainte) et d'effet d'intégration (intégration monétaire sous tutelle). Les formes d'organisation de la Zone Franc qui se sont succédé, ont été examinées, afin de déterminer les contours et les règles de fonctionnements actuels de cette zone, une entité monétaire ayant été progressivement modelée par les décisions monétaires et financières prises par les autorités françaises depuis plus de trois siècles.

Les changements de statut politique des anciennes colonies françaises et certaines critiques formulées à l'encontre de la Zone Franc ayant à l'origine de profondes modifications dans l'organisation de ce système monétaire, la période des indépendances constitue la charnière de l'analyse historique et institutionnelle. Nous avons montré comment la Zone Franc a été instaurée, puis relevé les justifications sous-jacentes aux options retenues et mis en évidence les impératifs auxquels avait répondu cette orientation monétaire longtemps très centralisée. L'examen des aménagements réalisés dans la Zone Franc depuis 1960 a permis d'apprécier, ensuite, le contenu et la portée du système monétaire : « des réformes ont atténué sensiblement le rôle de la France au plan de la définition des pratiques monétaires des pays africains, mais des contraintes monétaires fortes et une dépendance externe demeurent, en particulier, au niveau des relations de change avec l'extérieur » (H, Gérardin, 1988).

L'objectif réel de la réforme des Francs coloniaux ne fut jamais établi avec certitude : « voulait-on simplement entériner les résultats d'une évolution des prix pendant la guerre, et maintenir une différence dans le niveau absolu des prix métropolitains et coloniaux, tout en laissant le parallélisme de l'évolution ultérieure des prix ? Ou prétendait-on isoler le système des prix coloniaux du système des prix métropolitains ? » (J. G.Mirigot et P. Coulbois, 1950, p. 318).

L'existence d'une zone monétaire n'est pas nécessairement liée à celle d'une réglementation des changes absolument uniforme. En Zone sterling, chacun des membres du Commonwealth a sa propre réglementation des changes, inspirée naturellement de celle en vigueur en Grande-Bretagne, mais suivant faire apparaître avec elle des différences assez sensibles (F. BlochLaine (1956, p. 263)).

Près de quarante ans, l'accession à l'indépendance des anciennes possessions françaises, le bilan des avantages et des contraintes qu'implique l'appartenance à la Zone Franc pour les États qui la compose est largement positif.

Pour les partenaires de la France, l'appartenance à la Zone Franc apporte de multiples avantages :

- **Le Franc CFA bénéficie d'une assurance de bonne gestion, de stabilité et de sécurité, qui constituent des éléments favorables aux investissements étrangers.** Cet élément a été renforcé par l'arrimage à l'euro, lequel n'a pas remis en cause les accords de coopération entre la France et les pays de la Zone Franc. Ces derniers devraient donc profiter de la crédibilité de la monnaie européenne, renforçant ainsi les effets de discipline issus des mécanismes inhérents à la Zone Franc qui ont jusqu'alors permis la modernisation de l'inflation ;
- **L'union monétaire a renforcé la stabilité régionale**. L'existence d'une monnaie commune, conjuguée à la liberté des mouvements de capitaux, a constitué un facteur de développement du commerce au sein de chaque sous-zone, en UEMOA et en CEMAC. Le commerce intra-régional reste faible, en raison notamment de la structure des économies de la région. L'approfondissement du processus d'intégration régionale ainsi que l'harmonisation des fiscalités nationales devraient toutefois stimuler les échanges intra-zones ;
- **La coopération monétaire au sein de la Zone a trouvé un prolongement appréciable dans l'aide au développement accordée par la France.** Ainsi, sur la période 1989-1998, la France a fourni plus du tiers de l'aide au développement reçue par les pays de la Zone Franc.

Les perspectives de la Zone Franc sont étroitement liées à l'approfondissement de l'union économique, dans le prolongement des travaux en cours visant à harmoniser les instruments de convergence et à améliorer la coordination des politiques économiques.

L'objectif du chapitre a été de faire une présentation exhaustive de l'évolution et du fonctionnement de la Zone Franc afin de mobiliser un corpus théorique permettant d'analyser en rapport avec les crises économiques les dynamiques d'intégration qui se présente dans cette Zone à l'heure de l'euro.

Plusieurs études ont été déjà faites sur les avantages et les inconvénients de l'appartenance à la Zone Franc.

Ainsi, l'organisation monétaire de la Zone est spécifiée dans plusieurs ouvrages (Gérardin, 1988 ; Guillaumont, 1984 ; Vinay, 1988 ; et les rapports annuels de la zone Franc) ; (Hugon, 1999). Pour ne citer que l'ouvrage de Hugon : « l'organisation monétaire de la zone Franc Afrique est *sui generis* et combine : un système de change fixe et ajustable entre les Francs CFA (et le

Franc comorien) et le Franc français (dorénavant l'euro) où le pays leader (aujourd'hui l'Union européenne) détermine le taux de change nominal, influence les taux d'intérêt et les taux d'inflation et donc conditionne le taux effectif bilatéral ; des unions monétaires (UEMOA et UMAC) caractérisées par une monnaie commune, des banques centrales multinationales et une unité de la politique monétaire ; un espace monétaire et financier tutélaire où le Trésor français a un rôle central. Il garantit la convertibilité des Francs CFA, sans aucune marge de fluctuation, grâce aux comptes d'opérations que chaque banque centrale a ouverts dans les écritures du Trésor français. Il incite au respect des règles et a droit de regard, voire de « veto », sur la politique monétaire. »

Ce constat historique peut s'analyser à partir des analyses faites parc F. Bloch-Laine (1956) :

« *On ne peut dire si historiquement l'étroitesse monétaire et financière dans laquelle se sont toujours trouvés les pays de l'union française a précédé ou suivi leur symbiose économique, laquelle est la cause, laquelle est l'effet. Elles se sont renforcées mutuellement. Ce phénomène est fondamental. Il apparaît dans la zone Franc, comme dans la zone Sterling ou la Zone rouble ; les liens monétaires ne peuvent aller sans liens économiques, et vice versa, quand il s'agit des rapports d'une « économie dominante »et d'« économies dépendantes ». Il se développe beaucoup plus vite à l'« âge des empires », où, voulue ou imposée, l'autarcie est une condition de survie* » (F. Bloch-Laine,1956, p. 382).

Dans ce contexte on peut dire : qu'après les indépendances, les pays africains de la Zone Franc, disposant, de fait, d'une forte intégration monétaire, se sont efforcés de promouvoir leur intégration économique, sous des formes diverses ; en dépit des rapprochements intervenus entre certains pays, à un niveau fonctionnel, l'intégration économique demeure faible, car de nombreux obstacles ralentissent la réalisation de véritables unions douanières régionales (Gerardin, 1989).

C'est pourquoi l'évolution de la Zone Franc comme une organisation sui generis ne peut pas être abordée sans tenir compte de l'évolution des autres zones monétaires coloniales (zone sterling, zone rouble, zone escudo, zone peseta.) : un élément de comparaison est présenté dans l'encadré de la Conclusion générale de la thèse (une analyse empruntée à Gérardin où l'auteur explique les principaux facteurs qui ont favorisé le maintien de la zone Franc. Quatre facteurs permettent d'analyser et de comparer ces zones monétaires : le degré d'homogénéité, l'organisation institutionnelle, le rôle de la monnaie directrice, la relation intégration économique-intégration monétaire). D'autres facteurs additionnels ont contribué au maintien de la Zone Franc. Il s'agit (des facteurs liés au commerce extérieur ; les déficits répétés de la Grande-Bretagne à l'égard des autres membres de la Zone sterling ont été, en partie, à l'origine de l'apparition des balances sterling). En Zone Franc, la structure des échanges n'a pas provoqué une évolution similaire, du fait que le solde des échanges commerciaux de la plupart des pays africains avec la Franc fut, le plus souvent déficitaire. Ce qui explique qu'à l'intérieur de chaque pays, la coopération monétaire s'inscrivait dans une politique de coopération multiforme et aux incidences différentes selon les pays dominants.

C'est pourquoi la plupart des analyses critiques formulées à l'encontre de la politique française de coopération, s'accordent sur l'idée que sa diversité et son impact financier ont plutôt facilité l'acceptation, par les pays africains, d'une tutelle monétaire extérieure partiellement composée par les effets de l'aide bilatérale, tandis que dans les autres zones monétaires ces effets étaient plus diffus et de moindre ampleur.

Après avoir présenté le contexte général de la Zone, on peut conclure que la Zone Franc constitue un espace monétaire, économique et culturel sans équivalent dans le monde formé d'États et de territoires parfois très différents les uns des autres, est issu de l'évolution et des transformations de l'ancien Empire colonial français. Après les indépendances, la plupart des nouveaux États ont choisi de rester dans un ensemble homogène, dont le cadre institutionnel a été rénové et qui a été structuré par un système de change commun. Elle montre aujourd'hui un rare exemple de coopération institutionnalisée entre un pays développé et des États en voie de développement, unis par une histoire et une langue communes.

Comme l'affirme Hugon : « la Zone Franc n'est pas réductible à une analyse fonctionnaliste ou instrumentaliste de la monnaie dont la valeur doit être liée aux fondamentaux de l'économie. Elle est une institution, un système régional ou une structure partielle qui est un élément constitutif du système monétaire international. Ancrée dans l'histoire coloniale, elle est évolutive. Elle demeure un régime monétaire original. La Zone Franc 1Afrique a une dimension verticale du fait des liens monétaires (l'organisation monétaire) et socio-politique (espace socio-politique) entre la France et les pays africains et une dimension horizontale compte tenu des relations d'intégration que nouent les pays africains de la Zone Franc. Cette orthogonalité de la Zone l'éloigne d'une zone monétaire optimale ».

Nous verrons également dans la troisième partie que l'intégration doit être aussi abordée du point de vue des relations économiques internationales : la monnaie devient un instrument d'unification des territoires et donc une institution.

Le chapitre II étudie la problématique de l'optimalité des zones monétaires d'où la question : la Zone Franc est-elle une zone monétaire optimale ?

Les encadrés du chapitre fournissent des arguments théoriques sur les politiques économiques et monétaires en Zone Franc. Ces arguments ne doivent pas être considérés comme hors propos. La thèse essaye de lier ici les théories keynésiennes et post-keynésiennes avec les réalités de la Zone Franc.

Encadrés du Chapitre I

Un essai de libéralisation des institutions monétaires de la Zone Franc africaine

Nous nous inspirerons de cette analyse pour rechercher sur le plan théorique les fondements de ces réformes. À ce titre la théorie post-keynésienne ayant pour point de départ Keynes, nous semble fournir les arguments qui sont utiles pour rechercher les approches monétaires plus intégrées dans le contexte institutionnel actuel de nos économies. Par contre, il est prudent de faire des propositions théoriques en se basant strictement sur cette approche, car il en existe d'autres, que nous avons abordées dans la troisième partie, il ne s'agit pas non plus d'aborder les contributions de Keynes et des post-keynésiens pour la résolution des problèmes monétaires internationaux. Nous cherchons plutôt à montrer l'importance et la portée de leurs principales recommandées.

Après la dévaluation du F. CFA du 12 janvier 1994, plusieurs réformes ont été engagées dans les pays de la zone Franc notamment dans les sous-zones BEAC et UEMOA, en réponse aux objectifs fixés par les institutions de Bretton Woods. Mais ses réformes ont tout moins leur origine dans le processus d'intégration économique et monétaire tant en Afrique Centrale qu'en Afrique de l'Ouest.

Compte-tenue de l'ampleur de ce sujet nous avons abordés que le cas de la Zone BEAC (ou CEMAC). Mais nous présenterons en encadré les arguments de l'évolution de l'intégration économique et monétaire dans la zone BCEAO (ou UEMOA).

Nous abordons les réformes économiques et monétaires en cours dans le cas précis de la zone BEAC, en s'inspirant de la CEMAC. Notons qu'il existe plusieurs contraintes qui pèsent sur la politique monétaire commune. Ainsi les réformes monétaires et bancaires qui ont été engagées à partir de 1990, bien avant la dévaluation, visent à moderniser la stratégie de politique monétaire et à lever ces contraintes par l'approfondissement de l'intégration régionale, de manière à rendre optimale la conduite de la politique monétaire commune.

C'est ainsi que, les réformes monétaires qui se poursuivent dans la zone BEAC, et la nouvelle dynamique de l'intégration amorcée avec le Programme sous-régional de Redressement économique et financier et le démarrage de l'exercice de Surveillance multilatérale, devraient contribuer à parachever le train des réformes engagées pour moderniser davantage et accroître l'efficacité de la politique monétaire commune. Les points suivants sont développés :

– *Encadré 1 :* L'évolution de la stratégie de la politique monétaire de la

BEAC avant la dévaluation
- *Encadré II :* Les contraintes de la politique monétaire commune dans la zone BEAC
- *Encadré III :* Les réformes et la nouvelle dynamique de l'intégration en Afrique centrale

Avant d'aborder ces différents points nous rappelons d'abord que le début de l'histoire monétaire de l'Afrique Centrale remonte au décret impérial du 21 décembre 1853 qui autorisait la « Banque du Sénégal » à traiter des opérations de banque, de prêts, d'escompte et d'émission en Afrique Française. Le décret du 29 juin 1901 confère à la « Banque de l'Afrique occidentale » (BOA) le privilège de l'émission pour les territoires français d'Afrique occidentale et équatoriale. La BAO s'est installée au Cameroun en 1921 et en AEF en 1925.

Par la suite, il y a eu des évolutions, dont la création de la Caisse Centrale de la France Libre'(ordonnance du 2 décembre 1941) à la suite du ralliement de l'AEF et du Cameroun au Général de Gaulle en août 1940. L'ordonnance du 2 février 1944 transforme la Caisse Centrale de la France Libre en Caisse Centrale de la France d'outre-mer. Le 26 décembre 1945, sont officiellement créés la Zone Franc et les Francs coloniaux (FCF A)20. Le 18 octobre 1948, la parité passe à 2 FF (ancien)21

La réforme du régime de l'émission en AEF et au Cameroun par décret du 20 janvier 1955 conduit à la création de l'Institut d'Émission de L'AEF et du Cameroun. La Convention d'ouverture du Compte d'Opérations intervient le 29 décembre 1955. Cet Institut d'Émission deviendra la Banque Centrale des États de l'Afrique Équatoriale et du Cameroun (BCEAC) par ordonnance du 4 avril 1959. Avec la création du nouveau Franc en France le 1er janvier 1960 (date de la proclamation de l'indépendance du Cameroun), la nouvelle parité du FCFA est de 1FCFA=0,02FF.22

En août 1960, les nouveaux États indépendants et la France (Congo, RCA, Gabon, Tchad) signent des accords de coopération en matière économique, monétaire et financière. Avec le Cameroun, la signature interviendra le 13 novembre 1960.

C'est à partir du premier mai 1966 que les Trésors nationaux peuvent accéder aux avances en compte courant de la banque Centrale.

La Banque des États de l'Afrique Centrale (BEAC), établissement public multinational africain, a été créée le 22 novembre 1972, en remplacement de la Banque Centrale des États de l'Afrique Équatoriale et du Cameroun (BCEAEC), par deux Conventions de coopération monétaire :

[20] FCFA=Franc des Colonies Françaises d'Afrique et la parité est de 1FCFA= 1, 70FF5 (ancien) en 1945
[21] 1 FCFA= 2 FF (ancien) en 1948
[22] 1FCFA= 0,02FF en 1959

- La première, signée le 22 novembre 1972 entre les cinq États membres d'Afrique Centrale fondateurs (Cameroun, RCA, Congo, Gabon et Tchad). La Guinée Équatoriale est devenue membre de la BEAC le 1er janvier1985.
- La deuxième, signée le 23 novembre 1972 entre la France et les cinq États fondateurs.

Les missions actuelles de la BEAC sont définies dans les statuts (article 1er) et se présentent ainsi :

- Émettre la monnaie et garantir sa stabilité
- Définir et conduire la politique monétaire applicable dans les pays membres de l'union ;
- Conduire les opérations de change ;
- Détenir et gérer les réserves de change des pays membres ;
- Promouvoir le bon fonctionnement du système des paiements dans l'union.

Encadré I

L'évolution de la stratégie de la politique monétaire de la BEAC avant la dévaluation

I.1 - Stratégie de la politique monétaire de la BEAC de 1972 à 1990

L'objectif final de la stratégie de la politique monétaire de la BEAC pendant la période précitée était le développement économique des États membres. Les instruments de la politique monétaire et de crédit étaient utilisés pour atteindre cet objectif.

Au cours de cette période, en l'absence d'un cadre cohérent de formulation de la politique monétaire (comme la Programmation monétaire aujourd'hui), la Banque Centrale n'avait pas d'objectifs ou de cibles intermédiaires quantifiés déclarés. Dans les statuts de 1972 qui régissaient alors le fonctionnement de la BEAC, en attendant leur révision en 1998, l'objectif final de la politique monétaire n'était pas explicitement énoncé. Toutefois, compte tenu des orientations générales de l'époque, notamment le renforcement du rôle de l'Institut d'Émission dans le financement du développement et des mécanismes de financement en faveur des secteurs dits privilégiés prévus dans ces textes (Trésors nationaux, PME nationales, Unités de commercialisation agricoles, Habitat social), l'on peut avancer sans trop se tromper que l'objectif final de la Banque Centrale était le développement économique.[23]

Le financement de ce développement par création monétaire était sans conteste, une préoccupation majeure qui était de fait inscrite dans les anciens statuts de la Banque à travers l'article 19/B.

Ainsi, en plus du découvert en compte courant en faveur des États dont la durée ne devait pas excéder douze mois, et du refinancement des crédits à moyen terme destinés aux entreprises publiques, semi-publiques ou privées, la Banque Centrale finançait, sous certaines conditions, les opérations initiées par les États membres dont l'objectif était, entre autres : le développement économique, l'amélioration des infrastructures, des équipements collectifs, et des structures agricoles.

Il s'agissait de crédits d'investissement dont la durée maximale de remboursement était fixée à 10 ans.

Venons-en aux instruments de la politique monétaire qui ont été utilisés à cette époque et leur conséquence dues aux insuffisances ou limites.

I.1.1 - Les instruments de la politique monétaire de 1972 à 1990

Les instruments de la politique monétaire utilisés entre 1972 et 1990 par la Banque Centrale étaient : les taux d'intérêt, les plafonds globaux de réescompte avec les limites individuelles de réescompte, les réserves obligatoires, et surtout le contrôle qualitatif ou sélectif du crédit qui constituait le trait dominant de la politique monétaire et du crédit.

a/ La politique des taux d'intérêt

La politique des taux d'intérêt menée par la BEAC, de 1973 à 1990, avait pour but d'apporter un soutien monétaire actif aux initiatives économiques des Trésors, entrepreneurs et particuliers nationaux pour le développement.

C'est ainsi que les autorités de la BEAC avaient adopté une approche keynésienne" des taux d'intérêt qui postule que le taux d'intérêt joue un rôle déterminant dans les décisions d'investissement : ce postulat s'articule autour des deux conditions suivantes :

[23]Cette lecture des statuts de la BEAC ne diffère pas à celle des partenaires extérieurs (Le FMI, La Banque Mondiale). Élaborées au début des années 70, les dispositions statutaires de la BEAC reflétaient « l'air du temps » et avaient une orientation administrative, dirigiste et de « sous-développements » très marquée. A cette époque, les pouvoirs publics des pays de la zone BEAC, comme d'ailleurs dans la plupart des pays africains, croyaient davantage aux vertus du plan et moins aux mécanismes de marché ».
Les post-keynésiens ont apporté leurs arguments sur la question CF : « PIEGAY. P et ROCHON. L-PH (2004). À ce sujet l'argument décisif avancé par Keynes en Mars 1945 est illustratif : « les autorités monétaires peuvent se donner le taux d'intérêt qu'elles souhaitent. Elles peuvent fixer à la fois le taux de court terme et de long terme à leur convenance, ou plutôt au niveau **qui** leur semble bon historiquement, les autorités ont toujours déterminé le taux se**lon** leur volonté et ont été influencées presque exclusivement par des objectifs de balance commerciale » (KEYNES 1945-11980, P390-392).

- un taux d'intérêt faible les stimule
- un taux d'intérêt élevé les décourage

De ce fait, la Banque s'était engagée dans une politique de taux d'intérêt faibles et stables, avec quelques rares réaménagements pour tenir compte de la pression de l'environnement international.

Cette politique de taux d'intérêt était complétée par des mesures sélectives visant à encourager la formation d'une élite d'entrepreneurs nationaux et promouvoir les secteurs jugés prioritaires par les pouvoirs publics. C'est ainsi qu'il avait été mis en place un taux de faveur, plus faible que le taux du régime commun.

D'une manière générale la BEAC, disposait pendant la période trois taux d'intérêt à savoir :

1/ Le taux des avances aux Trésors nationaux (taux de faveur applicable aux avances directes consenties par la BEAC aux Trésors des États membres conformément aux statuts de la Banque centrale
(articles 19B et 21 des anciens statuts) ;
2/ Le taux d'escompte privilégié (TEP) (régime également de faveur applicable aux de secteurs de production jugés prioritaires par les États) ;
3/ Le taux d'escompte normal (TEN) (taux de droit commun, applicable aux opérations autres celles susmentionnées).

À ces trois principaux taux d'intérêt, il convient d'ajouter les taux de pénalité supportés par les banques en infraction et par les Trésors nationaux pour la partie des avances dépassant le plafond statutaire.

Entre mai 1974 et octobre 1990, une politique des taux d'intérêt plus dynamique a été menée ; ce dynamisme était dû à la hausse des prix dans les années soixante-dix dans la Zone BEAC et l'augmentation continue des taux d'intérêt sur les marchés monétaires extérieurs.

Cette politique de taux d'intérêt se résume par :

- Le taux des avances aux Trésors n'a été modifié qu'une seule fois en janvier 1988 ;
- Le taux d'escompte privilégié en moyenne une fois tous les trois ans ;
- Le taux d'escompte normal en moyenne une fois tous les deux ans.

D'autres instruments de la politique monétaire qui ont été utilisés, comme nous l'avons énuméré sont les plafonds globaux de réescompte.

b/ Les plafonds globaux de réescompte

Principal instrument de gestion monétaire de la Banque au cours de la période précitée, les plafonds globaux de réescompte fixaient pour chaque État membre, le montant maximum des concours à court et moyen terme que l'institut d'Émission pouvait consentir aux banques. Ces plafonds faisaient l'objet d'une réparation administrative très détaillée par terme, par nature et par banque.

En effet cette répartition complexe, rendait la gestion des plafonds globaux peu aisée :

- Les plafonds globaux étaient déterminés exclusivement à partir des déficits de trésorerie communiqués par les banques ;
- Les plafonds globaux faisaient l'objet de relèvement quasi automatique par les Organes de Décision de la BEAC (Comités monétaires et Conseil d'Administration).

C'est ainsi qu'ils sont passés entre juin 1973 et juin 1988, de 59,9 milliards à 443,6 milliards pour le court terme et de 15 milliards à 286,3 milliards pour le moyen terme.

Malgré la baisse unique opérée en 1988, ces plafonds ont toujours été revus à la hausse et les marges importantes qui se dégageaient (en moyenne 50%) contrastaient fortement avec les déséquilibres macro-monétaires de la fin des années 80.

c/ Le système des réserves obligatoires non rémunérées et mécanismes de réserves libres rémunérées (ou dépôts spéciaux).

Conformément à l'article 25 des statuts, et sur décision du Conseil d'Administration, la Banque Centrale pouvait imposer aux banques et établissements financiers la constitution de réserves obligatoires déposées auprès d'elle.

Au Gabon par exemple, lors de l'exécution du plan de stabilisation de 1977-1979, le Comité monétaire national (ancienne appellation du Comité monétaire et financier national) avait décidé d'astreindre, à titre de sanction, les banques ayant consenti des crédits au-delà des limites qui leur avaient été fixées, à constituer auprès de la Banque Centrale des réserves obligatoires non rémunérées pour un montant égal au dépassement constaté. De même, les banques qui entretenaient des avoirs injustifiés auprès de leurs correspondants extérieurs étaient tenues de constituer des dépôts non rémunérés auprès de l'Institut d'Émission à concurrence du montant de ces avoirs.

D'autre part, les autorités monétaires avaient adopté un mécanisme de réserves rémunérées dit « dépôts spéciaux » dont pouvaient bénéficier les banques qui n'avaient pas d'engagements vis-à-vis de la la Banque Centrale. En principe le taux de rémunération de ces dépôts spéciaux étaient égal au taux d'escompte normal de la BAEC : ce mécanisme consistait à fixer les disponibilités excédentaires des banques.

Enfin un autre instrument de politique monétaire utilisé pendant la période est le contrôle du crédit, comme nous le verrons ainsi qu'il suit :

d/ Le contrôle qualitatif du crédit

La BEAC pratiquait pendant la période trois instruments pour le contrôle qualitatif du crédit à savoir :

- Taux d'intérêt et marges bancaires ;
- Sélectivité des plafonds de réescompte ;
- Limites individuelles

Cette politique sélective du crédit utilisée par la BEAC pendant la période avait pour objectif de soutenir les secteurs et opérations jugées prioritaires notamment : les petites entreprises nationales. Les campagnes agricoles. L'habitat social, les organismes de commercialisations agricoles.

En définitive nous dirons que la stratégie de la politique monétaire menée entre 1970 et 1990 présente des insuffisances et des conséquences pour la zone. Face à l'ampleur de la crise, la stratégie monétaire de la BEAC s'est avérée limitée et inopérante. Il s'agit en particulier de la politique des taux d'intérêt qui s'est caractérisée par une trop grande rigidité par rapport à une conjoncture interne et externe très fluctuante.

La politique sélective n'a pas eu les effets attendus ou escomptés ; au contraire, elle a introduit des distorsions importantes au niveau d'allocation des ressources.

En effet la technique des plafonds globaux était rigide et constituait un facteur de blocage ou « bloquant »pour la concurrence interbancaire.

Enfin les réserves obligatoires étaient utilisées comme un élément de sanction des banques, alors qu'elles constituent un instrument de régulation de la liquidité bancaire, particulièrement lorsque les établissements de crédit sont sur liquides et « hors banque ».

I.1.2 - Les insuffisances et les conséquences de la stratégie de politique monétaire de 1972-1990 avant la dévaluation

Le système d'intervention de la BEAC que nous venons de décrire était basé principalement sur les plafonds de réescompte et les taux d'intérêt fixés par le Conseil d'Administration dans sa composition de l'époque ont fonctionné sans trop de difficultés de 1972 à 1986, grâce entre autres, à un environnement international porteur.

À partir de 1986, la situation de la Zone BEAC, s'est considérablement dégradée, non seulement à cause l'effondrement des cours mondiaux des produits de base, mais aussi de l'expansion du crédit intérieur et des mécanismes de gestion monétaire et de contrôle bancaire défaillants.

Ainsi dans ce paragraphe nous présentons ces insuffisances occasionnées par deux types de dégradations :

- La dégradation des indicateurs macro-économiques et monétaires
- La dégradation des systèmes bancaires nationaux.

1/ La dégradation des indicateurs macro-économiques et monétaire :

- Dans le secteur réel, le taux de croissance en volume de l'ensemble des pays avait chuté, de 5,6% entre 1980 et 1985, à -1,3% entre 186 et 1989, et à +0,5% entre 1990 et 1993.
- Par contre au niveau des finances publiques, le déficit budgétaire, base engagements, hors dons, était passé de 1,3% du PIB entre 1980 et 1985 à 8,9% entre 1986 et 1993. Sur la même période, le solde négatif du compte courant s'était creusé, de 2,7% du PIB à 7% du PIB.
- Sur le plan monétaire, les avoirs extérieurs nets étaient revenus de 109,2 milliards en décembre 1985 à environ -140 milliards en décembre 1986 et -218,1 milliards en 1989. Le Compte d'Opérations qui totalisait 209,7 milliards au 31 décembre 1985 était devenu débiteur de 74,8 milliards au 31 décembre 1987, par contre le taux de couverture extérieure de la monnaie avait chuté de 63,7% à 14,8%, alors que les statuts imposent un minimum de 20%.

Cette dégradation des indicateurs macro-économiques et monétaires a eu des répercussions sur les systèmes bancaires nationaux.

2/ La dégradation des systèmes bancaires nationaux.

La crise aiguë des finances publiques et l'accroissement des crédits malsains dans le portefeuille des banques ont été à l'origine de la détérioration de la situation bancaire pendant la période.

En effet comme dans le cas de la stratégie monétaire, la bonne tenue des équilibres macro-économiques entre 1972 et le début des années 80 n'avaient pas permis de déceler les insuffisances du dispositif du contrôle bancaire.

C'est ainsi que, sur 24 Banques en activité en 1990, 18 étaient insolvables, soit 75%. Certains pays n'avaient aucune Banque viable, le fait de nombreuses insuffisances du dispositif de surveillance tant en ce qui concerne les normes de gestion que les critères de délivrance de licences ou d'agrément des dirigeants.

Ce qui avait conduit à la mise en œuvre des plans de restructuration des banques avec le concours des Institutions de Bretton Woods et les mesures de consolidation des créances de l'Institut.

D'émission sur les États qui ont été pris pour un montant global de près de 250 milliards de FCFA (dont 215 milliards au Cameroun) à un taux concessionnel de 3%.

Au total devant toutes ces insuffisances, la BEAC, a été amenée à introduire des réformes monétaires et bancaires dès le 16 octobre 1990[24] :

[24]La modernisation et la rationalisation de la stratégie de politique monétaire de la BEAC a été lancée par les administrateurs de la banque l'ors du Conseil d'administration DU 20

L'objectif des réformes a été d'une part de rechercher les nouvelles contraintes auxquelles les économies des pays membres confrontés et d'autre part, des pratiques modernes et plus efficaces de gestion monétaire.

I.2 - Les réformes de la politique monétaire à partir de 1990

Les réformes monétaires et bancaires engagées à partir de 1990 visaient principalement à améliorer le cadre et les instruments de la politique monétaire et renforcer le dispositif de supervision bancaire.

I.2.1 - L'objectif de la politique monétaire.

Disons à ce sujet que dans le cadre des nouveaux statuts de la BEAC, l'objectif de la politique monétaire est la stabilité de la monnaie commune.

Cette stabilité monétaire monétaire signifie de façon concrète et opérationnelle :

- Un taux de couverture extérieure de la monnaie supérieur ou égal à 20% ;
- Une faible inflation qui ne diverge pas fondamentalement de celle de la Zone Euro pour des raisons de compétitivité extérieure.

Soulignons donc que, l'objectif de la Banque était aussi le développement économique, comme il est stipulé dans l'article 1er des statuts de la banque « sans préjudice de cet objectif (la stabilité monétaire), elle (la Banque) apporte son soutien aux politiques économiques générales élaborées dans l'union ».

Mais ce qui change, c'est plutôt la conception du développement : à la BEAC, on recherche une croissance saine et solide, ce qui exclut les déséquilibres monétaires importants.

L'objectif de la stabilité monétaire est devenu de nos jours, non pas une préoccupation propre à la Banque centrale, mais l'Institut d'Émission a plutôt tirée les leçons sur le plan international.

I. 2.2 - Les réformes monétaires et bancaires à partir de 1990

Les principaux volets de ces réformes sont ainsi énumérés :

a/ Institution de la programmation monétaire en juillet 1991

Cette programmation monétaire a été introduite en juillet 1991 et sert désormais de cadre de détermination macro-économique des objectifs

---

MARS 1991 à Clabotés.

monétaires et de crédit de la Banque :

(objectif de refinancement et objectifs intermédiaires, à savoir la masse monétaire – M2 – et les crédits à l'économie).

Ces objectifs sont arrêtés sur la base des prévisions d'évolution de l'activité économique (PIB), de la balance des paiements et des finances publiques (TOFE).

Cette technique a remplacé l'ancien mécanisme des plafonds globaux de financement qui avait pour inconvénient majeur de ne pas intégrer l'évolution prévisible des agrégats macro-économiques.

b/ La mise en place du Marché Monétaire en juillet 1994.

Un nouveau dispositif de régulation monétaire basé sur les mécanismes de marché a été mis en place consacrant l'abandon des instruments de contrôle directs et sélectifs du crédit (taux privilégiés ou de faveur, plafonds de refinancement par banque).

Depuis donc l'instauration du Marché Monétaire en juillet 1994, le mode d'intervention de la BEAC repose sur *le contrôle de la liquidité bancaire.*

Ce contrôle s'effectue sur l'offre de monnaie centrale grâce à la politique de refinancement mise en œuvre exclusivement sous forme d'avances sur titre au niveau du marché monétaire. Ces avances sont limitées quantitativement par l'application d'un plafond appelé « objectif de refinancement » et sont accordées à un prix fixé (TIAO ou TIPP).

Cette politique de refinancement peut être complétée, si les circonstances l'exigent, par une action sur la demande de monnaie centrale à travers l'imposition des réserves obligatoires.

Au total la BEAC dispose de trois instruments : gestion de la liquidité dans le contexte du marché monétaire sous-régional, taux d'intérêt et réserves obligatoires.

Depuis cette réforme, la gestion des taux est devenue plus dynamique et souple. Les taux d'intervention de la banque sont régulièrement modifiés. Les aménagements opérés le sont aussi bien à la hausse qu'à la baisse, en fonction des fondamentaux économiques de la zone et de l'environnement international.

c/ Le renforcement du dispositif de surveillance bancaire à partir de 1990

Un autre volet des réformes est le renforcement de dispositif de surveillance bancaire avec la création de :

- La COBAC (la convention portant création de la Commission bancaire en Afrique Centrale le 16 octobre 1990)[25] ;

[25]LA COBAC a démarré ses activités en décembre 1992. Sa mission essentielle de veiller à la

- La convention portant Harmonisation de la réglementation bancaire en Afrique centrale le 17 janvier1992).

À cette fin, ses attributions sont de quatre ordres : compétences réglementaires, pouvoir d'avis conforme et d'autorisation préalable, supervision des établissements de crédit, fonction juridictionnelle.

En définitive, ces réformes bancaires ont permis de :

- Doter la sous-région d'un instrument efficace et crédible de supervision bancaire, protégé des injonctions des gouvernements ;
- Définir des normes de gestion conformes aux standards internationaux ;
- Instituer un agrément unique pour les établissements de crédit désirant s'implanter dans plusieurs pays de la CEMAC ;
- Définir une réglementation adaptée aux institutions de la microfinance ;
- Mener à bien les restructurations bancaires.

À ce jour tous les États membres de la CEMAC présentent un tissu bancaire globalement assaini.

d/ La dynamisation du marché sous-régional, en particulier du compartiment interbancaire.

Il s'agit notamment de :

- – L'admission en 2003 des titres publics comme support de transactions sur le Marché Monétaire ;
- – La dématérialisation des certificats de placements ;
- – La création de nouveaux supports de transactions sur le compartiment interbancaire.

Sources : BEAC,CEMAC,2003

solidité des intermédiaires financiers et, partant, à la stabilité bancaire. Actuellement, la responsabilité du maintien de la stabilité bancaire est assurée conjointement par la BEAC et la COBAC dont le gouverneur de la banque est le président (articles 20 et 39 alinéa 5 des nouveaux statuts).

Encadré II

Les contraintes de la politique monétaire Commune en Afrique Centrale

Deux points sont pris en compte :

1/ La nécessité de la discipline budgétaire, préalable à un policy-mix crédible au plan communautaire ;

2/ Les autres contraintes de la politique monétaire commune.

II. 1 - Nécessité d'une discipline budgétaire, préalable à un policy-mix crédible au plan communautaire

Dans le cadre de la sous-région, le cadre institutionnel de la Zone Franc (voir encadré), a fait la preuve de sa robustesse. En effet, sur longue période, la politique monétaire menée a permis à la monnaie commune de bénéficier d'une crédibilité indéniable, avec des règles rigoureuses de gestion monétaire. Ces règles ont servi, jusqu'au milieu des années 80, à accompagner les efforts de développement des pays membres en favorisant une croissance soutenue dans un environnement macro-économique stable. Ainsi, sur cette période, les performances économiques des pays membres ont été en moyenne supérieures à celles de nombreux pays africains à structure économique comparable.

Toutefois, la crise économique de la fin des années 80, génératrice d'intenses pressions sur la monnaie commune qui ont abouti au réajustement monétaire du FCFA de 50% en janvier 1994 (la dévaluation du FCFA), a révélé à partir de 1986 les insuffisances et les rigidités du dispositif monétaire.

Dans les unions monétaires, les banques centrales régionales, ce qui est le cas de la BEAC, sont davantage interpellées par rapport à leur marge de manœuvre, dans le contexte de l'intégration, et plus particulièrement par rapport à l'adéquation entre la politique monétaire commune et les politiques budgétaires et financières des États membres.

En effet, dans ce contexte, en l'absence d'une politique monétaire nationale, le principal instrument de stabilisation macro-économique est **la politique budgétaire.** C'est la raison pour laquelle, dans toutes les unions monétaires, l'on s'est appesanti sur la question de la crédibilité du policy-mix, qui est en soi la reconnaissance que l'indépendance des banques centrales ne suffit pas à garantir la crédibilité de la politique monétaire.

Par ailleurs, les faits récents ont montré que la CEMAC n'est pas à l'abri des préoccupations relatives à la soutenabilité des finances publiques, comme l'attestent les indicateurs financiers de la sous-région. Par exemple, entre 1987 et 1993, le déficit budgétaire consolidé de la CEMAC (base engagements hors dons) est resté très élevé, s'établissant en moyenne à 9% du PIB. Le poids de la dette publique extérieure a également augmenté, le ratio de l'encours de la dette sur le PIB se situait à 140,9% en 1993, contre 62,6% en 1987, tandis que celui du service de la dette sur les recettes budgétaires s'établissait à 72,2% en 1993 contre 33,5% en 1987.

Cette trajectoire insoutenable des finances publiques a exercé des effets significatifs sur les biens communs de la communauté que sont : l'équilibre de la balance des paiements, la monnaie et la situation du système bancaire.

Au niveau du secteur extérieur, le déficit des transactions courantes s'est élevé à 7% du PIB, en moyenne entre 1987-1993, du fait des banques primaires et celles -ci à accumuler dès janvier 1994, des efforts d'assainissement des finances publiques ont été entrepris dans de nombreux pays, l'année 1998 (c'est-à-dire après la dévaluation) est venue rappeler que ces efforts doivent être renforcés. Le déficit budgétaire est ainsi passé de 2,1% du PIB en 1997 à 6,5% en 1998, entraînant une baisse des avoirs extérieurs nets du système monétaire de 64,7% à 6,5% en 1998, entraînant une baisse des avoirs extérieurs nets du système monétaire de 64,7%, et du taux de couverture extérieure qui est revenu de 60% en 1997 à 39,1% en 1998.

Ainsi donc, en réponse à la détérioration de l'environnement macro-économique, la BEAC a dû resserrer, à chaque fois, sa politique monétaire, mais celle-ci s'est avérée inopérante dans un contexte de déficits budgétaires excessifs.

L'union monétaire ne présente des avantages réels au plan de la solidité de la monnaie que si les pays vont au-delà de la simple coopération monétaire pour intégrer ou au moins harmoniser les autres composantes de la politique économique, notamment les politiques budgétaires.

II. 2 - Les autres contraintes de la politique monétaire commune

Les autres contraintes à la conduite de la politique monétaire régionale sont :

- les disparités en termes de niveaux et des rythmes de développement entre les pays membres ;
- la faible intégration économique et financière ;
- l'absence d'un marché financier développé.

a/ Les disparités des niveaux et rythmes de développement économique.

Bien que les structures économiques dans les pays de la Zone soient essentiellement polarisées sur la production et l'exploitation, de matières premières, l'on relève quelques disparités aussi bien en termes de diversification des bases économiques que de rythme de développement, certaines économies reposant davantage sur l'agriculture, l'élevage et, dans certaine mesure, sur les productions minières. Dans ce contexte, la mise en œuvre d'une politique monétaire régionale menée sans souci d'adaptation aux économies des pays membres est susceptible de produire des effets asymétriques d'un pays à l'autre et de perdre son efficacité.

En 1998, par exemple, les actions de redressement engagées par la Banque centrale pour sauvegarder la stabilité de la monnaie ont intégré aussi bien des mesures de portée régionale avec le relèvement uniforme des taux directeurs, que nationale avec la révision différenciée à la baisse des objectifs de refinancement des pays.

b/ La faible intégration économique et financière.

En Afrique Centrale, les marchés de biens, du travail et des capitaux demeurent relativement cloisonnés, imposant certaines limites à la mise en œuvre de la politique monétaire régionale.

Au niveau du marché des biens : Le commerce intra-régional formel reste faible (autour de 5% du commerce extérieur de la CEMAC). Le développement des échanges commerciaux dans la sous-région est notamment entravé par l'insuffisance des infrastructures de communication et la nature concurrente des produits d'exportation des pays membres ;

Au niveau du marché du travail : En dépit de la proximité culturelle entre les peuples de la sous-région, la mobilité du travail est également faible. Celle-ci est principalement freinée par une faible tradition de mobilité géographique, les insuffisances des réseaux de communication et des barrières administratives diverses. Le projet du passeport CEMAC participe de la volonté exprimée par les États membres de faciliter les mouvements des populations au sein de la Zone.

*Au niveau du marché des capitaux :*Malgré la liberté des transferts en vertu des règles de la Zone Franc, a mobilité des capitaux demeure relativement faible. Cette situation s'explique par plusieurs facteurs au nombre desquels figurent l'existence de coûts de transactions relativement élevés et l'absence d'un système intégré et moderne de paiement et de compensation propre à faciliter et à sécuriser les mouvements de capitaux.

c/ L'absence d'un marché financier développé

De plus, le fonctionnement du marché monétaire, crée en 1994, est encore imparfait du fait du cloisonnement par pays, ce qui explique la faiblesse des transactions interbancaires entre intermédiaire financier de pays et de réseaux différents.

Enfin, l'absence d'un marché financier régional organisé représente aussi un frein à l'intégration financière dans la CEMAC.

En conclusion, les différentes contraintes que nous avons évoquées nous ramènent à la problématique sur la théorie des Zones monétaires optimales, qui a été abordée dans la thèse, notamment aux thèses de Mundell (1962) concernant l'impact de la mobilité des capitaux sur le policy-mix qui ont été approfondies par la suite par d'autres auteurs.

Rappelons à ce sujet qu' en ce qui concerne particulièrement la question du meilleur régime de change (changes fixes ou flexibles), le débat n'est toujours pas tranché, surtout pour des raisons politiques.

C'est en vertu de tous les développements que les réformes monétaires, bancaires et financières de portée régionale des pays membres de la CEMAC, ont été engagées depuis octobre 1990, date du processus d'élargissement l'intégration aux volets autres que monétaires.

Sources : BEAC,CEMAC,2003

Encadré III

L'approfondissement des réformes dans le cadre de la nouvelle dynamique de l'intégration en Afrique Centrale après la dévaluation

Parallèlement aux réformes monétaires et bancaires relevant des activités « classiques » de toute Banque Centrale qui sont conduites afin de moderniser la stratégie de politique monétaire ainsi que l'environnement financier de la Sous-région, la BEAC a contribué à la mise en place de la CEMAC.

Les points suivants sont pris en compte pour analyser les réformes entreprises après la dévaluation du 12 janvier 1994 dans la zone BEAC :

- Le pilotage de l'intégration par la BEAC et la création de la CEMAC ;
- L'harmonisation de la réglementation des changes de la CEMAC ;
- La mise en place de la surveillance multilatérale ;
- Programme sous-régional de Redressement économique et financier (PSR) ;
    - D'autres projets pilotés par la BEAC en cours d'exécution.

III.1 - Pilotage du dossier de l'intégration par la BEAC et création de la CEMAC

Notons que par décision du conseil des Chefs d'États de l'Union douanière et économique de l'Afrique centrale (UDEAC), réuni le 6 décembre 1991, la BEAC avait reçu mandat de piloter, en étroite collaboration avec le Secrétariat général de l'UDEAC, un groupe d'experts chargé d'étudier et de proposer une nouvelle approche d'intégration économique et sociale en

UDEAC.

En exécution de la décision, le Gouverneur de la BEAC avait mis en place un Groupe de travail comprenant des Experts désignés par les États membres et ceux représentant le secrétariat général de l'UDEAC, la BDEAC et la France.

Après avoir adopté en décembre 2002, le rapport des Experts (Propositions pour une relance de l'intégration économique et sociale en UDEAC, les Chefs d'État demandèrent au Gouverneur de poursuivre le travail par l'élaboration des textes devant régir la Communauté.

À cet effet, les travaux se sont poursuivis dans le cadre d'un Comité de Plénipotentiaires composé notamment des ministres des Finances et des Affaires étrangères. Les différents textes ont ensuite été validés, signés par les chefs d'État puis ratifiés par les différents parlements nationaux des États membres.

Ainsi, le 16 mars 1994, après la dévaluation du FCFA, à N'Djamena, les Chefs d'État signèrent le traité de la CEMAC. Le 5 juillet 1996 à Libreville, les Conventions (UEAC et UMAC), qui sont annexées au traité ainsi que l'Additif au Traité relatif au système institutionnel et juridique de la Communauté sont à leur tour signés.

Enfin, le 25 juin 1999 à Malabo, les Chefs d'État proclamèrent l'entrée en vigueur de la CEMAC. Voilà pour ce qui est pour l'origine de la CEMAC.

Ce nouveau schéma d'intégration est basé sur l'harmonisation des règles et des normes dans certains domaines clés de la politique économique. Dans le cadre de cette nouvelle approche, la BEAC continue de jouer un rôle important pour les domaines relevant de sa compétence que pour les autres volets économiques, notamment le dossier de la surveillance multilatérale.

III.2 - L'Harmonisation de la Réglementation des Changes de la CEMAC

Elle a été adoptée le 29 avril 2000 par le Comité ministériel de l'UMAC, sous forme d'un Règlement CEMAC. Elle vient renforcer le dispositif de la monnaie commune et concourt au développement des transactions financières des États membres avec l'extérieur, dans un contexte de libéralisation des échanges.

Son élaboration est le fruit du travail supervisé par la BEAC avec la participation des experts des États membres et le concours du FMI.

Le but visé par cette réglementation est de lever toutes les restrictions aux paiements courants, conformément aux dispositions de l'article VIII des Statuts du Fonds Monétaire International et aux engagements auxquels les États de la CEMAC ont tous adhéré.

Les autorités de la BEAC affirment que la Banque centrale continue à renforcer son rôle dans la Réglementation Harmonisée des Changes qui relève de la tutelle du Ministère des Finances dans chaque pays, notamment en renforçant certaines dispositions entre autres, le rapatriement des recettes d'exportation.[26].

III.3 - La mise en place de la Surveillance multilatérale

Notons ici que l'exercice de la surveillance multilatérale a démarré en mars 1993 dans la Sous-région sous la forme d'une structure provisoire dénommée « Conseil de Convergence » piloté par la BEAC. Cette instance transitoire, dotée de pouvoirs restreints, a conduit à la sensibilisation des Autorités de l'Union et du public, à travers la publication des communiqués de presse, de la nécessité d'une convergence des politiques économiques dans une union économique et monétaire.

Depuis 2001, les structures définitives de surveillance ont été mises en place et fonctionnent sous la supervision du Secrétariat exécutif de la CEMAC avec le concours de la banque Centrale, conformément aux dispositions de la Convention de l'UDEAC (article 50 titre III).

Cet exercice s'appuie sur des organes de surveillance multilatérale (Cellules nationales, Cellule communautaire, Collège de surveillance et Conseil des ministres de l'UEAC).

Les critères en vigueur complétés par les indicateurs macro-économiques se présentent comme suit :

- le solde budgétaire de base (hors dons) rapporté au PIB nominal positif ou nul à l'horizon 2004 ;
- Taux d'inflation annuel moyen inférieur ou égal à 3% ;
- Taux d'endettement public extérieur inférieur ou égal à 70% du PIB à l'horizon 2004 ;
- Non-accumulation d'arriérés intérieurs et extérieurs sur la gestion de la période courante.

C'est ainsi qu'afin de consolider cet exercice et de le rendre plus dynamique, les États membres ont adopté en août 2002 le principe de l'élaboration des Plans Triennaux de Convergence.

L'horizon qui est proposé est l'année 2007, pour tenir compte des délais nécessaires d'ajustement des économies, notamment dans les domaines des finances publiques et de l'endettement extérieur.

Il est à noter que, dans le cadre de la Zone Franc, un Comité de Convergence (Comité de Convergence de la Zone Franc) a été institué en septembre 1999, en vue de faire le point aux ministres, à l'occasion de leur réunion semestrielle, de l'état de la convergence au sein des deux zones africaines (CEMAC et UEMOA). Ce comité comprend des experts des Banques Centrales, de la Commission de l'UEMOA, du Secrétariat exécutif

[26]Cf déclaration du Gouverneur de la BEAC.

de la CEMAC, des Banques Régionales de Développement (BDEAC et BOAD) et du Trésor français.

III.4 - Le programme sous régional de Redressement économique et Financier (PSR) de la CEMAC

Ce programme est une innovation importante, car il constitue une stratégie cohérente et concertée de sortie de crise et de relance des économies des États membres proposée par le Gouverneur de la BEAC, sur instructions des Chefs d'État de la sous-région réunis à Malabo en juin 1999.

Cette stratégie, qui fait suite à la crise de 1997-1998, vise principalement à redresser les équilibres macro-économiques et à renforcer les structures économiques des pays membres afin de promouvoir une croissance saine et soutenue dans la CEMAC. À cet effet, elle met l'accent sur les axes de politique économique jugés essentiels à la réalisation de ses objectifs, tout en privilégiant les actions de portée régionale.

La mise en œuvre du PSR est étroitement suivie par les principales parties impliquées, à savoir le Secrétariat exécutif de la CEMAC, la BEAC, et le Secrétariat général de la COBAC, notamment à travers un rapport régulier de la Banque Centrale au Comité ministériel de l'UMAC sur l'état d'exécution de la Matrice des vingt principales mesures du Programme.

Ces mesures portent principalement sur la consolidation des finances publiques des États, le renforcement de l'intégration régionale et les réformes monétaires et bancaires.

En définitive, l'ensemble des réformes monétaires, bancaires et financières ainsi que le renforcement de la discipline budgétaire dans les États ont permis, avec le concours de la Communauté financière internationale, d'inverser la tendance à la dégradation des principaux indicateurs macro-économiques observée dans les années 1990.

En effet, à partir de l'année 2000, la situation macro-économique de la CEMAC s'est nettement améliorée comme nous le verrons dans la troisième partie de la thèse, car un chapitre est consacré à ce sujet.

Mais d'ores et déjà elle se présente pour la période 2000-2004 comme suit :

- le taux de croissance du PIB en termes réels s'est situé autour de 5% ;
- le taux d'inflation s'est établi en moyenne autour de 2% ;
- le solde budgétaire, base engagements, hors dons, est devenu excédentaire, avec une moyenne de 2,7% sur la période ;
- le taux d'endettement public pour l'ensemble de la Zone s'est établi autour de 65% contre une moyenne supérieure à 100% au cours des périodes antérieures ;
- le taux de couverture extérieure de la monnaie s'est situé autour de 65%, largement au-dessus de la norme de 20% prévue par les statuts de

la Banque ;
- enfin les systèmes bancaires nationaux sont désormais globalement assainis.

Les autres Projets pilotés par la BEAC en cours d'exécution sont :

- Projet de la bourse des valeurs mobilières de l'Afrique centrale ;
- Projet de modernisation des systèmes de paiement et règlement de la CEMAC ;
- Projet d'émission de titres publics à souscription libre ;
- Programmation monétaire régionale ;
- Projet d'une Centrale des bilans ;
- Dispositif de lutte contre le blanchissement des capitaux.

En conclusion, nous disons que les réformes monétaires que nous venons voir se poursuivent dans l'optique de la nouvelle dynamique de l'intégration amorcée avec le programme sous-régional de Redressement économique et financier et la démarrage de l'exercice de Surveillance multilatéral.

Elles devraient donc servir à moderniser davantage et accroître l'efficacité de la politique monétaire commune.

Ainsi dans le contexte de globalisation des marchés, où les économies sont exposées aux chocs exogènes et aux effets décontagion, l'intégration économique et monétaire présente l'avantage majeur de constituer une zone de stabilité interne qui peut réduire l'instabilité externe à laquelle les pays membres seraient individuellement confrontés.

Cette stabilité (stabilité des prix et des taux de change réels) repose toutefois sur un certain nombre d'éléments qui doivent être recherchés et consolidés notamment :

- L'arrimage à une monnaie solide au niveau international et la mise en œuvre de politiques budgétaires nationales vertueuses ainsi que d'une politique monétaire commune rigoureuse pour rendre l'ancrage crédible et soutenable ;
- L'organisation d'une convergence des économies des pays membres et le respect des critères adoptés afin de donner des bases solides à la monnaie commune ;
- Le développement et l'approfondissement d'un marché monétaire et financier au niveau régional avec des instruments financiers diversifiés ;
- L'harmonisation des règles et procédures communautaires et la mise en place des mécanismes de sanction ou autres, en vue de leur apparition effective.

Ces dispositions permettent de donner des signaux clairs aux agents économiques internes, aux investisseurs étrangers et à la communauté financière internationale, quant à la volonté des États membres de respecter la discipline communautaire. Et la promotion d'une croissance saine et robuste de l'activité dans les pays membres.

Source : BEAC, CEMAC, 2003

Références Bibliographiques du Chapitre I

BECART, A. (1992), « L'inévitable dévaluation du FCFA », *Le monde* du 13 octobre.

BECART, A. (1994), « La nouvelle Zone Franc Africaine : une question oubliée », *Revue Banque* N-550, P. 47-49, juin/juillet.

BECART, A. (1994), « La situation de la ZFA et l'éventuel rattachement du FCFA à l'ECU », *Communication au congrès de l'Association Internationale des Économistes de Langue française,* Luxembourg, 27 mai.

BECART, A. (1997), *Intégration et Développement : Bilan et perspectives de la Zone Franc en Afrique,* L'Harmattan.

BLOCH-LAINE, F. (et collaborateurs) (1956)., *La Zone Franc,* PUF, Paris.

DIARRA, M. (1972)., *Les États africains et la garantie monétaire de la France,* NEA, Dakar.

GERARD IN, H. (1989)., *La Zone Franc. Histoire et Institutions,*Tome 1, L'Harmattan, Paris.

GERARDIN, H. (1994)., *La Zone Franc : La dynamique de l'intégration monétaire et ses contraintes,*Tome 2, L'Harmattan, Paris.

GERARDIN, H. (1997)., *Intégrationet Développement : Bilan et perspectives de la Zone Franc en Afrique.*

GUILLAUMONT, S. (1988)., « Dévaluer en Afrique », *Observations et Diagnostics économiques,* N-25.

GUILLAUMONT, P&S. (1988), *Stratégies de développement comparées, Zone Franc et Hors Zone,* Economica, Paris.

GUILLAUMONT, P.,et GUILLAUMONT, S. (1990), « Why and how to stabilize producer priees for export caps in developing countries », UNDP,*World Bank. Trade Expansion Program,Occasional Paper,* n-6.

GUILLAUMONT, P. (1995), « Déclin et renouveau de l'économie du développement », *Revue française d'économie,* Vol X,N -1.

HERLAND, M. (1998), *« Concilier liberté économique et justice sociale » : Les solutions pour Keynes. »,* Cahier d'Économie Politique : Histoire de la pensée et théories, l'Harmattan.

HUGON, PH. (1999), *Zone Francà l'heure de l'Euro,* Édition Karthala, Paris.

HUGON, PH. (2002), *Les économies en développement à l'heure de la régionalisation* ,Ed. Karthala, Paris.

HUGON, PH. (2005), *Les nouvelles régulations de l'économie mondiale,* Karthala, Paris.

HUGON, PH. (2005), *Intégrations régionales dans les pays en développement,* L'Harmattan, Paris.
HUGON, PH. (2007), Les spécificités de l'analyse institutionnelle des pays du Sud et leurs implications méthodologiques, École Thématique : « les méthodes de l'analyse institutionnelle, La Rochelle 17-21 septembre 2007.
MERIGOT, J. G., et COULBOIS, P. (1938-1950), *Le Franc,* LGDJ, Paris.
MICHALET, C. A. (1983)., *Le défi du développement indépendant,* Ed. Rochevignes, Paris.
OYE MBA, C. (1982), « Réflexions sur l'évolution et les problèmes monétaires dans la zone BEAC », *Marchés tropicaux et méditerranéens.*
PIEGAY, P. (2004)., ROCHON, L-P.,(2004), « Les théories monétaires post-keynésiennes », in *Revue Économie Appliquée* Tome LVII, N-4, P. 163-186, décembre ISMEA les Press.
RUDOLOFF, *M. (1969), Économie monétaire nationale et développement,* Cujas, Paris.
VINAY, B. (1969), *Économie monétaire,* Armand Colin/IIAP, Paris.
VINAY, B. (1988)., *Zone Franc et coopération monétaire,* ministère de la Coopération, La Documentation Française.
TROTIGNON, J. (2004)., « Une Union Monétaire de l'Argentine et du Brésil est -elle réalisable ? »in *Revue économie appliquée* tome LVII N-4, décembre 2004.
TRIFFIN, R.(1964), « Rapport sur les possibilités d'établir une union de compensation et des paiements en Afrique », *BCEAO, NIS,* N-1 , 03, février, 15p.

TEXTES CONSTITUTIFS :

Textes relatifs à l'UEMOA :

Traité du 14 novembre 1973 instituant l'Union Monétaire ouest-africaine (UMOA)
Accord de coopération entre la République française et les Républiques membres de l'Union Monétaire ouest-africaine du 4 novembre 1973
Traité de l'Union Economique et Monétaire Ouest-Africaines (UEMOA) du 11 janvier 1994.
Statuts de la Banque centrale des États de l'Afrique de l'Ouest (BCEAO)

Textes relatifs à la CEMAC :

Convention de coopération monétaire des 22 et 23 novembre 1972
Traité du 16 mars 1994 instituant la Communauté économique et monétaire de l'Afrique centrale (CEMAC).

Convention régissant l'Union Monétaire de l'Afrique centrale (UEAC).
Convention régissant l'Union Monétaire de l'Afrique centrale (UMAC)
Statuts de la Banque des États de l'Afrique centrale (BEAC) Textes relatifs aux Comores :
Accord de coopération monétaire entre la République Française et la République fédérale islamique des Comores du 23 novembre 1979.
Statuts de la Banque centrale des Comores.

Annexes du chapitre I

Annexe 1

Principaux traits caractéristiques du cadre institutionnel et organisationnel de l'action et la politique monétaire de la BEAC

Présentation :

BEAC : Banque des États de l'Afrique Centrale
Forme juridique : Établissement public multinational africain

États membres actionnaires : République du Cameroun, République centrafricaine, République du Congo, République gabonaise, République de Guinée Équatoriale, République du Tchad.

Création de la BEAC : la Banque des États de l'Afrique Centrale a été créée le 22 novembre 1972 par, en remplacement de la Banque Centrale des États de l'Afrique Équatoriale et du Cameroun (BCEAEC), par deux Conventions de coopération monétaire :

- La première, signée le 22 novembre 1972 entre les cinq États membres d'Afrique Centrale fondateurs (Cameroun, Centrafrique, Congo, Gabon et Tchad). La Guinée Équatoriale est devenue membre de la BEAC le 1er janvier 1985.
- La deuxième, signée le 23 novembre 1972 entre la France et les cinq États fondateurs. Ces deux conventions ont été signées à Brazzaville (Congo).

Capital social (au 30 juin 1998) : 45 Milliards de FCFA, souscrit en indivision par les États membres.

Conseil d'Administration : 13 administrateurs nommés par les gouvernements des six États, dont quatre pour le Cameroun, deux pour le Gabon, un pour le Centrafrique, un pour le Congo, un pour la Guinée Équatoriale, un pour le Tchad, et trois pour la France.

La BEAC a officiellement démarré ses activités le 2 avril 1973.

La Banque émet la monnaie de l'Union et en garantit la stabilité. Sans préjudice de cet objectif, elle apporte son soutien aux politiques économiques générales élaborées dans l'Union.

Missions de la BEAC :

- Émettre la monnaie et garantir sa stabilité ;
- Définir et conduire la politique monétaire applicable dans les pays membres de l'union ;
- Conduire les opérations de change ;
- Détenir et gérer les réserves de change des pays membres ;
- Promouvoir le bon fonctionnement du système des paiements dans l'union.
- La convention de Coopération monétaire entre les États membres de la BEAC et la France consacre :
- la liberté des transferts en Zone Franc ;
- la convertibilité illimitée entre les différentes monnaies de la Zone Franc et l'harmonisation des réglementations de change ;
- les parités fixes entre les différentes monnaies de la Zone Franc ;
- la garantie du Trésor français à la monnaie émise par la BEAC ;
- la centralisation des réserves dans un compte spécial appelé « Compte
- d'Opérations » ouvert par la BEAC auprès du Trésor français.

L'unité monétaire est le Franc de la Coopération financière en Afrique centrale (F CFA), dont la parité avec le Franc français (avec l'euro) est fixe. La dénomination et la définition de l'Unité monétaire pourront être modifiées après concertation entre les États membres et la France qui en garantit la convertibilité.

À ce titre, le 12 janvier 1994, le Franc CFA a été dévalué de 50% par rapport au Franc français à la suite d'une réunion élargie des Chefs d'État de la Zone Franc à Dakar (Sénégal).

La nouvelle parité devenant ainsi 1 FCFA =0,0 1FF

Les États de la BEAC ont une superficie globale de 3018952 km2 pour une population totale d'environ 28,5 millions d'habitants et un Produit intérieur brut (PIB) en valeur nominale estimée à 11154,5 milliards de FCFA.

Cadre Institutionnel et Organisationnel de la BEAC

Les services centraux de la BEAC sont établis à Yaoundé au Cameroun depuis le 03 janvier 1977

La BEAC comprend, outre les services centraux, des Directions nationales, des Agences, des Bureaux et une délégation extérieure. Les Directions nationales, établies dans la capitale de chacun des États membres, ont les attributs de siège social.

La BEAC est administrée par un conseil d'Administration et un Gouverneur.

Son contrôle est assuré par un collège des censeurs. Dans chaque État membre, un Comité national de Crédit participe au fonctionnement de la Banque dans les conditions définies par les statuts.

Sous l'autorité du conseil d'Administration, le Gouverneur assure la direction de la Banque. À ce titre, il veille au respect des statuts de la Banque, applique les décisions du conseil d'Administration et des Comités nationaux de Crédit en matière de politique monétaire.

Le Gouverneur représente la Banque vis-à-vis des tiers, exerce toute action en justice, organise et dirige les services de la Banque, recrute, nomme et révoque l'ensemble du personnel de la Banque. Il est assisté, dans l'exercice de ses fonctions, par un vice -Gouverneur, et un Secrétaire général.

Il est représenté dans chaque État membre par un Directeur National.

La politique monétaire de la BEAC s'inscrit dans un cadre institutionnel et organisationnel bien précis.

La cadre institutionnel :

- Le traité instituant la communauté économique de l'Afrique centrale (CEMAC) du 16 mars 1994 et son additif subséquent relatif au système institutionnel et juridique de la communauté en date du 5 juillet 1996 ;
- La convention de l'Union Monétaire de l'Afrique centrale (UMAC) du 5 juillet 1996 qui fait partie intégrante du Traité de la CEMAC ;
- La Convention de Coopération monétaire du 22 novembre 1972 entre les États fondateurs (Cameroun, Centrafrique, Congo, Gabon et Tchad) ;
- La convention de Coopération monétaire du 23 novembre 1972 entre les États fondateurs et la France ;
- Les deux conventions du 24 août 1984 relatives à l'entrée de la Guinée Équatoriale à la BEAC, signées l'une entre les États fondateurs et la Guinée Équatoriale, et l'autre entre les États fondateurs plis la France d'une part et la Guinée Équatoriale d'autre part.
- La convention de Compte d'Opération du 13 mars 1973 et son Avenant du 12 avril 1975 ;
- *Les statuts de la BEAC qui sont entrés en vigueur le 15 décembre 1999.*

À ce stade, il convient de préciser que les mécanismes de coopération entre les États membres d'une part, et entre ceux-ci et la France d'autre part, sont régis par quatre principes fondamentaux :

1/ Une monnaie commune, le FCFA qui a une parité fixe avec l'Euro, monnaie d'ancrage depuis le 1er janvier 1999 (1EUR0= 655,957 FCFA);
2/ La garantie illimitée de convertibilité du FCFA en EUROS par le Trésor français ;
3/ La libre circulation des capitaux entre les pays membres de la zone Franc ;
4/ La mise en commun des réserves de change des pays membres de l'UMAC.

Ces principes sont consacrés dans les statuts de la BEAC au travers d'un dispositif réglementaire, dont les traits saillants sont :

- L'ouverture auprès du Trésor français d'un Compte d'Opérations au nom de la BEAC destiné à recevoir au moins 65% de ses avoirs en devises ;
- Le respect d'un taux de couverture des engagements à vue par les avoirs extérieurs bruts au minimum égal à 20% ;
- Le plafonnement des avances de l'Institut d'Émission à chaque État membre à 20% de ses recettes budgétaires ordinaires fongibles d'origine nationale constatées au cours de l'exercice écoulé.

Le cadre organisationnel prévoit des Organes de Décision et de Contrôle, à savoir :

Au plan des Organes de Décision :

- La Conférence des Chefs d'État (Organe suprême de la CEAMAC) : elle détermine le politique d'ensemble de la Communauté et oriente l'action du Comité ministériel de l'UMAC pour les questions monétaires, et du conseil des ministres pour les questions économiques, fiscales, douanières, etc.
- Le Comité ministériel : il examine les grandes orientations de politique économique des États et assure la cohérence avec la politique monétaire commune. Il est composé uniquement des ministres, dont le ministre des Finances.
- Le conseil d'Administration : il définit et met en œuvre la politique monétaire de l'union. Il est composé de hauts fonctionnaires représentants les États membres et la France. La présidence du conseil est assurée par le Gouverneur ;
- Les comités monétaires et financiers nationaux : ils formulent des propositions au conseil d'administration (coordination de la politique économique nationale avec la politique monétaire

commune, objectifs monétaires et du crédit pour chaque pays). Dans chaque État membre, il est présidé par le ministre des Finances.

Au plan des Organes de Contrôle :

- Le Collège des Censeurs : il contrôle la régularité des opérations et des comptes de la Banque au regard notamment de ses Statuts ;
- Le Comité d'Audit : il assiste le Conseil d'Administration de la Banque. Il contrôle la fiabilité des états financiers, l'exhaustivité de l'information financière et le fonctionnement des organes de contrôle ;
- Le Commissariat aux comptes : il a pour mandat la certification comptable des comptes de la Banque.
- Dans l'ensemble de l'Union, la BEAC, dispose de treize Agences dont six ont le statut de siège social (Bangui, Brazzaville, Libreville, Malabo, N'Djaména et Yaoundé), les sept autres étant Bafoussan, Bata, Douala, Garoua, Limbé, Pointe-Noire et Port-Gentil.
- La banque dispose en outre de cinq bureaux : un au Cameroun (Nkongsamba), deux au Gabon (Oyem et France ville) et deux au Tchad (Sarh et Moundou).

Elle n'a qu'une représentation en dehors de l'Union ; il s'agit du Bureau extérieur de Paris.

Source : BEAC

Annexe 2
Schéma de fonctionnement de l'UEMOA

Organes de Direction :

Conférence des chefs d'États et de gouvernement

↓

Conseil des ministres

(Secrétariat - BCEAO)

↓ ↓

Organe de contrôle juridictionnel

Cour de justice

Cour des comptes

Organe de contrôle démocratique

Comité interparlementaire

↓

Institutions spécialisées autonomes

BCEAO – BOAD

↓

Organe consultatif

Chambre consulaire régionale

↓

Acteurs bénéficiaires

Etats membres – Populations et entreprises

Institutions de la CEMAC

Parlement CONFÉRENCE DES CHEFS D'ÉTAT

Cour de Justice/

Chambre des Compte

Chambre Judiciaire

Conseil des ministres

BEAC

Comité ministériel

↓

UEAC

UMAC

SECRÉTARIAT EXÉCUTIF DE LA CEMAC

Collège de Convergence

Annexes 3

Données sur les pays de la zone Franc- 2007 (tableau 2)

	Population	PIB		PIB réel	Taux d' It	inflation en moyenne annuelle	Recettes budg(hors dons	soldes budg. bsae engag(dons compris)	B.ciale	Solde Tr.courante	Dette extérieure	Dette/ PIB	Service payé/dette ext
	Millions d'habt(1)	mds CFA mds FC	USD/hab(2)	Taux croissance en%	en%	en%	en %PIB	en %PIB	en%PIB	millions USD		en%	en%
	2006	2007	2007	2007	2007	2007	2007	2007	2007	2007	2006	2006	2006
Cameroun	18,2	9817,0	1129	3,0	26,7	1,1	19,7	5,4	2,2	-1,7	3171,0	17,6	11,6
Centrafrique	4,3	858,2	420	3,8	8,1	1,0	9,7	0,9	-3,9	-6,1	1020,0	65,2	33,4
Congo	3,7	3662,3	2074	-2,2	52,6	2,5	42,7	10,1	40,7	-18,7	6130,0	82,2	1,6
Gabon	1,3	5608,8	8940	5,4	22,5	4,8	29,2	8,4	46,1	18,0	4351,0	44,3	1,4
Guinée Éq	0,65	5129,7	16488	23,2	31,1	5,5	45,0	20,9	69,6	1,0	278,1	3,3	0,1
Tchad	10,5	3296,4	658	0,7	26,2	-9,0	22,5	3,5	31,4	-10,0	1772,0	27,6	1,9
Total CEMAC	**38,6**	**28372,4**	**1537**	**4,0**	**29,4**	**1,6**	**29,2**	**9,0**	**31,3**	**-0,7**	**16722,1**	**32,3**	**2,9**
Bénin	8,8	2641,3	630	4,6	19,7	1,3	20,7	1,8	-8,8	-5,5	824,0	17,5	9,9
Burkina Faso	14,4	3243,0	472	4,0	20,0	-0,3	13,6	-5,8	-8,9	-8,3	1142,0	20,0	7,8
Côte-d'Ivoire	18,9	9484,2	1048	1,5	10,9	1,9	19,2	-0,8	12,9	-0,7	1142,0	78,6	1,4
Guinée-Biss	1,6	177,8	226	2,7	15,5	4,6	15,5	-14,2	-12,9	-8,2	13840,0	221,6	39,4
Mali	12,0	3402,1	594	3,2	20,9	1,4	16,8	-3,3	-4,0	-8,1	711,3	23,4	4,3
Niger	13,7	1968,5	299	3,1	24,2	0,1	15,7	-1,0	-5,5	-8,9	1436,0	22,5	30,2
Sénega	12,1	5344,3	925	4,8	31,7	5,9	20,9	-3,5	-19,9	-10,2	805,0	21,4	8,4
Togo	6,4	1195,2	390	1,5	14,5	0,9	17,1	0,3	-21,2	-14,1	1984,0 1806,0	81,3	1,5
Total UEMOA	**87,8**	**27456,4**	**653**	**3,0**	**19,2**	**2,4**	**18,3**	**-2,0**	**-3,2**	**-6,1**	**22548,3**	**45,6**	**4,6**
Comores	0,6	166,2	758	0,8	11,5	4,5	12,7	-2,1	-24,3	-7,2	281,8	69,4	5,5

(1) Sources : Banque Mondiale, World Development Indicators 2007 sauf Guinée Équatoriale (estimation)

(2) USD en moyenne annuelle 2007, 1 USD = FCFA 478,6337 et 1 USD = FC 358,9747

Sources : BEAC, BCEAO, BCC, FMI, Banque mondiale

Chapitre II
La zone franc et la problématique des zones monétaires optimales

Introduction du Chapitre II

Ayant présenté dans le premier chapitre, les facteurs explicatifs de comparaison entre les zones monétaires coloniales (voir annexes générales n-19), ce chapitre, fait une lecture de la zone Franc à travers la théorie des zones monétaires optimales comme corpus théorique recherché.

Le débat sur l'union monétaire européenne, et plus précisément le débat autour du traité de Maastricht, a réactualisé cette question d'appartenance à une zone monétaire. Dans ce contexte très difficile des économies africaines au cours de la période 1980-1993, et face à l'insistance des institutions de Bretton Woods, la tentation de dévaluer a dû être forte.

Mais la pertinence de la zone Franc, en tant que zone monétaire, s'est alors posée avec beaucoup d'acuité.

Ce qui est spécifique à la zone Franc qui regroupe avec la France et ces territoires du Pacifique, quinze pays africains, est que cette zone a proposé une expérience originale de zone monétaire.

La thèse présente ici, les fondements théoriques des zones monétaires optimales afin de voir comment la Zone Franc a évolué dans le temps et voir si sa création a bien concordé aux critères fondamentaux des zones monétaires optimales ou encore faut-il en proposer d'autres critères.

I. La problématique des zones monétaires optimales dans la zone Franc CFA

I.1 - Fondements théoriques

Cette question sur les zones monétaires optimales bien qu'étant une question annexe s'inscrit dans une approche historique et évolutive développée dans le chapitre I. En effet comme l'affirme Philippe HUGON (2002) : « dans la théorie ancienne des ZMO, la monnaie est le reflet des fondamentaux et les volatilités sont supposées liées à des chocs exogènes portant sur les fondamentaux, les volatilités du change résultant à la fois de décisions politiques des grandes puissances (agissant notamment sur les taux d'intérêt), des garanties apportées par les institutions de Bretton Woods moyennant conditionnalités et des spéculations dans un contexte de rationalité limitée et d'incertitude. L'appartenance à un bloc flottant accroît la volatilité des taux de change bilatéraux, mais elle réduit celle du taux de change effectif réel dès lors que la monnaie d'ancrage est dominante dans les flux d'échanges et de capitaux internationaux ».[27]

Notons que la problématique des zones monétaires remonte aux années 1960, pendant que la zone Franc se mettait en place. La question de l'optimalité des zones monétaires était alors à l'ordre du jour.

Cette théorie repose sur les critères d'optimalité des zones monétaires, c'est-à-dire « à partir de quels critères peut-on considérer que les espaces monétaires nationaux ont intérêt à se rassembler et à ne former qu'une seule zone monétaire marquée par l'existence, soit d'une monnaie unique, soit d'une structure de parités fixe et irrévocables. »[28]

De nombreux économistes et chercheurs, s'accordent que cette question qui a connu un regain d'intérêt à la fin des années 1990, que ce soit avec l'accord de Maastricht qui prévoyait la monnaie unique pour 1997 ou 1999 ou les spéculations autour de la zone Franc (éclatement ou maintien), liées en partie à l'union économique et monétaire européenne.

Cette question s'avère encore d'actualité, compte tenu de la globalisation des marchés et du renforcement de la sphère financière, notamment avec l'euro, pour ce qui concerne la zone Franc.

En effet, la théorie traditionnelle des zones monétaires optimales met en exergue différents critères d'optimalité, suivant les auteurs, qui permettent de justifier l'appartenance à une zone monétaire.

Ces critères portent soit sur des considérations de commerce extérieur (ouverture, structure des échanges, conditions de production), soit, sur les priorités en matière de politique économique (maîtrise de l'inflation).

Nous allons confronter ces critères théoriques aux réalités de la zone Franc, mais ces critères traditionnels retenus ne nous permet pas de conclure de manière définitive sur l'optimalité monétaire de la zone Franc.

La lecture des critères d'appartenance à une zone monétaire présente des difficultés théoriques et le choix de ces critères reste sujet à controverse, notamment avec le débat Européen : (les partisans de l'union ont insisté sur les bienfaits de la monnaie unique, au niveau interne pour la maîtrise de l'inflation et au niveau externe comme facteur de crédibilité internationale, avec la suppression des coûts de transaction et surtout la fin des spéculations de change).

Au sein de la zone Franc des arguments similaires avaient été avancés. Différentes considérations sont à prendre en compte, du fait de son architecture originale qui consiste à regrouper deux unions monétaires et la

---

[27]Ph. HUGON, 2002.
[28]cf. H. BOURGUINA T.

FRANCE au sein d'une même zone monétaire. La problématique de l'optimalité se posera à deux niveaux :

1/ L'optimalité dans les unions monétaires africaines UEMOA (Zone BCEAO) ou CEMAC (Zone BEAC) et dans ce cas il faudrait tenir compte de la nature des pays concernés, à savoir des pays en voie de développement.
2/ L'optimalité dans laréunification de ces deux unions monétaires africaines avec la France au sein de la zone Franc : À ce niveau le choix du Franc français (qui a disparu devenu EURO) comme monnaie de rattachement des deux Franc CFA devra être analysé, car il a conféré à la France un rôle particulier au sein de la zone Franc.

Enfin pour les pays en voie de développement, le choix du régime de change se résume souvent, dans les faits, à deux possibilités : (rattachement à une monnaie ou à un panier de monnaies).

La nature des pays et leur interaction pratiquement nulle sur l'économie mondiale dans le cas des petits pays ou « prike taker » d'une part, et l'étroitesse des marchés financiers d'autre part, jouent sans doute en faveur des changes flexibles, même si, d'un point de vue théorique, cette option peut s'avérer préférable.

Nous verrons dans le chapitre 3, les conséquences économiques de l'appartenance à la zone Franc, en appréhendant la question de la parité fixe entre le Franc français (qui a disparu) et les Franc CFA, précédés du débat sur la dévaluation du Franc CFA.

I.1.1 - Les fondements théoriques des zones monétaires optimales

Comme nous venons de le dire précédemment, l'appartenance à une zone monétaire sur le plan théorique est un débat très ancien et la théorie traditionnelle y relative met en exergue différents critères d'optimalité.

Même les pays européens ne répondent pas à tous les critères d'appartenance à une zone monétaire.

Notons aussi que les relations entre les pays de la zone Franc ainsi que leurs situations économiques respectives ne plaident pas systématiquement en faveur de l'union monétaire. Pourtant, l'union monétaire des pays de la zone Franc n'a pas été remise en cause depuis sa création et la dévaluation commune des quatorze pays africains de la zone Franc a montré encore une fois le fort attachement des pays membres à leurs unions monétaire.

Au-delà de la pertinence théorique d'une telle zone, d'autres critères politique et social doivent être également pris en compte ; comme nous le verrons dans la troisième partie de notre travail.

I.1.2 - Les critères d'optimalité

Il existe d'après la théorie économique, différentes approches pour déterminer l'optimalité d'une zone monétaire.

L'approche classique qui a retenu notre attention et est souvent présentée par certains auteurs comporte plusieurs critères pour expliquer et analyser l'optimalité d'une zone monétaire.

Cette approche classique de la théorie des zones monétaires optimales « optimum currency areas », consiste à mettre en exergue un critère, généralement de nature économique, permettant d'identifier les frontières d'une zone optimale.

Comme le dit C. ENOH[29] « l'unicité de ce critère retenu est bien évidemment critiquable, puisque un même pays pourra vérifier un critère en faveur de l'optimalité de la zone tout en s'écartant d'un autre critère proposé. Or la rigueur dans la détermination des deux critères sera équivalente. »

Mais, ces critères, ont l'avantage d'être simples mesurables statistiquement et révèlent la grande complexité dans l'arbitrage entre l'appartenance à une zone monétaire et donc le renoncement à certains instruments de politique économique (voir le refus d'intégrer une zone au détriment de la stabilité qu'elle peut procurer).

À ce sujet le débat qui a abouti à la création d'une union monétaire européenne en est une bonne illustration.

Nous distinguerons donc parmi ces critères classiques :

A) Les critères traditionnels

Ces critères reposent sur des modèles élaborés par R. Mundell et R. Mc Kinnon dans les années 1960. Ces critères très simplistes, tant au niveau économique qu'au niveau statistique, ne permettent cependant pas de conclure toujours quant à effectuer l'optimalité.

Parmi ces critères on compte (la mobilité des facteurs, le degré d'ouverture, la diversification de l'économie).

1/ La mobilité des facteurs (R. Mundell, 1961)[30]

L'auteur élabore un modèle à deux pays pour justifier son critère : La mobilité des facteurs. D'après Mundell, deux pays (ou n pays) auront intérêt à former une zone monétaire unique (changes fixes) si et seulement si la mobilité des facteurs à l'intérieur de la zone qu'ils constituent en se réunissant est plus forte que celle qui apparaît vis-à-vis de l'extérieur.

À l'inverse, si la mobilité des facteurs est faible à l'intérieur de la zone qu'ils constituent, la formule des changes flexibles sera plus avantageuse.

Nous allons donc présenter la démonstration de ce modèle simpliste à deux pays. Soit deux pays A et B.

[29] C. ENOH, Thèse de doctorat, 1999.
[30] Cf R. MUNDELL.

Supposons qu'un choc de demande s'opère, c'est-à-dire que le pays A désire plus de biens produits par le B.

À court terme, le pays B ne va pas être en mesure de répondre à la demande supplémentaire, ce qui va entraîner un excès de demande en biens B et donc créer une tension inflationniste en B.

Dans le pays A, les prix et les salaires sont rigides à court terme, et donc on ne peut assister à une baisse des prix qui aurait eu un effet négatif sur la demande en biens B (effet de substitution) ou à une baisse des salaires qui aurait également découragé la demande (effet revenu).

Cette rigidité de court terme explique la récession économique qui va s'installer en A.

De ce choc de demande résulteront donc une pression inflationniste en B et du chômage en A. Pour revenir à une situation d'équilibre, sachant que les autorités des deux pays luttent à la fois contre le chômage et l'inflation, plusieurs solutions peuvent être envisagées suivant le contexte retenu.

Si A et B ont leur propre monnaie, un ajustement du taux de change sera nécessaire. L'augmentation en monnaie locale du prix des biens produits par B entraînera une réduction de la demande du pays A de telle sorte que l'égalité offre/demande soit retrouvée (coût d'ajustement pour A et B).

Si maintenant les deux pays ont la même monnaie, en jouant sur l'offre de monnaie (dans le pays A) pour ne pas provoquer de chômage ou sur la hausse des prix (dans le pays B), l'équilibre peut être à nouveau atteint.

Nous remarquons que dans les deux cas les objectifs de chômage et d'inflation ne peuvent être menés simultanément.

Mundell remarque alors que la solution optimale serait tout simplement l'accroissement de l'offre de B par transferts entre les deux pays, c'est-à-dire un transfert de main d'œuvre de A vers B ou un transfert de technologie de B vers A.

Ainsi donc, sans ajustement monétaire, la constitution d'une zone monétaire avec mobilité des facteurs permettra de répondre au choc de demande. Cette mobilité des facteurs permettra de pallier les inconvénients d'un niveau général des prix « locaux » régulièrement bouleversé par des variations de change ou des politiques monétaires expansionnistes.

Le taux de change, qui résout les problèmes de balances extérieures entre les pays ne peut résoudre simultanément chômage et inflation. Il faut donc une grande mobilité des facteurs pour que les changes fixes puissent résoudre à la fois la stabilité des prix et le plein emploi. La zone optimale dans ce cas est celle à l'intérieur de laquelle la mobilité des facteurs est grande et faible à l'extérieur.

Mais Mundell remet pourtant en cause cette conclusion parce que le découpage qui en résulte peut entraîner la création de petites zones, aux marchés de changes très étroits, qui risquent alors de tomber aux mains des spéculateurs.

Par conséquent d'autres arguments ont été également avancés et allons contre cette proposition.

À juste titre nous citons Fleming[31] qui en 1971, insistait sur la distinction entre facteurs de production que sont la capital et le travail. En reprenant l'exemple de Mundell, il montre comment une forte mobilité du capital peut aggraver des déséquilibres de la balance de paiements.

Dans le même ordre d'idée, Corden[32]en 1973 stipule que la mobilité du travail engendre nécessairement un coût, et de ce fait remet en cause Je critère de mobilité des facteurs.

2/ Le degré d'ouverture (McKinnon, 1963)

En 1963 Mc Kinnon[33] propose quant à lui un nouveau critère de détermination des frontières d'une zone : il s'agit du degré d'ouverture de la zone.

Ce critère est basé sur la distinction entre biens échangeables et biens non échangeables.

La conclusion qui en découle rejoint celle du multiplicateur. C'est à dire plus une économie est ouverte moins la flexibilité des changes est efficace (un ratio biens échangeables/PŒ élevé).

Inversement, plus les pays seront « fermés » (biens échangeables /PIE, plus ils auront intérêt à avoir des changes flexibles.

a/ Fondement

Le modèle considère une zone monétaire, de faible taille avec une monnaie unique et le reste du monde, qui peut également être considéré comme une zone monétaire de grande taille avec une monnaie unique.

Concernant la petite zone monétaire, le prix de ses biens échangeables en monnaie étrangère n'est pas affecté par le taux de change domestique et donc le prix des biens échangeables suit le prix étranger.

La question que se pose Mc Kinnon est la suivante :

Afin de maintenir l'équilibre de la balance des paiements, est-il préférable d'avoir un taux de change flexible ou d'effectuer des ajustements internes de politiques budgétaire ?

Nous pouvons illustrer son modèle de la manière suivante : Le modèle considère deux biens :

X = Les biens exportables et M = Les biens importables.

Il distingue deux cas :

1er cas : La somme X+M représente une part élevée de la consommation domestique. Le taux de change est flexible.

---

[31]FLEMING.
[32]CORDEN.
[33]Cfoc KINNON.

Le prix du bien non échangeable est maintenu constant.

Une dévaluation de x % de la monnaie domestique entraîne une augmentation de x % des prix de X et M en monnaie domestique et donc une augmentation de x % par rapport au prix des biens non échangeables. Il devrait s'en suivre une hausse de la production de X et M en même temps d'une baisse de la consommation de ses produits au profit d'une hausse des exportations.

La contraction de l'absorption, due à l'augmentation des prix, doit alors être accompagnée par une politique budgétaire restrictive. Or, pour une économie très ouverte, cela n'est pas compatible avec la stabilité du niveau des prix internes.

2e cas : La production de biens non échangeables est cette fois élevée et supérieure à X+M.

Une dévaluation de x % de la monnaie domestique entraîne une augmentation de x % du prix des biens X et M. En rattachant la monnaie au prix des biens non échangeables, c'est à dire en gardant effectivement constant le prix de ces biens non échangeables, et donc en modifiant le prix des biens X et M par le biais du taux de change, on aura les mêmes résultats que précédemment, mais avec une moindre hausse du niveau général des prix.

En effet, si l'économie est très ouverte, alors la perte de compétitivité d'un secteur par exemple, ne représente qu'une faible part dans le dynamisme des exportations du pays. Ainsi, donc un changement de taux aura un impact très réduit. L'exemple chiffré de Hallwood et Mc Donald[34] va confirmer ce raisonnement.

Soit un pays relativement ouvert où les biens non échangeables représentent 40 % du produit national brut et les biens échangeables 60 %. Si intervient une chute de 10 % de la demande mondiale de biens échangeables causée par l'appréciation du taux de change, il faudra pour la compenser 15 % d'augmentation de la demande de biens non échangeables pour que le niveau réel reste inchangé (la baisse de 10 % des 60 % de biens échangeables cause une baisse de 6 % du PNB ; pour la compenser, il faut que les 40 % de production de biens non échangeables augmentent de t tel que 40 t= 6%soit (t=6/40x100).

Soit un pays relativement fermé pour lequel les biens non échangeables comptent pour 90 % et les biens échangeables pour 10 %. Si la demande de biens échangeables diminue de 10 %, alors pour maintenir le revenu réel constant il suffira d'une augmentation de 1,1 % de la production de biens non échangeables (la baisse de 10 % de biens échangeables cause une baisse

[34]CF, Y. ISHIY AMA.

de 1 % du PNB ; pour la compenser, il faut augmenter la production de biens non échangeables de t tel que 90t=1%soit (t=l/90x100).

Les implications monétaires du modèle peuvent donc se résumer ainsi :

Le rattachement de la monnaie aux prix des biens non échangeables est intéressant dans les cas où la zone est suffisamment grande. Dans le cas contraire, c'est à dire quand la zone monétaire est de taille limitée, il est conseillé de rattacher la monnaie aux prix des importations, même si cela revient à fixer la monnaie à une monnaie étrangère.

Une autre justification en termes de sensibilité des structures de prix relatifs au degré d'ouverture est possible. Si le pays est ouvert, les variations de change auront un impact important sur les prix relatifs et modifieront donc fortement l'allocation des ressources. Inversement, si le secteur des biens non échangeables domine, l'impact des variations de prix relatifs dues aux variations de taux de change est très faible. Dans ce cas, il est donc justifié de choisir les changes flexibles.

Cette analyse ne s'intéresse qu'aux aspects réels de l'économie et donc ne prend pas en considération les effets induits par la plus ou moins forte flexibilité des changes sur le reste de l'économie, à savoir les questions monétaires et financières. Il est pourtant clair que la fixe parité implique une gestion particulière des réserves de change de même que la flexibilité de change.

3/ La diversification de l'économie (KENEN, 1969)[35]

KENEN, pense pour lui que le degré de diversification de l'économie est importante, moins le taux de change est un instrument pertinent.

Ceci s'explique par la diffusion du choc ou le plus faible impact de la modification de change sur l'ensemble de l'économie.

Ce critère peut se résumer comme suit : un choc sur la demande aura un faible impact si l'économie est diversifiée puisque le chômage provoqué dans le secteur directement touché par le choc n'affecte guère l'économie. Il ne représente qu'une faible part de l'emploi total.

Inversement, si l'économie est peu diversifiée, alors le choc affecte toute l'économie et donc l'outil qu'est le taux de change devient nécessaire pour absorber le choc et ne pas entraîner un fort taux de chômage dans l'économie.

Ceci qui est, semble-t-il, en opposition avec les conclusions précédentes.

En effet pour Mc KINNON, une économie peu ouverte (plus ou moins autarcique) peut être très diversifiée selon KENEN.

Le choix va dépendre alors du critère retenu. En fait, la spécification du choc qui intervient dans l'économie est au centre de la controverse.

---

[35]KENEN.

Pour Mc KINNON, il s'agit d'un choc micro-économique de demande interne, tandis que KENEN pense à un choc macro-économique externe.

La décision relative à l'appartenance à une zone monétaire devra tenir compte de la nature des pays et des principales difficultés auxquelles ils sont confrontés.

Les pays en voie de développement semblent a priori plus touchés par les chocs macro-économiques externes, et la forte spécialisation de leur production est souvent citée comme une entrave en termes de possibilité d'adaptations à ces chocs extérieurs.

4/ Des critères plus récents

Ces critères ont trait à l'homogénéité de l'inflation, au degré de coordination de politiques, aux préférences homogènes !

Comme nous l'avons signalé, les critères traditionnels ne permettent pas entièrement de déterminer l'optimalité d'une zone monétaire compte tenu de leur caractère unidimensionnel. Mais ces critères posent parallèlement un autre problème en ce qu'ils éludent la composante financière de la zone monétaire optimale.

B) L'homogénéité de l'inflation (Haberler, 1970 ; Fleming, 1971)[36]

En 1970-1971, un nouveau critère pour les zones monétaires optimales se dégage : il s'agit du critère d'homogénéité de l'inflation.

Ces deux auteurs partent de l'idée selon laquelle les déséquilibres de balances des paiements viennent des divergences enregistrées dans l'évolution des taux d'inflation nationaux, elle-même, due au type de développement, aux stratégies de commerce extérieur ou aux différentes politiques monétaires suivies par les pays.

Ce critère s'attache aux phénomènes macro-économiques qui interviennent plutôt qu'aux perturbations micro-économiques d'offre et de demande. Dans ces conditions, à l'intérieur d'une zone monétaire, un même taux d'inflation est souhaitable.

La validité de ce critère dépend bien évidemment de la pertinence du différentiel d'inflation comme une source de perturbations des balances des paiements.

Il convient légitimement de se demander dans quel sens agit la relation :

Une même inflation est-elle à l'origine de la création d'une zone monétaire ou plutôt l'appartenance à une zone monétaire entraîne-t-elle une même inflation ?

Pour ce qui concerne la zone Franc, il est clair que la politique monétaire commune joue un rôle important dans la régulation inflationniste des différents pays.

---

[36]CF G. HABERLER ; J. FLEMING

Au sein du système monétaire européen (SME) l'harmonisation des taux d'inflation a été un des objectifs qui ont abouti à la création de zones Euro ou plus précisément une condition pour pouvoir y adhérer.

S'il apparaît que de grands différentiels d'inflation sont difficilement gérables à l'intérieur d'une zone à parité fixe ou monnaie unique, il n'est pas néanmoins évident qu'un ensemble de pays ayant des niveaux d'inflation comparables est intérêts à se regrouper en zone monétaire.

Le degré de coordination des politiques (Haberler 1970, Ingram 1969, Tower et Willet 1970)[37].

HABERLER, INGRAM, TOWWER et WILLET remettent en cause les critères précédemment avancés. Pour eux ce ne sontpas tant les caractéristiques économiques des pays qm comptent dans le succès escompté d'une zone monétaire, mais plutôt la similitude des politiques menées par les différents pays : Ils stipulent que la coordination des politiques (ou en anglais « policy coordination ») devient un critère de réunification.

Ce critère repose sur le même type d'approche que le critère d'homogénéité de l'inflation, mais il intègre d'autres éléments.

Ainsi, dans le domaine de la politique fiscale, une gestion coordonnée peut contribuer à réduire, voire éliminer les déséquilibres de balances des paiements, par un transfert des régions prospères vers les régions déprimées.

Concernant la politique monétaire, quelques doutes subsistent tout de même quant à sa capacité de résoudre les déséquilibres de balances des paiements.

En effet, la création d'une Banque centrale supranationale va encourager l'harmonisation des taux et la mobilité du capital.

Quoi qu'il en soit, si l'on admet la pertinence de ce critère, une question reste ouverte, à savoir l'ordre dans lequel vont se prendre les décisions de fixe parité et de coordination des politiques.

« Si la fixe parité des monnaies paraît réalisable (par exemple pour les pays européens), le transfert des politiques autonomes nationales à un organe supranational soulève plus de réticences » comme le disait C. ENOH.[38]

À notre avis une véritable coordination entre les nations souveraines nécessite une grande détermination et une réelle volonté politique, ce qui ramène le débat au niveau national (le cas de l'Euro aujourd'hui).

Les préférences homogènes (H. BOURGUINAT, 1973)[39]

Un autre modèle a été proposé dès 1973 par H. BOURGUINAT.

Ce dernier proposait un indicateur d'opportunité qui fait intervenir deux conditions à savoir :

Celle de la circulation d'un « actif acceptable » partout sur le territoire de la zone monétaire concernée, et d'une communauté des préférences

[37]CF H. GRUDEL

[38]C. ENOH, 1999.

[39]H. BOURGUINA T.

nationales en matière d'évolutions significatives (taux d'inflation, productivités, salaires réels.).

La convergence de l'inflation décrite ci-haut est ici renforcée par une convergence économique plus large ; les pays devant manifester une même préférence pour les objectifs clés qui commandent leur avenir.

La création de la Zone Franc relève de ce fait de préoccupations communes aux différents pays, notamment en termes de stabilité monétaire afin d'assurer un développement économique durable (lutte contre les fluctuations déstabilisatrices des monnaies et les dérapages inflationnistes).

En outre, si l'on s'en tient à ce critère de préférences homogènes, de nombreux autres pays pourraient appartenir à la zone Franc.

Au total ces nouveaux critères que nous venons de décrire se différencient des anciens (les critères traditionnels) par le fait qu'ils reposent sur des aspirations communes d'un ensemble de pays plus que sur des considérations de structure économique.

Néanmoins, seules les intentions ne peuvent délimiter une zone monétaire, surtout dans un contexte où la plupart des pays ont les mêmes objectifs de maîtrise de l'inflation, de réduction des déficits.

Les écarts économiques, en termes de développement industriel et financier notamment, posent des barrières à l'édification de l'union (dans le cas européen, l'aboutissement de l'accord de Maastricht avait posé ce genre de problème) ou encore dérégule le fonctionnement d'une zone (dans le cas de la zone Franc).

Nous venons ainsi de présenter les fondements théoriques de la problématique d'optimalité d'une zone monétaire et les limites qui en découlent.

Mais il est alors intéressant de confronter ces fondements théoriques aux caractéristiques de la zone Franc et la zone Euro.

II. Les modèles théoriques de détermination du système de change optimale (approche historique et théorique)

II.1 -Les Modèles théoriques de détermination du système de change optimal

II.1.2 - Position du problème

Les modèles théoriques de la littérature permettent, à partir de quelques grandeurs économiques simples, d'appréhender le panier optimal auquel rattacher sa monnaie.

Les critères de choix proposés découlent de la résolution d'un modèle économique.

Un pays, généralement en voie de développement, cherche à maximiser une fonction objectif, qui reflète, « le bien-être social ».

La résolution de ce programme permet aux auteurs de déterminer le régime de change optimal, rattachement d'une ou plusieurs monnaies, et dans ce cas, les pondérations accordées à chacune des monnaies.

Ces modèles ne permettent donc pas strictement d'opter pour le change fixe ou flexible.

Par contre ils déterminent la pondération optimale dans le cas du rattachement de la monnaie nationale à une autre monnaie.

Les recommandations issues de ces modèles peuvent évidemment s'avérer contradictoires puisqu'elles reposent sur le choix de la fonction objectif retenue, l'intégration des caractéristiques du pays et le modèle utilisé.

Notons déjà que certains facteurs comme l'inflation et les déséquilibres extérieurs semblent être favorisés dans ce type d'approche.

A) Le Modèle de CONNOLLY

L'objectif de stabilité des prix est au cœur des préoccupations du petit pays. La recherche de la stabilité interne déterminera donc le choix des pondérations.

CONNOLLY prend pour fonction objectif le minimum de la variance de l'inflation.

Notons déjà que la variance de l'inflation comme variable représentative de la préoccupation du petit pays n'est pas rigoureusement équivalente à l'objectif de stabilité des prix.

Il fait alors intervenir deux « grands » pays et spécifie l'inflation d'un troisième (le petit pays) comme une fonction de l'inflation des autres pays, des taux de change et du poids respectif des importations en provenance de ces deux pays.

Partant de trois hypothèses clés, à savoir : La parité de pouvoir d'achat entre les deux « grands » pays, le caractère aléatoire des inflations étrangères et l'indépendance des prix absolus, il résout son programme de minimisation de la variance pour le petit pays.

Ses conclusions dégagent l'importance du volume du commerce entre le pays en voie de développement et les grands pays (le poids accordé à la monnaie dans le panier croît avec le volume commercial) et l'importance de la stabilité anticipée des politiques monétaires des grands pays (le poids d'un pays dans le panier décroît avec la variabilité de son taux d'inflation).

En d'autres termes, plus la variabilité du taux d'inflation d'un pays est grande, plus le poids accordé à sa monnaie est faible, plus le volume commercial avec le pays est grand, plus le poids accordé est élevé et enfin, plus la variance des écarts de parité des pouvoirs d'achat est forte, plus le poids accordé à la monnaie est important.

Au total, le choix du rattachement à une monnaie ou un panier de monnaie est entièrement déterminé par le comportement inflationniste des pays et la priorité qu'ils confèrent à l'évolution de cette variable, d'une part, et d'autre part, l'importance des relations économiques entre les pays.

Ces résultats découlent bien évidemment des raisons qui conditionnent l'arbitrage entre les différentes options, à savoir des prix.

Enfin, l'auteur insiste sur le fait que ni le rattachement à une monnaie unique ni le rattachement à un panier de monnaies n'imposent une discipline monétaire particulière au petit pays.

Dans ces conditions, si le pays veut contrôler directement son inflation, il lui est préférable de pratiquer le Crawling peg plutôt que de pratiquer le contrôle de change.

B) Le Modèle de ILTEA SON

La fonction objectif de ILTEA SON est la maximisation du bien-être social, mesuré en termes d'output désiré.

Cette fonction revient à la minimisation de l'écart quadratique entre l'output désiré et réalisé. Il construit un modèle à trois pays et trois biens.

Le pays en voie de développement importe des biens des deux « grands » pays pour sa consommation intermédiaire uniquement, n'affecte ni les prix ni les taux d'intérêt, ni la production des deux autres pays et sa monnaie ne circule pas à l'étranger.

Enfin, il y a mobilité imparfaite des capitaux entre le pays en voie de développement et les deux autres pays tandis que la mobilité est parfaite entre les deux grands.

Son modèle repose sur l'équilibre des deux types de marché, biens et services et monnaie.

Les valeurs de sa fonction objectif déterminent alors la pondération optimale de son panier de monnaies.

Ce modèle permet donc de déterminer le système de change optimal pour le petit pays. La priorité étant cette fois donnée à l'activité économique, le choix entre la flexibilité et le rattachement à une monnaie dépendra des plus ou moins grandes répercussions, en termes de perturbations monétaires et réelles, enregistrées par le petit pays suite à un choc externe. Il resterait maintenant à étudier l'option relative au panier de monnaies. Comme dans le modèle précédent, les pondérations spécifiques du PVD de ses relations avec le reste du monde, schématisées par les deux grands pays.

Ces derniers sont pratiquement similaires, seule l'ampleur de leurs relations commerciales avec le PVD, principalement en termes d'importations, permet de les distinguer ainsi que leur niveau d'inflation ou sa stabilité.

C) Le Modèle de MACEDO

Le modèle de MACEDO s'attache plus spécifiquement aux transferts entre pays formant une union, mais il permet aussi une analyse en terme de meilleur choix. Sa fonction objectif est la stabilité du taux de change.

Il s'agit d'un modèle à quatre pays, deux à deux symétriques : 2 PVD et 2 pays développés.

L'hypothèse majeure, déjà rencontrée, est que seules les perturbations des pays développés affectent les autres pays.

À partir d'une spécialisation IS/LM, il résout son programme en distinguant plusieurs alternatives. Aucune union, une union de deux PVD et une union de deux PVD avec un grand.

Sa conclusion est plutôt en faveur de la flexibilité des changes. Cependant, il indique que dans un cas particulier, l'union peut être favorable : il est préférable d'opter pour un taux de change fixe, si, en contrepartie, s'effectuent des transferts de ressources réelles entre les membres.

MACEDO tire deux conclusions pour son modèle à savoir :

1/ Concernant la première option, à savoir le rattachement de la monnaie d'un PVD à un pays développé, les effets du taux de change fixe se répercuteront sur les variables nominales, sauf dans le cas où l'on observe une stricte rigidité des prix, ou si l'on modifie la demande induite de la production domestique, par la fiscalité notamment ou encore si l'on effectue des transferts avec l'étranger.

2/ Concernant les options relatives aux unions monétaires, la règle d'allocation monétaire est au cœur des résultats, puisqu'elle peut induire un changement dans le taux de change réel des membres de l'union. Dans ce cas, pour assurer un taux de change fixe, on aura recours à des transferts de ressources réelles entre les membres.

D) Le Modèle de FLANDERS ET HELPMAN

Le modèle ne s'adresse pas directement aux PVD, mais propose une approche originale. D'après cette étude, FLANDERS et HELPMAN isolent un pays parmi N et montrent que, suivant la fonction objectif retenue, on peut déterminer le poids de chaque monnaie (N-1) dans le panier optimal (pour le Nième pays).

Ils retiennent pour fonction objectif le minimum de la variance de la balance des paiements, mais précisent que le raisonnement est le même pour toute fonction objectif retenue.

Ce modèle à N pays confronte les demandes internes et externes de biens domestiques d'une part, afin de déterminer l'output du pays retenu, supposant implicitement qu'il y a du chômage dans le pays.

D'autre part, il confronte les demandes externes de biens domestiques (exportations) aux demandes internes de biens étrangers (importations) afin d'exhiber la balance commerciale. Toutes ces fonctions de demande s'expriment en fonction des élasticités prix et revenus des pays.

La résolution du programme permet de calculer la pondération optimale, en fonction des variables du modèle. La conclusion qui se dégage de ce modèle est la suivante :

De ce modèle se dégage la sensibilité des pondérations par rapport à l'objectif retenu et par là même, l'incompatibilité des objectifs internes (inflation, chômage) et externes (balance commerciale).

Si le souci d'une balance extérieure équilibrée et d'une inflation contrôlée étaient présents au moment de la création de la zone, depuis les années 1980, les déséquilibres externes n'ont pu être maîtrisés, seul l'objectif interne a pu être atteint, avec une inflation relativement faible.

II.1.2 - Les conséquences de l'applicabilité des modèles théoriques de détermination du système de change optimal : l'exemple du Franc CFA et du F. F (approche historique)

Notons ici que, la littérature économique sur l'applicabilité de ces modèles est sujette des conséquences.

Les différents modèles de détermination du système de change optimal, ont mis l'accent sur les variables qui interviennent au moment de la décision des États, dans le cas où ces derniers ont pour priorités, la stabilité interne, que traduit la stabilité des prix, et la stabilité externe par la balance commerciale.

Le choix du Franc français comme monnaie d'ancrage des pays de la zone FCFA (L'UEMOA et de la Zone CEMAC) s'avère relativement conforme aux recommandations émanant des deux premiers modèles à savoir : **le modèle de CONNOLLY et de ILTEA SON**.

La fixe parité avec le Franc français s'inspirait certainement de cette logique, c'est à dire de l'intensité des relations commerciales avec la France et plus particulièrement de l'intensité des importations.

En effet, si on suppose qu'un PVD, tout du moins au départ, a une lourde charge due aux importations (biens d'équipement, matières spécifiques.), la stabilité des prix avec le principal fournisseur peut s'avérer très avantageuse, quitte à, par la suite modifier cette position. Ceci met le développement « industriel » du pays à l'abri des fluctuations de changes qui pourraient lui être défavorables (le choix d'une monnaie faible, certes susceptible d'attirer des investisseurs étrangers, accentue les fluctuations dans le sens dévaluationniste entraînant un renchérissement des importations.).

Concernant l'inflation le rattachement au Franc français pouvait également se justifier pour les années récentes, où la lutte contre l'inflation était devenue la priorité des autorités monétaires et économiques de la France. Toutefois, si le Franc français d'après ces modèles, s'avère être un bon choix comme monnaie d'ancrage pour les pays africains de la zone Franc, il était légitime de s'interroger sur l'optimalité de rattachements alternatifs. À ce titre, le choix du Franc français est remis en cause par MACEDO, pour qui le choix de la monnaie de rattachement, l'ECU comme panier de monnaies européennes, s'avère plus approprié.

En effet, concernant l'aspect commerce extérieur, la diversification des relations des pays membres au profit des autres pays européens jouait en faveur du panier de monnaies.

Au total, de l'ensemble de ces modèles se dégagent tout de même l'idée que le rattachement du Franc CFA à la monnaie européenne devenait de plus en plus pertinent et encore aujourd'hui, avec d'un côté la diversification des relations commerciales des pays membres avec leurs partenaires européens et l'autre la réaffirmation d'une volonté réelle de maîtrise de l'inflation de l'ensemble des pays européens.

Néanmoins, la fixe parité avec le Franc français (qui a disparu) ne semblait pas être dépourvue d'avantages, puisque, d'une certaine manière, par le biais des marges de fluctuations imposées aux devises de la communauté européenne, le Franc CFA était (et est aujourd'hui) en quelque sorte déjà rattaché aux monnaies européennes.

Cette question du rattachement du Franc CFA à l'Euro, sera abordée dans la troisième partie de la thèse (chapitre 3).

En définitive l'optimalité de la zone Franc en tant que zone monétaire est difficilement appréciable, que ce soit à travers les critères élaborés dans les années 1960 ou à l'utilisation de certains modèles comme nous l'avons présenté.

Par ailleurs, les comparaisons concernant les résultats économiques obtenus à l'intérieur de la zone et hors zone ne fournissent pas vraiment d'arguments supplémentaires.

Néanmoins, avec le projet de la monnaie unique européenne pour 1999, le maintien de la zone Franc ne se posait plus uniquement entre la France et les pays africains. Les différents pays européens étaient sans doute obligés d'entrer dans la controverse, pour ou contre le maintien de la zone Franc, puisque la relation n'est plus bilatérale. La création de la monnaie unique européenne a impliqué de fait (si on ne pratique aucune modification) le rattachement du Franc CFA à l'EURO.

III. La Théorie des Zones monétaires optimales et la dévaluation d'une monnaie : une étude appliquée à la dévaluation du Franc CFA

L'approche retenue ici, et qui sera poursuivie dans les chapitres 3 et 4, repose sur l'analyse du rôle des dysfonctionnements ou crise économique sur les pays membres, et les effets et impacts de la dévaluation. La dévaluation du Franc CFA de janvier 1994 est un des motifs ou les inquiétudes de l'avenir de la zone Franc. Nous verrons dans la deuxième partie que l'arrimage du Franc CFA à l'euro est un autre motif concernant l'avenir de cette zone.

En effet, si la zone Franc n'a pas réellement fonctionné comme une zone monétaire, et quelques points allant dans ce sens viennent d'être relevés dans le chapitre précédent, alors il sera bien évidemment délicat d'emprunter certaines évolutions enregistrées au seul fait d'appartenir à la zone. À ce titre, le débat sur la dévaluation du FCFA que nous ouvrons ici, étant données les difficultés dans l'appréciation des résultats prédits ou réalisés, a en partie occulté le débat sur l'effectivité de la zone en tant que zone monétaire.

C'est pourquoi dans le deuxième chapitre, l'étude se concentre sur le thème spécifique des zones monétaires (celui-ci constituant une question annexe du régionalisme institutionnel en zone Franc à l'heure de l'euro), afin d'approfondir par la suite la réflexion autour de la pertinence de la zone Franc.

Une partie de la littérature sur la question s'est intéressée à l'évolution de cette zone, en termes de recomposition, mais aussi de fonctionnement (qui sera poursuivie les sections suivantes).

Les accords de Maastricht prévoyaient la disparition des monnaies nationales européennes, et leur remplacement par l'ECU (l'EURO) dans un très court terme. Toutefois, le ministre français de l'Économie et des Finances de l'époque a annoncé que « la disparition du Franc ne se traduirait pas par une remise en cause de la zone Franc. Celle-ci conservera ses mécanismes de fonctionnements actuels : La seule modification concernera la référence des monnaies qui y circulent : la monnaie étalon cessera d'être le Franc défunt, pour être remplacée par l'ECU (L'EURO ».

Le cadre institutionnel de la zone Franc permet effectivement de changer la définition du Franc CFA sans toucher en profondeur à son fonctionnement. Cependant, la zone Franc demeure une structure directement issue d'une époque où l'essentiel de l'activité économique de la France et de ses colonies se réalisait en son sein : les pays de la zone Franc regroupés en union monétaire autour de la France depuis la Seconde Guerre mondiale n'ont jamais pu mettre en pratique une véritable union économique. Il est vrai que sur le papier, les institutions comme la CEMAC et la CEDEAO existent, mais pratiquement, les échanges commerciaux entre pays membres sont marginaux.

La zone Franc est restée pratiquement intacte depuis sa création : on peut donc se demander si celle-ci est toujours adaptée au contexte économique contemporain.

La dévaluation du Franc CFA a donc révélé les difficultés structurelles que rencontre de plus en plus la zone face à la conjoncture internationale. La fixité de son taux de change ne lui avait pas permis de s'adapter rapidement à une économie mondiale dont, du fait de sa spécialisation en produit primaire, elle est largement tributaire.

Nous avons subdivisé cette section en deux sous-sections qui sont ainsi énumérées :

I : Les capacités de la zone Franc lies à la flexibilité de la zone ;

II : Les conséquences de la dévaluation et la théorie des Zones monétaires optimales et les efforts d'intégration en zone Franc : les mauvaises performances de la Zone Franc Africaine ».

III.1 - Les capacités de la zone Franc liées à la flexibilité de la zone

III.1.1 -Le fonctionnement institutionnel

À titre de rappel, bien que l'entité zone Franc ait été reconnue sur le plan international en 1939, c'est en 1945 que l'on assiste à une véritable organisation de cette zone. Après l'expérience des Francs coloniaux, l'émission monétaire dans la zone Franc se fait dans un premier temps avec une présence très marquée de la France. Par la suite, la présence de la France s'estompe au profit de l'accroissement des États africains.

En effet, l'expérience des Francs coloniaux ne dura qu'une coutre période de 1945 à 1949.

C'est le 26 décembre 1945, à travers un communiqué du ministre français que fut délimité l'aire de circulation de la zone Franc CFA. Formellement, la zone Franc est née le 9 décembre 1939, lorsque, dans le cadre des mesures liées à la déclaration de la guerre, un décret instaura une législation commune de changes pour l'ensemble des territoires appartenant à l'empire colonial français. Mais c'est véritablement à partir de décembre 1945 qu'un certain nombre de décrets de la République française vont permettre à la France de renforcer ses liens commerciaux avec son empire. Ces décrets vont délimiter une zone géographique à l'intérieur de laquelle sont convertibles les monnaies, et prohiber tout commerce extra zone à la France.

Quelque temps après, les colonies françaises sont assimilées à la France métropolitaine pour le régime de change.

En conséquence, lorsqu'intervient la dévaluation du Franc français en décembre 1945, les autorités monétaires françaises décident d'adopter des solutions différentes pour la monnaie circulant en métropole d'une part, et pour celle circulant dans certains territoires d'outre-mer d'autre part. Il en résulte alors deux unités monétaires nouvelles : le Franc CFA et le Franc du pacifique. Les parités initiales s'établissaient alors de la la façon suivante :

1 FCFA=1,7 FF

1 FCFP=2,4 FF

Il faut ajouter que, la dévaluation du Franc français le 18 octobre 1948, entraîne une nouvelle parité s'établissant à 1 FCFP= 2 FF. Ce système prend fin le 20 septembre 1949 lorsque les autorités françaises optent pour une stabilisation de la valeur du Franc français par rapport au dollar.

Cette décision, en même temps qu'elle permet au Franc français de jouer à nouveau un rôle directeur au sein de la zone Franc, restaure l'unité de la zone, et met fin à l'expérience des Francs coloniaux. Suite à cette nouvelle situation, la France va renforcer son empire sur l'émission monétaire.

On peut alors affirmer qu'avant 1945, le contrôle français sur l'émission monétaire dans les colonies se fait à travers les participations minoritaires au capital des instituts d'émission coloniaux. Mais le 2 décembre 1945 lorsque la Banque de France est nationalisée, on assiste à une augmentation des prises de participation publique au capital des anciennes banques coloniales (Caisse Centrale de la France d'outre-mer). Le 20 janvier 1955, les fonctions d'émission en AEF et en AOF sont confiées à deux nouveaux organismes publics : l'institut d'émission de l'AEF et du Cameroun, et l'institut d'émission de l'AOF et du Togo. Chaque institut :

- Est un établissement public dont le siège est à Paris ;
- Reçoit de l'État français une dotation en capital de 500 millions de Francs métropolitains ;

    - Est administré par un conseil dont les tiers des membres seulement représente les territoires sur lesquels s'exerce le privilège d'émission.

En outre, les deux instituts ne peuvent prendre de participation, ni accorder des crédits directs aux particuliers ou aux territoires.

En vue d'assurer la convertibilité entre le Franc CFA et le Franc français, et dans le but de garantir la valeur de la monnaie des pays africains de la zone Franc, le Trésor français ouvre dans ses écritures, des comptes au nom des deux nouveaux instituts d'émission africain. Le débit de ces comptes est alors illimité. Désormais, tout mouvement de fonds entre la métropole et un pays d'Afrique de l'Ouest a une incidence sur le solde du compte d'opération de l'un des deux instituts d'émission.

Par la suite, ce n'est que la perspective des indépendances des colonies françaises d'Afrique subsaharienne, qui amène les autorités françaises à procéder à nouveau à une réorganisation de l'émission monétaire dans ces territoires. Ainsi, par une modification des textes en vigueur, les autorités françaises remplaçant le 4 avril 1959, les instituts d'émission de l'AEF et l'AOF : La Banque centrale des États de l'Afrique Équatoriale et du Cameroun (BCEAC), et la banque centrale des États de l'Afrique de l'Ouest (BCEAO). De même, ce décret modifie la composition des conseils de ces deux institutions. La France et les pays africains s'y trouvent représentés par nombre égal d'administrateurs. Commence, alors une période où l'omniprésence de l'État français s'atténue.

La volonté d'intégration monétaire a amené les pays de l'Afrique de l'Ouest membres de la zone Franc à se regrouper le 12 mai 1962 dans le cadre de l'union monétaire des États de l'Afrique de l'Ouest (UMOA). Quant aux pays d'Afrique centrale, ils sont parvenus à conclure des accords monétaires multilatéraux en 1972. À cet effet, deux coopérations monétaires distinctes ont été signées à Brazzaville le 22 novembre 1972 entre les cinq pays de la BEAC et le 23 novembre 1972 entre ces États et la France. Il s'en suit la création d'un comité monétaire mixte marquant une plus grande responsabilité des Africains dans leur union monétaire. On remarque également une diminution du nombre de représentants français au conseil d'administration des deux banques centrales (il passe de la moitié, au tiers puis au quart pour la BCEAC du tiers au septième pour la BCEAO).

En fait l'origine de cette modernisation des mécanismes de la zone se fit à la suite de la dévaluation du Franc de 1969. Cette dévaluation soulevait des critiques de la part de nombreux dirigeants africains. À cette époque, certains voulurent, ainsi, saisir cette occasion pour réviser les mécanismes institutionnels et la parité entre CFA et Franc. Finalement, une modernisation des mécanismes de la zone intervient en 1972/73, mais la parité ne fut pas modifiée. Depuis la zone Franc fonctionne selon les principes institutionnels définis à cette époque, qui reposent sur les quatre principes fondateurs énoncés dès 1939 :

1/ La convertibilité à une parité connue et fixe des monnaies de la zone ;
2/ La libre transférabilité des monnaies à l'intérieur de la zone ;
3/ Une réglementation de changes commune ;
4/ La mise en commun des réserves de changes.

Toutefois, si l'on assiste à une africanisation relative des institutions, la fixité du taux de change reste une contrainte lourde pour les pays de la zone. Cette gestion n'est pas, en effet, sans conséquence sur l'indépendance de leur politique monétaire et leur capacité à s'adapter à la conjoncture.

Il impose aux autorités monétaires une intervention monétaire permanente sur le marché des changes pour la défense de la monnaie nationale. Un déficit de la balance des paiements signifie que sur le marché des changes il y a un excès de demande de devises contre la monnaie locale. Ce qui oblige la banque centrale à intervenir et à réduire de réserves. Mais comme l'endettement extérieur a toujours une limite, le pays est contraint à un moment donné de reconsidérer le taux de change. Existe alors un problème de délais, les autorités monétaires étant souvent réticentes face à la nécessité de dévaluer leur monnaie ce qui peut constituer un coût non négligeable.

Il se pose ensuite un autre problème relatif à la détermination du taux de changements de parité. Fixée à un niveau trop élevé, elle est susceptible d'engendrer des effets pervers, à un niveau trop faible elle est inopérante.

Nous avons ainsi la formulation suivante : rppa=P/P*

Dans cette détermination du taux de change, selon la PPA[40], on voit que les variables fondamentales sont, d'une part le niveau des prix intérieurs et, d'autre part, le niveau général des prix du pays étranger. Lorsque l'on sait que la structure du système productif et la dotation factorielle peuvent fortement influencer les prix dans un pays, on comprend que c'est tout à fait par hasard que plusieurs pays peuvent avoir le même taux de change.

III.1.2 - Les difficultés relatives au maintien de la parité : la situation économique et financière de la zone avant la dévaluation

Notons que le retournement à partir de 1985, des cours des principales matières premières exportées par les PAZF, conjugué à la dépréciation du dollar-monnaie dans laquelle sont cotées et facturées les matières premières exportées par les PAZF-a mis un terme à une longue période de croissance soutenue. Entre 1985 et 1992, les termes de l'échange se sont dégradés d'environ 45 %, pour l'ensemble de ces pays. Les recettes à l'exportation se sont ainsi fortement contrastées, provoquant une chute des recettes budgétaires, fortement dépendantes des taxes sur le commerce extérieur. L'incapacité des gouvernements à réduire les dépenses budgétaires qui avaient sensiblement progressé en période de haute conjoncture, s'est traduite par un creusement des déficits. De surcroît, plusieurs pays ont continué de recourir à l'endettement extérieur afin de financer l'achèvement de projets lancés au cours des années précédentes.

Face à l'échec des mesures d'ajustement réel, les institutions de Bretton Woods ont suspendu en 1993 leur aide aux pays de la Zone Franc, à l'exception du Bénin et du Burkina Faso qui étaient parvenus à respecter leurs engagements vis-à-vis du FMI et préconisé un ajustement monétaire.

De son côté, la France décidait, en septembre 1993, que son soutien financier serait désormais conditionné à l'adoption des programmes économiques et financiers crédibles, bénéficiant du soutien du FMI. Cet infléchissement de l'attitude de la France caractérise ce qu'il est convenu d'appeler la « **doctrine d'Abidjan** ».

Après l'échec des tentatives d'ajustement réel, les pays ont décidé la modification de la parité du Franc CFA afin de résorber les déséquilibres économiques et financiers profonds apparus au cours de la seconde moitié

---

[40]PPA=parité du pouvoir d'achat.

des années 80 : le frac CFA a été dévalué de 50 % le 11 janvier 1994, dans le me temps, le Franc comorien était dévalué de 33,3 %. Les parités n'avaient pas été modifiées depuis octobre 1948 pour le Franc CFA et septembre 1949 pour le Franc comorien.

Nous verrons également que la question de l'inflation peut être vue sous l'angle structurel, un article consacré sur la question fait l'objet d'un papier qui est en cours notamment le lien avec la dévaluation dans le contexte de la zone Franc et zone euro.

En vue de conserver la parité Franc-CFA, les États de la zone rencontrant une importante détérioration de la situation économique optent alors pour un ajustement interne. Les mesures internes d'ajustement, qualifiées par certains auteurs de « stratégies d'ajustement réel », englobent les différentes tentatives de restauration des équilibres macro-économiques, sans modification du taux de change nominal. Elles ont été mises en œuvre dans certains pays africains de la zone Franc à partir de 1981, avec la signature par la Côte-d'Ivoire de son premier accord avec les institutions de Bretton-Woods. La dégradation de la situation économique et l'insuffisance du système de solidarité de la France vis-à-vis de la zone FCFA, dans le cadre du mécanisme des comptes d'opérations rendaient la mise en place de telles mesures nécessaires.

À la fin des années quatre-vingt, les répercutions de la crise économique mondiale touchèrent plus particulièrement les pays Sub-sahariens et ceux de la zone Franc. La détérioration des termes de l'échange, l'augmentation des taux d'intérêt, la fuite des capitaux, des politiques budgétaires laxistes sont autant de facteurs qui contribuèrent à la dégradation du contexte économique dans les pays de la zone CFA.

L'augmentation des prix des produits exportés par les pays de la zone CFA pendant la période 1970-1985, permit à ses pays de mener un développement basé sur la production de produits primaires (coton, café, cacao, pétrole.). Mais à partir de 1985, ils durent affronter un double choc externe :

1/La diminution des cours de leurs principales exportations ;
2/La baisse du coût du dollar américain vis-à-vis des autres grandes monnaies internationales à la suite de la conférence de PLAZA en février 1985.

La conjugaison de ces deux facteurs aurait entraîné la détérioration des termes de l'échange entre 1985 et 1993 (détérioration estimée environ à 50 %).

Dans le cas du Cameroun, du Congo et du Gabon, cette détérioration a commencé en 1986, avec l'effondrement des cours du pétrole. Elle a ensuite affecté les autres pays de la zone, en particulier la Côte-d'Ivoire, avec la baisse du cours du café et du cacao, qui s'est poursuivie jusqu'en 1992. Le préjudice économique fut donc d'autant plus important que ces recettes représentent 2/3 de l'ensemble des revenus d'exportation.

Le second choc pétrolier marque un retournement de conjoncture pour les pays industrialisés. Les années quatre-vingt sont des années de renforcement des politiques monétaires, de lutte contre l'inflation devenant la priorité de ces économies. L'inflation étant alors jugulée par la réduction de la masse monétaire, il en résulte une hausse du taux d'intérêt américain, qui plafonne en 1980 à 20 %. Cette augmentation généralisée des taux d'intérêt a eu deux effets négatifs pour les pays de la zone Franc :

1/ Un alourdissement de la charge de la dette ;
2/ Abandon des programmes d'investissements, l'augmentation de la dette rendant non réalisables certains projets.

La fuite de capitaux, qui constitue l'une des manifestations de la répression financière dans les pays en développement, n'a pas épargné les pays de la zone. Le fait que le Franc CFA soit convertible à travers le Franc français permettait à ses détenteurs d'obtenir des devises. Cet avantage avait entraîné une forte exportation de capitaux. Pour la période 1992-1993, le rachat des billets de banque en Franc CFA auprès des sources situées fors de la zone Franc a porté sur des montants annuels atteignant 9 à 10 milliards de Francs français. La fuite des capitaux entraîna une réduction des liquidités bancaires et pénalisa l'investissement.

En 1993, les autorités monétaires se virent donc dans l'obligation de suspendre la convertibilité du Franc CFA en Franc français.

Pendant la même période, on estime que les politiques budgétaires mises en œuvre à la suite des chocs pétroliers étaient particulièrement imprudentes. De là, après le premier choc pétrolier, et pendant la période faste qui a suivi, on enregistrait des déficits budgétaires : les dépenses publiques étant supérieures à ses recettes. Entre 1975 et 1985, le déficit budgétaire représentait en moyenne 5 % du PIB pour l'ensemble de la zone. Les dirigeants de l'époque espéraient que les prix des matières premières se maintiendraient. Mais, la baisse de ces dernières combinée à un effet cliquet, qui empêchait toute tentative de baisse des dépenses publiques, amena le déficit public à 7,6 % du PIB en moyenne pour la zone entre 1986 et 1993.

La détérioration des termes de l'échange et l'accroissement des dépenses publiques furent donc à l'origine de l'importance du déficit pour cette période, mais la baisse des recettes fiscales n'est pas non plus innocente dans ce processus. En effet, les prélèvements obligatoires sont passés de 22,3 % entre 1981 et 1985 à 17,8 % entre 1986 et 1991. Les gouvernements refusant ou étant dans l'incapacité de diminuer leurs dépenses alors que leurs recettes n'avaient cessé de diminuer se virent dans l'obligation de faire appel à l'aide extérieure.

Même si la dette extérieure des pays de la zone Franc ne représentait que 3 % de la dette totale, elle constituait une importante préoccupation du fait de son fort rythme d'accroissement et des capacités incertaines de ces pays à l'honorer. D'un encours total de 636,2 millions de dollars US en 1971, elle se chiffrait à 46 671, 4 millions de dollars en 1992. Cet endettement avait augmenté rapidement dans le milieu des années soixante-dix avec de fortes disparités entre pays.

Au cours des années soixante, l'endettement reste modéré. En pourcentage du PIB, la dette de ces pays est certes supérieure à celle des autres pays africains et même à celle du reste du tiers-monde, mais la charge de cette dette est nettement inférieure à celle des autres pays africains et du tiers-monde. Cette situation s'explique par le fait que la dette accumulée au cours de cette période par les pays africains de la zone Franc l'est essentiellement sous la forme de crédits officiels dont une part bénéficie de conditions de faveurs.

Mais cette situation se modifie au cours des années soixante-dix. Comme la plupart des pays du tiers-monde, les pays africains connaissaient pendant cette période une augmentation de leur endettement, mais cette augmentation reste supérieure à la moyenne des pays du reste de l'Afrique et même du tiers-monde. Pour la période 1970-1980, ces pays se seraient endettés au-delà de leurs capacités de remboursement.

En effet, le rapport de leur dette au produit n'a cessé d'augmenter, il est passé de 18,7 % en 1970 à 97,7 % en 1992. Quant au ratio du service de la dette, il a presque quintuplé passant de 5,9 % au cours de la même période.

Toutefois tous les pays de la zone ne connaissaient pas le même niveau d'endettement.

En 1992, la Côte-d'Ivoire détenait à elle seule 17 998 millions de dollars de dette, soit à peu près le 1/3 de la dette de la zone Franc. Elle est suivie du Cameroun avec 6555millions de dollars, du Congo avec 4752 millions de dollars et du Sénégal avec 3606 millions de dollars. La plus grande part de la dette étant détenue par ces cinq pays.

La tendance de l'endettement des pays de la zone Franc pendant ces années évoquées si haut marque pour les pays de la zone qu'elle ne l'est en moyenne pour le reste de l'Afrique sub-saharienne et même du reste du tiers-monde. Cette situation s'expliquait par la variation des prix internationaux. De telles variations ont entraîné dans les pays de la zone Franc une réaction par un recours additionnel au financement extérieur, celui-ci ayant été préféré à un ajustement structurel privilégiant la promotion des exportations et la substitution aux importations. Ces besoins d'ajustements des pays de la zone Franc peuvent être synthétisés par deux agrégats, le taux de croissance moyen du PIB par habitant entre 1980 et 1993 (voir tableau 1) et par la balance des paiements de ces pays dont le solde de la balance des transactions courantes a connu une détérioration continue, atteignant -887,9 milliards de FCFA en 1993 (voir tableau 2).

On remarque qu'à l'exception de la Guinée équatoriale et du Tchad, les autres pays ont, soit des taux de croissance du PIB par habitant négatifs (pour la plupart), soit juste au-dessus de zéro pour le Burkina-Faso. Il est alors possible d'établir un lien entre les performances enregistrées par ces pays et leurs degrés de dépendance à l'égard de certaines recettes relatives à certaines productions dont les cours à l'exportation ont complètement baissé depuis le milieu des années quatre-vingt. Ainsi, les pays comme la Côte-d'Ivoire (grand producteur de café et de cacao), le Niger (producteur d'uranium avec 2920,7 tonnes en 1992-93), le Cameroun (producteur de café, de cacao et de bois, et le Togo (producteur de coton et de phosphate) ont été les plus affectés par la baisse des cours.

Ces pays sont donc très dépendants d'un nombre limité d'exportation primaire dont les recettes constituent 70 % du revenu d'exportation. Ce qui explique leur effondrement dans les années quatre-vingt caractérisées par une baisse prolongée des produits de base. Par ailleurs la solidarité qui aurait dû permettre de faire face temporairement au déficit de la balance des paiements des pays africains de la zone Franc, a présenté quelques insuffisances (voir tableau 2).

Tableau 1 :

Taux de croissance du PIS/habitant dans les pays africains de la zone Franc (1980- 1993)

Pays	Taux de croissance moyens du PIB/habitant en %
UEMOA	
Côte d' Ivoire	-4,6
Mali	-1,0
Burkina-Faso	0,8
Niger	-4,1
Sénégal	0,0
Bénin	-0,4
Togo	-2,1
CEMAC	
Cameroun	-2,2
Centrafrique	-1,6
Congo	-0,3
Gabon	-1,6
Guinée Équatoriale	1,2
Tchad	3,2

Source : revue d'économie du développement n 04, décembre 1996

Tableau 2 :

Évolution de la balance des paiements des pays africains membres de la zone Franc (en milliard de FCFA)

	1989	1990	1991	1992	1993
Balance commerciale	644,4	833,4	716,7	638,1	574,8
exportations FOB	3115,6	3249,5	3115,3	2938,7	2810,1
Importations FOB	2471,2	2416,5	2394,6	2300,7	-1816,5
[ervices nets	-1671,5	-1872,6	-1810,7	-1810,5	363,9
Transferts nilatéraux nets	435,4	338,7	388,8	369	-877,9
Transactions courantes	-591,7	-700,7	-705,1	-803,5	-52,5
Capitaux à long terme	-263,4	92,8	19,8	-151,6	26,9
Secteur privé	-118,2	-84	-92,5	-28,1	-79,4
Secteur public	-145,2	176,9	112,4	-123,5	-22,9
Capitaux à court terme	1,7	-138,2	50,5	-92	-122,8
Erreurs et OmiSSIOnS	-14,6	-49,3	-2,3	-15,3	-930,4
Balance de base	-855,1	-607,9	-685,3	-955,1	-1076,1
Solde global	-828	6795,3	-637,1	-1062,3	

Source : La zone Franc, rapport annuel 1993

III.1.3 - Le mécanisme des comptes d'opération et la crise des années 80 et 90

Le mécanisme des comptes d'opérations est largement exposé dans le premier chapitre. L'on peut noter que la crise des années 80 et 90 a eu un grand impact sur les mécanismes des comptes d'opération.

Il faut rappeler que, la coopération monétaire dans la zone Franc repose, entre autres, sur l'existence d'un mécanisme de solidarité entre les pays membres et la France. Cette solidarité se matérialise par une gestion commune des réserves dans le cadre des comptes d'opérations.

Ainsi pour les non partisans des comptes d'opérations on a le sentiment que le fonctionnement des comptes d'opération tend à sauvegarder beaucoup plus les intérêts de la France. En effet, si le fonctionnement des comptes d'opérations donne à la France la possibilité de financer ses déficits et faire des placements avec les excédents des pays africains, ce système de solidarité cesse en revanche de fonctionner lorsque ces mêmes pays éprouvent des difficultés économiques.

Dans le cadre de la solidarité en matière de gestion des réserves, des comptes courants dénommés « comptes d'opérations » sont ouverts dans l'écriture du Trésor français, au nom de la BCEAO et de la BEAC. Le mécanisme des comptes d'opérations, sur lequel repose l'unité de trésorerie c'est-à-dire la mise en commun des avoirs extérieurs, peut-être présenté de la manière suivante. Lorsqu'un pays de la zone Franc exporte, il reçoit en contrepartie des devises dont le montant est transféré à la Banque de France qui crédite le Trésor français du montant correspondant : le Trésor français crédite à son tour la BCEAO et la BEAC du même montant.

Dans la pratique les transferts des pays africains membres de la zone Franc dans les comptes d'opérations doivent représenter au moins 65 % de tous gains en devises, le reste pouvant être placé hors de ces comptes et même hors zone. En d'autres termes tous gains en devises d'un pays africain membre de la zone Franc contribuent à grossir les réserves de la France. Inversement, une importation d'un pays africain membre de la zone Franc donne lieu au trajet inverse.

Lorsque le compte d'opérations d'un institut d'émission, BCEAO ou BEAC, est créditeur, il porte intérêt au profit de cet institut. De même, lorsque le compte d'opération d'un institut d'émission devient débiteur, celui-ci verse des intérêts au Trésor français.

Le rôle de dépositaire de réserves ainsi joué par le Trésor français implique de celui-ci qu'il puisse fournir les sommes dont les instituts d'émission africains ont besoin en Franc français, aussi bien pour les règlements à l'intérieur de la zone Franc que pour leurs paiements extérieurs en devises. On peut déplorer le fait qu'étant confrontés à des difficultés comme nous n'avons décrits précédemment, ces pays de la zone Franc n'aient pu bénéficier d'un soutien même temporaire du mécanisme de solidarité résultant de la mise en commun des réserves, et se soient vus contraints d'opter pour un endettement extérieur.

Cette insuffisance de la solidarité de la France vers les pays africains membres de la zone Franc semblait trouver un fondement dans les textes qui régissent la BEAC et la BCEAO.

Si sur le plan théorique, le compte d'opérations, pour une zone d'émission donnée, peut devenir débiteur sans limites fixées *a priori*, force est de reconnaître que les textes régissant les institutions d'émission des pays africains membres de la zone Franc mettent le pays centre (la France) à l'abri de la nécessité d'assumer convenablement ses responsabilités en terme de couverture d'un éventuel des comptes d'opération :

- En cas de diminution du solde d'opération jusqu'à un niveau tel que le rapport entre les avoirs extérieurs bruts de la banque centrale concernée et ses engagements à vue soit en moyenne inférieure ou égal à 20 % sur trois mois consécutifs, il est prévu aussi bien à la BCEAO qu'à la BEAC, une convocation du conseil monétaire (article 51 des statuts de la BCEAO et 38 de la BEAC).

L'évolution mensuelle de ce rapport montre que ce seuil a été entre 1987 et 1988, puis depuis 1987 dans les pays membres de la BEAC, et depuis 1980 dans les de l'UEMOA.

Le franchissement de ce seuil de 20 %, dans ce qui était encore l'UEMOA, a amené le conseil d'administration de la BCEAO à relever le taux nominal de 8 % à 10,5 % en Avril 1980.

- En cas d'épuisement des réserves, c'est-à-dire si le solde du compte d'opérations tend vers zéro, ou s'il devient négatif, d'autres dispositions sont prévues, tant à la BCEAO qu'à la BEAC :
- Dans le cas de la zone d'émission de l'UEMOA, la Banque centrale a la possibilité de pratiquer le ratissage, « opération qui consiste à demander la cession de son profit, contre monnaie de son émission, des disponibilités en Franc français[41] ou autres devises détenues par tous les organismes publics en Franc français ou autres devises détenues par tous les organismes publics ou privés ressortissants des États de l'union »[42].

En plus du ratissage, la convention du compte d'opération prévoit, dans les mêmes circonstances, le prélèvement sur les disponibilités en devises et

[41] Le Franc français a disparu et aujourd'hui on parle de l'euro qui sera abordé dans la dernière partie de la thèse.

[42] Cf article 18 de la BCEAO.

l'usage des droits de tirage auprès du FMI ainsi que l'échange des DTS détenus par les États.

– Dans le cas de la zone BEAC, la convention de coopération monétaire entre les différents États, dispose que « les États membres prendront toutes dispositions nécessaires, d'ordre national ou international, en vue d'assurer une position créditrice du fonds commun des réserves de change. Si les États ne prenaient pas spontanément les mesures, il appartiendrait au comité monétaire de les y inciter »[43]. Ainsi lorsque le compte d'opérations de la BEAC est débiteur durant neuf décades consécutives, les plafonds de réescompte et d'avances à court terme sont réduits :

- de 20 % dans les agences dont la situation fait apparaître un solde débiteur du compte de ses opérations extérieures.
- de 10 % dans les agences dont la situation fait apparaître un solde créditeur du compte de ses opérations extérieures d'un montant inférieur à 15 % de la circulation fiduciaire portée à cette même situation.

De plus, aucune nouvelle autorisation de concours à moyen terme ne peut-être consentie par la BEAC dont le conseil d'administration doit délibérer sur un éventuel relèvement du taux d'escompte, de pension et d'avance.

Ces différentes dispositions permettent de constater qu'à l'opposé d'une situation excédentaire de compte d'opération dont bénéficient d'ailleurs très peu les Africains de la zone Franc, une situation débitrice de ces comptes est immédiatement et durement sanctionnée, à travers un arsenal de mesures restrictives en matière d'offre de monnaie dans ces pays.

Ces pays ne semblent donc pas tirer grand profit du mécanisme de compte d'opération puisque pendant les périodes de déficits de leurs comptes d'opération, on a assisté d'une part à la mise en place de politique monétaire restrictive et d'autre part à l'accroissement de leur endettement.

Pendant un certain nombre d'années, notamment avant les années quatre-vingt, la situation des pays de la zone Franc auprès du Trésor français a été en moyenne positive, comme le montre le tableau 3 ci-dessous.

Comme nous venons de lire, en cas d'excédent de leurs comptes d'opération, ces pays de la zone Franc reçoivent des intérêts créditeurs de la part du Trésor français. Ceci signifie que jusqu'en 1979, puis en 1985 et 1986 pour la BCEAO, et jusqu'en 1986 pour la BEAC, les excédents des comptes d'opération de ces instituts ont été rémunérés. Mais il faut souligner que les taux d'intérêt servis par le Trésor français sur les excédents des comptes d'opérations sont ceux de la Banque de France, c'est-à-dire les plus bas taux d'intérêt. Pendant ce temps, les taux d'intérêt sur les marchés

[43] Cf article 11de la convention de la BEAC.

financiers des pays africains de la zone Franc sont bien plus élevés, la différence se situant autour de 4 à 5 %.

Ainsi, les insuffisances du système de solidarité de la France ont amené ces pays, confrontés à d'énormes difficultés économiques, à mettre en œuvre des programmes d'ajustement basés principalement sur des mesures restrictives internes. Il est clair pour nous que l'échec de ces politiques, notamment l'incapacité affichée par des pays de la zone à respecter les critères de performances inclus dans les programmes d'ajustement, ont amené le FMI et la Banque mondiale à suspendre leur soutien en 1992. L'arrêt de ces aides, ainsi que de celles d'autres bailleurs de fonds bilatéraux et multilatéraux a entraîné dans la zone un besoin de financement de 50 milliards de Francs français pour l'année 1994, montant dépassant largement les capacités de la France.

Tableau 3 :
Balance globale des comptes d'opérations dans les zones UMOA et BEAC

Année	Compte d'opération UMOA	Compte d'opération BEAC
1975		-30696
1976		37364
1977		36171
1978	86421,8	10783
1979	85601	32104
1980	-82775,5	84904
1981	-132145,4	124668
1982	-179122,8	142218
1983	-224079,3	162945
1984	-73761	133618
1985	23950,2	129976
1986	72192	44360
1987	-324597,7	-120625
1988	-147074,5	-102281

Source : Banque de France

III.1.4 - La dévaluation comme une nécessité économique

Avant 1985, le problème de la surévaluation du Franc CFA ne s'était jamais posé avec autant d'acuité. Pourtant, on assistait de temps en temps à des mouvements de hausse du taux de change effectif réel et plus particulièrement entre 1975 et 1980 comme nous le montre le tableau 5, mais l'évolution favorable des termes de l'échange des pays de la zone Franc voilait le phénomène. Ce n'est qu'à partir de 1985, lorsque les termes de l'échange ont amorcé leur mouvement de baisse (baisse des cours du cacao, café, pétrole, coton), et que parallèlement le taux de change réel a commencé à s'accroître que la nécessité d'un ajustement de la parité Franc-CFA est apparue inévitable. Le maintien de la parité entre le Franc français et le Franc CFA dans un environnement caractérisé par une volonté de stabiliser le dollar américain s'est traduit par une appréciation du taux de change effectif réel du Franc CFA. Nous verrons également que la question de l'inflation peut être vue sous l'angle structurel, un article consacré sur la question fait l'objet d'un papier dans les travaux du CEMI-EHESS. Notamment les arguments la dévaluation dans le contexte de l'appréciation de l'euro face au dollar international.

Tableau 4 :

Comparaison zone FCFA / Afrique sub-saharienne hors zone FCFA (1975-1985 et 1986-1993)

	ZONE FRANC		HORS ZONE FRANC	
	(75-85)	(86-93)	(75-85)	(86-93)
Taux de croissance réel du PIB %annuel moyen	4,6	0,1	1,4	2,5
Taux de croissance du PIB /habitant % annuel moyen	1,7	-0,3	-1,3	-0,3
Taux d'inflation % annuel moyen	11,2	22	17,8	22
Solde budgétaire %PIB, moyenne	-5	-7,6	-6,1	-5,6
Compte courant extérieur % PIB, moyenne	-6,5	-7,4	-1,9	-0,8
Exportation de marchandises % PIB, moyenne	28	22,3	20,7	24
Importation de marchandises % PIB, moyenne	23,8	18,7	18,9	20,9
Dette extérieure % PIB, moyenne	38,2	73,7	25,2	57

Source : FMI perspective économique et mondiale, 1994

En effets, après une hausse du dollar américain entre 1980 et le premier trimestre de 1985, on assiste à un renversement de tendance caractérisé par une diminution des cours du dollar par rapport aux monnaies européennes et au YEN. L'adoption d'une politique monétaire laxiste par les Américains et les accords du Plaza du 22 septembre 1985 avaient été deux facteurs déterminants de cette conjoncture. À travers ces derniers accords signés par les pays industrialisés, il est exprimé un consensus sur la nécessité de réduire le prix du dollar et sur la nécessité d'une coordination des politiques macro-économiques. Afin de réaliser la baisse du dollar, les banques du Japon et de L'Allemagne vendent massivement la monnaie américaine. Cette chute du dollar profonde et inévitable est considérée comme excessive.

Mais surtout, elle ne réussit pas à provoquer l'effet attendu sur la balance américaine, qui continue à se détériorer. C'est pourquoi le 22 février 1987 les accords du Louvre expriment le désir des responsables que les taux de change se stabilisent autour du niveau d'équilibre, situé dans des zones cibles. Le Tableau 5 ci-dessous confirme bien ses résultats.

Tableau 5 :
Taux de change effectif réel dans la zone Franc (1970= 100)

	1975	1980	1985	1990
Bénin	101,4	100,4	72,8	68,1
Burkina	95,2	90,2	81'1	71,7
Cameroun	111,2	110,9	106,8	120,6
Centre Afrique	96,1	117,5	118,7	112,6
Congo	98,5	93,4	94,5	89,4
Côte-d' Ivoire	96	125,3	95,6	98,5
Gabon	112,4	125	114,2	113,9
Mali	101,5	92,7	86	81,6
Niger	97,6	114,2	99,5	75
Sénégal	128	105,8	110,6	98,2
Tchad	93,9	88,2	70	54,8
Togo	106,1	102,8	84,6	77,8

Source : Collange et Plane 1994

Nous pouvons ainsi dire que le Franc CFA étant lié au Franc français à cette période concernée connaissait une appréciation par rapport au dollar. Le taux de change effectif réel du Franc CFA apparaît donc surévalué pour cette période.

Face à cette crise, deux solutions étaient possibles :

- La première était de réaliser une dévaluation afin de réduire le coût des facteurs en terme réel ;
- La seconde était de réaliser une baisse des salaires réels sans dévaluation du Franc CFA en vue d'accroître la compétitivité.

Depuis plusieurs années, les institutions de Bretton-Woods défendaient la thèse de la dévaluation voyant dans celle-ci un préalable indispensable à la conduite des réformes structurelles. Ainsi la Banque mondiale met en cause les politiques macro-économiques sub-sahariennes en leur reprochant de défendre des parités irréalistes (voire non équitable) [44]fortement surévaluées.

Depuis lors, le FMI et la Banque mondiale font de la dévaluation un élément fondamental de la stratégie d'accélération du processus de développement régional. Ces deux institutions de l'orthodoxie financière internationale ont exigé, pour reprendre leur concours à l'Afrique francophone et soulager ainsi le Trésor français, une dévaluation de 40 à 60 % du Franc CFA.

Le gouvernement français a longtemps refusé de voir dans la dévaluation un remède aux problèmes structurels de l'Afrique préférant opter pour une baisse des salaires nominaux et une augmentation de la productivité. En effet, on ne pouvait considérer la surévaluation comme entièrement responsable de la perte de compétitivité des économies africaines.

Toutefois, la contrainte de change fixe a conduit les pays de la zone Franc à la mise en place de politiques d'ajustements structurelles très coûteuses.

Ces politiques étaient fondées sur la désinflation compétitive, visant à améliorer la compétitivité de la zone Franc en réduisant la rémunération des facteurs de production. Le succès de cette politique fut très coûteux en terme d'activité comme nous l'avons évoqué précédemment. Dès lors le maintien de la parité semblait de plus en plus difficile, d'autant que la politique du Franc fort en Europe se maintenait. La France qui était arrivée, en l'absence d'accord avec le FMI à assurer pratiquement seul, outre l'aide publique au développement, le service de la dette extérieure et le soutien aux budgets locaux avait dès septembre 1993, prévenu les gouvernements africains qu'elle ne financerait plus le service de leur dette s'ils ne parvenaient à conclure des accords d'ajustements avec le FMI. D'autre part, pour freiner la fuite des capitaux hors de la zone stimulée par les rumeurs de dévaluation (pour l'UMOA, 3 milliards de Francs français en 1991 ; 4,6 en 1992 ; en 1993), la BEAC et la BCEAO décident de ne plus racheter de billets émis à l'extérieur de la zone.

Les billets de la BCEAO n'étaient plus acceptés par la BEAC et réciproquement.

Nous allons voir dans le chapitre 4, consacré aux effets de la dévaluation en rapport avec les politiques d'ajustement structurel. À ce sujet plusieurs études ont été menées dans certains pays de la zone Franc, l'exemple du Benin par exemple, pays de la zone Franc est enrichissant où un modèle explique les effets dynamiques de la dévaluation du FCFA (AKITOBY, B, 1999).

---

[44]CF La notion d'approche équitable sera abordée dans la troisième partie de la thèse.

III.2 - L'ambiguïté de la notion de la surévaluation du Franc CFA

La mesure de la surévaluation de la monnaie d'un pays en voie de développement est particulièrement difficile à réaliser d'après plusieurs études menées en ce sens.

Dans ces économies, en effet, les informations statistiques sont limitées et incertaines, et l'hypothèse de stabilité des comportements, nécessaire à la modélisation n'est vérifiée, il est alors impossible de disposer d'un modèle d'ensemble décrivant la réaction des différents prix et des différents flux à la variation du taux de change. L'appréciation de cette surévaluation doit donc être faite avec prudence.

Dans cette situation, on doit se contenter de recourir à des méthodes approximatives et indirectes consistant à comparer l'évolution relative des prix entre les différents pays.

L'indicateur du prix relatif le plus couramment utilisé à cet effet est le Taux de change Effectif Réel (TCER). Le TCER, indicateur de compétitivité est un indicateur composite obtenu à partir d'une part des taux de change nominaux bilatéraux et d'autre part des prix intérieurs et extérieurs.

La composante effective, le Taux de Change Effectif Nominal (TCEN), est obtenue en calculant la moyenne des indices du taux de change de la monnaie des pays considérés, exprimés dans la monnaie des différents pays avec lesquels il est en·relation, pondérée par le poids respectif des pays partenaires dans ses échanges.

TCEN = (Tin/TiO) xWixlOO

Tin : nombre d'unités de devises du pays partenaire par unité de monnaie nationale à l'époque n TiO : le même prix à l'année de base

Wi : le poids relatif du pays étranger dans les échanges du pays considéré en moyenne sur la période.

Le TCEN donne donc la valeur de la monnaie nationale exprimée par rapport à un panier représentatif de devises. Pour obtenir le TCER, il suffit alors de corriger le TCEN par le rapport entre l'indice des prix intérieurs et la moyenne des indices de prix externes.

TCER = TCENx (Pce)

PC : Indice des prix à la consommation dans les pays.

PEE : Moyenne des indices de prix à la consommation dans les pays étrangers.

Selon cette définition, un accroissement du TCER sans modification du TCEN laisse présumer une perte de la compétitivité prix des productions du pays c'est-à-dire que les prix internes augmentent plus vite que les prix externes.

Par cette définition : on voit que le calcul du TCER passe par la prise en compte de la part du commerce extérieur avec les partenaires commerciaux.

Selon que l'on prend en compte ou non des concurrents du Sud-est asiatique sur les marchés d'exportation dans la pondération du taux de change effectif réel, on obtient une appréciation allant de 33 % et 44 % sur la période 1985-1990 pour le Cameroun et la Côte-d'Ivoire[45] à 13 % et 3 %[46].

Cette différence tient à ce que les pays africains de la zone Franc ont connu une augmentation relative de leurs coûts de production vis-à-vis des autres producteurs de matières premières, notamment asiatiques qui ont obtenu des gains sensibles de productivité, et accru leurs parts de marchés, tout en pesant à la baisse sur les cours mondiaux. Une partie de la dégradation des termes de l'échange pour les pays de la zone Franc s'explique par une perte de compétitivité.

D'autre part, mesurer l'éventuelle surévaluation du TCER, il convient de choisir une période de référence (comme le montre le tableau 5).

PLANE retient l'année de référence 1970 pour définir le taux d'équilibre, puisque celui-ci était plutôt stable en moyenne période, sans tension inflationniste ni endettement excessif. Sur cette base, il montre que les pays africains en général ont laissé leur taux de change s'apprécier durant les années 1970-1980.

Néanmoins, la politique monétaire expansionniste de la zone Franc pendant cette période a conduit à une moindre surévaluation du TCER par rapport aux autres pays africains. De plus, la surévaluation du TCER qui caractérisait la plupart des pays de la zone Franc s'est résorbée dans les années 1980 (comme le montre le tableau 4).

Nous allons présenter dans l'encadré 1, les différents types d'évaluation du TCER.

---

[45]CF : Chiffre du FMI.

[46]CF : COLLANGE et PLANE, 1994.

Encadré du Chapitre II

Encadré 1

Différents types d'évaluation de la TCER

Le fonds monétaire international (FMI), la Banque mondiale et la BEAC ont estimé les surévaluations multilatérales du F CFA à travers le calcul des TCER sur les données concernant le commerce extérieur de chacun des six.

États de la zone BEAC avec ses principaux partenaires commerciaux (La France, États-Unis, Japon, Corée, Chine, Nigeria, Zaïre, etc.).

Les partenaires ainsi représentaient 90 % du total du commerce extérieur du pays considère.

Tableau du constat de surévaluation du F CFA (n-6)

	F.M.I(1)	F.M.I(2)	Banque mondiale(3)	Services BEAC(4)	Moyenne de (l)à(4)
Cameroun	88	37	60	85	68
RCA	20	18	35	28	25
Congo	52	30	20	49	38
Gabon	58	13	40	14	31
Guinée Équatoriale	8	11	-	20	13
Tchad	2	12	25	34	18
Zone BEAC					48

Source : BEAC1993

FMI (1) : TCER utilisant la méthode classique prenant en compte les termes de l'échange.

FMI (2) : TCER selon le calcul du taux d'équilibre qui permet de calculer la modification du taux de change réel nécessaire pour rétablir à moyen terme un équilibre interne et externe soutenable.

Banque mondiale (3) : cette institution a utilisé une moyenne de quatre méthodes différentes pour l'estimation des surévaluations.

Services de la BEAC : La BEAC a utilisé la méthode qui tient compte des prix entre les différents États membres et leurs partenaires en même temps qu'elle intègre les coefficients du commerce extérieur avec le Nigeria (cas du Cameroun et du Tchad) et le Zaïre (cas du Congo et de la RCA).

Tableau 6 :

Indice des prix sensibilité au choix de l'année de base

CAMEROUN

1980	1981	1982	1983	1984	1985	1986	1987	1988	1989	1990
75,00%	75,00%	78,00%	80,00%	78,00%	78,00%	63,00%	20,00%	25,00%	20,00%	5,00%

CÔTE-D'IVOIRE

1980	1981	1982	1983	1984	1985	1986	1987	1988	1989	1990
23,00%	25,00%	1,00%	13,00%	27,00%	36,00%	31,00%	30,00%	22,00%	12,00%	2,50

Source : BEAC, BCEAO, 1993

III.3 - La dévaluation, un procédé risqué

À court terme, trois effets sont attendus :

1/ Une amélioration de la compétitivité prix ;
2/ Une certaine réallocation des ressources vers les secteurs exportateurs ;
3/ Un assainissement des finances publiques.

Mais ces effets sont très incertains et s'exercent sous des conditions très restrictives. Le changement de parité permet théoriquement de compenser la détérioration des termes de l'échange en restaurant une meilleure compétitivité externe : augmentation de volume des exportations et diminution du volume des importations.

Toutefois, cet effet favorable sur la balance commerciale ne se produit que si les conditions de validité du théorème des élasticités critiques (que nous présenterons dans l'encadré 6) sont remplies.

Il faut donc que les élasticités-prix des importations et des exportations soient suffisamment importantes.

À cet égard, les gains de la dévaluation, en terme de compétitivité, sembleraient sérieusement limités. D'une part, les exportations des pays africains de la zone Franc sont quasi exclusivement composées de matières premières, dont la demande est peu élastique au prix, et dont les cours se forment en devises sur les marchés mondiaux (les pays de la zone Franc sont price taker).

Ces cours sont relativement indépendants des coûts de production de la zone Franc, et les effets volume paraissent donc négligeables. Les pays africains, fortement spécialisés dans les exportations de produits de base dont ils n'ont pas la maîtrise de l'évolution des cours, ne devraient donc pas profiter de gains de compétitivité importants dans ce domaine.

D'autre part, l'élasticité de la demande d'importation aux prix est faible : elle dépend à long terme de facteurs structurels, tels que les techniques de production et les modes de consommation. L'expérience des pays africains ayant précédemment dévalué incite à la prudence : en général, les importations ne se contractent significativement que lorsque se produit une pénurie de devises.

Il n'y a donc semble-t-il que peu de gains de compétitivité à attendre, à la fois du fait que la baisse des prix de production ne se répercutera pas vraiment sur le prix des exportations, et que l'augmentation du prix relatif des importations ne se répercutera que faiblement sur leur volume.

Compte tenu de la composition sectorielle des échanges extérieurs des pays de la ZFA, il ne fait guère de doute que la somme des élasticités prix de leurs exportations et leurs importations est à court terme inférieur à un.

Un effet favorable sur la balance commerciale pourrait provenir cependant de la baisse de la demande intérieure. La dévaluation exerce un impact négatif sur le pouvoir d'achat et doit donc réduire l'absorption et améliorer le solde extérieur.

Mais cette effet ne résulte pas d'un gain de compétitivité, mais d'une ponction sur les ménages (thèse de l'absorption).

À plus long terme, la dévaluation pourrait promouvoir la compétitivité en encourageant un transfert de ressources des secteurs à faible croissance vers les secteurs dynamiques. Le secteur agricole devrait en être le premier bénéficiaire, du fait de l'augmentation du prix des importations et du report de la consommation sur les produits locaux.

Sur les recettes publiques, l'impact devrait être double. D'une part, la dévaluation doit apporter un surplus de recettes, grâce aux prélèvements sur le secteur exportateur, dont le revenu exprimé en Franc CFA augmente.

D'autre part, la dévaluation occasionne un alourdissement instantané de la charge de la dette libellée en devise.

Encadré 2

Théorème des élasticités critiques

Le théorème d'élasticités critiques a été initialement formulé par Marshall et Learner (d'où le nom de condition de Marshall-Learner). Il indique la condition sous laquelle une dévaluation nominale exerce un effet positif sur la compétitivité donc sur le solde commercial en valeur. Soit BC la valeur du solde commercial :

*BC = p. X-ep * dM/de*

Avec X les exportations, p leur prix en monnaie domestique, M les importations, p * leur prix en devise, et le taux de change côté à l'incertain (nombre d'unités domestiques en contrepartie d'unités étrangères).

L'effet de dévaluation s'écrit :

dBC/de = pdX/de – p * M-ep * dM/de

Soit en raisonnant au voisinage de l'équilibre commercial (pX=ep*M) et en arrangeant les termes :

dBC/de=pX/e [(dX/X) /(de/e) - (dM/M) / (de/e) -1]=pX/e (a+b-1)

où a = dX/X/ (de/e) et b = (dM/M) / (de/e) > O représentant respectivement les élasticités des exportations et des importations au taux de change.

L'effet d'une dévaluation sur le solde commercial sera donc favorable si la somme des élasticités des exportations et des importations aux taux de change est supérieur à l'unité (condition Marshallearner).

Ainsi, la dévaluation a un effet positif sur le solde commercial si les effets volumes positifs (augmentation du volume des exportations et diminution du volume d'importations) l'emportent sur l'effet prix négatif (accroissement du prix des importations). Comme ce dernier effet est immédiat, alors que les effets volumes demandent un certain délai (modification des contrats commerciaux), la dévaluation donne souvent lieu à un phénomène de courbe en J :

BC

Temps

Remarquons que le théorème ne porte que sur le solde commercial. Pour appréhender l'effet sur la balance courante, il faut tenir compte de l'augmentation de la charge de la dette libellée en devises :

BTC = - i *. e. D + BC => dBTC/de – i * D

Pour les pays de la zone Franc, le poids de la dette pourrait effacer le gain de la compétitivité sur la balance courante, même si la condition Marshall-Learner est vérifiée.

III.4 - Un bilan macro-économique de la dévaluation avec des résultats nuancés

De la dévaluation, il était attendu deux séries de résultats :

- à court terme sur les variables nominales ;
- à plus long terme sur les grandeurs réelles.

Apparemment les prévisions ont été réalisées dans un environnement international favorable, avec quelques difficultés qui expliquent peut-être la lenteur de la convergence.

L'atout majeur de cette dévaluation semble être un environnement international particulièrement favorable. Le retournement de l'activité économique international tant attendu ne s'est pas totalement confirmé, mais en 1994, une hausse sensible des taux de croissance mondiale (3,7 %) s'est néanmoins manifestée, en particulier dans les pays industrialisés (2,8 %), mais aussi ans les PVD (6,4 %), dont l'Afrique (2,4 %), après 2,5 % en 1993, et 0,7 % en 1992.

Le commerce mondial a été très dynamique en 1994 (+9 %), avec une augmentation très vive des exportations (+8 %), en particulier ans les PVD. Il est probable que le regain d'activité qui se poursuit au ralenti est corrélé avec les multiples accords de libéralisation négociés pendant cette période. Au multilatéral la clause de la nation la plus favorisée se généralise, et partout on assiste à l'élimination des barrières tarifaires et, plus difficilement non tarifaires comme en témoigne la création de l'organisation mondiale du commerce qui se substitue depuis le 1er janvier 1995 aux accords du GATT.

Les termes de l'échange se sont améliorés, et le cours des matières premières, sauf le pétrole ont continué leur hausse jusqu'au second semestre 1997 où la tendance s'est renversée, plusieurs produits alimentaires et miniers atteignant leur cours le plus bas. *Mais pour la période 1994 à 1997* les cours n'ont cessé d'augmenter avec un pic à l'été 1997 où l'indice de la Banque de France était à son maximum (148,1, base 100 en 1985). Les conditions climatiques ont été localement bonnes.

En résumé, les effets de la dévaluation à court terme ont été positifs et se sont rapidement manifestés. À la surprise générale, l'inflation créée a été rapidement contrôlée. Dans les semaines qui ont suivi la dévaluation, la hausse brutale des prix a atteint plus de 60 %, avant de redescendre à un niveau stationnaire de l'ordre de 35 % à 45 %, un peu plus élevé dans la CEMAC avec toujours des écarts significatifs entre les pays dans les deux unions monétaires.

Les graves tensions sociales attendues sont restées modérées et transitoires grâce à la mise en place d'un Fonds Spécial de Développement, chargé de veiller aux difficultés quotidiennes nées de la dévaluation. La taxe d'inflation a joué, et la hausse des rémunérations publiques et privées est restée limitée à environ 15 %, ce qui a permis de prolonger la baisse de l'inflation au second semestre 1994.

Les importations se sont ralenties, en particulier industrielles, surtout celles de produits de luxe, avec au contraire une relance des exportations vivrières, primaires de rente et industrielle.

À moyen terme, la situation des pays de la zone Franc semble plutôt positive. On note une progression du PIB pour la zone, faiblement ralentie en 1998 par la crise asiatique (+4,8 %), qui passerait sous la barre des 4 % en 1999 et 2000, suivant un profil inverse dans les deux sous zones.

Croissance non négligeable en 1999 en UEMOA (5,1 %), ralentie en 2000 (4 %), ralentissement marqué en CEMAC en 1999 (+2,3 %) et léger redressement en 2000 (3,7 %).

L'inflation est restée sous contrôle. Dans un premier temps, celle-ci était de 33 % en moyenne c'est-à-dire légèrement inférieur aux prévisions du FMI. Les effets inflationnistes immédiats de la dévaluation ont été fonction de facteurs mécaniques (hausse des prix des intrants, des équipements et des biens de consommation importés), mais également des changements des comportements des agents (évolution des anticipations, acceptation ou non de la baisse des revenus réels de la part des agents subissant l'érosion monétaire, réduction des marges) et de mesures politiques et économiques (tel le montant des droits de douane, contrôle des prix sur certains biens de première nécessité et sur les services publics, évolution de la fiscalité).

En 1995, des baisses des prix sont apparues, permettant de présenter sur l'année un taux d'inflation plus conforme aux objectifs : 6 % ans la ZFA, avec une moyenne de 9,9 % dans l'UEMOA et 11,1 % dans la CEMAC (comme le montre le tableau 8).

Tableau 7 :

Prix à la consommation (glissement en pourcentage)

	1994	1995	1996	1997	1998
CEMAC	41 ,60<Y<	5,50<Y<	2,80<Y<	5,90%	3,40%
UEMOA	36,00<Y<	6,60<Y<	4,00<Y<	3,50%	2,00<Y<

Source : BCEAO, BEAC

En effet nous dirons qu'après la dévaluation du FCFA, l'équilibre extérieur est rétabli. Les échanges commerciaux se sont multipliés, et les excédents attendus confirmés.

L'effet prix de la dévaluation, aidé par la hausse des prix mondiaux, s'est prolongé, les exportations et importations ont très fortement augmenté en valeur en 1994 (+89 % et 70 %), avec des excédents qui ont permis de réduire les déficits courants, à l'exception de la balance des services. Se confirme donc le rétablissement de la compétitivité du Franc CFA qui favorise la substitution des importations, en particulier pour les produits agricoles et agro-alimentaires.

L'impact de la dévaluation a été faible sur les importations de produits africains, et la France, premier partenaire, a vu son commerce évoluer de façon croissante.

Le flux commercial qui s'était réduit de 10 % en 1994, au profit essentiellement des autres partenaires européens, a singulièrement augmenté en 1995, +31,8 % pour les exportations et +8 % pour les importations. Ceci infirme la tendance engagée depuis 1990 de réduction des exportations françaises vers la ZFA. Cette hausse des exportations françaises s'explique par la demande de consommation de biens durables (+50 %), et non durables de luxe (20 %).

Aidées également par le retour des capitaux, et les versements nombreux liés aux accords bilatéraux et multilatéraux, les balances de paiements se sont redressées.

En 1994, le total des aides décaissées représente une somme considérable de 12 Millions de FF.

En 1998, l'effort s'est prolongé et la zone Franc totalise au 18 mars 1998 un volume d'engagement de 940 millions de DTS, dont 830 au titre de la FASR[47] à laquelle tous les pays de la zone Franc sont éligibles à l'exception du Gabon qui a conclu en novembre 1995 un accord élargi de financement.

La taxe d'inflation a diminué les créances sur les budgets, alors que la dévaluation doublait brutalement la dette extérieure. La hausse des recettes attendues des flux commerciaux a tardé, du fait de la mise en place des mesures de restructurations économiques, à peine commencée au 2e semestre 1994.

De manière globale le redressement budgétaire a été lent et très faible. La modernisation de la fiscalité et des services fiscaux a d'abord conduit à un affaiblissement du rendement. Par contre en 1995 et 1996, l'accélération de la croissance, jointe à l'efficacité accrue des services fiscaux, a. amélioré de manière substantielle les rentrées fiscales 15 % du PIB pour l'UMOA en 1997 et 1998.

Les dépenses n'ont pas été fortement réduites. La dévaluation a par conséquent eu pour effet d'accroître le service de la dette publique intérieure, mais globalement de réduire le montant des dépenses publiques. Ces dépenses sont passées dans les pays de la CEMAC, de 26 % à 22,7 % duPIB malgré une augmentation du service de la dette de 7,6 % du PIB contre 5,4 % dans les pays de l'UEMOA, la baisse des salaires réels a été compensée par l'augmentation des investissements.

La structure des dépenses publiques a ainsi fortement changé : la part des salaires dans les dépenses budgétaires est passée de 60 % en 1993 à 32 % en

[47]FASR=Facilité d'Ajustement Renforcé

1996 alors que les dépenses d'investissement et surtout la dette publique augmentaient fortement. Le paiement des intérêts a représenté 18 % des recettes publiques dans l'UEMOA (contre 25 % en 1993) et 32 % dans la CEMAC (contre 29 % en 1993).

En définitive, les résultats de la dévaluation du Franc CFA du 12 janvier 1994, sont largement positifs comme le montre les tableaux présentés ci-dessus dans la mesure où, elle a permis d'une part de :

- redynamiser l'activité économique ;
- redonner à l'économie une certaine flexibilité à travers notamment les programmes de privatisation ;
- enclencher un processus d'assainissement des finances publiques qui devraient soutenir la croissance ;
- donner un nouveau souffle et élan à l'intégration régionale par la mise en œuvre d'intégration fiscale et douanière (que nous verrons dans le chapitre 5) ;

D'autre part, la dévaluation a accéléré la prise de conscience de la nécessité de renforcer la convergence macro-économique des zones d'émission, condition de la solidité du Franc CFA.

Nous allons aborder cette notion de convergence à deux niveaux d'analyse : convergence réelle et convergence structurelle.

III.5 - La volonté de convergence dans la zone Franc après la dévaluation du Franc CFA

Dans le cas de la zone Franc cette notion de convergence ne peut-être sérieusement apprécier compte tenu des délais trop brefs dans cette zone. Toutefois, la dévaluation a créé une certaine opportunité de convergence entre les différents États.

III.5.1 - Définition

« On entend par convergence le processus de rapprochement des États entre eux et l'établissement de leur situation économique à un niveau soutenable (du point de vue de la soutenabilité de la dette par exemple). Il passe notamment par un assainissement des structures publiques pour une meilleure efficacité du secteur privé. »

Dans le contexte de la zone Franc compte tenu de la contrainte de la fixité des taux de change, la politique budgétaire revêt une importance particulière. Le manque d'autonomie dans leur politique oblige les pays de la zone à une plus grande coordination dans leur politique budgétaire tout en intégrant les différentes conjonctures dans lesquelles sont insérées leurs économies.

III.5.2 - Convergence réelle

Les résultats nominaux révèlent de faibles recentrages des pays membres (voir tableau 9). Mais rien n'assure que les unions trouveront meilleures conditions d'équilibres et de croissance dans l'avenir, même s'il est attendu des effets de surveillances des effets favorables, en particulier sur la hausse des recettes budgétaires considérée comme un critère de convergence supplémentaire et spécifique aux petits pays ouverts africains.

Les mesures en faveur d'une meilleure coordination des politiques budgétaires devraient restaurer la crédibilité de la capacité de résistance des politiques économiques des pays de la zone. Il est attendu de l'union monétaire, plus cohérente depuis les accords signés avec les institutions internationales et la sanction qu'elles garantissent, et de l'équilibre coopératif par l'union économique, une amélioration des anticipations et de la crédibilité favorable à la réalisation des efficiences.

Par ailleurs, il a été montré, que l'union douanière a pour effet notable de réduire considérablement les chocs asymétriques.

Elle diminue leur nature asymétrique avec l'ouverture et les anticipations plus associées à l'union économique.

Avec l'augmentation des échanges intra-branches qui homogénéisent le processus productif, et la concurrence qui accroît la diversification des produits, l'ouverture accentuera également les effets symétriques des chocs sectoriels.

Mais des réserves non négligeables ont apporté à ces conclusions optimistes, certaines compatibles avec les spécificités des petits pays ouverts en voie de développement.

À partir de l'histoire des États-Unis, il a encore été démontré que l'ouverture intérieure n'a pas nécessairement provoqué une polarisation des méthodes de production, et dans certains cas l'augmentation de la taille du marché et de la concurrence, les rendements d'échelle croissants, et les baisses des barrières tarifaires, avaient amplifié le mouvement de concentration et la durée des chocs asymétriques[48].

Une remise en cause de l'argument favorable aux anticipations a également été produite à partir de l'observation du marché du travail américain[49], où semble-t-il, l'ajustement serait davantage corrélé avec la mobilité des travailleurs, et plus faiblement avec la flexibilité du salaire.

En Afrique, la situation est apparemment différente puisque les productions nationales sont peu diversifiées en raison de l'absence de commerce intra-régional. On peut donc rester optimiste et espérer que les unions douanières produiront l'accentuation attendue des échanges et la diversification des activités, et ainsi la réduction des chocs sectoriels aussi longtemps que les barrières non tarifaires, déjà très lourdes, car essentiellement culturelles et administratives,

[48]T. BAYOUMI et B. EICHENGREEN, 1992.
[49]0. BLANCHARD et L. KARTZ, 1992

n'auront pas tendance à s'élever. Par contre, l'absence de mobilité du travail risque de retarder les efficiences espérées.

Les modifications qui sont intervenues en faveur d'une plus grande ouverture, vont également améliorer la souplesse et la capacité de réaction.

L'affermissement de l'union monétaire, ainsi que toutes les mesures structurelles en faveur de l'intégration financière, vont créer des conditions de mobilisation et d'accès plus simples pour les capitaux.[50]

[50]La bourse des valeurs d'Abidjan, est un exemple parmi tant d'autres, car déjà à cette époque, elle commençait à obtenir des résultats ; qui soulignent l'évolution des comportements d'épargne et d'investissement en Côte-d'ivoire et dans la zone UEMOA.

Tableau 8 :
Critères de convergence budgétaires de l'UEMOA
(en % de recettes fiscales)

	1994	1995	1996	1997	'Normes 1997
Bénin					
Salaires et traitements	**49,8**	43,8	41,0	38,4	<50,0
Dépense en capital sur financement interne	,7	10,7	6,2	7,5	[>20,0
Solde primaire de base(milliards de FCFA)	19,3	18,6	27,5	21,5	1> 15,0
Variation des arriérés intérieurs	-10,6	-17,0	-25,6	-16,9	<0,0
Variation des arriérés extérieurs	0,0	0,0	11,9	7,9	<0,0
Burkina Faso					
Salaires et traitements	55,9	48,1	43,1	40,3	<50,0
Dépense en capital sur financement interne	8,8	8,2	10,5	22,7	>20,0
Solde primaire de base(milliards de FCFA)					
Variation des arriérés intérieurs	-15,7	8,6	13,6	9,0	1> 15,0
Variations des arriérés extérieurs					
	-6,5	-15,6	-17,9	-5,8	<0,0
	-14,8	-3,8	0,0	0,0	<0,0
Côte-d' Ivoire					
Salaires et traitements	8,3	38,6	37,4	36,7	<50,0
Dépense en capital sur financement interne	13,9	17,7	15,9	21,7	1>20,0
Solde primaire de base (milliards de FCFA)	19,2	7,3	29,6	24,4	1> 15,0
Variation des arriérés intérieurs	-98,3	-79,1	-84,4	-51,7	<0,0
Variation des arriérés extérieurs					
Guinée Bissau					
Salaires et traitements			46,3	38,8	<50,0
Dépense en capital sur financement interne			9,2	15,8	1>20
Solde primaire de base(milliards de FCFA)			31,5	52,4	1> 15,0
Variation des arriérés intérieurs			0,2	-3,8	<0,0
Variation des arriérés extérieurs			-0,2	0,0	<0,0

(Suite tableau 8)

	1994	1995	1996	1997	Normes 1997
Niger					
Salaires et traitements	43,1	36,5	8,9	9,1	<50,0
Dépense en capital sur financement interne	13,3	14,1	14,1	17,5	>20,0
Solde primaire de base(milliards de FCFA)	16,5	31,6	0,4	6,9	>15,0
Variation des arriérés intérieurs	9,9	-14,0	-19,0	-7,0	<0,0
Variation des arriérés extérieurs	-19,8	0,0	0,0	0,0	<0,0
Mali					
Salaires et traitements	101,7	80,0	8,8	56,6	<50,0
Dépense en capital sur financement interne	5,6	,9	5,3	7,2	>20,0
Solde primaire de base(milliards de FCFA)	-97,9	-29,1	6,2	-7,6	>15,0
Variation des arriérés intérieurs	6,0	-12,4	-18,0	-21,0	<0,0
Variation des arriérés extérieurs	-66,6	34,2	-18,5	1,9	<0,0
Sénégal					
Salaires et traitements	55,6	47,7	4,0	39,9	<50,0
Dépense en capital sur financement interne	9,8	10,8	11,3	14,3	>20,0
Solde primaire de base(milliards de FCFA)	10,5	23,7	6,0	8,8	>15,0
Variation des arriérés intérieurs	-32,1	-14,9	0,0	0,0	<0,0
Variation des arriérés extérieurs	-128,7	-45,5	0,0	2,7	<0,0
Togo					
Salaires et traitements	95,0	68,3	56,5	51,4	<50,0
Dépense en capitale sur financement interne	5,3	7,6	5,4	3,3	>20,0
Solde primaire de base(milliards de FCFA)	-52,6	-13,3	-11,0	5,7	> 15,0
Variation des arriérés intérieurs	-5,8	-5,9	1,9	-15,4	<0,0
Variation des arriérés extérieurs	15,9	1,4	-3,4	-43,5	<0,0

Source : Banque de France (1997)

En se référant au tableau **8,** la capitalisation en début de l'année 1996 était de 425 MM de Franc CFA. Les privatisations en cours, la libéralisation des marchés, les nouveaux codes d'investissements, la croissance retrouvée et avec elle les anticipations favorables, ont permis d'accentuer cette évolution et d'ouvrir les activités de la bourse des valeurs à l'ensemble de l'union.[51]

Le marché unique devrait également faire progressivement disparaître les secteurs monopolistiques, avec leurs produits de rente (secteur public), et

[51]Nous dans la Deuxième partie de la thèse, dans le cas de la zone BEAC (CEMAC), les évolutions les plus récentes pour confirmer cette analyse.

comportement de marge (secteur privé), qui ôtent de la souplesse en maintenant des niveaux et des taux d'accroissement de prix et de salaires trop élevés.

III.5.3 - Convergence structurelle en Zone Franc

À l'intérieur de la zone Franc, l'espace économique n'est pas homogène, et la question posée est de savoir si les unions monétaires et économiques vont maintenant mieux assurer la convergence des PMA vers les PRI en rendant possible de meilleures spécialisations. Il s'agit en fait de savoir si les avantages relatifs vont se manifester plus massivement et être mieux exploités, grâce au marché unique, et à une meilleure gestion de la monnaie unique.

Une réponse simpliste consiste à rappeler que si les efficiences réelles se produisent, il en résultera un développement équilibré et durable (voire médiane et équitable)[52] et donc une plus grande homogénéité structurelle.

Un tel développement optimal est-il probable ? (nous allons rappeler dans la section 3 les efforts d'intégration dans la zone Franc à travers les critères d'optimalité que nous avons exposé précédemment).

La pertinence du projet maintenant mis en œuvre n'est pas contestée. C'est plutôt son délai de réalisation qui semble critiqué par les pays moins avancés, qui ont subi plus durement la crise, et vont devoir produire un effort proportionnellement plus important, dans un contexte encore plus concurrentiel. Il est à craindre que dans un premier temps, l'ajustement structurel réel maintenu, car la dévaluation ne doit pas devenir un moyen de politique économique, ne perpétue les difficultés économiques et le chômage officiel.

D'abord les économies d'échelle inhérentes à la croissance, seront difficiles à mettre en œuvre dans les pays spécialisés dans les produits primaires, et seuls l'ouverture totale pouvait éviter un coût élevé et durable. Or il n'est pas sûr que des obstacles non tarifaires ne freineront pas l'ouverture, ni même que dans l'hypothèse où elle ne serait que temporaire, la mobilité du travail puisse effectivement jouer.

De même, l'investissement déjà faible ne pourra se manifester que dans les activités traditionnelles, celles pour lesquelles la croissance est la plus vive en interne.

En l'absence de protection forte vis-à-vis de l'extérieur, les efforts de productivité et de rentabilité dans le secteur des biens échangeables, nécessaires à la stabilité du TCER, auront tendance à augmenter les salaires.[53]

Les avantages en termes de coûts de production pourraient ainsi disparaître, et à terme réduire la compétitivité de la monnaie, ainsi que les flux de capitaux étrangers.

---

[52]Cette notion d'approche équitable et médiane renvoi à la fois à la notion du développement équilibré et durable.

[53]M. AGLIETT A et C. BAULANT, 1994.

La probabilité d'un tel développement optimal est donc faible. Les mesures nécessaires qui ont été prises restent insuffisantes et des incertitudes subsistent, liées au maintien de la convertibilité illimitée assortie des comptes d'opérations.

Dans tous les domaines, les chiffres montrent que les deux Unions n'évoluent pas au même rythme. L'UEMOA a démarré plus vite que la CEMAC, et pour profiter des gains liés à la dévaluation, elle a mis en œuvre plus vite son plan de restructuration.

Non seulement la croissance n'a pas démarré en même temps, mais elle a également été plus rapide dans l'UEMOA, du moins jusqu'en 1996 où la crise asiatique combinée à la chute des prix du pétrole et des matières premières a semble-t-il changé cette situation (voir Tableau 10 ci-dessous).

Tableau 9 :
Taux de croissance 1994-2000 UEMOA et CEMAC

	1994	1995	1996	1997	1998	1999	2000
[lJEMOA	2,60<1(	5,80%	6,30<1(	3,00<1(	4,70o/t	5,10<1(	4,00<1(
CEMAC	-2,30<1(	3,10<1(	5,50%	4,70o/t	4,90<1(	2,30<1(	4,80<1(

Source : Projection Jumbo1999-2000, AFD

À l'intérieur de chacune des unions, les écarts très importants qui existaient entre les pays se pérennisent, le rattrapage des PRI par les PMA tarde en effet à se manifester. En période de croissance, il était déjà évident que les poids et les résultats des PRI influençaient directement ceux de l'union, par exemple la Côte-d'Ivoire en Afrique de l'Ouest, et le Cameroun en Afrique Centrale).

Jusqu'à cette époque, les deux projets d'Union monétaire et économique n'étant pas identiques, l'adhésion au programme de restructuration ainsi que la mise en œuvre des mesures restant libres, les deux ensembles n'ont pas obtenu les mêmes résultats, et le risque de création d'unions à deux vitesses n'était pas exclu. La différence de pondération entre les PRI et les PMA est toujours aussi nette, le retour de la croissance et de la compétitivité extérieure n'a pas ralenti la tendance.

Dans l'UEMOA, tous les pays ont eu des difficultés à améliorer leurs balances commerciales, à limiter leurs dépenses publiques et leurs crédits ; mais tous ont globalement amélioré leurs positions sans que la dispersion se soit réduite.

Dans la CEMAC, si dans un premier temps le Cameroun a gêné par son retard dans l'adhésion à un plan de restructuration, il tire aujourd'hui par sa forte croissance les pays de sa zone. Il faut noter surtout que l'une des locomotives de la CEMAC, en 1998, est la forte croissance du PIB Équato-Guinéen (25 %) contribuant pour 1/2 point à la croissance de la sous-zone.

III.6 - La dévaluation du FCFA et la théorie des zones monétaires optimales (Conséquences et mauvaises performances)

Nous disons qu'il a fallu 45 ans de stabilité, que la dévaluation du Franc CFA puisse à nouveau donner un choc psychologique très marquant dans la crédibilité de l'intégration monétaire en Afrique : la moitié de la population n'a pas eu les moyens de se prémunir contre la taxe inflationniste immédiate et la confiance dans la monnaie s'en est trouvée amoindrie.

Le succès de la dévaluation, et l'avenir de la zone Franc, repose sur la capacité des États africains à mettre en œuvre des reformes structurelles importantes afin de restaurer la confiance et limiter l'inflation. Les pays africains ont accepté la dévaluation pour résoudre un problème budgétaire immédiat, par le retour de l'aide des institutions de Bretton-Woods. Selon les mesures d'accompagnement, la dévaluation sera l'instrument d'une nouvelle politique de développement ou un simple expédiant financier favorisant le laxiste budgétaire. Dans ce cas dernier, la dévaluation ne constituerait qu'un remède éphémère, et le risque serait grand de voir se développer une spirale inflationniste accompagnée d'un cycle de dévaluations, qui marquerait la fin de l'union monétaire.

Ainsi, la dévaluation peut constituer le signal d'un nouveau départ pour la zone Franc ou le début d'une perte de confiance conduisant à un nouveau régime de change et à la disparition de la zone.

Au-delà de ces supputations sur l'impact de l'ajustement par les taux de change dans les pays africains de la zone Franc, on peut se demander sur la crédibilité ou l'utilité de la zone Franc. Il est difficile d'évaluer les performances de la zone Franc par rapport à celles des pays comparables, si ce n'est dans des domaines directement liés au fonctionnement de l'union monétaire, comme la maîtrise de l'inflation et la stabilité monétaire. Dans ces domaines, la performance, les performances sont meilleures :

Mais en ce qui concerne la croissance et le développement, la question reste toujours ouverte. Dès lors, on peut s'intéresser aux coûts et avantages de l'appartenance à une telle zone monétaire.

Dans cette sous-section, la question de l'optimalité des zones monétaires est posée en regardant ces mécanismes de fonctionnement notamment : la convertibilité illimitée et la contrainte de l'intérieure, puis la solidarité par les comptes d'opérations largement exposés dans le chapitre 1.

III.6.1 - Position du problème

Rappelons ici que, le système de changes fixes fascine et inquiète. Il rassure par sa rigueur, sa capacité à résister et à laisser jouer les procédures prévues par la contrainte de l'extérieur. Mais lorsque la pression est forte, à un point tel que les seules solutions semblent être de laisser l'activité réelle se dégrader ou de sortir de l'union, au risque de menacer ainsi sa pérennité, il trouble.

La situation a consisté à rechercher les moyens exogènes susceptibles de surmonter cet handicap et d'aider à la faisabilité du système en toutes circonstances, en préservant la « réputation » des décideurs.

Par exemple en 1944 déjà, lors du retour à un taux de change fixe, tous les projets de système monétaire international, avaient prévu une soupape de sécurité », et celui qui a été retenu a effectivement mis sur place une organisation monétaire avec des marges de fluctuation réduites et des institutions financières, la Banque Mondiale et le Fonds Monétaire International, autorisés à venir en aide aux pays aux prises avec des difficultés « temporaires » de balance des paiements : le projet de J. M Keynes était proche de ce qui sera mis en place dans la ZFA.

Remarquons également que le Système monétaire Européen n'a pas voulu aller jusqu'à l'installation immédiate de taux fixes, et a choisi d'assouplir l'union en instaurant dans un premier temps, une « zone cible » avec des marges de fluctuations pour les différentes monnaies du « panier » de référence.

C'est encore cette question qui a été à l'origine du débat initial sur la Zone Monétaire Optimale (ZMO) lorsque les difficultés rencontrées par le Système de Breton Woods ont conduit à s'interroger sur l'optimalité des différents régimes de changes, sur leur capacité à atteindre les trois grands équilibres macro-économiques, stabilité des prix, plein emploi et équilibre extérieur, sans intervention publique.

On peut alors affirmer que La théorie des Zones Monétaires (Y. ISHIYAMA, 1975), a d'abord évalué les avantages et les coûts de la participation à une union monétaire, ainsi que les critères permettant à un pays de se déterminer sur l'éventuelle adhésion à une telle union. Plus récemment, la question de la durée de l'union a également été posée. Ainsi l'Union Monétaire a deux objectifs à savoir :

- Être crédible à moyen terme, pour assurer une évolution équilibrée (prix, emploi, extérieur), et pour cela elle dispose de deux arguments forts, elle réduit l'incertitude et assure une allocation efficace des ressources.
- Être efficace à court terme, pour permettre l'ajustement lors d'un choc éventuel, en s'appuyant sur une politique économique pertinente et praticable.

Lors d'un choc par contre, et en raison du risque né de l'absence de politique de change, la question s'est posée de savoir s'il n'existait pas des conditions « techniques » qui pourraient rendre l'ajustement plus facile, notamment dans un contexte, celui des années 1960 et 1970, marqué par une grande rigidité des prix.

Comment alors bénéficier de la rigueur de l'union monétaire à moyen terme, tout en lui associant une plus grande flexibilité à court terme, sans conflit d'objectifs et de moyens dans la mise en œuvre de la politique économique ?

Notons que ces conditions structurelles sont rarement satisfaisantes et de nombreux auteurs ont alors envisagé les circonstances les plus favorables, celles qui permettraient de les satisfaire au mieux et ainsi d'éviter le recours à l'ajustement par le change. R. Mundell (1961) a d'abord montré que dans un contexte keynésien, l'abandon de la politique de change créait des risques supplémentaires, en raison de son impact sur l'économie réelle. La seule circonstance favorable permettant de réduire ces coûts, conforme au modèle de MUNDELL-FLEMING ici conforté, serait celle d'une union géographiquement limitée aux seuls pays offrent les mêmes produits, ce qui diminuerait les effets des chocs symétriques et faciliterait l'ajustement.

Cette condition d'homogénéité de l'espace étant trop restrictive, et faute de mieux, l'auteur la remplacera par celle de l'existence d'une forte mobilité intra-régionale (libre circulation) des facteurs de production, et notamment du travail.

Ces critères d'optimalité ont largement été développé dans le chapitre 1. De P. KENEN (1969), J. INGRAM (1962), T. SCITOVSKY (1967), H. C. JOHNSON (1970), à R. I. MacKINNON (1963) ET M. EMERSON (1990), X. SALA I MARTIN et J. SACHS (1991), OFCE (1992), tel est le chemin de cette association d'auteurs qui nous permet de comprendre l'activisme budgétaire des uns, devenu inutile, avec la neutralité étatique des autres.

Notre problème posé ici consiste à présenter ces conflits d'objectifs et moyens dans le contexte de la Zone Franc Africaine : il s'agit d'abord de monter que cette Zone est à la recherche de l'optimalité, notamment avec la dévaluation du FCFA de janvier 1994. Ensuite nous présenterons les effets de dévaluations dans les faits en introduisant les modèles intertemporels et ces schémas.

III.6.2 - La Zone Franc africaine à la recherche de l'optimalité

La théorie des zones monétaires optimales, largement développées dans le chapitre 1 nous a permis de mieux cerner le débat sur les unions monétaires. Dans ce débat, les arguments ont porté, au moins à l'origine, sur les conditions « structurelles » d'adhésion à une union monétaire, et lorsqu'elles sont réunies, chacun semble procuré par la crédibilité et la pertinence de la politique économique.

De nombreuses études ont cherché à montrer si par exemple, les États Unis d'Amérique ainsi que l'Union européenne en création, avec comparaisons des deux expériences, peuvent être présentés comme des Zones Monétaires Optimales (OCDE 1986, EMERSON 1990 ET 1991, B. EICHEGREEN 1990, J. SACHS et X. SALA I MARTIN 1991, T. BAYOUMI et B. EICHENGREEN 1992, L. BINI-SMAGHI et S. VORI 1993).

Il est admis que ces efficiences semblent plus manifestes aux USA que dans l'UE, les travaux se poursuivent toutefois pour tenir compte de l'évolution des structures dans un schéma cette fois dynamique (A. BECART, 1997).

Pour les PVD de la Zone Franc africaine, parce qu'ils ont préféré la séquence inversée par rapport à celle de BALASSA, se pose une question un peu différente.

En Europe, il convenait de réduire les coûts de gestions dus à l'existence de plusieurs monnaies dans une zone commerciale alors qu'en Afrique il s'agissait (et il s'agit toujours), de trouver les moyens de réduire les coûts de la monnaie unique dans une zone monétaire. Il n'est donc pas question de créer ou d'enter dans une Union monétaire, mais de savoir si la Zone Franc Africaine, tel qu'elle existe déjà, est une véritable

Zone Monétaire Optimale, garantissant la pérennité de l'intégration et du développement par sa capacité à éviter et à réguler les chocs.

Il existe bien une défense en deux temps : d'abord la politique monétaire avec pour objectif majeur la stabilité du change, puis en cas de besoin un deuxième rideau, L'ASR. Mais en l'absence de politique budgétaire « coopérative », de banques centrales indépendantes, de coûts de production flexibles, de mobilité spatiale et intersectorielle des inputs, sauf pour les capitaux, la rigueur requise pour éviter les déséquilibres ainsi que la souplesse nécessaire une fois qu'ils sont apparus, ne sont assurées.

Ainsi, aux prises avec des chocs extérieurs et internes souvent violents, la ZFA va devoir rechercher un degré de liberté supplémentaire. Cette technique de gestion revient à réduire la crédibilité liée à la contrainte de l'extérieur, éventuellement insoutenable, pour augmenter la crédibilité totale en assortissant l'émission des FCFA d'une garantie permanente et illimitée de l'État français sur la convertibilité, et de deux règles de gestion monétaire. (A. BECART, 1997)

III.6.3 - La convertibilité illimitée et la « contrainte de l'intérieur »

Pour gagner en souplesse, et ainsi permettre aux autorités monétaires de gagner en « réputation », il a d'abord été décidé d'ajouter un mécanisme de conversion illimitée des FCFA vis-à-vis du FF (aujourd'hui vis-à-vis de l'euro).

La France s'était donc engagée à fournir tous les Francs demandés par les Banques centrales pour des besoins domestiques, intra-régionaux (compensation), et pour les besoins des balances des paiements hors zone (achats de devises), au-delà même de leurs avoirs extérieurs nets (AEN) dont les variations sont ainsi stérilisées.

Les AEN constituent l'une des trois contreparties de la masse monétaire. Ils se composent de la « position extérieure nette des banques commerciales », c'est-à-dire le solde de leurs créances et de leurs engagements et des « avoirs officiels nets de la Banque centrale », soit le solde des avoirs et des engagements. (Voir chapitre 2, rapports annuels de la zone Franc).

- Sur le plan pratique, cette convertibilité implique la mobilité des capitaux, et en effet, il n'y a pas de réglementation des changes à l'intérieur de la Zone Franc. Hormis quelques dispositions portant sur les quantités et sur les modalités de transfert, la liberté est totale. Vis-à-vis de l'extérieur, il s'agit d'une ligne de crédit illimité qui constitue un avantage exceptionnel dont ne bénéficie aucun autre pays en développement, permettant de s'ouvrir aux marchés internationaux des biens et des capitaux, les créances en FCFA étant assurés d'être payés à tout moment en monnaie convertible, et d'assurer ne plus grande régularité dans le processus d'investissement et de développement.
- Sur le plan de l'efficacité par contre, elle pose un problème majeur, car cette « facilité » revient en fait à contourner la contrainte de l'extérieur qui disparaît, ainsi que la rigueur de gestion qu'elle implique. Assurés de toujours pouvoir convertir des FCFA en FF (aujourd'hui en euro), les payés en difficultés ne sont pas incités à « mettre de l'ordre » à court terme, ni à appliquer les politiques restrictives nécessaires, et prévues dans le cadre du PASR.

Ainsi pour compenser et limiter le « laxisme budgétaire et les dérapages monétaires », les unions ont prévu d'ajouter « une contrainte de l'intérieur », qui consiste en un alourdissement du **policy mix classique** au moyen de deux règles monétaires automatiques. Il s'agit de maîtriser la création monétaire (et l'absorption), et donc le déséquilibre extérieur, par un contrôle strict et automatique des deux autres contreparties traditionnelles de la masse monétaire :

- *Première règle :* Pour limiter la demande publique, les Trésors publics nationaux ont vu les créances nettes sur l'État plafonnées à 20 % des recettes budgétaires de l'exercice précédent.

En effet ce ratio implique une évidente absence de synchronisation entre la politique monétaire et la politique budgétaire, et ne concerne statutairement que les crédits à l'État, car les entreprises publiques et parapubliques du secteur d'exportation sont placées hors plafond de réescompte. De plus, une liberté certaine est laissée aux banques centrales en fonction des niveaux et des taux de croissance des produits et des prix dans les pays membres, et des réserves extérieures dans les umons.

- *Deuxième règle :* Pour contrôler la demande privée, les crédits à l'économie sont limités par une batterie de mesures monétaires (hausse des taux d'intervention et baisse des plafonds de réescompte et d'avances), lorsque le ratio du total des avoirs extérieurs bruts sur le total des engagements à vue de la Banque centrale devient inférieur à 20 % pendant trois mois consécutifs, dans chaque pays, et globalement par région. De manière préventive, en cas d'écart par rapport à l'objectif de niveau des Avoirs Extérieurs Bruts nécessaire pour satisfaire les besoins courants, les banques centrales doivent encore repartir leurs avoirs à l'extérieur, devises, DTS, droits de tirage, et exiger des organismes publics et privés, de leur vendre leurs devises (le ratissage)

III.6.4 - La solidarité par les comptes d'opérations

En contrepartie de cette garantie, chaque institut d'émission de la ZFA est tenu réglementairement de comptabiliser ses opérations monétaires auprès du Trésor Français, dans un « compte d'opérations » (convention du 13 mars 1973 pour la BEAC, et du 4 décembre 1973 pour la BCEAO).

Les opérations ayant leur origine dans chacun des PAZF, qu'elles se réalisent avec l'extérieur (CFA/devises), mais aussi entre les unions et la France (FCFA/FFF) aujourd'hui avec l'Europe (FCFA/EURO), sont d'abord centralisées sur un compte pour chaque pays à la Banque centrale régionale, BCEAO ou BEAC, et c'est ensuite que le mécanisme du compte d'opération largement abordé dans le chapitre 3, va jouer.

Pour chacune des deux Unions un compte est ouvert à la Banque de France, sur lequel sont inscrits en FF (aujourd'hui en euro), 65 % de ses avoirs extérieurs officiels (avant 1973,80 % des réserves des deux banques centrales étaient comptabilisés), y compris en FF (euro), hors DTS et tranches de réserves au FMI, hors caisse or et hors liquidités bancaires à l'extérieur.

Quotidiennement, ces comptes sont mouvementés et soldés globalement, mais aussi par pays. Il s'agit de créditer l'ensemble des avoirs en devises obtenus, et de débiter sans limites les devises demandées.

Le solde du compte courant de chaque institut d'émission est ensuite porté au compte du Trésor français à la Banque de France, puis en contrepartie sur le compte de la Banque de France auprès du Trésor.

Enfin, il est inscrit sur le compte d'opérations de la Banque centrale africaine auprès du Trésor français.

Les comptes d'opérations font l'objet d'une double garantie. Chaque trimestre, les soldes créditeurs reçoivent un intérêt créditeur égal à la moyenne arithmétique trimestrielle des taux d'intervention de la Banque de France sur effets publics, au plus court terme. Les soldes débiteurs, au contraire, font l'objet d'un prélèvement à un taux d'intérêt variable, suffisant pour être pénalisant pour les comptes débiteurs, mais aussi attractif pour les comptes positifs. Par ailleurs, il était prévu une garantie contre les pertes de change éventuelles en cas de dévaluation de fait du F. F (aujourd'hui l'euro) dans le Système Européen (UEM). Le Trésor Public Français calcule chaque jour la perte ou le gain de change, dont le solde estimé par trimestre est incorporé lorsqu'il est favorable, soit reporté sur la période suivante s'il est négatif. Un tel compte d'opérations revient pour les pays membres, à mutualiser des avoirs extérieurs permettant d'assurer, sans dommage immédiat, tous les règlements internationaux.

À l'intérieur d'une union, les écritures en débit et en crédit intervenant entre deux pays se compensent, alors qu'entre les unions la compensation se réalise également, mais cette fois entre les comptes d'opérations.

Vis-à-vis de l'extérieur, il ya effectivement variations de devises dans les comptes d'opérations, et la solidarité entre les pays membres de la ZFA, mais aussi de la ZF, va jouer à court terme. Les pays débiteurs seront autorisés à prélever sans limites sur les réserves accumulées par les pays créditeurs, sur celles des autres pays de l'union, puis celles des autres pays de la seconde union, enfin sur celles de la zone Franc et de la France. La solidarité s'exercera encore à moyen terme, puisque l'ajustement qui interviendra tôt ou tard sera assuré par les pays débiteurs, mais aussi par les pays qui ne sont peut-être pas déficitaires en AEN.

Au plan théorique, et en première approche, il semblerait que l'organisation financière de la ZFA soit proche de l'idéal prévu par J. C INGRAM. « L'existence d'un marché financier intégré et confronté par cette mutualisation des réserves devrait assurer à la ZFA une régulation efficiente. Mais concrètement, les comptes d'opérations ont davantage agi comme substitut au marché financier défaillant, afin d'assurer le financement régulier des économies, au risque peut-être d'un relâchement de la vigilance » (A. BEACART, 1997).

Nous allons voir dans la sous-section suivante les effets de dévaluation dans les faits.

On peut donc affirmer qu'en Afrique, fin 1993, l'intégration bancaire était inexistante, l'intégration commerciale embryonnaire, l'intégration financière partielle, alors que l'intégration monétaire, imparfaite, se trouvait freinée par les mauvais résultats économiques. De toute évidence les avantages retirés de l'union monétaire pouvaient apparaître très éloignés du potentiel offert par une Zone monétaire optimale.

Les causes de cet échec doivent être recherchées au niveau de la politique économique définie dans les textes de 1972 et 1973 (largement abordé en annexe 1 du chapitre 2), dont les objectifs se sont révélés contradictoires et les moyens conflictuels.

Le PAZF n'ont pas été en mesure de résister aux chocs exogènes qui se sont succédé dans l'économie mondiale, et se sont propagés et amplifiés déstabilise l'ensemble de la ZF. Le supplément de souplesse attendu de la convertibilité illimitée n'a pas joué, et l'ambiguïté fondamentale entre la rigueur de la gestion macro-économique à moyen terme nécessaire à l'intégration régionale, et sa flexibilité à court terme indispensable à la croissance économique, n'est toujours pas levée.

III.6.5 - La crédibilité de l'intégration monétaire et la mobilité du travail comme critère de l'optimalité de la zone Franc dans les années 1980.

Comme nous l'avons déjà présentée dans la première section, que la littérature sur la théorie des zones monétaires optimales remonte au début des années 1960, alors que la zone Franc se constituait. Mais cette théorie a été le sujet d'intenses débats dans les années 80 à propos du processus d'unification monétaire (donc bien avant la dévaluation). Ces débats ont pour origine les travaux de R. Mundell[54], mais la façon de poser le problème s'est déplacée d'un point de vue macro-économique vers un point de vue micro-économique.

A) Qu'apporte cette littérature économique à la zone Franc ?

Compte tenu des structures économiques et géographiques très particulières des pays africains, les critères évoqués dans les années soixante semblent peu explicatifs. Les nouvelles analyses permettent d'envisager l'optimalité de zone de façon plus pertinente.

Notons à ce sujet que, les travaux de RA. Mundell en 1961, nous font apparaître que la mobilité de production, en particulier celle du travail, est un critère important pour délimiter une zone monétaire optimale, se fondant sur une problématique keynésienne à prix fixe. Ainsi lorsque deux pays produisent des biens différents, tout déplacement de la demande en faveur de

---

[54]MUNDEL (1961)

l'un des biens produira un déséquilibre structurel des balances des paiements, avec l'apparition de chômage dans un pays, et d'un excès de demande de travail dans l'autre. Si les salaires nominaux sont rigides, seul un déplacement de main œuvre ou un ajustement du taux de change, modifiant la valeur des salaires réels, pourra résorber ce déséquilibre.

Mais dans une zone monétaire, les possibilités d'ajustement des taux de change pour faire face aux chocs d'origine internes ou externes sont éliminées et par conséquent d'autres leviers doivent pouvoir être utilisés : parmi ces leviers nous avons, la flexibilité des taux de salaires et les mouvements de main d'œuvre doivent tenir un rôle important pour ajuster les différentiels de productivité, de compétitivité entre les secteurs ou régions de la zone monétaire.

Comme la mobilité du travail est assez réduite à l'intérieur de chaque économie nationale, on débouche sur le « Dilemme de Mundell » : soit l'on conserve des monnaies nationales sans tenir compte des critères d'optimalité, soit on constitue une multitude de zones monétaires, avec une multitude de zones optimales, qui nous ramène à une situation proche du troc.

Pour ce qui concerne la zone Franc, elle ne répond pas au critère d'optimalité de Mundell. En effet la flexibilité des prix et des salaires est très limitée, et la mobilité du travail est assez faible, ce qui réclame un ajustement de change pour corriger les déséquilibres réels internes et externes.

En ce qui concerne la rigidité des prix et des salaires, on peut citer plusieurs exemples : lors de l'écroulement du prix du café de 1984 à 1987, les productions du Cameroun, du Congo ou du Bénin ont reçu jusqu'à deux ou trois fois le prix mondial, par le jeu de l'inertie à la baisse des revenus nominaux associés au régime de taux de changes fixes. Il en est de même pour les salaires urbains, dont l'inertie a provoqué une perte de compétitivité. Ainsi les plans de réduction de 40 % en Côte-d'Ivoire se sont heurtés en 1990 à de fortes résistances sociales.

En ce qui concerne la mobilité du travail, l'union monétaire couvre une aire géographique de plus de 3 millions de km2, soit environ le huitième du continent africain près de deux fois l'étendue de l'Europe de l'Ouest, dans laquelle le système de transport est très peu développé. Ce territoire dans son ensemble est très peu peuplé. À cette époque la population ne dépassait pas 25 millions d'habitants, soit une densité inférieure à 7 habitants aux kilomètres carrés, et cette moyenne recouvre une répartition très hétérogène. Certaines zones urbaines sont surpeuplées, alors que d'autres régions susceptibles de productions agricoles exploitables manquent de main-d'œuvre, d'où l'existence d'un déséquilibre régional d'allocation du travail ; non résorbés par les mouvements migratoires.

La mobilité du travail s'exprime plus par des phénomènes de transhumance que par les conditions salariales, excepté entre grandes villes.

Deux flux migratoires plus importants se sont produits vers la Côte-d'Ivoire, ou les hauts salaires ont attiré les cadres, mais ces mouvements n'ont pas permis d'égaliser les conditions intra-régionales : au contraire certaines zones se sont diversifiées, tandis qu'on assistait à un développement urbain extraverti.

B) Autres critères d'optimalité

D'autres critères d'origines macro-économiques d'optimalité ont été adoptés dans la littérature des années soixante, comme le degré d'ouverture des économies55 ou la diversification des produits nationaux[56].

Pour R. Mc Kinnon, l'avantage d'une union monétaire ne dépend pas seulement de la mobilité de production (comme pour le cas de Mundell), mais aussi du degré d'ouverture des économies considérées, qu'il définit comme étant le rapport des biens échangeables internationalement et le produit national brut. Plus ce rapport est élevé ces pays auront avantage à avoir des taux de changes stables qui faciliteront le développement des échanges. Une telle économie aura donc intérêt à enter dans une union monétaire pour éviter l'instabilité des prix relatifs en change flexible. Ce point de vue est très controversé, puisque les pays de l'Afrique de l'Ouest sont très ouverts au commerce international, mais exportent des produits très peu élaborés pour lesquels ils sont preneurs de prix, et importent certains biens incompressibles (comme le montre le tableau 10).

L'appartenance à la zone Franc ne leur a pas permis de se prémunir contre l'instabilité des marchés mondiaux de produits de base ni de se protéger de l'évolution conjoncturelle de la demande des pays développés.

[55]MC KINNON, 1963.
[56]KENNEN, 1966.

Tableau 10 :
Part des produits manufacturiers dans le total des exportations

	1980	1986	1992
Bénin	4,3	21,	6,5
Burkina	10,8	12,6	4,9
Cameroun	3,5	7,9	13,7
Centrafrique	26,	29,	23,9
Congo	6,5	17,9	3,8
Côte-d' Ivoire	9,4	9,1	19,6
Gabon	1,2	12,6	39
Mali	16,3	29,7	7,8
Niger	2,1	2,1	1,
Sénégal	15,1	15,6	10,
Togo	7,4	6,	4,3
Zone franc	6,6	10,8	10,9

Source : Banque Mondiale

Kennen (1969) pense qu'un pays doit rentrer dans une union monétaire si son commerce extérieur est suffisamment diversifié géographiquement et sectoriellement. En effet, une région ayant une production diversifiée sera mieux protégée des chocs extérieurs, et n'aura pas besoin de la flexibilité des changes pour s'ajuster.

Ce critère d'optimalité s'oppose néanmoins à la réalité, puisqu'il conduit à la conclusion selon laquelle les grandes économies devraient adopter des taux fixes, et les petites économies des changes flexibles. Clairement, le commerce extérieur de la zone n'est pas suffisamment diversifié pour justifier l'union monétaire par ce critère.

En fait, la zone Franc ne présente pas les avantages d'une union monétaire classique, notamment par la faiblesse des échanges intra-zone (8,6 % des échanges de pays en moyenne).

Comme le montre le tableau 12, ce manque de commerce intra-régional constitue le plus grand contraste avec l'Europe constituant plus de la moitié du commerce : (les gains à utiliser une monnaie unique pour les échanges intra-zone sont mineurs).

Cependant le volume du commerce intra-régional dépend crucialement de l'introduction ou non des relations commerciales avec la France dans les calculs, et de la manière dont on introduit (Tableau 11).

Tableau 11 :
Commerce intra-régional en % du commerce total

	% des exports	% imports	% du commerce total
C.E.E	54,3	51,4	52,
PAZF seul	6,6	10,	8,E
PAZF et leur commerce avec la France	27,9	38,E	37,8
PAZF et France réunis	2,1	2,4	2,3

Source : Rapports annuels du comité monétaire de la zone Franc, calculs OFCE

Si l'on considère seulement le commerce entre les pays africains de la zone, le commerce régional est relativement faible. Une plus grande proportion du commerce est intra-régional si la France est introduite au numérateur (mais le montant des importations et des exportations françaises n'est pas comptabilisé au dénominateur). Si l'on traite les pays africains de la zone Franc dans un même ensemble (on prend en considération la totalité du commerce extérieur français), la part du commerce intra-régional est encore réduite. L'explication est que la France est un partenaire commercial bien important pour les pays africains que ceux-ci ne le sont pour la France (comme le montre le tableau 13).

Tableau 12 :
Répartition géographique des échanges des pays africains

	En %du total	1970	1980	1990
Zone Franc	Provenance des importations			
	France	50,6	40,4	37,8
	CEE	73,2	64,3	63,3
	Destinations des exportations			
	France	37	30,7	29
	C.E.E	67,6	57	57,4
Hors Zone Franc	Provenance des importations			
	France	4	7,5	7,5
	CEE	51,2	57,3	49,7
	Destinations des exportations			
	France	5,9	8,9	58,4
	C.E.E	58,4	41,9	46,3

Source : Coquet et Daniel, quel avenir pour la zone Franc ? (1993, lettre de l'OFCE n-41)

Tableau 13 :
Le commerce intra-régional des PAZF en 1970-1993
(% du total du commerce extérieur)

Ensemble des pays africains de la zone	
Bénin	5,1
Burkina Faso	2,0
Cameroun	6,1
République Centreafricaine	3,5
Tchad	14,5
Comores	0,0
Congo	1,5
Côte-d' Ivoire	7,6
Guinée Équatoriale	16,6
Gabon	2,6
Mali	23,3
iger	6,3
Sénégal	9,0
Togo	6,5
Moyenne pays africains de la zone	8,9
Pays de l'Afrique de l'Ouest membres de la zone franc	
Bénin	4,9
Burkina Faso	21,9
Côte-d' Ivoire	6,5
Mali	23,2
iger	6,2
Sénégal	6,0
Togo	5,8
Moyenne pays de l'Afrique de l'Ouest membres de la zone franc	10,6
Pays de l'Afrique centrale membres de la zone franc	,3
Cameroun	3,2
République centre africaine	13,3
Tchad	0,7
Congo	16,2
Guinée équatoriale	0,8
Gabon	6,4
IVJoyenne pays de l' Afrique centrale membres de la zone franc	6,7

Source : Banque mondiale

Le tableau 13 nous montre que les échanges intra-communautaires sont restés donc faibles et ceux à l'avantage des pays à revenu intermédiaire. Les dispositifs de la zone Franc n'ont ni entraîné un détournement de trafic ni la création des flux d'échanges significatifs à l'échelle régionale. Ainsi des pays comme la Côte-d'Ivoire, le Sénégal, et surtout le Togo, intensifient leurs échanges intra-zone, alors que les autres pays n'arrivent pas à se développer.

Même si la faiblesse des échanges commerciaux doit être considérée avec précaution compte tenu de l'importance de la fraude douanière en Afrique, il paraît clairement que la taille du commerce intra-régional n'est pas pour la zone Franc un argument majeur en faveur de l'union monétaire.

Ce qui est plus positif pour les pays africains sur le plan commercial est que l'appartenance à la zone leur a procuré un accès à la France et à l'Europe. Cet aspect s'explique par plusieurs formes à savoir :
Il a engendré des flux commerciaux importants (essentiels pour les pays africains) : les 2/3 du commerce international des États africains de la zone Franc se font avec la France, avec la CEE.

1/ La croissance du commerce international a été forte, dépassant largement celle du PIB, alors que dans les pays voisins, elle a été erratique.
2/ L'accès à l'Europe a permis au pays africain de la zone Franc de maintenir la convertibilité de leur monnaie et de s'ouvrir au mouvement des capitaux :
3/ Les pays africains de la zone Franc ont bénéficié d'un support non négligeable de la part de la France, à travers le mécanisme du compte d'opération, la garantie illimitée des emprunts, et la remise des dettes qui vont dans le même sens.

Nous venons donc d'aborder les critères d'optimalités des zones monétaires, mais un autre critère souvent avancé dans les débats sur la monnaie unique Européenne est celui de la convergence économique et financière. C'était aussi un des objectifs fondamentaux de la zone Franc à sa création : La stabilité monétaire devrait permettre de drainer l'épargne intérieure et favoriser son investissement dans les pays membres, de manière à promouvoir un développement équilibré de la zone. Mais cet espoir a vite rencontré ses limites.

D'une part, l'existence d'un système monétaire stable et unifié n'a pas vraiment permis l'émergence d'un système financier et bancaire dans les pays africains de la zone. Le réseau bancaire restant fortement embryonnaire et dépendant des banques de l'ancienne métropole qui sont à l'origine de leur création. L'importance de la monnaie fiduciaire (près de 30 % de la masse monétaire, alors qu'elle est de 5 % en France) témoigne du rôle encore faible du système bancaire pendant la période. Près de la moitié des banques ont été conduites à la faillite ces dernières années soit 42 banques sur 107. Bien que ces observations reflètent une difficulté générale des systèmes bancaires à s'implanter dans les pays en développement, on peut s'interroger sur les mécanismes de contrôle institutionnels de la zone Franc à l'égard des banques commerciales :

- La réglementation prudentielle mise place a marqué son incapacité à prévenir l'effondrement de l'ensemble du système bancaire dans certains pays, le Bénin par exemple (une réforme des moyens de contrôle des systèmes bancaires et financiers nationaux a été engagée en 1989 avec la création de commissions bancaires pour chacune des deux unions monétaires)[57].
- De plus, du point de vue du financement extérieur, les investissements étrangers privilégient les pays déjà les mieux dotés en infrastructure, en administration ou en cadre, la Côte-d'Ivoire et le Sénégal notamment qui représentent plus de 70 % du PIB de l'UEMOA, ce qui accentue les difficultés de résorption des déséquilibres des balances courantes.
- Enfin, la zone Franc ne résiste pas au phénomène de fuite des capitaux, même en absence de périodes de tensions sur le Franc CFA. Pour lutter contre ce phénomène, les autorités ont lancé quelques réformes des systèmes financiers et bancaires et tentent de développer les marchés financiers (la bourse d'Abidjan fut un exemple type) afin de collecter davantage d'épargne et de réduire la répression financière. La réussite de cette entreprise dépendait néanmoins de ce que l'épargne locale rencontre des opportunités d'investissements locaux. Or quatre billets africains sur dix rejoignent les places financières européennes ou l'économie souterraine.

D'autre part, la production et les structures commerciales, de même que les incidences de la dégradation des termes de l'échange varient beaucoup d'un pays à l'autre de la zone.

Tous les pays sont fortement dépendants de l'exportation de produits primaires : mais, ceux-ci présentent une grande diversité : café (60 % des exportations de la Côte-d'Ivoire), poisson (30 % des exportations du Sénégal), coton (66 % pour le Mali et le Tchad), Pétrole (Cameroun), uranium (80 % des exportations du Niger). Ces différences se retrouvent en termes de croissance, particulièrement entre les pays de l'UEMOA, où la croissance s'est ralentie, et ceux de la BEAC, qui connaissent plusieurs

[57] Nous verrons dans le cas de la zone BEAC (CEMAC les réformes qui sont entrain d'être engagé dans ce sens).

années des récessions qui tendent à s'amplifier. À titre d'exemple, la banque mondiale a estimé que le Franc CFA était surévalué de 60 % pour la Côte-d'Ivoire, mais de 20 % seulement pour les pays sahel (voir graphique 1). Cette diversité nécessitait des ajustements de magnitudes selon les pays ce qui est impossible dans une union monétaire.

Après la dévaluation uniforme de 1994, les risques d'éclatement de la zone Franc étaient grands, si les mesures structurelles étaient inégalement appliquées, ou les réussites, en termes de compétitivité, trop diverses. Ce risque d'éclatement était d'ailleurs au centre des réticences envers la dévaluation, car la capacité de gestion d'une dévaluation de cette importance est très inégale selon les pays (en particulier dans les pays politiquement fragiles où les risques de ruptures avec les closes du FMI sont forts).

Du point de vue de l'intégration économique, la zone Franc n'a donc pas favorisé le développement des échanges ni la convergence des économies. Ceci tient probablement du fait que les tentatives d'intégration économique dans la zone sont restées marginales par rapport à l'intégration monétaire, au contraire de la CEE, où intégration économique et monétaire ont été menés de façon parallèle. En Afrique, malgré les déficits budgétaires et commerciaux cumulés, on s'est attaché à l'union monétaire sans vraiment procéder à l'intégration économique.

L'expérience montre que les gains de convergence à attendre de la seule union monétaire sont très limités d'autant que la zone Franc pourrait sous-évaluer les coûts de l'intégration monétaire, notamment au niveau de l'intégration géographique des activités dont le coût de développement urbain extraverti et désertifications des campagnes, pourrait peser négativement sur les bénéfices tirés de la concentration des activités. En l'absence de politique d'aménagement du territoire au niveau régional et de budgets fédéraux, il est alors douteux que la zone puisse apporter une contribution importante à la promotion d'un développement équilibré à moyen terme.

L'analyse que nous venons de faire ne s'intéressait qu'à l'ajustement macro-économique ; les avantages macro-économiques étaient seulement perçus par le critère de la politique de stabilisation macro-économique.

Selon cette analyse, la zone Franc est donc loin d'atteindre les critères dits optimaux. Toutefois, la dévaluation de 1994, mais surtout le succès de cette dernière, ont montré la capacité d'adaptation de la zone Franc. Celle-ci, à l'approche de son arrimage à l'Euro, avait tenté de combler certains retards consciente qu'un tel événement ne pourra se faire sans l'assainissement structurel de son économie. Cette volonté se manifeste à travers ses efforts de coopération qui, après des années de tâtonnement, d'avancées et de recul, connaît un nouveau souffle.

En effet, l'intégration régionale dans la zone Franc connaît un nouvel élan depuis la dévaluation de 1994, soutenue par les performances économiques obtenues dans le cadre des programmes d'ajustement structurel.

Graphigue 1 : Surévaluation de la monnaie dans la zone F CFA.

Un calcul à partir des données sur la Côte-d'Ivoire :

La surévaluation du Franc CFA pour la Côte-d'Ivoire peut être estimée à partir des données relatives aux taux de change effectifs nominaux et réels (base 100 en 1990).

Année	*1980*	*1981*	*1982*	*1983*	*1984*	*1985*	*1986*	*1987*	*1988*	*1989*	*1990*	*1991*	*1992*	*1993*
(1)	45	41,5	39,6	41,3	43	47	55,8	63,7	69,5	77,7	100	108,4	127,1	146,1
(2)	105,9	90,7	82,7	79,6	76,2	75,2	92,2	102,5	103,7	98,2	100	97,1	102	99,8

Pour la période allant de 1980 à 1993, période pré dévaluation, on a les résultats suivants :

(1) =Taux de change effectif nominal
(2) =Taux effectif réel
Source : S. F. I

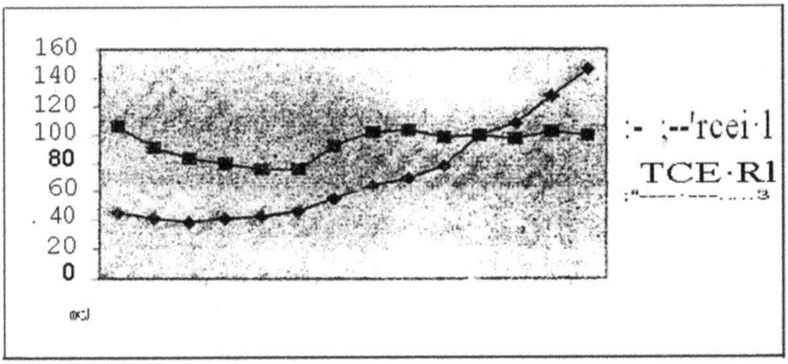

On constate que le taux de change effectif nominal croit à partir des années 1986, et propose une forte surévaluation du FCFA, de plus de 40 %. Le taux de change effectif réel est plus plat, mais en termes moyens sur la période 1987-1993, affiche une faible surévaluation, inférieur à 5 %.

L'estimation pour certains pays membres de la Zone Franc à partir des taux de change effectifs nominaux, montre les différences dans les niveaux de surévaluation des monnaies des différents pays et mettent en évidence, la difficulté d'exhiber un taux de change optimal pour tous les pays. Il convient alors de retenir le « meilleur taux de dévaluation possible », c'est-à-dire tenant compte, au mieux, de ces différences. C'est pourquoi le choix de 50 % de dévaluation du FCFA de janvier 1994 signifie que l'on s'est finalement aligné sur les taux de dévaluation des pays leaders. Ce choix est donc pertinent, car la reprise économique dans ces pays aura certainement un effet positif sur celle des autres pays. À ce titre, l'intensification du commerce sous-régional post dévaluation en est un bon exemple.

Conclusion du Chapitre II

Nous venons d'aborder la problématique de la zone Franc et la zone euro en recourant à la théorie des zones monétaires optimales depuis les travaux de Mundell et autres auteurs. Il ressort de cette analyse théorique, que la zone Franc, tout comme la zone euro, ne répondent pas véritablement aux critères ainsi évoqués. Dans ce contexte il n'est pas temps de donner des arguments confirmons ou informons nos propos théoriques, car aujourd'hui la zone Franc et la zone euro tendent vers des zones monétaires beaucoup plus progressistes. Aglietta et Orléans essayent de nous présenter les points de vue des économistes et des monétaristes sur la question. Ainsi cette analyse empruntée à ces deux auteurs renouvelle cette question de la théorie des zones monétaires optimales que nous avons approfondie dans le dernier chapitre de la thèse notamment une vision beaucoup plus anthropologique et économique de l'intégration monétaire bien que peu convaincante est développée, et encore pourrons nous trouver des explications plus réalistes en psychologie expérimentale pour traiter la question.

Dans ce chapitre nous venons d'examiner de manière générale les conditions de réalisation d'une union monétaire dans le cas de la zone Franc et la zone euro. Nous verrons dans les chapitres qui vont suivre que ces deux zones monétaires s'avèrent sous-optimales au regard des critères traditionnels de la théorie des zones monétaires optimales largement exposés et développés :

« une monnaie unique ne peut voir le jour sans relance préalable de l'intégration commerciale et sans établir des règles de gouvernance macro-économique assurant sa crédibilité ». En d'autres termes, deux types de conditions de soutenabilité d'une union monétaire sont généralement mis en avant :

- Les premières correspondent à la réalisation des critères d'optimalité de la théorie des zones monétaires optimale ;
- Les secondes au processus de convergence nominale et au cadre institutionnel à élaborer pour asseoir la crédibilité de la nouvelle monnaie.

On peut alors affirmer que la réalisation des critères d'optimalité est nécessaire aux pays membres d'une union de façon à résoudre le problème posé par les chocs asymétriques : un choc survenant au niveau national ou un choc commun subi de façon différenciée par les partenaires ne peut plus être résorbé par une modification du taux de change ou par une action de politique monétaire. L'ajustement macro-économique à un choc asymétrique doit donc se faire par d'autres moyens. R. MUNDELL (1961), l'initiateur de la théorie des ZMO, met ainsi en avant le déplacement des facteurs de production vers les partenaires comme possible moyen de résorption du chômage du pays touché par le choc. Si le respect des critères d'optimalité, qui permet aux pays membres de former une ZMO, est une condition nécessaire à la viabilité d'une union monétaire, il n'en est pas une condition suffisante. Il convient aussi d'établir les règles de gouvernance macro-économique de la future union, susceptibles d'y assurer une gestion rigoureuse des grands équilibres, et d'y garantir en premier lieu la stabilité de la nouvelle monnaie : cela est particulièrement important pour des économies émergentes exposées aux crises financières, et qui ne disposent pas d'un ancrage nominal préalable, comme celui dont bénéficient les candidats à l'UEM (ancrage-mark lors de la constitution de la zone euro, puis ancrage-euro pour son élargissement).

Nous avons également développé outre les aspects se rapportant à la gouvernance macro-économiques, les approches plus récentes de la théorie des zones monétaires optimales. Mais d'autres approches, qui depuis la fin des années 80, évaluent la symétrie des chocs et la corrélation des cycles économiques entre partenaires (MONGELLI, F. P, 2002) sont à prendreen compte : Ces approches intègrent aussi le renouvellement apporté à la théorie par les travaux de J. FANKEL et A. ROSE (1998), qui considèrent que certains critères d'optimalité peuvent se réaliser de façon endogène, du fait de la création d'une union. Ce souci d'exhaustivité se double d'un approfondissement de l'un des critères d'optimalités traditionnels, celui de P. KENNE (1969), qui met en avant la diversification des exportations, qui reflète celle de la production, comme moyen de minimiser l'impact des chocs sectoriels, mais il ne met pas l'accent. Nous verrons également que la question de l'inflation peut être vue sous l'angle structurel, un article consacré sur la question fait l'objet d'un papier qui est en cours montrant notamment le lien avec la dévaluation dans le contexte de la zone Franc et zone euro. L'approche de Mongelli montre que les divergences de structures d'exportation entre partenaires sont pourtant à la source de chocs asymétriques en cas de chute de la demande externe pour le secteur donné. Ces arguments trouvent souvent leur explication quand on aborde la question d'une zone monétaire en Argentine et au Brésil.

Nous verrons dans le cas de la zone euro les dysfonctionnements avec le Système monétaire international où Mundell lui-même donne des arguments sur l'euroland (voir chapitre 6) (Mundell, 2004)[58]. Il estime que les pays industrialisés devraient lutter activement contre les fluctuations de change, notamment par des interventions et des accords de stabilisation entre les trois

[58]MUNDELL, R (2004), *PROBLÈMES ECONOMIQUE,* N2848, 31 L'Europe et les dysfonctionnements su SMI.

grandes espaces monétaires internationaux. Si, par ailleurs, Mundell confirme la réussite du lancement de la monnaie unique, il insiste sur le fait que l'euro reste impuissant face au dollar, parce que les États-unis peuvent manipuler le taux de change de leur monnaie en fonction des évolutions conjoncturelles de leur économie nationale. Enfin, il revient sur le pacte de stabilité qu'il juge nécessaire, mais pas suffisamment flexible ». Dans ce sens nous montrerons que depuis les travaux de MUNDELL, trois fondements caractérisent l'optimalité d'une zone monétaire : l'intégration des marchés des biens et services, des capitaux et du travail : l'intégration du marché des biens est l'élément le plus développé dans l'Union européenne. L'auteur démontre qu'aujourd'hui, les pays de la zone euro sont liés par une forte interdépendance commerciale : environ 50 % des échanges extérieurs des pays de l'UE sont composés de flux intracommunautaires.

Dans le cas de la zone Franc, les arguments sont développés dans les chapitres 2, chapitres 3 et 4, notamment l'approche d'intégration financière développée par INGRAM nous servira de cadre théorique pour notre étude.

Nous verrons également que d'autres auteurs ont proposé des modèles bi-sectoriels pour approfondir la question de l'inflation qui mobilise des réactions émotionnelles (Voir dans le chapitre 8 dans le tome 2, apports de Sapir). Cette question traite le problème de l'origine des institutions étant donné que le caractère national des institutions économiques dévient très dominant que se soient dans la zone Franc que dans la zone euro. Les études montrent qu'il n'y a pas de modèles communs d'inflations compte des divergences économiques des pays membres. Dans le cas de la zone Franc CFA par exemple, bien que les résultats macro-économiques montrent le caractère convergent de l'inflation, ces résultats cachent des disparités économiques des pays membres. Le chapitre 3 fournit des arguments appropriés. Dans le cas de la surveillance multinationale en zone CEMAC et en Zone UEMOA.

Pour résumer, la zone Franc africaine a une dimension verticale du fait des liens monétaires et sociopolitiques entre la France et les pays africains et une dimension horizontale compte tenu des relations d'intégration que nouent les pays africains de la zone entre eux. Cette relation d'orthogonalité de la zone l'éloigne comme l'affirme Hugon (1999), d'une zone monétaire optimale.

Au plan théorique quelques soient les analyses, traiter le problème de la dévaluation (et/ou surévaluation) du FCFA CFA nous ramène toujours au contexte des années 1985-1993, car pendant cette période, les économies des pays de la zone Franc CFA ont connu une forte diminution de leur compétitivité, des exportations, et de croissance économique et la plupart des pays la pauvreté a augmenté. Il faut se rappeler que le Franc CFA avait été dévalué de 50 % le 14 janvier 1994. Néanmoins, la situation post-dévaluation n'est pas la même qu'en 1994.

Aujourd'hui la plupart des analyses s'accordent sur l'idée que dévaluer aujourd'hui le FCFA ne serait pas une solution pour plusieurs raisons que nous essayons d'évoquer dans cette étude, notamment ces enjeux économiques certes, mais aussi sociaux surtout :

Nous avons analysé les causes de la perte de crédibilité des Francs CFA de la fin des années 80 au début des années 90, car au cours de cette période les causes de la dévaluation était surtout interne, notamment l'incompatibilité des politiques budgétaires et monétaires avec les objectifs de la fixité des changes. Ce débat est aussi idéologique d'où la question de la fixité de change qui est de savoir si l'encrage est une monnaie autre que le dollar. Cette question est abordée dans nos recherches futures.

En effet, depuis 1994 les pays de la zone UEMOA et de la zone CEMAC se sont engagés dans un processus d'intégration économique qui semble être une parfaite réussite et même promus au rang de deuxième après l'UE. La question de savoir si la dévaluation serait favorable à l'intégration régionale. Rappelons aussi que ce processus d'intégration a débouché sur une convergence des économies de la région, ce qui pourrait entre sources de croissance pour la zone Franc. Dans ce contexte d'autres solutions pourraient être envisagées.

Nous venons de présenter les effets de la dévaluation du FCFA. En effet, la dévaluation nominale représente une composante principale des programmes d'ajustement structurel et de stabilisation institués par les institutions de Bretton Woods. Les conséquences économiques d'un changement de parité sont complexes et cette complexité explique en partie les controverses qui entourent cet instrument de politique économique. Selon le courant traditionnel, la dévaluation peut avoir un effet expansionniste sur l'économie s'il existe des ressources inutilisées ; en cas de plein emploi ou d'absence de rigidité nominale, elle ne génère qu'une hausse des prix.

Nous verrons dans le chapitre 3, quelques divergences théoriques d'une part et les travaux empiriques qui ont été entrepris, justifiant le lien entre modèle micro-macro.

Par exemple les théoriciens structuralistes, comme KRUGMAN et TAYLOR (1978), ont attiré l'attention sur la contraction économique qui pourrait suivre une modification du taux de change. D'autres comme TAYLOR et KATSELI (1983), VAN WIJNBERGEN (1986) soutiennent que l'effet récessif de la dévaluation est le résultat le plus probable dans les pays sous-développés. Plusieurs raisons expliquent cette contraction de l'activité économique :

- En évoquant une hausse des prix, la dévaluation réduit les encaisses réelles et, par conséquent, la demande globale ;
- Une redistribution des revenus au profit des groupes à forte propension marginale à épargner peut avoir in impact négatif sur la demande ;

- Si les élasticités-prix de la demande intérieure d'importation et de la demande étrangère d'exportation sont faibles, la dépréciation du taux de change nominal renforce le déficit du commerce extérieur, provoquant ainsi une récession ;

Enfin, renchérissant le prix des biens intermédiaires importés, la dévaluation peut causer un déclin de l'offre.

Eu égard à cette divergence des conclusions théoriques, des travaux empiriques ont été entrepris, qui incorporent des comportements d'optimisation intertemporelle de la part des agents d'une part. Ensuite ne réserve pas à l'investissement un traitement ad hoc, notamment les interactions entre choc de taux de change et accumulation du capital.

Ces travaux empiriques comblent donc les insuffisances en mettant en exergue l'aspect souvent négligé, à savoir le rôle de l'accumulation du capital dans la propagation du choc de dévaluation : le comportement intertemporel des agents, la simultanéité des décisions d'investissement et d'épargne, l'aspect multisectoriel, la prise en compte de la monnaie comme actif financier et le déséquilibre sur le marché du travail.

Nous verrons également dans la quatrième partie de la thèse, qu'il n'existe pas de convergence de modèle de stabilisation et le lien entre micro-macro est essentiellement méthodologique : « à cet effet, les enseignements de Sapir, nous livrent quelques arguments convaincants surtout quand on étudie la question d'un point de vue institutionnaliste ou évolutionniste par exemple ».

La dévaluation du FCFA est un bel exemple, qui explique le rôle que joue l'économie politique des institutions monétaires actuelles.

Nous pouvons également faire une étude similaire, en prenant le cas de la zone euro, mais le cas de la zone Franc nous semble plus explicite pour expliquer la problématique de la dévaluation, notamment celle du 12 janvier 1994 en zone Franc.

En définitive, nous pouvons signaler que l'échec des politiques d'ajustement structurel (P AS), dans les pays africains de la Zone Franc (PAZF), a conduit les institutions internationales à modifier la parité du Franc CFA en janvier 1994, moins pour des raisons de « surévaluation » au sens traditionnel de la parité des pouvoirs d'achat que pour permettre un rééquilibrage des finances publiques. En effet, depuis le début des années quatre-vingt, et avec l'extension rapide des PAS, les actions volontaristes sur le taux de change figuraient désormais en bonne place dans pratiquement tous les accords signés avec le Fond Monétaire Intemational (FMI). La réponse apportée par cette institution à la majorité des pays en voie de développement (PVD), connaissant des difficultés au niveau de leur balance de paiements, était de promouvoir dans ces pays, une efficace redistribution des ressources vers le secteur exportateur et limiter le recours à l'importation.

L'instrument privilégié de cette politique était donc le taux de change. Dans les PAZF cet instrument semblait plus difficile à manœuvrer pour deux raisons essentielles :

1/ La première raison, tenait aux régimes de fonctionnement de la zone, car celles-ci, jusqu'en 1986, avaient permis aux PAZF de réaliser des performances économiques meilleures que leurs voisins d'Afrique Subsaharienne ; ceci par le fait que l'appartenance à la ZF aurait sans doute influencé le choix pour une stratégie d'ouverture, grâce à la garantie de la convertibilité du Franc qui faciliterait la promotion des transactions commerciales, dès lors que les intrants et les biens de consommation seraient plus facilement disponibles.
2/ La zone Franc est une organisation sui generis en ce sens que son organisation monétaire est verticale entre pays africains et la France (zone euro d'auparavant) et horizontale (entre les pays de la Franc entre eux). Cette relation d'orthogonalité l'éloigne d'une ZMO, et est évolutive (Hugon, 1999).

Références bibliographiques du Chapitre II

AGLIIETA, M., et BAULANT, C. (1994), Contrainte extérieure et Compétitivité dans la transition vers l'union économique et monétaire, *Observations et Diagnostics Économiques,* n-48.

AKITOBY, B. (1998), Dévaluation, ajustement structurel et équilibre général intertemporel : une analyse de la dévaluation du FCFA au Bénin, *In Économie Appliquée,* tome LI, N-4, P. 83-124.

ALLECHIM et NIAMKEY, M. (1994), « Évaluating the net gains from the CFA Franc zonemembership :a different perspective », *World Dévelopment,*vol 22 n-8.

ASSIDON, E., et JACQUEMOT, P. (1988), « Politiques de change et ajustement en Afrique », *Études et Documents,* ministère de la Coopération française.

ASSIDON, E. et Jacquemot, P. (1989), « Politiques de change et ajustement en Afrique », *Études et documents,* ministère français de la Coopération.

BANQUE DE FRANCE, Rapport 1997.

BANQUE DE FRANCE, Zone Franc, Rapport 1994, P52-53.

BAYOUMI,T.,et EICHENGREEN (1992), Shouking Aspects of European Monetary Integration, *NBERWorking Paper,* n-49.

BATHIA, R. (1985), « The West African Monetary Union : *an analytical review »,* FMI *occasional papers,* n-35.

BECART, A. (1994), « La nouvelle Zone Franc Africaine », *Revue Banque* N-550 Juillet-Août 1994, p 47-49.

BEAC, 1993.

BECART, A. (1992), L'inévitable dévaluation du FCFA, *Le monde,* du 13 octobre.

BECART, A. (1994), Une question oubliée dans la nouvelle Zone Franc Africaine, *Revue Banque,* juin/juillet.

BECART, A. (1994), La situation de la ZFA et l'éventuel rattachement du FCA à l'ECU, *Communication au congrès de l'Association Internationale des Économistes de Langue Française*, Luxembourg, 27 mai.

BEUNIER, R. (1996), Effets de la dévaluation du FCFA sur la structure des échanges de la zone Franc en particulier avec la France.

BLANCHARD, O. J., SACHS, I. (1982), « Anticipations, récessions et politique économique : un modèle de déséquilibre intertemporel », *Annales de l'INSEE* 4748.

BOURGUINAT, H. (1992), « Maastricht et la théorie des Zones monétaires optimales », *Finance Internationale, PUF. Themis.*

BUNEL, J. C. (1983), « La dévaluation : un remède nécessaire dans les pays en voie de développement » ? Une réponse, *Faculté de CAEN.*

COHEN, D., et WIPLOSZ, C. (1989), « The European Monetary Union :An Agnostic Evaluation », in Bruyant. R, Currie. D, Frenkel. J,Masson. P and Portes.R(eds), Macroéconomie policies in an Interdépendent *World, IMF*

COLLANGE, G., et PLANE, P. (1994), « La dévaluation des Francs CFA : Le cas de la Côte-d'Ivoire », *Économie Internationale,* n-58, 2e Trimestre, P3-25.

CONNOLLY, M. (1982), « The choice of an optimal currency Peg for a small, open country », *Journal of international money and finance,* pp 153-164.

CONSEIL DE L'UNION EUROPPÉENNE du 23 novembre 1998.

COQUET, B. et DANIEL, J. M. (1992), « Quel avenir pour la zone *Franc ? », Observationet diagnostics économiques,* n-41.

COQUET, B. et DANIEL, J. M. (1993), « Quel avenir pour la Zone Franc ? », *Lettre de L'OFCE,* N-41.

CORDEN, W. (1990), « Exchange rate policy developing countries », *Working, papers,* pp 412.

ENOH, C. (1999), « Problématique des zones monétaires, questions monétaire et budgétaire en Zone Franc : application à la Côte-d'Ivoire », Thèse de Doctorat, Sciences-Économiques

EMERSON, M, et HUME, C. (1991), *L'écu,* Paris, Economica.

FLANDERS, J et HELPMAN, E (1979), « An optimal exchange rate peg in a World of general floating », *Review of economie studies,* vol 46 n-144.

FLEMING, I. (1971), « On Exchange Rate Unification », *Economie Journal* vol 81, pp 467- 468.

FMI : Perspective économique et mondiale, 1994.

FRANKEL, J. A., ROSE, A. K. (1998), « The Endogeneity of optimum Currency Area criteria », *The Economie Journal,* vol. vol. 108, 449, July, p. 1009-25.

FRANKEL, J. A. (1999), « No single Currency Regime is Right for AU countries or All Times », *NBERWorking Paper,*7338, september.

GNAHOUI, S-P. (2000), La dévaluation du Franc CFA, Les politiques d'ajustement et ses conséquences dans les pays de l'UEMOA, Thèse de doctorat SC-ECO, Panthéon Sorbonne. GUILLAUMONT, P & S. (1988), *« Stratégies de développement comparées »,* Economica

GUILLAUMONT ,P. (1988), Dévaluer en Afrique, *Observations et Diagnostics Économiques, Revue de l'OFCE.*

GUILLAUMONT, P & S., PLANE, P. (1988), Participing in African Monetary Union : an Alternative Evaluation, *World Development,* n-5.

GUILLAUMONT, P & S. (1991), Comparaison de l'efficacité des PAS en Afrique, Zone Franc et hors Zone Franc, *CFD, Notes et études* n-41.

GRUBEL, H. (1970), « The theory of optimum currency areas », *the canadian journal of economies,* vol 3, n-12.

HABERLER, G. (1970), *« The international monetary system :sorne Recent Developments and Discussions », dans Approches ta Greater Flexibility of Exchange Rates* ed George N. halm, Princeton University Press, pp 115-123.

HUGON, PH. (2002), *« Les économies en développement à l'heure de la régionalisation* », Karthala.

INGRAM, J. (1969), *« Comment : The optimum Currency Problem », in* Mundell, R. A. and SWOBODA,A, *Monetary Problems in International Economy,* Chicago University Press.

INGRAM, J. (1970), *Approaches in Greater Flexility of Exchange Rates, HALM G. N (eds) ,* Princeton University Press.

ILTEA SON (1987), « The choice of an optimal exchange rate system for a small country under the 3 goods and 3 country model », *International economie journal,* vol I, n-2.

ISHIYAMA, Y. (1975), « The theory of optimum currency areas : a survey », *FMI staff papers*, vol 22.

KATENDI, F. (2004), Dévaluation du FCFA : Qui du nouveau départ de la Zone Franc il y a dix ans ?, *Marché tropicaux et méditerranéens,* n-3035, p 43-45.

KATSELI, L. (1983), « Devaluations : A critical Appraisal of the IMFs'Policy Prescriptions », *American Economie Review Papers and Proceedings,* mai, p. 359-364.

KENNEN, P. (1969), *« The theory of optimum curency areas : an Eclectic View », in monetary Problems of the International Economy, R. Mundel eds,* A. Swobada university ofChicago press, P41-60.

KINNON, Mc. (1963), « Optimum currency areas », *The American Economie Review.*

KRUGMAN, P., et TAYLOR, 1. (1978), « Contractionary Effects of Devaluations », *Journal of International Economies 8,* p. 445-456.

MACEDO, I.(1985), « Collective pegging to a single currency : The West African Monetary Union », *Working papers,* n-1574.

MACEDO, I.(1986), « Small Countries in monetrari unions :a twoo-tier model », *Mondes en développement,* Tome 14, N-56, pp 41-63.

MACEDO, I.(1988), « Collective pegging to a single currency : the West African Monetary Union », *NBER* n-999.

MANKINV. Gregory (l999), *Macro-économie, traduction* de la 3 édition américaine par Houad Jean De BOOECK Université.

MONGELLI, F. P. (2002), « New views on the optimum currency Area Theory : what is EMU Telling us ? *working paper, European Central bank,* n-138, Avril.

MUNDELL, R. (1961), « A theory of optimum currency areas », *American Economie Review*, Vol 51.

PHILARDEAU, S. (1993), Avantages et inconvénients d'une dévaluation du FCFA pour les pays africains de la Zone Franc, Mémoire DEA, lEP, Paris.

PIEGAY, P., ROCHON, L-PH. (2004), « Les théories monétaires -post-Keynesiennes », in *Revue Économie appliquée* Tome LVII, N-4, décembre. ISMEA les presses.

POURTIER, R. (1995), « Atlas de la zone Franc en Afrique Subsaharienne », *Monnaie, Économie, Société.*

ROGOFF, K. (1985), « Can International Monetary Policy Coopération be Counterproductive ? », *Journal of International Economies,* 18, P. 199-217.

ROSE, A. K. (2000), « Üne Money, one Market : Estimating the Effet of Common Currencies on trade », *Economie Pollicy,* Vol. l,n-30, P. 7-46.

SARGENT, T. et Wallace, N. (1981), « Sorne Unpleasant Monetarist Arithmetics, Federal Reserve Bank of Minneaolis *Quarter/y Review,* 5, N-3.

TOWER, E. et WILLET, T. D,The concept of optimum Currency Areas and the Choice between Fixed and Flexible Exhange Rates.

TOWER, E. (1970), Techniques of Political analisysis :an introduction, Belmont : *Wadsworth publishing compagny,* XIV, 103P.

VILAS BOAS, PH. (200 1), « Réflexion sur la constitution d'une zone monétaire optimale au sein des principaux pays du MERCOSUR : L'Argentine et le Bresil », Mémoire DEA.

WILLET, T. D. (1970), Exchange-rate Systems, interest rates, and capital Flows, *International Finance Section,* Princeton University.

Chapitre III
Les effets de dévaluation et les efforts d'intégration dans la zone franc a l'heure de l'euro

Introduction du Chapitre III

Rappelons que les efforts d'intégration régionale dans la zone Franc connaissent un nouvel élan depuis la dévaluation de janvier 1994, notamment en regardant les performances économiques obtenues dans le cadre des programmes d'ajustement structurel d'une part et l'évolution des grandeurs macro-économiques qui en découlent depuis l'arrimage du Franc CFA à l'euro.

Le chapitre aborde ici : les effets et impacts de la dévaluation dans les pays de la zone Franc et les schémas relatifs (cercle vicieux et vertueux de développement),

Il analyse les enjeux économiques et sociaux internes : une étude théorique et appliquée à l'économie du Bénin est développée.

Le chapitre 3, analyse aussi les enjeux externes de la dévaluation (endettement extérieur, compétitivité prix, relations de la France avec les institutions de Bretton Woods).

Enfin, les efforts d'intégration dans la Zone Franc sont présentés

Ainsi nous dirons que l'impérieuse nécessité de bénéficier d'économie d'échelle et de créer des espaces marchands attrayants pour les investisseurs, a conduit les États membres de la zone de coopérer. De surcroît, une longue histoire commune et aujourd'hui une coopération réussie (comme pour le cas de la zone BEAC ou CEMAC), légitime le choix de la zone Franc comme périmètre de départ de projets d'intégration qui, avec l'arrimage à la zone Euro, a vocation de s'étendre et à favoriser le dialogue avec les partenaires voisins.

Deux lignes de force guident les projets en cours de réalisation ; il s'agit notamment de :

- L'intégration économique d'une part
- Et de l'intégration par le droit d'autre part.

Mais avant d'aborder ces deux situations, il est d'abord utile de rappeler les effets d'une dévaluation et les schémas qui en découlent.

I. Rappel sur Les effets de dévaluation (Voir partie annexe)

Nous rappelons que, la dévaluation peut s'avérer une mesure efficace. En effet, la surévaluation du FCFA implique certaines distorsions économiques qui peuvent entraver l'activité et notamment les recettes fiscales.

Ainsi de la dévaluation, il était attendu deux séries de résultats :

- à court terme sur les variables nominales ;
- à plus long terme sur les grandeurs réelles.

Il est à signaler qu'apparemment les prévisions ont été réalisées dans un environnement international favorable, avec quelques difficultés qui expliquent peut-être la lenteur de la convergence.

L'atout majeur de cette dévaluation semble être un environnement international particulièrement favorable. Le retournement de l'activité économique internationale tant attendu ne s'est pas totalement confirmé, mais en 1994, une hausse sensible des taux de croissance mondiale (3,7 %) s'est néanmoins manifestée, en particulier dans les pays industrialisés (2,8 %), mais aussi ans les PVD (6,4 %), dont l'Afrique (2,4 %), après 2,5 % en 1993, et 0,7 % en 1992.

Le commerce mondial a été très dynamique en 1994 (+9 %), avec une augmentation très vive des exportations (+8 %), en particulier dans les PVD. Il est probable que le regain d'activité qui se poursuit au ralenti est corrélé avec les multiples accords de libéralisation négociés pendant cette période. Au multilatéral la clause de la nation la plus favorisée se généralise, et partout on assiste à l'élimination des barrières tarifaires et, plus difficilement non tarifaires comme en témoigne la création de l'organisation mondiale du commerce qui se substitue depuis le 1er janvier 1995 aux accords du GATT.

Les termes de l'échange se sont améliorés, et le cours des matières premières, sauf le pétrole ont continué leur hausse jusqu'au second semestre 1997 où la tendance s'est renversée, plusieurs produits alimentaires et miniers atteignant leur cours le plus bas. *Mais pour la période 1994 à 1997* les cours n'ont cessé d'augmenter avec un pic à l'été 1997 où l'indice de la Banque de France était à son maximum (148,1, base 100 en 1985). Les conditions climatiques ont été localement bonnes.

En général, les effets de la dévaluation à court terme ont été positifs et se sont rapidement manifestés. À la surprise générale, l'inflation créé a été rapidement contrôlée. Dans les semaines qui ont suivi la dévaluation, la hausse brutale des prix a atteint plus de 60 % 2, avant de redescendre à un niveau stationnaire de l'ordre de 35 % à 45 %, un peu plus élevé dans la CEMAC avec toujours des écarts significatifs entre les pays dans les deux unions monétaires.

Les graves tensions sociales attendues sont restées modérées et transitoires grâce à la mise en place d'un Fonds Spécial de Développement, chargé de veiller aux difficultés quotidiennes nées de la dévaluation. La taxe d'inflation a joué, et la hausse des rémunérations publiques et privées est restée limitée à environ 15 %, ce qui a permis de prolonger la baisse de l'inflation au second semestre 1994.

Les importations se sont ralenties, en particulier industrielles, surtout celles de produits de luxe, avec au contraire une relance des exportations vivrières, primaires de rente et industrielle.

À moyen terme, la situation des pays de la zone Franc semble plutôt positive. On note une progression du PIB pour la zone, faiblement ralentie en 1998 par la crise asiatique (+4,8 %), qui passerait sous la barre des 4 % en 1999 et 2000, suivant un profil inverse dans les deux sous zones :

Croissance non négligeable en 1999 en UEMOA (5,1 %), ralentie en 2000 (4 %), ralentissement marqué en CEMAC en 1999 (+2,3 %) et léger redressement en 2000 (3,7 %).

L'inflation est restée sous contrôle. Dans un premier temps, celle-ci était de 33 % en moyenne c'est-à-dire légèrement inférieur aux prévisions du FMI. Les effets inflationnistes immédiats de la dévaluation ont été fonction de facteurs mécaniques (hausse des prix des intrants, des équipements et des biens de consommation importés), mais également des changements des comportements des agents (évolution des anticipations, acceptation ou non de la baisse des revenus réels de la part des agents subissant l'érosion monétaire, réduction des marges) et de mesures politiques et économiques (tel le montant des droits de douane, contrôle des prix sur certains biens de première nécessité et sur les services publics, évolution de la fiscalité).

I.1 - Les schémas de la dévaluation (cycle vicieux et cycle vertueux)

La dévaluation permet dans une certaine mesure le retour des grands équilibres macro-économiques, mais aussi une allocation efficace des ressources.

A) CYCLE VICIEUX DE LA DÉVALUATION

Dévaluation de la monnaie nationale!

- Demande étrangère inchangée
- Stagnation des activités du secteur exportateur

Accroissement des coûts de production

Volume des importations inchangé

Production inchangée dans le secteur import-substitution

Stagnation de la production des biens échangeables

- Tension sur le profit des entreprises

Accroissement des charges de l'État

Tensions sur le secteur formel

- Baisse de l'épargne intérieure

Hausse des taxes

Tension sur l'emploi

inflation

Accroissement du secteur informel

B) CYCLE VERTUEUX DE LA DÉVALUATION

Dévaluation de la monnaie nationale

- Hausse de la demande étrangère en produits nationaux

Baisse des Importations

- Accroissement des activités du secteur exportateur

Accroissement de la production locale du secteur import substitution

Augmentation de l'offre de biens échangeables

- Augmentation des profits

Diffusion de revenus dans le secteur formel

Augmentation de l'emploi

Augmentation des revenus de l' État

Hausse de l'épargne intérieure

Amélioration de la capacité d'endettement

I.2 - Les enjeux économiques et sociaux internes après la dévaluation du Franc CFA de janvier 1994 : Une étude appliquée à l'économie du Bénin

I.2.1 - Les effets de dévaluation : Points de vue théorique et empirique

a/ « Dévaluation, ajustement structurel et équilibre général intertemporel dans le cas de la zone Franc : cas du Bénin »

Nous abordons ici les effets de dévaluation sous ajustement structurel de l'économie d'une part, et en équilibre général intertemporel dans la zone Franc.

Il s'agit en effet de présenter les effets dynamiques de la dévaluation du FCFA à l'aide d'un modèle empirique mettant particulièrement l'accent sur les interactions entre **dévaluation** et ac**cumulation du capital.** Le mythe fondateur de notre réflexion se base sur une étude faite dans un pays de la Zone Franc (le Bénin) (AKITOBY. B, 1998), quatre ans après la dévaluation du FCFA de janvier 1994.

Dans le cas de notre étude, nous présentons juste une synthèse des travaux réalisés qui aboutit à la conclusion que : les effets du changement de parité passent par le marché du travail qui se caractérise par l'inertie du salaire nominal. Les résultats montrent que la dévaluation relance l'investissement, avec des effets expansionnistes sur l'activité économique. Ainsi le choc monétaire n'a eu qu'un impact limité sur les soldes budgétaire et commercial. Une mesure d'accompagnement telle que la réduction des salaires de la fonction publique améliore ces deux soldes, mais déclenche un processus récessif.

D'après cette étude, la dévaluation nominale représente une composante principale des programmes d'ajustement structurel et de stabilisation. Les conséquences économiques d'un changement de parité sont complexes. Cette complexité explique en partie les controverses qui entourent cet instrument de politique économique :

b/ Les arguments théoriques des effets de la dévaluation

Selon le courant traditionnel, la dévaluation peut avoir un effet expansionniste sur l'économie s'il existe des ressources inutilisées ; en cas de plein emploi ou d'absence de rigidité nominale, elle génère qu'une hausse des prix.

Sous l'influence de KRUGMAN et TAYLOR (1978), les théoriciens structuralistes ont attiré l'attention sur la contraction économique qui pourrait suivre une modification du taux de change.

Dans cette optique, TAYLOR (1983), KATSELI (1983), VANWIJNBERGEN (1986), soutiennent que l'effet récessif de la dévaluation est le résultat probable dans les pays sous-développés. Plusieurs raisons expliqueraient cette contraction de l'activité économique. Les unes sont liées à la demande des agents, les autres à l'offre des firmes :

1/ En provoquant une hausse des prix, la dévaluation réduit les encaisses réelles et, par conséquent, la demande globale ;

2/ Une redistribution des revenus au profit des groupes à forte propension marginale à épargner peut avoir un impact négatif sur la demande ;

3/ Si les élasticités-prix de la demande intérieure d'importation et de la demande étrangère d'exportation sont fables, la dépréciation du taux de change nominal renforce le déficit du commerce extérieur, provoquant ainsi une récession ;
4/ Enfin, en renchérissant le prix des biens intermédiaires importés, la dévaluation peut causer un déclin de l'offre.

c/ Les arguments empiriques des travaux sur les effets de la dévaluation

Eu égard à la divergence des conclusions théoriques, des travaux empiriques ont été entrepris (EDWARDS, 1989 et AGÉNOR et MONTIEL (1996).

KILLICK et al. (1992), après analyse de 266 programmes d'ajustement (incluant la dévaluation comme mesure), conclurent que ceux-ci ont eu un impact négligeable sur l'output à court terme.

Par contre l'étude de KAMIN (1988) compare un groupe de pays témoins à un échantillon de 90 pays ayant subi une dévaluation. Il en résulte de cette comparaison que la contraction de l'activité économique ne peut être imputable au changement du taux de change. En utilisant la même approche, EDWARDS (1989) arrive à un résultat similaire pour des pays d'Amérique latine. À l'aide d'analyses économétriques permettant d'isoler l'impact des autres variables de la politique économique, KHAN et DOROODIAN (1993) montrent que le changement de parité exerce un effet dépressif sur la croissance économique.

D'autres auteurs trouvent des résultats mitigés en recourant aux méthodes de simulation macro-économiques. Par exemple, GYLF ASON et SCHMID (1983) construisent un modèle structurel log-linéaire d'une petite économie ouverte dans lequel la dévaluation exerce un effet expansionniste par la demande et un effet récessif par le biais du coût des biens intermédiaires importés. La simulation du modèle sur un échantillon de dix pays permet aux auteurs de conclure à l'impact positif de la dévaluation dans huit pays sur dix. Des conclusions similaires sont obtenues par GYLFASON et RADETZKI (1991) dans un modèle keynésien qui met en exergue le rôle de l'indexation du salaire comme canal de transmission de la modification de parité.

Les travaux de KHAN et KNIGHT (1985) montrent qu'une dévaluation de 10 % accroîtrait le PIB de 1,1 %. À partir d'un modèle macro-économique très simple, l'étude de KAMAS (1992) indique que l'effet récessif de la dévaluation tient, entre autres, à la forte indexation des salaires et à la faiblesse de l'élasticité de substitution entre inputs importés et valeur ajoutée. À l'aide d'un modèle à la KRUGMAN et TAYLOR (1978), KAMIN (1995) souligne le rôle du marché noir des devises qui tempère l'impact négatif de la dévaluation nominale.

Par exemple, pour examiner les effets de court terme de la dévaluation de 50 % du FCFA sur l'activité économique de la Côte-d'Ivoire, BOURGUIGNON et Al. (1995) utilise un modèle d'équilibre général qui prend en compte le marché monétaire.

Ces auteurs estiment qu'au bout de deux à trois ans, la hausse du PIB due à la dévaluation serait de 4,8 %.

AKITOBY, B (1998), conclu que : « À l'instar de la plupart des travaux sur la dévaluation, les précédentes études comportent deux insuffisances majeures. D'abord, elles n'incorporent pas des comportements d'optimisation intertemporelle de la part des agents. Ensuite, elles réservent à l'investissement un traitement ad hoc. Comme en témoignent EDWARDS (1986), SOREN (1991) et l'étude synthèse de AGÉNOR et MONTIEL (1996), les interactions entre choc de taux de change et accumulation du capital restent souvent inexplorées dans l'abondante littérature.

L'auteur comble dans son étude, ces insuffisances en mettant en exergue l'aspect souvent négligé, à savoir *le rôle de l'accumulation du capital dans la propagation du choc de dévaluation.* Tout en intégrant l'essentiel des traditionnels canaux de transmission du choc de taux de change, son modèle se distingue par cinq caractéristiques fondamentales : le comportement intertemporel des agents, la simultanéité des décisions d'investissement et d'épargne, l'aspect multisectoriel, la prise en compte de la monnaie comme actif financier et le déséquilibre sur le marché du travail.

Nous présenterons en annexe du chapitre, les résultats de ces simulations calibrés sur les données réelles du Bénin pour analyser les effets dynamiques de la récente dévaluation de 50 % du FCFA de janvier 1994

Ces résultats montrent que ce choc monétaire a des effets expansionnistes sur l'économie du Bénin, avec un impact très limité sur le solde commercial et le déficit budgétaire. Dans ce modèle, l'auteur fait une simulation des conséquences économiques d'une mesure d'accompagnement souvent évoquée dans les programmes d'ajustement structurel, à savoir la réduction du salaire des fonctionnaires. Ces simulations suggèrent que cette mesure améliore quelque peu les soldes budgétaire et commercial, mais au prix de l'enclenchement d'un processus récessif.

Le modèle incorpore l'efficience intertemporelle et la monnaie, tout en conservant la désagrégation sectorielle des MCEG.

Ainsi, les ménages dotés de la prévoyance parfaite déterminent leurs consommations et encaisses réelles en maximisant une fonction d'utilité intertemporelle sous la contrainte de leur richesse. Les firmes dérivent leurs demandes d'investissement d'un programme d'optimisation intertemporelle en présence de coûts d'ajustement croissants et convexes. Dans un tel modèle, caractérisé par la flexibilité parfaite du prix des biens, la modification du taux de change produit ses effets réels à travers le marché du travail. Sur ce marché, l'auteur a supposé une inertie du salaire nominal dans le secteur privé, avec une dynamique modélisée par la courbe de Phillips.

Ce modèle calibré sur l'économie du Bénin, montre que la dévaluation nominale n'est pas contractionniste et a un impact significatif sur l'activité économique.

L'effet d'impact du choc sur le PIB a été de 5,65 %. Le redémarrage de l'investissement et la relance de l'emploi ont eu des effets bénéfiques sur la richesse des ménages. En conséquence, on a enregistré une hausse de la consommation (effet d'impact ; 5,06 %). Mais l'ajustement du taux de change n'a pas eu les résultats escomptés sur le déficit budgétaire et la balance commerciale.

L'étude explore les conséquences économiques d'une mesure d'accompagnement souvent préconisé par le FMI, à savoir la réduction des salaires de la fonction publique. À ce niveau les simulations révèlent qu'une baisse de 20 % des salaires des fonctionnaires provoque une amélioration marquée des soldes budgétaire et commercial ; mais ce résultat s'obtient au prix de l'enclenchement d'un processus récessif de l'économie.

L'auteur arrive à proposer plusieurs extensions de son travail en envisageant :

1/ Pour étudier les effets de la dévaluation sur la distribution des revenus et la pauvreté, il faudrait relâcher l'hypothèse d'un consommateur représentatif et considérer plusieurs groupes sociaux (ruraux et urbains, par exemple). Ceci permettrait d'étudier certains aspects de la dimension sociale de l'ajustement ;

2/ Dans les PVD, les agents sont parfois soumis à des contraintes de liquidité. Il serait alors souhaitable d'incorporer de telles contraintes dans le comportement des ménages, car leur présence pourrait réduire l'effet-richesse.

3/ Enfin, l'auteur suppose les prix walrasiens sur le marché des biens et services. Or, il serait d'après lui intéressant d'étendre ce modèle à une situation dans laquelle les prix sont rigides et où l'ajustement se réalise par des quantités. Une telle rigidité des prix engendrera des rationnements de l'offre ou de la demande des biens. Comme l'ont montré certains auteurs, les contraintes de rationnement jouent un rôle primordial dans la dynamique intertemporelle (voir, par exemple, BLANCHARD et SACHS, 1982) et MERCENIER (1987, 1989).

De cette étude nous pouvons réellement rechercher les enjeux économiques et sociaux internes de la dévaluation en Zone Franc, mais aussi les enjeux externes qui se présentent aux pays membres de la Zone Franc. La référence au Bénin est fort significative, car ce pays avait donné un bel exemple avec le Burkina Faso auprès des institutions de Bretton Woods étant donné que la Balance commerciale de ces pays étaient positive. Ces pays avaient choisi un ajustement monétaire. Par contre la référence au Cameroun et à la

Côte-d'Ivoire permet de mieux mesurer les effets de cette dévaluation compte tenu de leurs poids économiques dans la Zone Franc.

I.2.2 - Les enjeux économiques et sociaux internes

Notons qu'après l'échec des tentatives d'ajustement réel, les pays de la zone Franc ont décidé la dévaluation afin de résorber les déséquilibres économiques et financiers profonds apparus au cours de la seconde moitié des années 80. Pour l'ensemble, les résultats de la dévaluation, en termes d'inflation et de croissance, ont été assez proches des effets attendus. Les pays africains de la Zone Franc ont, dans l'ensemble renoué avec une croissance soutenue. Il est vrai que la dévaluation est intervenue dans un environnement international favorable caractérisé par la reprise de l'activité dans les pays industrialisés et la hausse des cours des produits de base, à l'exception du pétrole.

Après la forte reprise économique de la croissance consécutive à la dévaluation, la croissance a connu un fléchissement à partir de 1998.

En 2000, les pays de la Zone Franc ont connu une évolution économique contrastée. Les pays d'Afrique de l'Ouest ont enregistré un net ralentissement de l'activité, alors que ceux d'Afrique centrale ont bénéficié d'un regain de croissance. Dans l'ensemble, la Zone Franc a connu une croissance économique de l'ordre de 2,4 %, plus modérée que celle de l'Afrique Subsaharienne, tout en parvenant à maintenir une stabilité du cadre macro-économique mieux maîtrisée.

I.2.3 - Les enjeux externes : le cas de la Côte-d'Ivoire et du Cameroun

Notons que la dévaluation des FCFA qui intervint en janvier 1994 a suscité de nombreuses controverses. Avant cette date, les débats ont porté sur la surévaluation du taux de change, le maintien de la crédibilité de la monnaie, les risques de contraction du revenu global.

En raison de son poids économique, la Côte-d'Ivoire a retenu notre attention. Le Cameroun, deuxième économie de la zone est ainsi analysée dans cette étude.

En 1994, les deux économies en crise depuis près de deux dix ans, en comparaison d'autres pays africains de structure similaire et à taux de change flexible, comme le Ghana notamment, leurs performances macro-économiques n'avaient cessé de se dégrader depuis le milieu des années 80, malgré des efforts d'ajustement notables.

Sur le plan budgétaire, les deux pays paraissent engagés dans une impasse marquée par un endettement extérieur atteignant des niveaux records, des difficultés chroniques à honorer les engagements auprès des créanciers intérieurs et extérieurs, ou même à payer les fonctionnaires, et une position devenue durablement déficitaire auprès du Compte d'opérations de la Zone Franc gérée par le Trésor public français.

Le niveau très bas atteint par les prix des principales exportations primaires, et dans le cas du Cameroun le tarissement progressif des gisements pétroliers à partir de 1990, constituent une contrainte majeure pour des pays dont les recettes fiscales dépendent fortement du commerce extérieur.

De surcroît, les pays perdaient des parts de marché par rapport à leurs concurrents asiatiques ou africains qui avaient tous considérablement dévalué leur monnaie au cours des années 80.

Un certain nombre d'études montré que « l'ajustement réel » et la politique de désinflation compétitive avaient leurs limites et que seul un ajustement monétaire permettait de résorber durablement les déficits (Nashashibi, Bazzoni, 1994) :

D'un côté, les possibilités d'importations et les élasticités d'exportation semblaient faibles, la légitimité contestée des gouvernements pourrait laisser craindre un dérapage inflationniste, le développement de la fraude et de l'incivisme fiscale, et finalement une contraction sévère du revenu. La dévaluation pourrait se révéler « contractionniste », selon une configuration connue pour plusieurs pays d'Amérique latine (Krugman, Taylor, 1978, Agénor, Montiel, 1996).

Depuis 1994, ces risques ont été pour le moins démentis par les faits. Dans l'ensemble de la Zone Franc, l'inflation a été maîtrisée, la croissance est repartie, et le rétablissement des comptes publics a été positifs, et même dans les deux cas, assez exceptionnel.

Les apparences plaident donc en faveur de la dévaluation. Cependant, à partir de 1993 les termes de l'échange des économies ont aussi commencé à se relever, associés à des conditions climatiques favorables.

Depuis la dévaluation s'est accompagné d'une reprise forte du financement multilatéral et bilatéral qui a permis, tout au moins en Côte-d'Ivoire, une relance considérable des dépenses publiques. Il demeure donc légitime de s'interroger sur la part des différents facteurs qui ont contribué à l'embellie actuelle, et sur l'impact propre du changement de parité.

Était-il indispensable de dévaluer le FCFA ? Dans le cas de la Côte-d'Ivoire, la réponse la plus recette récente à cette question est apportée par Calipel et Guillaumont Jeanneney (1996), reste assez nuancée.

I.2.4 - L'endettement extérieur et pauvreté des ménages

Comme en 1999, les pays africains de la Zone Franc (PAZF) ont subi des chocs exogènes dus à de fortes variations des termes de l'échange. La hausse du prix du pétrole et du cours du dollar observée depuis le début de l'année 1999, jointe au rétablissement des cours des bois tropicaux, a entraîné une appréciation des termes de l'échange des pays de la Communauté économique et monétaire d'Afrique centrale (CEMAC), estimée à près de 50 % en 2000, qui s'ajoute à celle de 20 % enregistrés en 1999. À l'inverse, la dépréciation des cours des denrées tropicales et du coton a produit un impact récessif sur les économies des pays de l'Union économique et monétaire ouest-africaine (UEMOA). Pour cette zone, le choc a été aggravé par la forte augmentation des prix des produits pétroliers qui constituent près de 28 % des importations. Sur les deux années 1999 et 2000, la dégradation estimée des termes de l'échange en UEMOA pourrait dépasser 12 %.

Globalement, ce ralentissement de l'activité souligne la persistance des handicaps structurels des pays de la Zone Franc et les limites des stratégies d'ajustement axées sur le seul rétablissement des équilibres macro-économiques. La croissance moyenne demeure inférieure au seuil nécessaire pur entraîner une réduction de la pauvreté.

Or, la pauvreté reste très répandue en Zone Franc, touchant près de la moitié de la population. Environ un cinquième des habitants de la zone vit dans des conditions d'extrême pauvreté. Comme dans le reste de l'Afrique subsaharienne, cette forte prévalence de la pauvreté résulte en partie de l'accumulation d'un retard considérable dans le développement des infrastructures de base et des secteurs sociaux.

La mise en œuvre de programme de réduction de la pauvreté bénéficiant de l'appui des institutions de Bretton Woods (FMI et groupe de la BM) et l'ensemble des bailleurs de fonds devrait aider les pays de la Zone Franc à relever ce défi. Des remises de dette dans le cadre de l'initiative pour les pays pauvres très endettés (PPTE), initiative lancée lors du sommet du G7 de Lyon en 1996 et a été renforcée lors du sommet de Colagne de 1999.

Depuis que le sommet de Colagne a assoupli les conditions d'éligibilité, tous les pays de la Zone Franc, à l'exception du Gabon, de la Guinée Équatoriale, pays à revenu intermédiaire et des Comores, en raison d'un endettement relativement contenu, sont susceptibles d'en bénéficier. Les annulations de dette doivent permettre une augmentation des dépenses sociales, du taux d'épargne et du taux d'investissement des pays concernés.

Il n'est donc pas toujours évident de montrer les relations directes qui existent entre le niveau d'endettement extérieur d'un pays et celui de la pauvreté des ménages. Cependant, l'on sait que l'ajustement a été proposé pour réduire les déficits internes et externes tout en restaurant à l'économie sa capacité de remboursement. Parmi les mécanismes générateurs de la pauvreté, les PAS jouent un rôle de premier plan en raison des contraintes fortes qu'ils font peser sur l'économie.

Il y a donc deux raisons fondamentales, qui justifiaient le recours à la dévaluation du FCFA : d'une part, le rééquilibrage du commerce extérieur de la zone et d'autre part, le rééquilibrage du budget de l'État.

La dévaluation exerce un impact négatif sur le pouvoir d'achat et doit donc réduire l'absorption et améliorer le solde extérieur.

Enfin, il y a un consensus de plus en plus large pour considérer que l'intégration régionale est un des moyens les plus efficaces pour réduire certains des handicaps les plus lourds des pays africains : taille réduite des économies, marginalisation dans les flux mondiaux de biens et de capitaux, enclavement, spécialisation excessive dans la production de matières premières.

On peut dire que la problématique institutionnaliste reste au cœur des débats. Cette problématique sera abordée dans la troisième et quatrième partie de la thèse.

II. Les efforts d'intégration dans la zone Franc

II.1 - L'intégration économique

Depuis la fin des années 1980, les États africains membres de la zone Franc ont perçu la nécessité de réaliser des progrès dans la mise en place des conditions facilitant leur intégration à l'économie mondiale. À cet égard, l'accélération des réformes structurelles qui conditionnent une ouverture efficace au commerce, aux investissements internationaux et aux innovations, est devenue l'une des priorités d'une stratégie de développement durable, adaptée aux mutations de l'environnement économique et financier international.

Ainsi, depuis 1994, les États membres de la zone Franc ont fait l'option d'un renforcement des pôles économiques régionaux, en accordant une attention prioritaire à :

- l'organisation de la discipline macro-économique que requièrent des politiques de qualité et le maintien d'un cadre indicatif, propice au développement de l'activité économique et à la consolidation de la compétitivité ;
- la libéralisation ordonnée des activités économiques et financières ;
- l'instauration de conditions favorables à l'exportation optimale des potentialités économiques et à l'accroissement des échanges intra-régionaux.

Dans ce cadre, la libéralisation de la politique de la monnaie et du crédit s'est imposée pour consolider, en harmonie avec l'orientation des politiques économiques, le rôle des mécanismes de marché dans l'allocation optimale des ressources aux fins du développement.

À cet égard, la création d'un véritable marché monétaire, avec une composante interbancaire dynamique, a été perçue comme une condition nécessaire du passage à une régulation par les instruments indirects.

De même, le renforcement de l'efficacité de l'intermédiation financière, par la restructuration, la modernisation et la diversification des structures et des instruments financiers, s'avérait indispensable pour accompagner les réformes entreprises par les États, dans le cadre des programmes économiques et financiers appuyés notamment par les institutions de Breton-Woods.

La deuxième exigence prise en compte dans les réformes du secteur financier est la dimension régionale de la nouvelle stratégie de croissance et de développement, tirée par l'investissement privé.

Cette stratégie a été adoptée en 1994 par les États membres en vue d'accroître les échanges intérieurs et d'assurer leur insertion dans l'économie mondiale. Ces mutations ont fait émerger le rôle central du système financier dans l'intégration régionale.

D'une manière générale, l'état du système et des mécanismes financiers dans les pays de la zone n'étaient pas appropriés avant cette date. Tant du point de vue du cadre réglementaire, des structures et des instruments financiers :

- Dans le cadre réglementaire, on peut noter une absence d'organisation du marché pour l'appel public à l'épargne, sauf en Côte-d'Ivoire, ou, encore, une faiblesse des marchés monétaires et financiers instaurés seulement depuis 1975.
- Dans le cadre des structures et des instruments financiers, on remarque une insuffisante diversification des supports de collecte de l'épargne et des instruments de financement de l'activité économique. Hormis les produits d'assurance vie, dont le volume est resté marginal, les dépôts en Banque et auprès des caisses d'épargne ont été les principaux instruments d'épargne ou encore une absence d'une indépendance réelle des structures financières compromettant l'application efficace des sanctions des infractions décelées (ce caractère inopérant du système de supervision a été mis en évidence par la crise d'insolvabilité et d'illiquidité des années 80).
- De même, le traité de la CEMAC a été ratifié, après une longue période de maturation, le 5 février 1998 lors du trente-troisième sommet des chefs d'État de l'Afrique centrale. Cet événement marque la détermination des chefs d'État de la zone à redynamiser le processus d'intégration économique en cours depuis plusieurs décennies dans la sous-région. Les objectifs principaux du Comité économique et monétaire peuvent être résumés de la manière suivante :
- la recherche de convergence des politiques macro-économiques, l'union doit assurer, au terme de l'article 2 alinéa b de la convention qui régit l'UDEAC, « la convergence vers des performances soutenables par la coordination des politiques économiques et la mise en cohérence des politiques budgétaires avec la politique monétaire commune » ;

- la sécurisation et l'amélioration de l'environnement des activités économiques et des investissements dans l'activité économique et des investissements dans l'ensemble de la communauté par un cadre réglementaire adapté et des procédures crédibles de règlement des différends ;
- la promotion de la libre circulation des biens et services, des capitaux pour une meilleure affectation des ressources ;
- l'élargissement progressif de la liberté de circulation, de résidence et d'établissement des populations, gage de l'adhésion à un grand dessin communautaire.

Ainsi donc, sur tous ces objectifs énumérés, le processus a déjà bien progressé au travers de l'UDEAC désormais remplacé par la CEMAC. Le traité de la CEMAC, pour la réalisation de ses objectifs, comporte quatre conventions et un additif au traité constitutif de la CEMAC. Il s'agit des conventions qui concernent :

- L'Union Monétaire en Afrique centrale (UMAC) ;
- L'Union Économique en Afrique centrale (UEAC) ;
- Le parlement communautaire ;
- La cour de justice.

Par ailleurs, le secrétariat général de l'UDEAC disparaît au profit du secrétariat exécutif de l'UDEAC. Ce traité a été à l'origine de plusieurs points de discordes.

Tout d'abord, le différend qui oppose le Cameroun aux autres membres à propos de la répartition des postes d'administrateurs au sein de la BEAC et du futur poste de secrétaire exécutif. En effet, contrairement à la répartition statutaire en vigueur où quatre postes d'administration reviennent au Cameroun, trois à la France, deux au Gabon, et un à chacun des quatre pays que sont le Centre Afrique, le Congo, la Guinée équatoriale et le Tchad, le projet de réforme des statuts de la BEAC, annexé à la convention de l'UMAC, prévoit des modifications. Ainsi, le Cameroun et la France devront conserver le même nombre d'administrateurs, par contre les autres membres auront chacun un poste supplémentaire. Ce n'est pas l'avis des autorités camerounaises qui souhaitaient non seulement un poste supplémentaire, mais espéraient conserver le secrétariat exécutif.

Ainsi, le traité a-t-il été refusé une première fois en 1996.

Enfin d'autres désaccords plus importants et pertinents concernaient la liberté de circulation et l'installation des travailleurs dans la zone, le droit communautaire dérivé, la mission du futur secrétaire exécutif, la répartition des efforts de financement de la CEMAC et la surveillance multilatérale.

Une dynamique durable de l'intégration régionale en Afrique centrale reste tributaire non seulement de ses possibilités de financement, mais aussi de la situation économique régionale de la sous-région qui n'est guère performante, même si on relève une certaine embellie depuis la dévaluation du FCFA.

Cependant, d'un côté, cette reprise économique demeure fragile puisque les problèmes des fondamentaux de l'économie de la sous-région ne sont pas encore résolus tels que les paiements intérieurs et extérieurs, la diversification industrielle, la déficience des infrastructures, etc.

De l'autre, la performance économique globale de l'UDEAC reste aussi soumise à la santé économique et financière du Cameroun et du Gabon, les deux puissances économiques de la sous-région.

Ainsi, le PIB du Cameroun et du Gabon représentait respectivement 46,8 % et 31,4 % du PIB de la zone en 1994.

Les autres pays membres ont un PIB de 8,2 % (Congo) ; 6,6 % (Centreafrique) ; 5,8 % (Tchad) et 1,1 % (Guinée équatoriale)

Pour qu'une dynamique vertueuse de l'intégration soit instaurée, l'assainissement des finances publiques et la poursuite des réformes structurelles se révèlent incontournables dans les pays de l'UDEAC (CEMAC). Déjà, le processus semblait être en bonne voie si l'on regarde les taux de croissance du PIB qui étaient de 5,1 % en 1997 (supérieur au taux de croissance démographique de 3 %), et 4,7 % en 1998 et une maîtrise de l'inflation de 6,4 % à 1,3 % en 1998.

De même, la progression de l'unionserait liée à l'évolution des soldes budgétaires des États membres et aux efforts supplémentaires qu'envisageaient de consentir les créanciers aux pays de l'UDEAC, en matière de rééchelonnement de la dette et en raison des handicaps sérieux découlant des problèmes de financement de l'union. À ce propos, les États doivent continuer à faire des efforts afin d'améliorer les performances fiscales et douanières en vue d'améliorer leurs recettes budgétaires, permettant l'acquittement de leurs cotisations (s'élevant à 17 % de leur PIB en 1994).

Cette objectif semble difficile à atteindre. En 1998, les États ont enregistré une forte dégradation de leurs finances publiques, notamment du fait de là baisse des recettes pétrolières. Le solde primaire est passé de 7 % du PIB à 2,3 % en 1998.

L'allégement de la dette extérieure est aussi nécessaire afin de les soulager financièrement. Bien qu'ils ne soient pas parmi les plus endettés. Le poids de celle-ci a, toutefois, augmenté compte tenu de la baisse des recettes fiscales. Ainsi le ratio du service de la dette sur les recettes budgétaires s'est située à 74,2 % en 1998 contre 63,1 % en 1997.

Cet alourdissement de la dette risquera de compromettre sérieusement les chances de cette relance de l'intégration régionale.

Au demeurant, malgré d'innombrables entraves, il semble que les pays de l'UDEAC n'ont guère d'autres alternatives et doivent se mettre résolument sur la voie d'une intégration rapide et effective dont le succès dépendra de la volonté politique des uns et des autres et d'un idéal communautaire fort. Les réformes déjà envisagées à ce jour dans le cas CEMAC sont une bonne illustration de la volonté et des efforts d'intégrations économiques dans la sous-région. (voir Annexe de la première partie).

II.2 - L'intégration au commerce international comme un ancrage à la dérive des accords de Lomé IV

Une autre forme d'intégration, envisagée par les pays africains c'est l'intégration au commerce internationale, qui constitue un ancrage à la dérive des accords de Lomé IV. Notons que l'ancrage subsaharien de la politique communautaire de développement est à la dérive. Le cadre d'interaction privilégié que présente la convention masque difficilement une fragilisation due aux effets combinés de la marginalisation économique des pays de l'ACP et notamment de la zone Franc et l'asymétrie croissante de leurs échanges avec l'Europe.

La fin du monde bipolaire en 1990 a achevé de porter sur le terrain de la géopolitique une dévalorisation de l'Afrique sub-saharienne déjà effective sur le plan économique et financier.

Les changements fondamentaux qui se sont opérés dans l'économie mondiale justifient plus que jamais d'effectuer des réformes profondes des accords ACP. Lomé IV ont expiré le 29 février 2000.

Cette convention a fait aussi attirer l'attention des États européens pour l'avenir de l'Afrique subsaharienne à l'heure de l'union monétaire européenne.

À l'origine Lomé IV se voulait être un exemple d'intégration économique et commerciale. Elle regroupe une palette d'instruments qui restaient équivalents dans le reste du monde, tant à l'égard de sa diversité qu'en raison de l'importance accordée aux procédures de concertation. Elle regroupait donc un grand nombre d'instruments par exemple la cogestion de l'aide de projet, l'instauration de la stabilisation des recettes d'exportations (STABEX) ou encore l'aide de rétablissement de la viabilité du secteur minier.

Son originalité résidait aussi bien dans son assise régionale surtout en Afrique sub-saharienne.

À sa signature en 1989, elle se voulait innovante en abordant le domaine de l'ajustement structurel et de la dette. Ainsi, l'appui à l'ajustement représente 10 % de la dotation financière globale et en matière d'aide publique représente 13 % du montant globale d'aide publique au développement alloué annuellement par les douze soit 72 milliards de Francs.

Les résultats de la convention de Lomé depuis sa signature, il y a deux décennies, fait l'objet de critiques à l'encontre de son mode de fonctionnement, son impact et sa pertinence. Par exemple lors de la signature de Lomé IV seule 30 % des crédits affectés à Lomé III avaient été alloués.

Pour une grande partie, ce retard renvoie à l'efficacité et la pertinence des instruments et des modèles d'interaction de la convention, notamment du fait de la complexité de ses textes (369 articles et 9 protocoles) et de l'insuffisance administrative et de ressources humaines.

Mais cette forme d'intégration s'inscrit dans le cadre de l'intégration économique.

II.3 - L'intégration par le droit

L'intégration par le droit fait partie des deux lignes de force qui guident les projets d'intégration dans la zone Franc. Ainsi les États africains poursuivent une vaste entreprise d'intégration économique qui doit conduire à la libre circulation des personnes, des biens, des services et des capitaux, et, de ce fait, à un élargissement de l'espace économique pour chaque entreprise. Cet élargissement est inévitable en raison des relations économiques parfois séculaires entre les peuples de cette zone, et nécessaire en raison de l'étroitesse des marchés nationaux.

Mais surtout, celui-ci étant confronté dans à un arrimage à l'Euro, s'il ne veut pas voir éclater une intégration monétaire qui, jusque là, a bien fonctionné, des efforts doivent être fait dans le sens d'une intégration économique accru. Quel que soit la forme ou le j, primaire ou achevé, de cette intégration, il implique une intégration économique qui lui correspond, principalement en droit économique ou en droit des affaires.

En Afrique, les formes d'intégration sont multiples, on en dénombre près de 200.

Très tôt la classe africaine prit conscience des inconvénients résultant d'une telle prolifération d'organisations. C'est ainsi que dans les années 80, à Lagos, l'OUA lança un plan d'action, devant aboutir à l'an 2000, à la fusion de toutes les organisations en une seule, la Communauté des États de l'Afrique. Force est de reconnaître que cette fusion n'est pas près de réaliser.

Cependant face à cette situation, l'intégration économique des pays de la zone ne manque pas d'atouts ni de réalité. Elle est favorisée par une langue commune, une monnaie commune et, pendant longtemps un droit positif commun. Toutefois, après leur indépendance chacun des États a légiféré suivant sa propre option politique. Or, l'intégration juridique est souhaitable, voir nécessaire, pour plusieurs raisons :

- l'unité juridique du droit a pour conséquence de réaliser un environnement juridique commun atténuant les distorsions qui créent des conditions de concurrence commerciale et industrielle inégale et peuvent provoquer des déséquilibres économiques et sociaux importants d'un pays à un autre ;
- l'unité du droit, surtout si elle émane d'une structure communautaire, présente deux· avantages sur le plan de la sécurité juridique :

- d'une part, la connaissance de la législation unifiée d'un pays donné garantit qu'il s'agit de la même dans les autres États faisant partie de l'espace juridique intégré ;
- d'autre part, toute modification de la loi unifiée se fait selon une procédure communautaire plus lente que si elle était nationale, mais qui permet aux agents concernés de réagir en conséquence.

La crise de ces dernières années et l'effondrement économique de la plupart de ces pays ont démontré un besoin d'intégration juridique.

« On peut définir l'intégration comme étant le processus visant à établir le transfert de compétences étatiques de plusieurs États à une organisation internationale dotée de pouvoirs de décision et de compétence supranationales pour réaliser un ensemble juridique cohérent dans lequel les législations nationales s'insèrent. »

Il semble que les États africains aient opté pour deux voies d'intégration juridique :

- L'harmonisation ;
- L'uniformisation

  - *L'harmonisation est la forme la plus prudente et la plus douce d'intégration* juridique, apparemment respectueuse de la souveraineté des États et de la spécificité de leur législation.

Dans le domaine de l'harmonisation du droit du travail si elle paraît inorganisée, il faut reconnaître que les disparités de législation, du fait d'accord avec l'OIT et des faibles distorsions entre les législations nationales, ne sont pas si grandes.

Les réformes se font essentiellement dans la libéralisation de l'accès à l'emploi, dans la libéralisation des salaires (avec fixation du SMIG), la flexibilité de l'emploi ou encore pour ce qui concerne la sécurité sociale avec l'OCAM.

  - *L'uniformisation,* elle, est une forme plus brutale, mais plus achevée d'intégration juridique que l'harmonisation. Elle consiste à instaurer dans toutes les matières juridiques une réglementation unique. Conscients de la rudesse d'un tel procédé, les pays africains l'ont utilisée dans des domaines juridiques et économiques particuliers. Mais ces derniers temps, de façon surprenante, ils y ont eu recours dans le droit des affaires en général.

L'exemple de l'UMOA ou UEMOA est intéressant dans le sens où celui-ci s'est réalisé sans supranationalité.

II.3.1 - Uniformisation du droit bancaire dans le cadre de la réforme de L'UMOA (Intégration par les règles)

La transformation de l'Union Monétaire Ouest africaine (UMOA) en Union Économique et Monétaire Ouest Africaine (UEMOA) procède de la volonté d'approfondir le processus d'intégration régionale en Afrique occidentale.

En effet, dès 1991, un groupement de travail réuni autour de la Banque Centrale des États de l'Afrique de l'Ouest, regroupant des représentants des États membres de l'UMOA et ceux des principaux bailleurs de fonds, a entraîné une réflexion sur le problème de la dynamisation des structures communautaires existantes. C'est ainsi que la septième conférence des chefs d'État de L'UMOA, tenue à Dakar en juillet 1992, a adopté les orientations du Gouverneur de la BCEAO sur l'approfondissement du processus d'intégration régionale, et a mandaté celui-ci de soumettre un projet de traité d'union économique.

Toutefois durant la phase rédactionnelle, la coopération française et la commission européenne ont apporté leur soutien sous forme d'expertise, ce qui semble expliquer que les textes soient fortement inspirés de ceux de l'Union européenne comme en illustrent les organes de l'UEMOA.

Ce nouveau traité constitue une avancée décisive dans le processus d'intégration de la sous-région. Car en constituant un marché de 60 millions de personnes, celui-ci jette les bases d'une croissance qui sera impulsée de l'intérieur. Cette initiative a été suivie de près par la constitution de la CEMAC le 16 mars 1994.

Nous vous présentons les grands traits du traité de l'Union économique et monétaire Ouest africain.

En effet ce traité signé le 10 janvier à Dakar dans le prolongement de l'UMOA, est entré en vigueur le 1er août 1994. Les États membres de le l'union ont estimé que l'appartenance à une même zone monétaire exigeait la mise en œuvre de politiques économiques gérées collectivement. Dans cet esprit, la création d'un espace économique unifié devrait permettre d'assurer une croissance durable fondée sur le développement des échanges intra-régionaux, de renforcer la cohérence des politiques d'investissements nationales et d'utiliser les complémentaires entre les pays membres.

La réalisation de l'UEMOA s'inscrit également dans les projets de relance à plus grande échelle de l'intégration économique en Afrique.

Ce traité d'intégration des objectifs suivants que nous verrons en long et large dans le chapitre 7, de la troisième partie de la thèse. Il s'agit notamment :

- de l'harmonisation à la convergence ;
- de l'unification des marchés.

Ce traité consacre entre autres le principe du transfert de souveraineté des États membres au profit des institutions communautaires : l'opportunité des transferts de compétence sera appréciée au regard du principe de subsidiarité.

L'action l'UEMAO s'inscrit dans le processus de relance de l'intégration africaine et prend encompte également les acquis obtenus dans un cadre plus large que celui de l'union et notamment :

- L'harmonisation du droit des affaires en Afrique en application du traité instituant l'Organisation pour l'Harmonisation du Droit des Affaires (OHADA) signé le 17110/ 1993 par les États membres et la Guinée-Bissao
- L'intégration en matière d'assurance et prévoyance dans le cadre des traités instituant la Conférence Inter africaines des Marchés d'Assurances (CIMA) signé en 1992.
- L'harmonisation en matière de réglementation sociale et de gestion des organismes et de prévoyance sociale (CIPRES)
- La mise en place de l'AFRISTAT en 1993 pour améliorer la qualité de la production statistique.

Conclusion du chapitre III

En conclusion on peut dire que les effets de la dévaluation et ses schémas sont nombreux et présentent des avantages et des inconvénients. Nous venons de présenter une étude sur les effets de la dévaluation du FCFA, à l'aide d'un modèle monétaire d'équilibre général, intertemporel et multisectoriel mettant particulièrement l'accent entre dévaluation et accumulation du capital. Il ressort que, les effets du changement de parité passent par le marché du travail qui se caractérise par l'inertie du salaire nominal. Les résultats de cette étude synthétique montrent que la dévaluation relance l'investissement, avec des effets expansionnistes sur l'activité économique. Le choc monétaire n'a eu qu'un impact limité sur les soldes budgétaire et commercial. Une mesure d'accompagnement telle la réduction des salaires de la fonction publique améliore ces deux soldes, mais déclenche un processus récessif tel que le montre cette étude. Nous verrons dans le chapitre 9 (voir tome 2) que l'échec de ces politiques dans les pays en développement et plus précisément en zone Franc est traduit par l'émergence des nouveaux courants de pensée qui cherchent à dépasser les théoriciens du consensus de Washington.

L'apport des post-keynésiens est fort intéressant, et ces approches théoriques sont dans l'incapacité à expliquer l'intelligibilité réelle dans le tiers-monde. Nous espérons que l'introduction des nouveaux paradigmes dans l'explication des problèmes de développement ouvrirons les débats sur ce thème actuellement en cours de mutation. Une analyse est faite par STIGLIZ à ce sujet. Mais tout au moins il ne faut pas considérer que Stigliz complète les post-keynésiens. Nous verrons dans le chapitre 9 comment la Nouvelle Économie Institutionnelle dont Stigliz est l'un des fondateurs, s'inscrit dans le prolongement de l'approche néo-structuraliste. Malgré leur enrichissement ces approches sont dans l'incapacité à expliquer les évolutions économiques dans les PVD.

Les différentes formes d'intégrations que nous venons de voir tant pour la zone BEAC -CEMAC que pour la zone UEMOA, illustrent bien entendu les efforts qui ont été accomplis jusqu'alors pour mener les réformes économiques et monétaires dans la zone Franc. Ces pays ont choisi le chemin inverse de Balassa qui définit les différentes étapes d'intégration (voir quatrième partie).

L'intégration par l'uniformisation du droit Bancaire en Afrique de l'Ouest en vue de l'harmonisation du droit des affaires (OHADA), est un bel exemple d'intégration dans la sous-région pour assurer la convergence et l'unification des marchés dans le cadre institutionnel actuel de nos économies. Nous verrons dans le chapitre 9 consacré aux approches institutionnelles que l'économie politique de l'intégration (régionalisme de jure des pays de la Zone Franc) montre un exemple qui a abouti à la création du OHADA.

Ce modèle d'intégration offre pour les pays africains membres de la zone un cadre juridique bien approprié.

Déjà donc, bien avant la dévaluation de janvier 1994, les pays membres de la Zone Franc ont pratiqué différentes formes d'intégration économique, mais l'intégration monétaire est jusqu'alors la forme la plus crédible en raison des accords traditionnels qu'ils ont signés avec la France, qui fait partie de la zone monétaire européenne.

C'est pourquoi l'arrimage du Franc CFA à l'Euro depuis le 1er janvier 1999, de 1 Euro pour 665,957 FCFA, n'a pas soulevé le problème de risque de dévaluation de la monnaie locale. (voir chapitre 6).

Mais pour nous la recherche d'un corpus théorique en Zone Franc africaine, peut être abordée non pas seulement dans le cadre de l'intégration par la monnaie ou par le droit, ni par le commerce, mais aussi par la variable budgétaire qui est la fiscalité. À ce sujet une étude, par la simulation d'un modèle fiscale en Zone Franc est faite dans le chapitre 5, car la dévaluation induit aussi ces effets sur l'équilibre budgétaire.

Nous aborderons pour ce fait les arguments sur la fiscalité implicite dans la zone Franc où la thèse mobilise les outils institutionnels intéressants.

Encadrés du Chapitre III

Encadré 1

Le traité de l'Union Economique et Monétaire Ouest africain

Le traité de l'UEMOA a été signé le 10 janvier 1994 à Dakar dans le prolongement de l'UMOA.

Il est entré en vigueur le 1er août 1994. Les États membres de l'union ont estimé que l'appartenance à une zone monétaire exigeait la mise en œuvre de politiques économiques gérées collectivement. Dans cet esprit, la création d'un espace économique unifié devrait permettre d'assurer une croissance durable fondée sur le développement des échanges nitra-régionaux, de renforcer la cohérence des politiques d'investissement nationales et d'utiliser les complémentaires entre les pays membres.

La réalisation de l'UEMOA s'inscrit également dans les projets de relance à plus grande échelle de l'intégration économique en Afrique.

I. Les objectifs de l'intégration

1.1 - De l'harmonisation à la convergence

La réalisation d'un marché unifié nécessite l'harmonisation de la réglementation et une surveillance des produits économiques. Les actions entreprises par l'union comportent deux volets :

- afin d'offrir une sécurité juridique et judiciaire aux investisseurs, les réglementations relatives au droit des affaires seront harmonisées et les réformes intégreront des dispositions arrêtées en application du traité instituant l'harmonisation du droit des affaires en Afrique (OHADA) signé le 17/10/93. La fiscalité des États sera harmonisée et rationalisée, notamment en ce qui concerne la fiscalité directe et indirecte, et la généralisation de la TVA.
- Une surveillance multilatérale des politiques économiques sera mise en œuvre dans les États membres de l'union en vue d'assurer la convergence en matière d'inflation et de politique budgétaire.

Cette procédure comprendra la mise en place d'indicateurs de convergence ainsi que d'un dispositif de sanctions et de mesures de soutien.

1.2 - De l'unification des marchés

Les États membres de l'union devront promouvoir la liberté de circulation des marchandises et des individus, ainsi que la liberté d'établissement des personnes morales dans les pays de l'union.

Une union douanière sera créée, comprenant : l'instauration d'une préférence communautaire caractérisée par une Franchise de droits de douane, la mise en place de tarifs extérieurs communs, l'établissement d'un schéma tarifaire de l'union sans incidence majeure sur les finances publiques.

Un marché financier régional sera organisé, afin d'assurer une allocation optimale des moyens financiers disponibles et de croître les synergies entre États et à réduire les disparités.

2. Les institutions

2. 1 - Les institutions de l'UEMOA

Le traité de l'UEMOA consacre le principe du transfert de souveraineté des États membres au profit des institutions communautaires. L'opportunité des transferts de compétence sera appréciée au regard du principe de subsidiairement. La supervision de l'union relève de la conférence des chefs d'états et de gouvernement et sa direction du conseil des ministres (composés des ministres de l'Économie, des Finances et du Plan).

Toutefois, les ministères techniques débattront des questions sectorielles afin d'intégrer les contraintes liées à, la politique monétaire. Le gouverneur de la BCEAO siège avec voix consultative au sein de la commission, organe exécutif de l'union. Le siège de la commission est situé à Cougouars et sept commissaires (un par État), désignés par un mandat renouvelable de quatre ans la compose.

Le traité institue également deux organes juridictionnels, la cour de justice afin de veiller au respect des lois communautaires, et la Cour des comptes de l'union.

Toutes personnes physiques ou morales d'un pays membre de l'union peuvent saisir la cour de justice.

Le traité instaure aussi deux organes consultatifs : le comité inter-parlementaire, auquel se substituera à terme le parlement de l'union, et la Chambre Régionale permettant d'associer le secteur privé.

2. 2 De l'UEMOA à l'intégration africaine

L'action de l'UEMOA s'inscrit dans le processus de relance de l'intégration africaine et prend en compte également les acquis obtenus dans un cadre plus large que celui de l'union et notamment :

– l'harmonisation du droit des affaires en Afrique en application du traité instituant l'organisation pour l'harmonisation du Droit des Affaires (OHADA) signé en 1993 par les États membres et la Guinée Bissau

- intégration en matière d'assurance et de prévoyance dans le cadre des traités instituant la Conférence Inter africaine des Marchés d'assurances (CIMA) signées en 1992
- l'harmonisation en matière déréglementation sociale et de gestion des organismes et de prévoyance sociale (CI PRES)

- mise en place de l'AFRIST AT en 1993 pour améliorer la qualité de la production statistique.

3. Les moyens financiers

Trois principaux moyens financiers sont soulignés par le traité :

- l'autonomie financière des organes de l'union, le financement étant autonome par rapport aux budgets nationaux.

Durant les trois premières années, ses ressources seront assurées par la BCEAO et la BOAD. Ensuite, elles viendront du produit du tarif extérieur commun et des taxes indirectes perçues par les États membres

- « La modestie financière », l'union devant veiller à la maîtrise des charges de fonctionnement afin de pouvoir financer des projets d'intégration
- la solidarité financière, permettant de prendre en charge les coûts de transactions résultant de l'intégration.

Source : Banque de France, Zone Franc, rapport 1994, p52-53

Références bibliographiques du chapitre III

AGENOR, P. R., MOONTIEL, P. J. (1996), *Dévelopment Macroeconomies,* Princeton University Press, Princeton, NJ.

AGLIETTA, M., BAULANT, C. (1994), Contrainte extérieure et compétitivité dans la transition vers l'Union économique et monétaire », *Observations et Diagnostics Économiques,* n-48.

AKITOBY, B. (1998), « Dévaluation, ajustement structurel et équilibre général intertemporel : Une analyse de la dévaluation du FCFA au Bénin », *Development Resaerch Group, Room MC2,* Washington.

BAYOUMI,T., EICHENGREEN, B. (1992), Shouking Aspects of European Monetary Intégration, *NBER, Working Paper,* n-49.

BECART, A. (1997), *« Zone Franc et intégration : Bilan et perspectives »,* L'Harmattan.

BEUNIER, R. (1996) *« Effets de la dévaluation du FCFA sur la structure des échanges de la Zone Franc en particulier avec la France ».*

BLANCHARD, *0. 1.,* SACHS, J. (1982), « Anticipations, récessions et politique économique : un modèle de déséquilibre interemporel », *Annales de L'INSEE* 4748.

BOURGUIGNON, F., De MELO, J., SUWA-EISENMANN, A. (1995), « Dévaluation et compétitivité en Côte-d'Ivoire », *Revue Économique* 46 (1).

DOROODIAN, K. (1993), « Macroeconomies Performance and Adjustment under Policies Commonly Supported by the International Monetary Fund », *Economie Development and Cultural Change* 41, Juillet, p. 849-864.

EDWARDS, S. (1986), « Are Devaluations Contractionary ? », *Review of Economies and statistics* 68, p. 50 1-508.

EDWARDS, S. (1989), *« Disequilibrum ant structural adjustment », dans HB.Chenery et TN. Srinivaran (ed),* Hansbook of Devepment Economies, Amsterdam, North Bolland.

EDWARDS, S. (1989), *Real Exchange Rates, Devaluation and Adjustment : Echange Rate Policies in Developping Countries,* MIT, Press.

EICHENEGREEN, B. (1990), Is European optimum currency Areas ?, *CEPRD Discussion Paper,* n-478.

EICHENEGREEN, B. (1997), « Free trade and macroeconomie policy », travaux présentés au *« World Bank » Annual Latin American Conferenceon Researchon Development Economies, Montevidee.*

EMERSON, M., et al. (1990), *One Market, one Money,* Oxford University Press.

EMERSON et al. (1991), *Marché Unique, Monnaie Unique,* Economica

GYLFASON, T.,et RADETZKI, M. (1991), « Does Devaluation Make Sense in the Least Developed Countries ? », *Economie Development and Cultural Change* 40, octobre, p. 1-25.

GYLFASON, T., SCHMID, M. (1983), « Does Devaluation Cause Stagflation ? », *Canadian Journal of Economies 16,* novembre, p. 641-654.

INGRAM, 1. (1969), *« Comment : The Currency Area Problem, In Mundell,* R. A et Swoboda (eds).

JACQUEMOT, P., ASSIDON, E. (1988), *Politiques de change et ajustement en Afrique,* Ministère de la coopération et du Développement, Paris.

KAMIN, S. B. (1988), « Devaluation, External Balance and Macronomic Performance : A look at the Numbers », *Study in International* 62, Princeton University.

KAMIN, S. B. (1995), « Contractionary Devaluation with Black Markets for Foreign Exchange », *Journal of policy Modeling* 17, p. 39-57.

KATSELI, L. (1983), Devaluations : A critical Appraisal of the IMF s'Policy Prescriptions », *American Economie Review Papers and Proceedings,* mai, p. 359-364.

KENEN, P. B. (1969), *« The theory of optimum Currency Areas : An Ecletic view, In Mundell, and Alexander Swoboda (eds),* Monetary Problems of the international economy, University of Chicago Press, pp41-60.

KHAN, M. S. (1990), *« Evaluating the Effects of IMF-Supported Adjustement : A survey »*, dans *International Finance and the Lees Developed Coutries,* K. PHYLATIS et M. PRADHAM (Ed), St. Martin's Press.

KILLICK, T. M., MALIK, M., MANUEL, M. (1992), « What Can We Know about the Effects of IMF Programs », *Worl Economy* 15, Septembre, P. 599-632.

Mac KINNON, R. (1963), « Optimum currency areas », *American Economie Review,* volume 53.

KRUGMAN, P., TAYLOR. L. (1978), « Contractionary Effects of Devaluations », *Journal of International Economies* 8, p. 445-456.

LEMONIER, S. (1994), « Développement des Pays africains : Étude du Rôle de la Zone Franc et effets de la dévaluation du FCFA. », Mémoire de DESS, Septembre 1994.

MERCENIER., 1. (1987), « Contribution à l'étude de la dynamique macro-économique », thèse de doctorat, Université Libre de Bruxelles.

MERCENIER, 1. (1989), « Ün Wealth Effects in Sticky-Price Exchange Rate Models with Optimizing Agents », *Cahier de recherche* n-3689, CRDE, Université de Montréal, 34p.

MUNDELL, R. A. (1961), « A Theory of optimum currency areas », *American Economie Review,* volume 51.

OCDE (1996, Rapport).

RAFFINOT, M. (1991), « Dette extérieure et ajustement structurel », *EDICEF,* Vanves Cedex.

ROBISOPN, S. (1991), « Macroeconomics, Financial Variales, and Computable General Equilibrum Models », *World Development* 19 (1), novembre, p. 1509-1525.

SACHS, J., et SALA, I., MARTIN, X. (1991), Fiscal Federalism and optimum Currency Areas : Evidence for Europe from the United states, *NBER, Working Paper,* n-3855.

SACHS, I.(1991), Global Linkges : macroeconomic interdependence and cooperation in the World economy Warwick, J. McKibbin, Jeffrey, D. Sachs, *Washington : Brookings Institution*, XVI, 277P.

SACHS, I.(2006), *The end of poverty :economie possibilities for out time,* Penguin Books.

Annexes 1

Les résultats des simulations : le cas du Bénin

Tableau 1/a :

Valeurs des élasticités et des paramètres clés du modèle (scénario de base)

	cultures vivrières	cultures industrielles	industrie	services
Élasticité de substitution Armington	0,75	0,75	0,90	0,75
Élasticité de substitution entre capital et travail	0,90	0,90	0,90	0,90
Élasticité de substitution fonction CET	0,95	0,95	0,95	0,95
Taux de dépréciation du capital	0,10	0,10	0,10	0,10
Paramètre du coût d'ajustement	19,60	19,60	19,60	19,60
Taux de taxe sur les exportations	0,0	-0,027	0,0	0,004
Taux de taxe sur les importations	0,158	0,003	0,188	0,0
Taux de taxe sur les ventes domestiques	0,0	-0,020	0,017	0,019

Taux d'escompte psychologique	0,06
Élasticité de substitution intertemoprelle	
Élasticité de substitution fonction de consommation agrégée	
Paramètre d'ajustement du salaire nominal	0,9
Taux de taxation des salaires	
	0,167

Sources : B. AKITOBY, Économie Appliquée, n 4,1998

Tableau 1/b :

Caractéristiques structurelles de l'économie du Bénin à l'année de base 1992

	cultures vivrières	cultures industrielles	industries	services	Part dans le PIB
Consommation privée	0,32	0,01	0,46	0,21	0,82
Dépenses gouvernementales	0,0	0,0	0,0	1,0	0,15
Investissement	0,42	0,05	0,14	0,39	0,14
Exportations	0,05	0,01	0,38	0,56	0,27
Importations	0,02	0,01	0,91	0,06	0,38
Valeur ajoutée	0,32	0,04	0,14	,051	1
Emploi	0,01	0,01	0,12	0,31	

Déficit courant/PIB : -0,02 Emploi du secteur public : 0,55

Sources : AKITOBY, B., 1998

Tableau 2 :

Résultats de simulation : valeurs ajoutées sectorielles (% déviation par rapport à l'année de base)

Scénario S1 : Dévaluation de 50 %
Scénario S2 : Dévaluation de 50 %

+ Réduction de 20 % des salaires des fonctionnaires

Périodes	Agriculture vivrière		cultures industrielle s		Industrie		Services	
	SI	S2	SI	S2	SI	S2	SI	S2
I	0,39	0,36	0,76	0,73	8,55	8,43	8,67	8,87
2	2,28	2,89	6,97	6,65	7,99	7,7I	3,77	3,22
3	2,79	2,76	8,87	8,29	7,49	7,08	2,66	I,98
4	I,45	I 'II	8,55	7,75	6,22	5,67	3,75	3,0I
5	I,92	1,33	6,70	5,71	4,85	4,16	3,52	2,20
6	2,I7	I,34	5,89	4,70	4,26	3,43	3,23	2,20
7	2,25	1,20	5,57	4,I9	4,I2	3,13	2,97	I,80
8	2,27	I,03	5,57	3,98	4,I8	3,05	2,75	I,44
9	2,I3	0,64	5,74	3,96	4,I2	2,98	2,79	I,33
IO	2,25	0,30	5,96	4,00	4,I9	2,98	2,55	I,2I
I5	3,08	-0,29	6,86	4,23	4,87	3,48	I'19	0,08
20	3,3I	-I'I9	7,04	3,98	4,97	3,46	0,87	0,27

Source : AKITOBY, B., 1998

Tableau 3 :

Résultats de simulation : Investissement sectoriel (% déviation par rapport à l'année de base)

Scénario S1 : Dévaluation de 50 %
Scénario S2 : Dévaluation de 50 %

+ Réduction de 20 % des salaires des fonctionnaires

Périodes	Agriculture vivrière		Cultures industrielles		Industries		Services	
	S1	S2	S1	S2	S1	S2	S1	S2
1	26,50	27,64	67,58	64,80	59,59	58,22	-14,4	-17,1
2	3,34	2,41	28,04	25,12	29,55	27,33	9,10	6,11
3	-10,45	-13,6	6,51	3,59	-4,93	7,08	29,75	27,63
4	6,46	3,64	-9,88	-12,6	-7,14	5,67	9,71	6,66
5	4,59	1,58	-1,27	-4,29	1,38	4,16	4,54	1,42
6	3,04	0,07	2,81	-0,42	7,11	3,43	2,29	-0,91
7	2,50	-0,54	5,68	2,23	9,44	3,13	1,24	-2,07
8	0,97	-2,83	7,55	3,89	4,66	3,05	4,29	0,54
9	3,34	-2,77	8,19	4,48	8,59	2,98	0,04	-0,09
10	3,41	-0,89	8,06	4,35	9,17	2,98	-0,30	-3,44
15	4,01	-1,60	7,71	3,94	12,00	3,48	-1,08	-1,51
20	3,70	-3,95	7,24	3,46	8,91	3,46	-0,35	2,29

Sources : AKITOBY, B., 1998

On note, en résumé, dans ces simulations que les mécanismes dynamiques en jeu dans le modèle sont de loin plus déterminants que les mécanismes statistiques. Les analyses de sensibilité suggèrent, d'une part, que ces résultats fondamentaux demeurent robustes pour des valeurs plausibles des élasticités et, d'autre part, que l'impact positif de la dévaluation sur l'activité tient essentiellement à la baisse du salaire réel et non aux valeurs « optimistes » des élasticités. Ainsi ces différentes formes de régulations appliquées dans le contexte de la zone Franc ont montré l'importance d'une régulation sectorielle régionale et nationale en zone Franc. Nous verrons lorsque nous aborderons le volet des privatisations en zone Franc depuis la dévaluation du FCFA que l'existence d'une régulation nationale tant régionale voir supranationale est utile pour améliorer l'efficacité économique des pays membres, avec la pose en compte des aspects contractuels, structurels et institutionnels.

Conclusion de la première partie

Après avoir présenté le contexte historique de la Zone Franc, cette partie s'est proposée de mobiliser un corpus théorique intéressant pour analyser l'évolution de cette zone. L'étude a montré que les fondements de la Zone Franc sont issus de ses composantes verticales (relations Franc-africaine) et de ses composantes horizontales (relations intra-africaines). Ces composantes sont porteuses d'effets de domination (intégration monétaire sous contrainte) et d'effets d'intégration (intégration monétaire sous tutelle). Autrement dit l'évolution de la Zone Franc est analysée en tant qu'une organisation monétaire issue comme les autres zones monétaires coloniales (zone sterling, zone rouble, zone scudo, zone peseta), d'un processus asymétrique. Les facteurs explicatifs montrant les éléments de comparaison sont présentés en annexes générales de la thèse (annexe 19) : une présentation faite par Gerardin. Nous avons développé la problématique des zones monétaires optimales comme fondement théorique des regroupements monétaires régionaux. Elle a mobilisé un certain nombre d'outils de la politique économique et monétaire dans un contexte d'économie fermée et ouverte. Bien que cette question de l'optimalité des zones monétaires ne soit qu'une question annexe, cette étude a montré au préalable comme l'affirme (Hugon, 1999) que : « *La zone Franc n'est pas réductible à une analyse fonctionnaliste ou instrumentaliste de la monnaie dont la valeur doit être liée aux fondamentaux de l'économie. Elle est une institution, un système régional ou une structure d'ordre partiel qui est un élément constitutif du système monétaire international. Ancrée dans l'histoire coloniale, elle est évolutive. Elle demeure un régime monétaire original. La zone Franc Afrique a une dimension verticale du fait des liens monétaires (organisation sui generis) et sociopolitiques (espace sociopolitique) entre la France et les pays africains et une dimension horizontale compte tenu des relations d'intégration que nouent les pays africains de la zone entre eux (espace horizontale d'intégration économique). Cette orthogonalité de la zone l'éloigne d'une zone monétaire optimale* ».

Hugon essaye de nous montrer que l'organisation de la zone Franc/Afrique (zone Franc africaine) comme un système de change fixe et ajustable entre les Francs CFA (et le Franc comorien) et le Franc français (dorénavant l'euro) où les pays leaders (aujourd'hui l'Union européenne) détermine le taux de change nominal, influence les taux d'intérêt et les taux d'inflation et donc conditionne le taux de change effectif bilatéral ; des unions monétaires UMOA et UMAC caractérisées par une unité de la politique monétaire ; un espace monétaire et financier tutélaire où le trésor français a un rôle central. Il garantit la convertibilité des Francs CFA, sans aucune marge de fluctuation, grâce aux comptes d'opérations que chaque banque centrale a ouvert dans les écritures du Trésor français. Il incite au respect des règles et a droit de regard, voire de « veto defait », sur la politique monétaire (Hugon, 1999).

Les études ont montré que la zone Franc a traversé plusieurs étapes au cours de son développement et donc elle a une histoire bien précise et n'est pas restée en marge des bouleversements mondiaux : crises économiques, l'ajustement structurel, dévaluation du Franc CFA, l'avenir de l'ancrage du Franc CFA au Franc français arrimé à l'euro.

Nous avons essayé d'éclairer le débat sur l'optimalité des zones monétaires avec les modèles qui ont été appliqués dans les années 1960 (le modèle de Mundell et d'autres théoriciens). En effet ce débat sur l'optimalité des zones monétaires nous a servi de références théoriques.

L'exemple de la zone BEAC (ou la CEMAC) est très enrichissant, notamment l'analyse des fondamentaux macro-économiques présentée en encadrés du Chapitre II, qui nous montrent une évolution très favorable des réformes amorcées tant avant la dévaluation qu'après la dévaluation. La théorie économique et monétaire en zone BEAC a été très largement abordée, celle-ci ouvre les voix de l'intégration économique et monétaire dans la sous-région. Les indicateurs macroéconomiques sont ainsi analysés (voir tableaux).

Cette partie a beaucoup traité les problèmes du dysfonctionnement de la zone Franc, de la crise qui a conduit à la dévaluation de janvier 1994, et des crises antérieures. Mais à ce stade d'analyse nous ne pouvons pas affirmer que la zone Franc remplit les critères d'optimalité tels que nous l'avons abordé et les modèles théoriques consacrés à ce sujet. Ces modèles malgré leur enrichissement ne fournissent pas d'arguments pour conclure que la zone Franc est une zone monétaire optimale.

La zone Franc demeure ainsi davantage qu'un simple bloc monétaire du fait de l'unification des règles de change et de la gestion commune des réserves. Elle est un régime monétaire régional qui a historiquement été lié à l'espace colonial fermé de la France, puis qui s'est intégré progressivement au système monétaire européen et au système monétaire international (Sandretto, 1994).

Ce qui confirme que la monnaie CFA reste au cœur des relations horizontales et verticales et ce fait comme un actif financier, une créance émise par la banque centrale en contrepartie des avoirs extérieurs, des créances sur l'État et des créances sur l'économie (S. Guillaumont, 1998). La monnaie est également un lien social et elle est aux sources de la souveraineté (Orléan,1998, Hugon, 2007) (voir chapitre 9 tome 2).

En effet la fixité de la parité du Franc CFA alors inchangée depuis 1948, donne à cette zone un bon rayonnement sur le plan international tant en Afrique et dans la sous-région, malgré la diversité des économies des pays membres de la zone.

La question de l'actualité ou du renouvellement des zones monétaires optimales sera aussi abordée notamment dans les chapitres 7 et 9 pour ce qui concerne les autres pays en développement. C'est à ce moment que nous envisagerons l'approche internationale des zones monétaires optimales.

Une analyse similaire a été faite par Jerôme TROTIGNOM[59], dans le cas de L'Argentine et du Brésil : Une relation de la zone Franc, avec ces pays latino-américains ne pourra-t-elle pas être envisagée ?

D'autres approches de la création monétaire seront aussi abordées, notamment avec les économies en transition (chapitre 6).

La non-prise en compte des facteurs structurels et environnementaux, institutionnels, dans les unions monétaires considérées, plus précisément dans la zone Franc, constitue une des limites qu'il faudrait débattre dans les pages qui suivent : une analyse détaillée sur les vertus négligées de la monnaie commune est faite par C. GNOS, pour le projet de l'union monétaire européenne qui était inscrit dans le rapport Délors. À ce sujet figure en bonne place la littérature Keynesienne et post-Keynesienne.[60]

Enfin nous ne pouvons pas approfondir notre réflexion sur les problèmes économiques et monétaires en vue d'une zone monétaire plus intégrée en zone Franc arrimée à la zone euro, sans faire référence à cet éminent économiste J. M. KEYNES, qui disait : *« Il nous faut inventer une nouvelle vision pour un nouvel âge. »*

Les chapitres qui vont suivre essayeront de répondre à toutes ces considérations et propositions. Ce qui nous permettra de concilier liberté économique et justice sociale. Dans ce contexte nous affirmons qu'avant de mettre en place une politique macro-économique, il faudrait être sûr d'abord que les institutions sont déjà mises en place. Comme nous le verrons dans la troisième et quatrième partie dont la période qui va des années 1988 à 2004 a été marquée au sein de la communauté des économistes par le retour en force du paradigme institutionnel ainsi que de la problématique du dialogue entre droit et économies ; les travaux du CEMI s'inscrivent dans cette lignée et démontrent surtout que le basculement des paradigmes auquel on assiste pendant cette période précitée correspond, dans une large mesure aux effets de la confrontation des économies à un changement systémique majeur et chaotique surtout dans les anciennes économies socialistes.

---

[59]CF : J. TROTIGNOM : « Une union monétaire de l'Argentine et du Brésil est-elle réalisable ? » in Revue économie appliquée Tome LVII-N-04 décembre 2004, p. 97

[60]Une analyse des Théories monétaires post-Keynesiennes est faite par Pierre PIAGAY, Louis -Philippe ROCHON, dans revue économie appliquée n-4 2004, P. 163

Cette réflexion sera approfondie lorsque nous aborderons dans la troisième partie de la thèse, le débat théorique sur les institutions. Mais, nous attirons l'attention ici, qu'il ne s'agit nulle part de dire que les arguments qui sont avancés par les keynésiens et les post-keynésiens résoudront, les problèmes monétaires internationaux. Il s'agit plutôt de tirer des leçons au plan théorique de leurs recommandations de politique économique, pour comprendre les fonctionnements actuels de nos économies.

Le débat sur l'inflation aura une place privilégiée dans l'étude que nous approfondirons dans les deux dernières parties, car cette question mobilise un certain nombre de réactions émotionnelles tant dans la zone Franc que dans la zone euro. À ce sujet, des contributions empruntées à de GNOS, SAPIR et d'autres auteurs seront intéressantes à analyser.

Annexes de la première partie

La zone franc africaine comme projet d'intégration et de développement

A) Les grandes dates de l'intégration régionale en Afrique

1853 : La Banque du Sénégal
1885 : La Conférence de Berlin

1895 : L'Afrique-Occidentale Française (AOF)

1901 : La Banque de l'Afrique Occidentale (fin de la Banque du Sénégal),
1910 : L'Afrique-Équatoriale Française (AEF)
1910 : La BAO couvre l'AOF et l'AEF
1922 : Les comptes d'opérations
1939 : La Zone Franc

1939 : Le Franc des colonies Françaises d'Afrique (1FCFA=1FF) 1945 : Dévaluation du FCFA (1 FF=1,7 FCFA)
1948 : Dévaluation du FCFA (1FF=2FCFA)

1955 : Deux instituts d'émission, pour AOF et AEF (ex BAO)

1959 : Union Douanière de l'Afrique Occidentale (UDAO), (Fin AOF)
1959 : Union Douanière Équatoriale (UDE), (Fin AEF)
1959 : La Banque Centrale des États de l'Afrique Occidentale (BCEAO)

1960 : La Banque Centrale des États de l'Afrique-Équatoriale Française et du Cameroun)
1962 : Union Monétaire Ouest Africaine (UMOA)
1964 : Union Douanière des États de l'Afrique Centrale Occidentale (UDEAO)

1972 : Coopération monétaire entre les États membres de la BEAC et La France (12 NOV)

1972 : Coopération monétaire entre les États membres de la BEAC, (22-23NOV)
1973 : Accord de comptes d'Opérations entre la Banque de France et la BEAC (Mars)

1973 : La Communauté Économique de l'Afrique de l'OUEST (CEAO)
1973 : Union Monétaire Ouest-africaine (UMOA), Fin UMOA 1962
1973 : Le Franc de la Communauté : (BCEAO), et de la coopération (BEAC) NOV
1973 : Coopération entre les États membres de l'UMOA et la France, (dec)
1973 : Accord de comptes d'opérations entre la Banque de France et la BCEAO (dec)
1974 : La Communauté des États de l'Afrique de l'OUEST (CDEAO)
1990 : Discours de la Baule

1991 : Réunion de la Zone Franc à OUAGADOUGOU et les 5 chantiers d'intégration régionale

1993 : Arrêt du rachat par la BEAC puis la BCEAO des billets CFA exportés hors ZFA
1994 : Dévaluation des FCFA et Union économique et monétaire de l'Afrique de l'OUEST
1994 : Communauté économique et monétaire de l'Afrique centrale (mars)

B) Composition de la zone franc et situation géographique

La zone Franc (ZF), se compose de 6 ensembles territoriaux situés sur tous les continents, dans tous les types d'écosystèmes, unis par une langue commune, l'appartenance à la Francophonie, des relations commerciales et économiques privilégiées, et organisés dans le domaine monétaire autour de 6 instituts d'émission, qui gèrent plusieurs types de monnaie véritable, tous liés au Franc Français (aujourd'hui à l'euro)

Au total la Zone Franc représente : 7 200 000 km2 pour 142 000 000 habitants.

Les principaux pays indépendants qui font partie de la Zone Franc sont situés en Afrique. Il s'agit de 15 « petits pays ouverts », tous associés à l'histoire politique de la France, qui participent à une expérience originale d'intégration régionale, et développement économique :

Bénin, Burkina Faso, Cameroun, Centrafrique, Comores, Congo, Côte-d'Ivoire, Gabon, Guinée Équatoriale, Mali, Niger, Sénégal Tchad, Togo
La Zone Franc africaine représente : 6 494 000 km2 et 82 000 000 habitants.

Deux Unions Monétaires ont été créées en 1972-1973 autour de deux Banques centrales :

BCEAO : La Banque Centrale des États de l'Afrique de l'OUEST
BEAC : La Banque Centrale des États de l'Afrique Centrale.
Et une troisième banque « liée » de fait aux précédentes, en 1979 :
BCC : La Banque Centrale des Comores.

Trois monnaies « ancrées », Franc français par un taux de change fixe immuable :

FCFA : Le Franc de la Communauté financière africaine
FCFA : Le Franc de la Coopération financière en Afrique Centrale
FC : Le Franc comorien

C) Carte de la zone franc : (voir annexes générales)

Deuxième partie

Approche d'intégration par la fiscalité et règles : recherche d'un corpus théorique en zone franc

« Problèmes économiques, monétaires et budgétaires »

Mots Clés : *Intégration par la fiscalité et règles, reformes fiscalo-douanière, fiscalité mondialisation, politique économique et monétaire post-keynésienne.*

Introduction de la deuxième partie

Dans cette partie nous allons traiter, des problèmes économiques, monétaires et budgétaires (notamment de la fiscalité), dans les pays de la zone Franc après la dévaluation du FCFA, afin d'identifier les outils qui nous permettent de mobiliser un corpus théorique indispensable. Il s'agit ici donc d'une approche d'intégration économique par la monnaie, par la fiscalité et par le droit. La place de la théorie économique est très importante dans l'analyse et un aperçu sur différents modèles économiques sera utilisé pour faire des simulations, notamment en ce qui concerne les questions des réformes fiscales (chapitres 4 et 5).

Mais cette partie qui s'inscrit dans une vision prospective du développement, aborde plusieurs questions que nous tontons de donner des réponses ; la dimension comparative est aussi privilégiée dans cette étude sur les problèmes de dévaluations et d'intégration dans les pays de la zone Franc.

Cette partie mobilise un corpus théorique intéressant notamment, elle essaye de lier les outils issus d'analyses post-keynésiennes avec les réalités économiques des PVD de la Zone Franc.

En effet, la diversité des approches proposées et exposées précédemment et les conclusions obtenues mettent en relief toute l'ambiguïté des zones monétaires. Mais il se pose ici le problème de la coexistence des deux zones monétaires (zone FCFA-zone Euro) que nous allons beaucoup approfondir dans la troisième partie.

L'approche recherchée, renvoie-t-elle finalement à l'approche optimale ? est-elle une approche d'intégration ?

La politique fiscale devient depuis la dévaluation du FCFA, l'instrument privilégié pour isoler les économies de la zone des chocs extérieurs occasionnés d'une part par la chute des prix mondiaux des matières premières et d'autre part par la hausse des taux d'intérêt mondiaux qui a renforcé le service de la dette.

La question du seigneuriage abordée dans le chapitre 5 sera approfondie dans le chapitre 8 de la quatrième partie (voir tome 2). Disons que les ressources gouvernementales trouvant leur source dans la création monétaire (seigneuriage) ne constituent pas une modalité nouvelle de la fiscalité implicite, mais elle est le plus souvent perçue davantage comme le résultat d'un dérapage de politique économique que d'un acte délibéré des gouvernements. « Le seigneuriage étant définie comme la capacité des États d'accroître en termes réels, l'offre de monnaie. »[61]

Les arguments développés ici sur le seigneuriage tout comme ceux qui seront poursuivis dans le chapitre 8 ne doivent pas être considérés comme un retour au colbertisme. Nous essayons de tirer les enseignements qui en découlent dans le cadre de la Zone Franc.

Nous verrons dans les cas de la Côte-d'Ivoire et du Cameroun, comment, les réformes fiscales qui ont été menées dans ces deux pays de la zone Franc à revenu intermédiaire l'un produisant (le café et le cacao), l'autre produisant (le pétrole, etc.).

Néanmoins, les structures économiques particulières de ces deux pays appartenant à la zone Franc (qui a impliqué une parité fixe par rapport au Franc français, d'aurevant euro) et surtout leur grande stabilité (politique monétaire commune, UMOA, CEMAC) ont été également à l'origine de la crise.

En modifiant la structure économique du PIB comme celle des échanges extérieurs, par le biais des prix relatifs, les réformes fiscales sont susceptibles d'enrayer la récession économique ainsi que la dégradation des finances publiques. Mais, l'expérience de la dernière décennie, où de nombreuses mesures ont été adoptées (relèvements des taux et élargissement des assiettes), reste décevante. La structure économique ne s'est guère modifiée et les recettes fiscales n'ont pu être stimulées.

Tout en restant à l'intérieur de la zone Franc, une volonté politique affirmée, comprenant quelques mesures pertinentes et audacieuses, pourrait modifier la structure fiscale en faveur des taxes directes et également de la TVA (taxes moins dépendantes des chocs extérieurs) et entraîner la réduction des coûts de production.

La crédibilité de ces mesures, nationales comme internationales, serait également à l'origine du succès escompté.

Quelque soit le terme utilisé : « réforme fiscalo-douanière, intégration fiscale, libéralisation douanière, transition fiscalo-douanière, protection sociale fiscalisée et accumulation, fiscalité et monétarisation et marché. », la fiscalité est l'un des outils essentiels pour analyser les dysfonctionnements de nos économies actuelles et dans le cas particuliers des pays de la Zone Franc. Mais nous allons faire une réflexion sociologique, anthropologique et historique sur les relations entre fiscalité, type de marché et accumulation du capital, en nous inspirant des exemples du passé et de l'époque pré-coloniale en Afrique. Cette réflexion sera fondée sur la protection sociale fiscalisée dans le cas de l'Angleterre aux XVIIIe et XIXe siècles. Nous présenterons également le rôle de la théorie générale du circuit dans le débat monnaie et

[61] 1940 dans un ouvrage peu connu How to pay for wa , Keynes avait proposé cette voie en comptant sur l'illusion monétaire des salariés afin de résoudre l'impasse du financement de l'effort de guerre.

capitalisme. Cette analyse sera approfondie dans le chapitre 9 (voir tome 2)., notamment lorsque nous aborderons la place de la monnaie dans l'analyse post-keynésienne. En effet, l'existence de la monnaie est au cœur de la macro-économie post-keynésienne. Nous verrons également que l'une des différences fondamentales entre les traditions orthodoxe et hétérodoxe concerne précisément la manière dont la monnaie est intégrée à l'analyse macro-économique.[62]

De manière globale, cette partie se divise en deux chapitres :

Le chapitre IV : aborde la problématique de la fiscalité dans les PVD et les implications des politiques post-keynésienne dans la Zone Franc comme corpus théorique.

Le chapitre V fait une étude de la réforme fiscalo-douanière en UEMOA et en CEMAC, dans une vision anthropologie et sociale inspirée du modèle anglais notamment la loi des pauvres. Ce chapitre mobilise aussi les outils post-keynésiens.

On peut parler dans les économies en développement de formations institutionnelles et juridiques avec à la fois superposition et enchevêtrement des règles : droits coutumiers ou communautaires, droits issus des conquêtes (islamique, anglo-saxon, romano-germanique), droits sui generis des indépendances, droits issus des conditionnalités de Bretton Woods (Hugon, 2007).

C'est dans ce contexte d'intégration par le droit et règles que l'évolution de la Zone Franc analysée dans la première partie, nous conduit à mobiliser les corpus théoriques pour la constitution d'une Zone monétaire plus intégrée.

[62]CF : Louis-Philippe ROCHON et Matias VERNENGO : « la monnaie d'État et le monde réel : le malaise du chartalisme » in Pierre PIEGAY : *Les théories monétaires post-keynesienne,* Economica, 2003

Chapitre IV
L'anthropologie pratique de l'intégration par la fiscalité dans les PVD africains et apports post-keynésiens

Introduction du Chapitre IV

Ce chapitre était utile pour le travail de terrain, que nous devrions effectuer à la Banque des États de l'Afrique Centrale malgré les problèmes matériels rencontrés. Il est surtout le résultat des travaux de recherche sur la fiscalité dans les PVD (CERDI) au Centre de documentation France monde et Europe et d'autres travaux y relatifs, qui nous ont conduits d'approfondir notre analyse du fonctionnement de la zone Franc, et l'examen des conditions d'une évolution de cette zone vers la constitution d'une zone monétaire plus intégrée, questions qui constituent le noyau dur de notre travail de thèse : Il s'agit notamment de la recherche par l'intégration fiscale en zone Franc. Il existe une littérature abondante sur la problématique de le fiscalité dans les pays en développement, mais notre étude fait l'approfondissement des travaux existants et la recherche d'une approche nouvelle susceptible de réaliser le développement de la zone Franc à l'heure de la mondialisation et l'heure de l'euro.

En outre au plan théorique, ce chapitre fait une critique de la théorie orthodoxe des finances publiques d'après les analyses des auteurs comme Bougrine, Seccareccia et de Parguez. Cette étude démontre et conclut que les théories post-keynésiennes peuvent bien être appliquées dans les PVD.

La recherche de cette approche incorporant la variable fiscale en Zone Franc est une nécessité pour ces pays dont la monnaie se trouve arrimée à l'Euro sous la garantie française : donc il s'agit de faire les arbitrages monétaires et financiers entre les deux zones.

Cette approche sous-entend une approche optimale, une approche vérifiant aussi les théories traditionnelles d'intégration qui sont largement approfondies dans la quatrième partie de la thèse.

En définitive comme l'affirme CHAMBAS. G. (1994), en raison « d'une conjoncture difficile et de politiques fiscales inappropriées, beaucoup d'États africains, en particulier ceux appartenant à la zone Franc, ont subi une baisse de leurs recettes budgétaires qui a accentué un déficit déjà important de leurs finances publiques. Une taxation excessive des échanges avec l'extérieur, la concentration des obligations fiscales sur le secteur moderne, l'incohérence du système d'incitation aggravée par une fraude grandissante, rendent la fiscalité défavorable au développement. »[63]

Ainsi à partir d'analyses approfondies portant sur un large échantillon de pays, l'auteur cherche à définir une fiscalité favorable au développement d'un meilleur rendement et d'une plus grande équité, qui soit applicable dans les pays africains. C'est dans ce sens qu'une grande attention a été portée aux contraintes d'administration de l'impôt qui rendent indispensable un profond réaménagement des règles fiscales.

Dans ce chapitre nous essayons d'approfondir la problématique de la fiscalité dans les pays en développement et voir dans le cas de la zone Franc, quelles sont les propositions qui sont susceptibles de conduire cette zone monétaire vers une zone monétaire plus intégrée pour le développement. Cette étude essaye aussi d'analyser des problèmes que pose la fiscalité dans les formations sociales capitalistes.

Notons que la fiscalité est au cœur des processus de développement. L'impôt permet aux États de disposer des ressources nécessaires à leur action et de modifier, de façon indirecte, les structures économiques.

Ainsi dans de nombreux pays en développement, la pression fiscale est faible et l'essentiel des moyens provient des taxes sur les échanges internationaux. Mais la mondialisation contraint ces pays à réduire ces taxes de façon à favoriser la libération des échanges et provoque un manque à gagner qu'il faut compenser par l'augmentation des ressources prélevées sur les revenus internes.

Comme l'affirment, Jean-Marc Gastellu, Jean-Yves Moisseron, Guy Pourcet (1999) : « Cette transition fiscalo-douanière est complexe. Elle suppose une lutte contre les maux dont souffrent tout particulièrement les pays en Développement : fraude, évasion fiscale, contre bande. Elle se heurte à la difficulté de fiscaliser l'agriculture ou les activités informelles et plus généralement à mettre en place des impôts modernes. elle se présente donc comme un défi qui repose le problème de la fiscalité dans le développement en le situant dans une dynamique de mondialisation ».[64]

C'est dans cette perspective que nous allons aborder dans cette étude, un diagnostic des systèmes fiscaux des pays en développement grâce à une comparaison internationale, notamment des exemples concernant le Cameroun et la Côte-d'Ivoire.

Enfin, la réforme du système fiscal est envisageable. Notons ainsi que, les systèmes fiscaux actuels des pays africains hérités du système français, l'évolution économique et sociale de ces pays, l'importance de leurs besoins financiers sont d'une grande diversité. Dans cette perspective, un système

---

[63]CF : G. CHABAS : *« Fiscalité et Développement en Afrique Subsaharienne »*, Economica.

[64]*CF : Fiscalité, développement et mondialisation,* Maisonneuve &Larose, 1999

fiscal standard pour l'Afrique n'est donc pas envisageable. Le recours aux approches post-keynésiennes est une voie à explorer notamment à travers une analyse critique de la théorie orthodoxe des finances publiques.

I. Position du problème : quel modèle théorique de la fiscalité dans les pays en développement ?

Dans cette section, nous abordons la problématique de la fiscalité dans les pays en développement et africains de la zone Franc.

Poser le problème de la fiscalité et du développement, nous renvois aux nombreux travaux et ouvrages en économie comme d'autres disciplines où les auteurs s'appliquent dans leur introduction à justifier l'utilité d'une publication de plus sur le thème que nous abordons, et de monter en quoi leur approche est novatrice par rapport à celles qui existent déjà.

Nous aborderons aussi les apports des circuitistes (la théorie du circuit monétaire post-keynésienne) dans l'explication du rôle des impôts dans la dynamique des économies monétaires modernes et les conclusions sur les politiques macro-économiques qui devraient être mises en place pour stabiliser l'économie.[65]

L'étude faite par les auteurs comme CHAMBAS. G (1994)[66] 68, J-M. GASTELLU, J-Y. MOISSON, G. PORCET (1999)[67] dont nous nous inspirons montre que, la rareté des analyses sur le thème suffira comme justification. En effet, si la littérature économique est abondante sur la fiscalité, d'une part, et sur le développement, d'autre part, elle est beaucoup plus rare en revanche lorsqu'il s'agit de croiser ces deux thèmes.

D'ores et déjà, nous pouvons affirmer que la fiscalité dans ou pour le développement est un problème qui reste traité de façon marginale, notamment dans les travaux francophones, alors que, paradoxalement, les pays africains de la zone Franc sont les plus concernés par la « crise fiscale ».

La problématique de la fiscalité est pourtant un des aspects essentiels du développement qui peut s'articuler autour des questions suivantes :

A) Comment en effet, concevoir une politique de développement si les ressources sont déficientes ?
B) Comment construire les infrastructures que très souvent l' État peut seul prendre en charge et dont on s'accorde à reconnaître l'importance pour susciter des investissements ?

---

[65]CF : Bourgie et Seccareccia dans : *« théories monétaires post-keynesienne »* sous la direction de Piegay. P, Rochon. Ph (2003), Economica

[66]CF : CHAMBAS. G : « Fiscalité et développement en Afrique subsaharienne », 1994

[67]CF : J-M. GASTELLU, J-Y. MOISSERON, *G. POURCET : Fiscalité, développement et mondialisation,* Maisonnneuve & Larose (DIAL) ORSTOM, 1999.

L'une des seules alternatives réside à notre avis dans la construction d'un système fiscal efficace. Pour y arriver, les contributions des uns et des autres des auteurs et nos contributions concernant cette problématique de la fiscalité dans le développement sont utiles. Malgré ces approches diversifiées, cette problématique est sous-tendue par trois lignes de force que sont : la mondialisation, les liens entre fiscalités, types de marché et d'accumulation, et les enjeux de pouvoir.

Notons au passage comme nous le verrons que les post-keynésiens ont apporté une contribution renouvelée où production et crédit bancaire doivent selon certains auteurs, demeurer la préoccupation principale de la théorie de la monnaie endogène dans la mesure où les impôts et la monnaie d" État n'entrent dans le circuit que plus tard dans le processus d'accumulation.

Ces questions ont fait l'objet d'une analyse approfondie que nous tentons ici de renouveler.

I.1 - Lien entre fiscalité et développement en Afrique subsaharienne : Diagnostic

Parmi les instruments de politique économique agissant sur le développement, la politique de prélèvement fiscal apparaît particulièrement importante :

- le niveau du prélèvement public doit être suffisant pour éviter un déséquilibre néfaste des finances publiques et pour financer les dépenses de l'État nécessaires au développement.
- les caractéristiques du prélèvement public (importance de la taxation des échanges avec l'extérieur, répartition du poids de la fiscalité entre les distorsions défavorables à la compétitivité économique) (cas de la Côte d'Ivoire : encadré).

Il s'agit donc pour nous de promouvoir un système fiscal moderne, aussi incitatif que possible pour l'activité économique, mais géré selon les modalités tenant compte de la capacité de gestion des administrations fiscales et des spécificités des contribuables africains.

Notre démarche se veut à la fois pragmatique et vise à proposer des mesures susceptibles, pour les pays africains francophones, de renverser une évolution de la fiscalité néfaste pour le développement.

Pour mieux apprécier le rôle de la fiscalité dans le développement des pays africains, nous allons d'abord examiner si le niveau du prélèvement public est adapté aux besoins de l'État et compatibles avec les capacités contributives globales de l'économie. Les effets sur le développement économique des caractéristiques du prélèvement public sont ensuite analysés (effets imputables au système fiscal : réglementation, doctrine fiscale) selon leurs origines et ceux provenant de l'application de la fiscalité (organisation administrative, modalités d'établissement de l'assiette et de recouvrement).

Pour atteindre cet objectif, il est donc nécessaire de faire un diagnostic approfondi de la situation fiscale d'un échantillon de pays, qui nous permettra de déterminer les aménagements fiscaux utiles au développement.

I.2 - Systèmes fiscaux africains proches du système français et développement : Pression, structure fiscale et niveau de développement et pression fiscale implicite

Notons que la littérature sur les systèmes fiscaux dans les pays en développement est très abondante et notre étude a pour vocation de fournir une analyse synthétique en ressortant les rapports entre le niveau de développement et la pression fiscale d'une part et la structure des taxes et impôts d'autre part. Cette double problématique est perçue par les questions suivantes que Jean-Yves MOISSERON [68] aborde dans son article et que nous avons utilisées comme support théorique et méthodologique pour répondre à nos interrogations.

En effet, l'auteur soulève trois questions très pertinentes quand il s'agit d'analyser le lien fiscalité et développement :

- Le développement économique s'accompagne-t-il de transformations sensibles de la structure de la fiscalité ?
- Observe-t-on des modifications continues de la part de la richesse nationale consacrée au financement des dépenses publiques à mesure qu'une économie se développe ?
- Comment la part des taxes sur le commerce extérieur évolue-t-elle avec le niveau de développement ?

Le système fiscal indirect interne d'un nombre croissant de pays africains francophones est fondé sur la taxe à la valeur ajoutée. La TVA présente de grands avantages du point de vue économique : absence d'effets de cascade, charge fiscale nulle pour les exportations, traitement identique des produits importés et des productions locales, déductibilité de la taxe supportée par les investissements. Les droits d'accise (taxes sur les carburants, alcools, tabacs, allumettes) complètent le système de fiscalité indirecte interne.

La fiscalité indirecte externe consiste à appliquer aux importations des droits de porte (droit de douane et diverses taxes à l'importation) augmentés ensuite de la fiscalité indirecte interne c'est--à-dire de la TVA et éventuellement des droits d'accise. Dans la plupart des pays, la douane perçoit à la fois les droits de porte (fiscalité indirecte externe) et la fiscalité

[68]CF : MOISSERON. J-Y (ORSTOM/DIAL) : « SYSTÈMES FISCAUX AFRICAINS DANS LES PAYS EN VOIE DE DÉVELOPPEMENT ».

interne appliquée sur les échanges extérieurs : la perception de la fiscalité indirecte interne au cordon douanier permet de sécuriser les recettes tout en assurant un avantage de trésorerie à l'État.

Certaines exportations de produits primaires sont assujetties à des taxes (droits de sortie) ; elles peuvent être aussi l'objet de prélèvements à travers des caisses de stabilisation. Les autres catégories d'exportations sont le plus souvent exonérées de toutes taxes douanières.

En fin, dans un nombre grandissant d'États, les revenus sont l'objet de fiscalité directe synthétique. Le dispositif de fiscalité directe est complété par des impôts sur les activités (patente), sur les actifs fonciers (impôt foncier urbain essentiellement).

Le fonctionnement des systèmes fiscaux est comme dans le cas français fondé sur la prépondérance des régimes déclaratifs contrôlés. Les petits contribuables sont imposés à travers des forfaits négociés tandis que des régimes partiellement indiciaires ont été maintenus pour les collectivités locales.

La plupart des systèmes fiscaux africains, malgré de nombreux aménagements et réformes mis en œuvre ces dernières années, présentent encore beaucoup de dispositions défavorables au développement économique. Cela peut se justifier par les argumentations que nous pouvons regrouper en cinq caractéristiques à savoir :

1/ L'expérience de divers pays met souvent en évidence les effets néfastes du système de taxation des exportations des produits agricoles, car les États ont eu souvent tendance à maximiser leur prélèvement à court terme au détriment de la solvabilité à long terme des productions concernées. (Comme nous allons le voir, l'exemple de la Côte-d'Ivoire est une illustration).

2/ Le système de fiscalité douanière constitue, dans la mesure où il est appliqué, un handicap majeur, pour les activités productives. Cela se justifie par une structure des taux d'imposition inadaptée et aussi de taux de taxation excessifs. On peut aussi affirmer que contrairement à un système de TVA « pure », les droits de porte sont à l'origine de phénomènes de rémanence qui handicapent la compétitivité des exportations même si ces dernières bénéficient d'un régime économique suspensif. De plus, le niveau élevé de protection en alourdissant les coûts de production rend les entreprises locales de substitution à l'importation vulnérable à la fraude. Ce dernier effet est d'autant plus important qu'une protection excessive a favorisé le développement d'activités peu efficaces.

3/ Les systèmes de TVA adoptés par les pays africains présentent de lacunes (restriction du champ d'application, règle du butoir) pour que ces pays bénéficient pleinement des avantages potentiels de cet impôt qui devrait constituer, en raison de ses qualités, le fondement de toute la fiscalité.

4/ Les systèmes d'impôt synthétique unique sur le revenu ont mobilisé d'importants moyens administratifs sans contribuer à réduire la fraude qui constitue la principale source d'inéquité fiscale pour cette catégorie d'impôt.

5/ Enfin, les systèmes fiscaux des pays africains se caractérisent par l'importance des exonérations de toute nature. Ces exonérations, à l'origine de dépenses fiscales considérables, permettent de pérenniser voire d'aggraver les anomalies des systèmes fiscaux de droit commun, car beaucoup de contribuables parviennent grâce aux exonérations à échapper au moins en partie aux dispositions fiscales les plus néfastes.

I.2.1 - Les spécificités des systèmes fiscaux des pays d'Afrique Francophone

Dans ce paragraphe nous abordons la survivance de réglementations anciennes du droit français, les traits spécifiques des systèmes fiscaux africains et le système de taxation des échanges avec l'extérieur pour le développement de l'Afrique.

1 / La survivance de réglementations anciennes du droit français

Notons que dans beaucoup de pays, l'application de la TVA diffère fortement du système français actuel. Souvent son champ d'application n'est pas général et ses effets sont restreints par les limites fixées pour certaines déductions et par les règles de butoirs. Le caractère incitatif de la TVA est alors fortement réduit.

Dans de certains États (Mali jusqu'en 1991) ou pour certaines activités (services) subsistent des taxes sur le chiffre d'affaires qui sont à l'origine d'effets de cascade. Dans d'autres pays, a été maintenue une fiscalité cédulaire souvent complétée par les revenus les plus élevés par un impôt général sur le revenu. La fiscalité cédulaire frappe les revenus selon leur nature (BIC, BNC, Salaires, revenus fonciers) et éventuellement selon le montant (cas d'un barème progressif) sans tenir compte de la situation personnelle du contribuable, ni des autres revenus qu'il perçoit. Ce système est bien adapté dans les cas où les liaisons entre services administratifs sont difficiles : contrairement au système de l'impôt unique, il n'est pas utile pour les contribuables non assujettis à l'impôt général sur le revenu de déterminer la somme de leurs différents revenus. Les principaux avantages du système cédulaire sont sa simplicité d'administration, de ne pas nécessiter de déclaration et de se prêter facilement à la retenue à la source.

2/ Les traits spécifiques des systèmes fiscaux africains

Il faut souligner que la taxation Per capita a été abolie dans un grand nombre d'États. Cependant elle subsiste dans certains pays à faible revenu et sert souvent à financer des collectivités locales (taxe d'Arrondissement au Niger, taxe rurale au Sénégal). Dans d'autres pays (Madagascar) sont appliquées des taxes à la consommation analogues aux droits d'accise habituels, mais avec un champ d'application beaucoup plus vaste.

Les droits de porte (droit de douane et diverses taxes à l'importation) constituent une source de recettes particulièrement importante en Afrique. En plus de leur rôle de pourvoyeurs de recettes, ces droits de porte ont également pour objectif de protéger les productions locales.

Les exportations de produits primaires sont l'objet de taxes à l'exportation et de prélèvements parfois considérables ont été effectués (Côte-d'Ivoire, Madagascar.), mais, en raison de leur instabilité et aussi des modalités de gestion adoptées, ils ont été souvent mal utilisés. Aussi, le rôle des caisses de stabilisation a-t-il été remis en question. Dans de nombreux pays, le faible niveau actuel des prix internationaux des produits primaires a réduit voire fait disparaître les possibilités de taxation.

Dans le cadre des politiques de stabilisation et d'ajustement, les systèmes fiscaux des pays africains, c'est-à-dire l'ensemble des règles fiscales prévues pour s'appliquer aux diverses catégories de contribuables, devraient permettre la mobilisation des ressources publiques nécessaires à la couverture des charges de l'État tout en minimisant les effets désincitatifs du prélèvement sur l'activité économique. Or, malgré des aménagements répétés, surtout au cours des années 1980- 1990, les systèmes fiscaux dans leurs principales orientations restent profondément défavorables à la croissance économique pour trois raisons essentielles :

- La première raison est que, les règles fiscales prévoient, une taxation des échanges extérieurs excessive et inappropriée qui grève la compétitivité de l'ensemble des activités économiques.
- La deuxième est que le système de fiscalité interne est à l'origine de distorsions importantes, y compris dans les pays ayant adopté la TVA, en raison de l'inachèvement des systèmes de TVA mis en œuvre.
- La troisième raison s'explique par les exonérations de diverses natures qui rétrécissent parfois de manière considérable, l'assiette de la fiscalité et, outre une perte de recettes budgétaires, entraînent directement ou indirectement de fortes distorsions.

3/ Le système de taxation des échanges avec l'extérieur et développement africain

A) Taxation des exportations

Bien qu'ayant régressé dans de nombreux pays africains, la taxation des exportations de produits primaires agricoles et miniers constitue encore une source de recettes importante alors que la taxation des autres catégories d'exportations dont le rendement était d'ailleurs marginal, a été progressivement abandonnée. Dans notre étude, les modalités de taxation des produits miniers ne sont pas examinés. Notre analyse porte donc sur les systèmes de taxation des exportations agricoles qui affectent les conditions de vie d'une partie importante des populations. (Nous le verrons dans le cas de la Côte-d'Ivoire dans les pages qui suivent (voir I.3)

B) Système de taxation des importations et développement

Les importations sont l'objet de deux catégories de taxes perçues en douane. Les droits de porte (droits de douane, droits fiscaux.) s'appliquent à la valeur CAF des importations tandis que les taxes indirectes internes (TVA, droits d'accise) sont assises sur la valeur CAF des importations augmentées des droits de porte.

C) Des tarifs trop élevés

Notons que le niveau des taux de taxation douanière est excessif en Afrique. Dans de nombreux pays, des tentatives de désarmement douanier (Côte-d'Ivoire, Madagascar, Niger, Sénégal) ont été engagés afin de réduire les effets néfastes entraînés par des tarifs trop élevés.

En principe la taxation indirecte interne (TV A, droits d'accise) s'applique dans les mêmes conditions aux importations et aux productions locales. Par conséquent, seuls les droits de porte sont à l'origine d'une protection c'est-à-dire permettent aux producteurs locaux de bénéficier de prix de vente internes plus élevés que les prix internationaux. La protection effective des productions locales est d'autant plus importante que les droits de porte appliqués aux importations concurrentes des biens locaux sont élevés et ceux concernant les intrants sont faibles.[69]

Les arguments que nous venons de développer sont confirmés à travers les tableaux et graphiques qui sont en annexe de ce chapitre.

Un exemple de taxation de la fiscalité est abordé dans le cas ivoirien, car ce pays constitue un bel exemple pour illustrer nos arguments pour ce qui

---

[69]Le taux de protection effective TPE, d'une activité s'exprime de la manière suivante (en tenant compte des seuls droits de porte) :

$$TPE = \frac{VAd - VAw}{VAw} \times 100$$

avec V A d=valeur ajoutée aux prix domestiques c'est-à-dire en tenant compte des droits de porte.

V A w =valeur ajoutée aux prix internationaux.

concerne la zone Franc. Ainsi depuis la dévaluation du FCFA de janvier 1994, la taxation des exportations agricoles en Côte-d'Ivoire constitue un modèle pour justifier la faiblesse du système fiscal des pays africains francophones.

I.3 - La taxation des exportations agricoles en Côte-d'Ivoire après la dévaluation

Nous avons choisi l'exemple de la Côte-d'Ivoire par le fait que ce pays traditionnellement son économie repose sur l'agriculture. En effet la taxation des exportations de produits agricoles, en particulier celles de café et de cacao a été forte après la dévaluation du Franc CFA. L'État ivoirien a ainsi pu dégager à son profit des recettes substantielles, mais instables (C. ARAUOT BONJEAN, G. CHAMBAS,1999).

À la fin des années quatre-vingt, à la suite d'une forte baisse des cours internationaux, la Côte d'Ivoire a baissé a dû renoncer à taxer le café et le cacao pendant plusieurs campagnes agricoles.

À partir de 1994, contrairement, à un pays comme le Cameroun, la Côte-d'Ivoire a mis à profit la dévaluation du Franc CFA et la reprise des cours internationaux pour imposer à nouveau fortement les filières café et cacao qui produisent environ 40 % des exportations totales et fournissent 30 % des recettes de l'État, soit plus de 6 % du PIB.

Le choix de politique fiscale apparaît paradoxal dans le domaine de la gestion des finances publiques du pays, dans la mesure où il conduit à réintroduire une source importante d'instabilité des recettes, alors que les booms de 1976-78 et 1984-85 ont mis en évidence les effets néfastes de l'instabilité des ressources publiques pour la gestion des finances ivoiriennes.

Il est clair que le choix d'un recours intensif aux taxes à l'exportation est également paradoxal en raison de ses conséquences sur le système d'incitation. Le caractère singulier de la politique de taxation des exportations apparaît vis-à-vis de la plupart des pays en développement, qui cherchent à protéger voir tels que le Maroc et la Tunisie font bénéficier leur secteur agricole de larges exonérations fiscales et ont renoncé depuis plusieurs années à toute taxe explicite sur les exportations agricoles (Araujo Bonjean et Chambas, 1997).

En effet, le traitement atypique des exportations agricoles ivoiriennes apparaît aussi par rapport aux exportations de ce pays, dont la charge fiscale, notamment à travers l'application d'une TVA généralisée et la mise en œuvre de régimes douaniers spécifiques (admission temporaire, régime de points Francs) destinés à éviter la taxation des exportations à travers les tarifs.

Enfin comme l'affirment les auteurs précités, il peut paraître surprenant de taxer certaines exportations agricoles et de ne pas taxer les autres produits agricoles, alors que les produits d'exportations taxés correspondent aux avantages comparatifs les plus importants de la Côte-d'Ivoire.

Nous pouvons ainsi dire pour notre étude présente que ces paradoxes et l'importance du mode de taxation agricole utile au développement économique de la Côte-d'Ivoire, incitent de faire l'analyse des effets pour les finances publiques du prélèvement fiscal assises sur les exportations agricoles d'une part et d'autre part ces paradoxes et l'importance de la taxation des exportations agricoles ont des conséquences sur le développement du secteur agricole d'exportation.

Nous limitons nos analyses sur les conséquences des exportations agricoles sur le développement du secteur agricole d'exportation, ce qui nous conduira également à rechercher si à défaut d'une imposition indirecte des revenus agricoles et de la propriété foncière (Aragon-Bonjean et Chambas, 1995), une fiscalité sur le bénéfice agricole collectée au niveau des exportations et fondée sur le principe de neutralité ne permettrait pas de pallier, au moins en partie, les distorsions introduites par la fiscalité actuelle tout en réduisant l'instabilité des ressources de L'État.

Nous présenterons dans en encadré de ce paragraphe, les arguments que nous venons d'avancer.

D'ores et déjà, il est clair de conclure que face à l'expansion des recettes d'exportations engendrées par la dévaluation du FCFA et la remontée des cours des matières premières agricoles en 1994-1995, l'État ivoirien paraît ne pas avoir modifié significativement sa politique de prélèvement sur l'agriculture d'exportation dont les conséquences sur les finances publiques et le développement du secteur agricole d'exportation se sont avérés néfastes.

D'une part, l'instabilité du prélèvement opéré sur les exportations agricoles a engendré une instabilité des recettes publiques à l'origine a conduit à forte baisse des revenus agricoles et une nette régression de la production caféière.

Ce constat, et la nécessité d'obtenir du monde rural une contribution fiscale plus importante que celle provenant de la taxation indirecte de ses consommations finales et intermédiaires, ont amené à rechercher les principes d'une taxation plus neutre de l'agriculture, c'est-à-dire correspondante, au même taux que les autres secteurs d'activités économiques. Ainsi, il pourrait être envisagé un impôt sur le bénéfice collecté au moment de la commercialisation externe.

L'intérêt essentiel de cet impôt serait, en plus de sa neutralité, de taxer les producteurs seulement dans l'hypothèse où un résultat économique positif est atteint. De plus, l'instabilité des recettes d'exportation serait partagée de manière automatique entre les producteurs et l'État en fonction du taux de l'impôt sur les bénéfices.

Les auteurs pensent pour cela que l'analyse des conditions de mise en place d'une taxe à l'exportation équivalente à un impôt forfaitaire sur le bénéfice agricole conduit à recommander le maintien de prix planchers à la production dans l'hypothèse où le monopsone commercial actuel serait maintenu.

Ainsi, une politique de prix administrés présente l'avantage de permettre l'application d'un droit de sortie équivalent à l'impôt sur le bénéfice agricole relativement facile à calculer, et permet de lutter contre l'inefficacité engendrée par un marché non concurrentiel à l'achat, ce qui est très vraisemblablement le cas en Côte-d'Ivoire. Elle conditionne également la poursuite éventuelle d'une politique de stabilisation efficace des prix payés aux producteurs.

Pour les tenants de cette hypothèse, l'analyse consisterait donc à assurer le respect des règles de concurrence au niveau de la commercialisation, de sorte que dans l'hypothèse plus réaliste, semble-t-il, d'une élasticité infinie de la demande des commerçants, l'incidence de la taxe à l'exportation reposerait exclusivement sur les producteurs, ce qui en faciliterait la détermination.

Cette orientation de politique fiscale soulève cependant d'importantes difficultés d'appréciations liées notamment à l'évaluation d'un bénéfice agricole unitaire moyen.

De plus, elle engendrerait des distorsions de prix préjudiciables aux seules productions soumises à la taxe.

De même, malgré la réduction d'instabilité qu'entraînerait le système de taxation envisagé, l'État serait encore confronté à des ressources instables (sur les différentes options d'une politique de prix agricoles, stabilisation des prix à la production ou stabilisation du revenu de l'État ». (GUILLAUMONT P et S,1990).

Aussi, l'État devrait-il améliorer sa capacité de gestion de ressources instables notamment par une plus grande flexibilité de ses recettes et dépenses (CUDDINGTON, 1989). Le principe de neutralité n'apporte pas non plus plus de solutions pour optimiser la rente de monopole sur le marché international de cacao. Il conviendrait de rechercher quel objectif de production doit être poursuivi et quels instruments (taxation complémentaire à l'impôt sur le bénéfice, quotas de production ou de surface) devraient être retenus.

Enfin, l'application d'un principe de neutralité fiscale en Côte d'Ivoire pour la taxation des cultures d'exportation conduirait à de moindres recettes pour l'État et il conviendrait alors dans le cadre d'une réforme fiscale d'ensemble de rechercher des ressources fiscales, alternatives ce qui est d'autant plus difficile que l'abaissement des tarifs dans le cadre de l'UEMOA a également pour effet une baisse des recettes.

Encadré 1

La taxation des exportations agricoles en Côte-d'Ivoire après la dévaluation

L'évolution économique de la Côte-d'Ivoire et plus particulièrement la succession rapide entre une période de prospérité (1970/1980) et une période de crise (1981 à nos jours) s'explique en partie par la conjoncture internationale. D'une part, la chute des prix mondiaux des matières premières et en l'occurrence des prix du café et du cacao a considérablement réduit les recettes d'exportation (moteur de la croissance au cours de la première phase) ainsi que les recettes de stabilisation (à la base de vastes programmes d'investissement). D'autre part, la hausse des taux d'intérêt mondiaux a renforcé le poids du service de la dette. Les taux de croissance négatifs, après avoir atteint des taux de l'ordre de 7 % en volume, et l'ampleur du déficit budgétaire, qui était équilibré au cours des années 1970, illustrent cette situation. Néanmoins, la structure économique particulière de la Côte-d'Ivoire et surtout sa grande stabilité sont à également à l'origine de la crise.

Traditionnellement, ce pays dont l'économie repose sur l'agriculture a taxé fortement ses exportations de produits agricoles, en particulier celles de café et de cacao. En effet, le caractère extraverti de l'économie, avec des exportations de produits primaires agricoles et des importations de biens d'équipement incompressibles, répercute automatiquement tout choc extérieur. De plus, la Côte-d'Ivoire appartient à la zone Franc (qui implique notamment une parité fixe rapport au Franc français qui a disparu en remplacement par l'Euro) ainsi qu'à l'UEMOA (politique monétaire commune). Elle renonce donc à la fois à la politique de change et à la politique monétaire.

Face à l'expansion des recettes d'exportations engendrée par la dévaluation du Franc CFA de janvier 1994, et la remontée des cours des matières premières agricoles en 1994-1995, l'État ivoirien paraît ne pas avoir modifié significativement sa politique de prélèvement sur ! (Agriculture d'exportation dont les conséquences sur les finances publiques et le développement du secteur agricole d'exportation se sont avérées néfastes.

La politique fiscale devient ainsi l'instrument privilégié pour isoler l'économie des chocs extérieurs. En modifiant la structure économique du PIB comme celle des échanges extérieurs, par le biais des prix relatifs, les réformes fiscales sont susceptibles d'enrayer la récession économique ainsi que la dégradation des finances publiques.

D'une part, l'instabilité du prélèvement opéré sur les exportations agricoles a engendré une instabilité des recettes publiques à l'origine a conduit à forte baisse des revenus agricoles et une nette régression de la production caféière.

Pourtant l'expérience de la dernière décennie, où de nombreuses mesures ont été adoptées (relèvement de taux et élargissement des assiettes), reste décevante. La structure économique ne s'est guère modifiée et les recettes fiscales n'ont pu être stimulées. Cela s'explique tout d'abord par, l'étroitesse de la base imposable, avec de multiples régimes d'exception, explique l'échec des relèvements de taux. Ensuite, la rapide dégradation de la situation économique a gêné l'adoption et surtout la mise en place des mesures. Le nouvel intérêt porté aux recettes fiscales (les recettes de stabilisation avaient auparavant permis de « négliger » ce poste) et les changements de comportement attendus (tant au niveau de l'administration que des ménages) n'ont pas entraîné les effets escomptés. Par ailleurs, les échanges extérieurs, et principalement le caractère incompressible des importations, ont réduit la protection effective et gêné la production. Enfin, le fort niveau des taxes, conjugué à la baisse de l'activité et donc des revenus, a entraîné une forte croissance du secteur informel, qui par définition échappe à la fiscalité.

Dans ce contexte, certaines mesures fiscales, comme la réduction de certains taux, peuvent sembler opportunes. Cependant le niveau du déficit budgétaire nécessite quant à lui une hausse des recettes fiscales, la baisse des dépenses publiques étant délicate. En effet comme l'affirme C. ENOH, « les principaux postes de dépenses ont été réduits, mis à part les dépenses salariales, qui s'avèrent peu flexibles » (1999).

Certains choix relèvent plus du domaine politique qu'économique, sont donc à ce stade nécessaire, pour isoler la Côte-d'Ivoire des perturbations extérieures et assurer la stabilité des recettes fiscales.

Nous affirmons qu'une volonté politique comprenant quelques mesures pertinentes et audacieuses pourrait modifier la structure de la fiscalité en faveur des taxes directes et également de la TVA (taxes moins dépendantes des chocs extérieurs) et entraîner la réduction des coûts de production.

La crédibilité de ces mesures implicites, comme explicites, serait également à l'origine du succès escompté.

Au gros, quelle que la solution retenue en présence ou en absence de dévaluation, il est clair que les choix et décisions à prendre relèvent largement du domaine politique. Seule une volonté politique affirmée sera garante du succès de la réforme des exportations agricoles en Côte-d'Ivoire. C'est pourquoi après la dévaluation, l'évolution récente de la Côte-d'Ivoire au sein de L'UEMOA confirme bien notre analyse.

Notre étude (voir tableau annexe) a montré que la pression fiscale, entendue comme le rapport entre les recettes fiscales décomposées entre les taxes sur les échanges internationaux (TEI), les taxes intérieures sur les biens et services (TIBS) et les impôts sur les revenus et sur les sociétés (IR/IS). Les données traitées étant très souvent quantitativement importantes. Nous utiliserons les équations macro-économiques dans les pages qui suivront pour atténuer leur caractère abstrait.

Le résultat essentiel de notre étude est contrasté comme le montrent les tableaux en annexes. Tandis que la pression fiscale peut s'expliquer assez bien par le niveau de développement, la structure fiscale quant à elle varie beaucoup d'un pays à l'autre. Et cela est d'autant plus vrai que l'on entre davantage dans le détail de la structure.

C'est donc en considérant les recettes fiscales totales, c'est-à-dire non seulement les recettes de L'État stricto sensu, mais également les recettes locales, que l'on obtient les meilleurs résultats. Cette prise en compte qui n'est pas toujours possible selon les données évite le biais créé par le plus ou moins grand degré de concentration des économies considérées. Si l'on retire des recettes fiscales, les cotisations sociales, alors la relation observée reste positive et significative. Les différences de pression fiscale ne s'expliquent pas seulement par la présence de système de sécurité sociale.

La prise en compte de niveaux de développement en parité des pouvoirs d'achat ne modifie pas non plus les résultats. En conséquence on peut dire que le niveau de pression fiscale d'un pays est bien expliqué par son PIB/hab. C'est le résultat principal de notre réflexion.

En ce qui concerne la structure fiscale, à savoir la répartition des différents taxes et impôts, il faut faire une différence entre les taxes sur le commerce extérieur et les cotisations sociales d'une part et les autres prélèvements obligatoires d'autre part.

En effet plus le PIB par habitant augmente et plus le poids des recettes assises sur le commerce international diminue. C'est un résultat robuste, mais qui doit être nuancé par les limites imposées par le caractère transversal de notre étude.

Les pays les plus développés sont aussi souvent ceux qui jouent un rôle moteur dans les dispositions qui visent à une diminution des taxes sur le commerce international.

De ce fait, une étude statistique semblable effectuée en 1960 et qui serait effectuée dans un monde plus protectionniste livrait probablement des résultats différents (MOISSERON. J-Y, 1999). C'est là une des limites de ce type d'enquête transversale envisagée dans cette étude.

Il ressort de cette étude que l'augmentation des cotisations sociales semble au contraire être le fait du développement. C'est le troisième résultat de cette étude qui confirme un fait évident à savoir : « c'est dans les pays riches que se développent les systèmes de sécurité sociale.

Il ne faut pas seulement considérer la part croissante des dépenses de santé dans les pays développés, mais également les effets d'une courbe démographique qui augmente le nombre et la durée de vie des retraités. La nuance que nous avons apportée à ce résultat concerne les pays qui ont opté pour des systèmes partiellement ou entièrement privés. » (MOIS SERON. J-Y, 1999).

Pour ce qui concerne les deux catégories d'impôts qui restent : les taxes intérieures sur les biens et services et les impôts sur le revenu et les sociétés, les tendances ne sont pas aussi marquées que ce à quoi l'on pouvait s'attendre. Si le développent apporte avec lui les conditions nécessaires pour mettre en place des impôts et des taxes plus complexes et qui supposent soit un niveau de formation élevé ; soit des moyens techniques modernes, on observe une grande disparité de situations particulières. Il faudrait considérer d'autres facteurs pour l'étude de ces deux catégories d'impôts.

Finalement on peut conclure que, s'il permet d'expliquer assez bien le niveau de pression fiscale, le PIB par tête, n'a qu'un caractère explicatif limité pour la structure fiscale, à l'exception des taxes sur les échanges extérieurs et les cotisations sociales. La part des taxes intérieures sur les biens et services et les impôts sur le revenu et les sociétés sont déterminés par d'autres variables qui ne se réduisent pas au niveau de développement.

D'autres auteurs comme HERRERA, ont abordé de façon différente cette étude sur la fiscalité implicite dans les PVD (1999) ; il s'agit d'une approche internationale de la fiscalité. En s'inspirant des comparaisons internationales de la fiscalité, l'auteur relève que les pays en développement (PED) ont des taux de pression fiscale représentant environ la moitié de celui des pays industrialisés. On explique souvent cet écart par deux traits caractéristiques des PED à savoir : « le faible taux de pression fiscale interne (généralement attribué à l'étroitesse de l'assiette) et la forte dépendance envers les impôts de type indirect, en particulier ceux liés au commerce international »

Nous allons voir, pour ce faire, l'apport de la théorie économique et monétaire sur la question. Le paragraphe qui suit nous livre différentes conceptions du Rôle de l'impôt et de la fiscalité dans une économie nationale moderne.

La première caractéristique pourrait être rattachée à la prolifération d'entreprises informelles échappant à toute forme d'impôt en raison non seulement de l'évasion active, mais aussi par leur grande quantité d'unités individuelles informelles difficilement repérables aussi bien dans le milieu urbain que rural. En matière de fiscalité les pays africains se différencient-ils des pays latino-américains ?

La réponse à une telle interrogation trouve ses fondements dans les récents travaux HERRERA (GIS DIALIORSTOM).

II. Les conceptions du Rôle de l'impôt dans une économie nationale moderne : les apports de la théorie du circuit monétaire post-keynésienne

Dans ce paragraphe, nous présentons et abordons les points de vue sur les conceptions du rôle de la monnaie dans la théorie économique et dans nos économies modernes. Cette étude nous conduira à examiner le rôle l'État (et lou des États) dans la cadre de la théorie du circuit monétaire.

Bourgie et Seccareccia ont fait une étude similaire que nous présenterons avant de rechercher une approche plus réaliste (médiane et équitable) de la politique fiscale dans le cas précis.

Cela implique comme le disent les auteurs de déterminer précisément la signification et le rôle de la monnaie.

Les auteurs analysent tout d'abord la nature du circuit monétaire qui fournit une explication réaliste des relations entre banques, entreprises et ménages, avant d'intégrer l'État. En effet, la prise en compte de l'État complique les relations monétaires parce qu'il faut tenir compte de l'existence de deux institutions supplémentaires : la banque centrale (qui peut-être considérée comme le secteur bancaire de l'État, à la fois dans son rôle de financement des dépenses gouvernementales et dans sa gestion des taux d'intérêt à court terme), et le Trésor (qui exécute les opérations fiscales de l'État, c'est-à-dire l'imposition et les dépenses du gouvernement).

Ces deux facettes de l'État sont d'une importance cruciale dans la mesure où :

1/ Elles affectent le niveau global du revenu en raison de l'impact direct des activités de dépenses et d'imposition du Trésor sur la disponibilité du revenu du secteur privé.

2/ Elles influencent les décisions de dépenses du secteur privé du fait du rôle moteur de la Banque centrale dans la détermination des taux d'intérêt et son contrôle du taux au jour le jour.

BOURGIE ET SACCARECCIA en déduisent l'explication du rôle des impôts dans la dynamique des économies monétaires modernes, et en tirent les conclusions sur les politiques macroéconomiques qui devraient être mis en place pour stabiliser l'économie. Selon eux contrairement à la croyance générale, les impôts font partie de la phase de reflux du circuit monétaire et, en tant que tel, ils déterminent, et non ne créent, de la monnaie. Les impôts ne peuvent donc pas logiquement financer les dépenses du secteur public. Les auteurs pensent que la compréhension du rôle des impôts dans cette structure circuitiste est essentielle parce qu'elle libère effectivement le gouvernement d'une contrainte budgétaire artificielle et imposée.

Les arguments explicatifs de l'impôt :

- Au niveau macro-économique, la fonction première des impôts est de réguler l'économie en prévenant l'inflation (quand la dépense privée est trop élevée) et le chômage (quand elle est trop faible).
- Ainsi en s'appuyant sur les enseignements de la théorie du circuit monétaire, Rochon et Vernengo souhaitent proposer une critique « horizontaliste » de l'interprétation néo-chartaliste de la monnaie. Selon eux, en dépit des avancées effectuées par les post-keynésiens-chartalistes, il subsiste certaines restrictions concernant la relation entre monnaie d'État et monnaie endogène.

Dans le cadre du circuit monétaire, les Banques jouent un rôle central lorsque les entreprises leur empruntent des fonds pour payer les coûts de production (salaires et achats de biens capitaux).

L'idée étant que la production ne peut être mise en œuvre sans un recours préalable au crédit bancaire. La monnaie est donc injectée dans la circulation par les banques et les recours au crédit, et non en raison de désir de l'État d'acheter des « biens, des services et des actifs ».

Dans ce contexte l'État ne peut acheter des biens avant qu'ils aient été produits, ce qui implique que les entreprises aient préalablement eu recours au crédit et payé les salaires. La production précède ainsi la dépense du gouvernement. Production et crédit bancaire doivent donc, selon les auteurs, demeurer la préoccupation principale de la théorie de la monnaie endogène.

Selon eux les impôts et la monnaie d'État n'entrent dans le circuit que plus tard ; ils s'avèrent importants dans la mesure où les banques décident effectivement d'octroyer des crédits en monnaie d'État. C'est également le pouvoir des banques d'octroyer des crédits, ou de les refuser à ceux qui n'acceptent pas les règles du jeu explique la domination des monnaies d'État sur les marchés internationaux avant les marchés intérieurs.

D'autres auteurs Rochon et Vernengo pensent à leurs tours que la souveraineté, compense comme le pouvoir de prélever les impôts et de les collecter sous la forme monétaire de son choix n'est pas l'explication principale de l'existence de la monnaie, même si la monnaie moderne est finalement chartaliste.

Avant donc d'aborder le rôle des impôts et de la politique fiscale dans l'économie nationale selon la vision post-keynésienne, présentons d'abord les deux conceptions différentes de la monnaie.

II.1 - Les deux conceptions de la monnaie

Selon Hassan Bougrine et Mario Seccareccia, « les impôts étant nécessairement liés à la notion de monnaie'il faut tout d'abord comprendre la signification et le rôle de la monnaie pour comprendre le rôle des impôts. »70. Deux conceptions principales et diamétralement opposées de la monnaie se dégagent d'une revue de la littérature.

La plupart des économistes néoclassiques considère la monnaie comme une marchandise dont la valeur intrinsèque (son utilité) est garantie par sa rareté relative et dont le rôle de simple huile dans les rouages des échanges assure sa neutralité à long terme :

En se référant à Menger (1892), ces économistes affirment que les métaux précieux ont historiquement émergé « spontanément » (c'est-à-dire sans l'intervention de l'État) comme moyen d'échange acceptable du fait de leurs caractéristiques de fongibilité, de divisibilité, de neutralité, de durabilité et de transportabilité. Étant donné la contrainte d'offre de la marchandise monétaire, selon ces auteurs, les banques n'ont aucun rôle dans la création monétaire, puisqu'elles sont conçues comme de simples intermédiaires capables de transférer une ressource monétaire rare des épargnants aux investisseurs. Les dépôts des banques commerciales, et même les billets de la banque centrale, apparaissent alors comme un « succédané » de la marchandise monnaie (Realfonzo, 1988, chap. 2).

Inversement, la plupart des conceptions hétérodoxes de la monnaie rejette ce point de vue mengerien ne décrivant qu'un système de troc généralisé à monnaie numéraire.

Comme l'affirme Seccareccia (1999), la plupart des économistes hétérodoxes s'appuient sur une tradition ancienne et considère la monnaie comme un signe ou un symbole doté uniquement d'une extrinsèque et dont l'offre est endogène aux besoins de reproduction sociaux et physiques de la communauté. Ainsi la présence de l'État est essentielle à la fois comme fournisseur ultime de la liquidité et comme autorité légale conférant au signe son statut de monnaie à court légal au sein d'une structure institutionnelle qu'il définit (Innes, 1913).

Cette conception concurrente de la monnaie, dont la référence générique est l'approche chartaliste, considère la monnaie comme une créature de l'État et souligne le lien historique entre l'existence et la création de la monnaie et les besoins fiscaux des autorités politiques (Wray, 1998 ; Mosler et Forstater, 1999 ; Bell, 2001).

Ainsi donc, dans les économies monétaires plus évoluées où se sont développées des institutions bancaires créatrices de monnaie « interne » ex nihilo grâce aux avances de crédit stipulées en termes de l'unité de monnaie définie par l'État, l'existence légale de telles institutions et la satisfaction

[70]CF:H.BOUGR1NE et M.SECCARECCIA, 2003.

éventuelle de leurs besoins de liquidité (par exemple en périodes de crise) dépendent en dernière analyse des actions de l'État (Parguez et Seccareccia, 2000).

On peut retenir historiquement que, les économistes classiques et néoclassiques souscrivent généralement à la conception d'une monnaie marchandise, tandis que la plupart de leurs critiques se trouve dans le camp concurrent de la monnaie endogène (Seccareccia, 1999). Fleetwood (2000), affirme qu'avec un pied fermement ancré dans chaque camp ; Marx en est une exception évidente, car, il a d'une part largement théorisé sur la base de la monnaie marchandise et d'autre part lui-même a offert une analyse puissante de l'économie monétaire qui rompt nécessairement avec cette conception (Graziani, 1997). Dans sa fameuse formule du circuit du capital, la monnaie suit un cycle précis qui démarre avec une somme de monnaie M avancée pour acheter les marchandises et la force de travail C afin de retourner au capitaliste avec un montant supérieur M'.

Lorsque l'on consolide les différents cycles M-C-M'de l'économie, on peut alors concevoir un circuit monétaire suivant une séquence bien déterminée. Il y a tout d'abord une avance monétaire des firmes dans la phase de production où la monnaie émerge essentiellement pour financer l'achat de la force de travail, reflétant ainsi une relation de pouvoir spécifique entre capital et travail dans leur accès au crédit reposant sous la garantie importante que le premier peut offrir aux banques par rapport au second (Bellofiore et Seccareccia, 1999). Les auteurs se demande si l'hypothèse d'une monnaie marchandise est compatible avec l'analyse marxienne générale du circuit monétaire. Selon Graziani (1997, P. 31), contrairement à la phase de circulation dans laquelle l'utilisation de la monnaie marchandise peut être envisagée, dans la phase de production du circuit marxienne on ne doit pas concevoir la monnaie comme une marchandise, mais comme une pure monnaie de crédit.

Ainsi, les avances initiales M doivent être de la nature d'une monnaie de crédit, et non d'une monnaie marchandise (métaux précieux par exemple), pour éviter un problème de régression infinie. En effet, selon Bellofiore et Realfonzo (1997, p. 100), puisque dans une économie capitaliste le salaire monétaire est logiquement avancé avant la production des marchandises, et donc avant la production de la monnaie elle-même, la monnaie ne peut pas être une marchandise.

Comme nous l'avons signalé déjà, notre objectif sera d'analyser d'abord le circuit monétaire selon les présentations de la théorie du circuit monétaire, car elle fournit une explication plus réaliste des relations entre banques, entreprises et ménages, avant d'intégrer l'État dans les économies modernes.

Secondo, cette approche en terme de circuit monétaire nous permettra à la fois d'expliquer le rôle des impôts dans la dynamique des économies monétaires modernes et de faire la lumière sur les politiques macro-économiques appropriées qui devraient être mises en place pour stabiliser l'économie.

II.2 - La théorie du circuit monétaire (voir encadré)

Soulignons que cette théorie repose sur une proposition centrale qui stipule que : « dans une économie capitaliste moderne, la monnaie est le résultat d'une opération de bilan dans laquelle les acheteurs et les vendeurs s'engagent dans des transactions grâce à la dette émise par un troisième agent, qu'il s'agisse de la banque centrale ou d'une banque commerciale » (Parguez et Seccareccia, 2000).

Cette dette émise parle troisième agent (la banque) est par nature endogène et n'a pas d'existence antérieure, puisqu'elle n'est créée qu'au moment de la transaction et détruite avec l'extinction de la dette envers le troisième agent.

D'après ces auteurs ; cette dette bancaire commande le pouvoir d'achat sur la base de la richesse présente et future créée par ceux qui, ayant obtenu le crédit monétaire, ont maintenant besoin de liquidité pour éteindre leurs dettes contractées auprès des banques commerciales (principale et intérêt) et/ou de l'État (c'est-à-dire sous forme d'impôts). Ils précisent également que l'acceptabilité générale de cette dette du troisième agent dépend toutefois finalement de l'appareil d'État qui garantit le passif bancaire selon les principes chartalistes.

Afin donc de saisir les implications de cette analyse circuitiste dans la compréhension du rôle des impôts et de la politique fiscale dans l'économie nationale, nous verrons dans l'encadre de ce paragraphe, les présentations faites par Graziani (1990) avec sa version canonique du circuit monétaire.

Il ressort de l'analyse faite faite par les théoriciens de circuit monétaire, présentée dans les figures 1 (les flux monétaires entre les banques, les entreprises et les ménages) et 2 (les flux de fonds : banque centrale, Trésor et Secteur privé) en encadré, les problèmes suivants :

Le premier problème évident est que, le rôle de l'État n'est pas explicitement pris en compote. Cependant comme l'affirme Parguez (2000), étant donné l'importance du secteur d'État, cette structure circuitiste peut, et en fait doit être élargie au secteur public. Dans ce cas, les relations monétaires deviennent un peu plus complexes parce que l'on doit tenir compte de l'existence de deux institutions supplémentaires : la banque centrale (qui peut être considérée comme le secteur bancaire de l'État à la fois dans son rôle de financement des dépenses gouvernementales et sa gestion des taux d'intérêt à court terme) et le Trésor (qui exécute les opérations fiscales de l'État, c'est-à-dire l'imposition et les dépenses du gouvernement). Ces deux facettes sont d'une importance cruciale dans la mesure où :

- Elles affectent le niveau du revenu en raison de l'impact direct des activités de dépenses et d'imposition du Trésor sur la disponibilité du revenu du secteur privé,

– Et elles influencent les décisions de dépenses du secteur privé du fait du rôle moteur de la banque centrale dans la détermination des taux d'intérêt et de son taux au jour le jour.

Comme le montre également la figure 2, l'État ne peut pas financer sa dépense par des revenus fiscaux et/ou par la vente de titres, puisque dans chaque cas on se trouve dans la phase du reflux du circuit monétaire. Toute dépense gouvernementale doit être financée par la banque centrale, à moins qu'elle n'existe pas ou qu'on l'en empêche (comme dans l'Union Économique et monétaire Européenne (UEM), auquel cas la dépense de l'État est financée par les avances des banques commerciales comme l'affirment Parguez et Seccareccia, 2000).

II.3 - Le rôle des impôts dans l'économie nationale

Dans ce paragraphe, nous abordons deux aspects fondamentaux de la fiscalité selon l'analyse circuitiste : d'une part il s'agit d'aborder les liens entre impôts et la politique fiscale et d'autre part, nous nous posons la question de la redistributivité des impôts.

« On doit reconnaître qu'en début d'année fiscale, lorsque l'on décide du budget et que le gouvernement engage concrètement les dépenses, les impôts ne sont pas collectés. En outre, ils ne peuvent pas être collectés en début de période puisque les revenus sur lesquels ils sont prélevés n'ont pas encore été versés. Ainsi, si les impôts peuvent être considérés comme le revenu du Gouvernement, ils doivent l'être comme un revenu contingent à la perception du revenu des agents privés, et ne peuvent donc être déterminés qu'ex post. On devrait alors se demander comment prétendre qu'un revenu ex post sert à financer une activité économique ex anté ? C'est évidemment impossible. En accord avec la théorie chartaliste, la monnaie doit être d'abord dépensée avant d'être collectée en impôts. »[71]

Comme le montre la figure 2, les dépenses du gouvernement sont associées au financement initial (flux), tandis que les impôts sont logiquement distincts et concernent la phase de reflux (ou financement final), c'est-à-dire qu'ils sont le résultat de dépenses précédentes des entreprises, des ménages et de l'État. À cet égard comme l'affirment ces analyses, la notion même de « financement du déficit » est impropre. Le déficit du budget, différence comptable entre dépense initiale et revenu d'impôts de la période courante, ne peut être considéré que comme une identité comptable ex-post qui a déjà été financée. Toutefois, contrairement aux entreprises, tant qu'une banque centrale existe et est autorisée par la loi à financer les dépenses futures du gouvernement, l'État peut planifier le montant de ses dépenses futures en fonction des revenus d'impôts anticipés,

[71]Cf : H. BOUGRINE et M. Seccareccia, 2003

puisqu'il n'est pas soumis aux critères de solvabilité appliqués normalement aux entreprises par les banques commerciales.

Ainsi donc, la logique du circuit monétaire appliquée au secteur public suggère qu'il y a un lien clair entre les armes monétaire et fiscale de L'État. Durant la phase de flux, la banque centrale doit continuellement créditer le Trésor, tout en se livrant à des opérations d'open market de ventes de titres d'État pour éliminer les réserves excédentaires qui s'accumulent dans le secteur bancaire. Cette opération d'open market d'achat/vente de titres publics vise à satisfaire l'objectif de taux d'intérêt à court terme de la banque centrale, c'est-à-dire qu'en gérant les réserves des banques commerciales, elle cherche à ne pas compromettre son contrôle sur le taux au jour le jour.

De même, si le gouvernement enregistre un excédent budgétaire et réduit par conséquent la dette publique, l'inverse se produit. Puisque dans ce cas « les revenus d'impôts » sont supérieurs aux dépenses courantes, les banques ont un déficit chronique de réserves, créant une pression à la hausse non désirée sur le taux d'intérêt au jour le jour.

Cependant, quand les titres d'État arrivent progressivement à échéance et que le gouvernement rembourse la dette publique, les réserves globales augmentent, ce gui compense largement les pressions à la baisse d'un excédent budgétaire croisant. Ce n'est qu'à cause d'un manque de synchronisation dans l'intervalle entre perception des impôts par le Trésor et arrivée à maturité des titres d'État, que la banque centrale peut-être contrainte de se livrer à des opérations d'open market ou de facilités permanentes pour maintenir l'objectif de taux d'intérêt au jour le jour.

Ainsi, quand les titres d'État arrivent progressivement à échéance et que le gouvernement rembourse la dette publique, les réserves globales augmentent, ce qui compense largement les pressions à la baisse d'un excédent budgétaire croissant. Ce n'est qu'à cause d'un manque de synchronisation dans l'intervalle entre perception des impôts par le Trésor et arrivée à maturité des titres d'État, que la banque centrale peut-être contrainte de se livrer à des opérations d'open market ou de facilités permanentes pour maintenir l'objectif de taux d'intérêt au jour le jour. Il s'ensuit donc que les deux branches de l'État doivent agir de concert pour que la banque centrale maintienne son contrôle sur les taux d'intérêt à court terme.

A) Les Impôts et la politique fiscale

De l'analyse précédente, les auteurs déduit qu'une bonne compréhension de la notion d'impôts est cruciale parce que toutes les politiques économiques partent du principe que les impôts payent les dépenses gouvernementales. Ce principe est en effet commun à toutes les propositions de politique défendues par les économistes orthodoxes. Par conséquent ils nous montrent que, les partisans de la finance saine affirment que les impôts sont la source première et principale du gouvernement, et que l'emprunt et la création monétaire doivent être évités.

Le principe de base d'un budget néo-conservateur est clairement que les décisions prises par les autorités fiscales en tant qu'agent collectif doivent obéir aux mêmes règles que les décisions prises par les agents individuels. Équilibrer le budget signifie cependant que les gouvernements doivent accepter l'austérité comme ligne de conduite, et par conséquent abandonner les politiques économiques visant à atteindre le plein emploi et la justice sociale.

C'est pourquoi, la conclusion servant souvent de recommandation de politique économique à la fois pour les pays développés et les pays en développement est alors que, puisqu'il y a de fortes raisons politiques et économiques justifiant à la fois les contraintes sur l'utilisation de la dette et de la création monétaire et les limites de l'utilisation d'une imposition accrue pour augmenter le revenu du gouvernement, la stratégie interventionniste de croissance économique est intenable et doit être abandonnée.

Cette conception est fondée selon eux sur une mauvaise compréhension et dangereuse des finances publiques et du rôle de la monnaie dans les économies modernes.

Considérés comme la source du revenu du gouvernement, les impôts sont donc nécessaires au financement de l'activité du secteur public. Selon ce point, un vaste secteur public nécessiterait des impôts plus élevés. Ces derniers seraient à leur tour censés diminuer le rendement net de l'investissement privé décourageant ainsi des projets d'investissement risqué. On dit également que les impôts élevés découragent les individus d'offrir le temps de travail adéquat. Pour toutes ces raisons, ils sont considérés comme nuisibles à la croissance économique. Les partisans de cette conception militent par conséquent en faveur d'un secteur public réduit, ce qui signifie une implication plus faible du gouvernement dans l'activité économique et un rôle plus important du secteur privé (c'est-à-dire la privatisation des entreprises publiques et des services publics tels la santé, l'éducation, etc.[72])

Cette conception d'après les auteurs circuitistes, pose plusieurs problèmes dont nous tentons de les élucider :

- Premièrement, les impôts ne sont absolument pas nécessaires pour financer les dépenses gouvernementales. Au niveau macro-économique, la fonction première des impôts n'est pas de financer les dépenses du gouvernement, mais plutôt de réguler l'économie en prévenant l'inflation (quand la dépense privée est trop élevée) et le chômage (quand elle est trop faible).

[72] Ce volet sur la privatisation comme un des aspects de la création monétaire sera abordé dans le chapitreS.

- Deuxièmement, puisque les impôts sont considérés comme la seule source légitime de revenu du gouvernement et puisqu'ils sont censés être maintenus le plus bas possible (Lindbeck et al., 1993), les décideurs politiques s'abstiennent d'engager des dépenses publiques de tous ordres comprenant les programmes sociaux et les projets d'infrastructure. Cette situation prévaut dans de nombreux pays en développement et provient souvent des directives des institutions internationales telles que : la Banque Mondiale et le Fonds Monétaire International. Du point de vue des gouvernements de ces pays, la justification est fort simple : ils peuvent se permettre de tels projets parce qu'il n'y a pas de monnaie (d'argent) pour les financer. Cette attitude entrave clairement la croissance économique et maintient des millions de personnes dans la pauvreté, non pas parce que les impôts sont bas, mais parce que les dépenses du gouvernement sont arbitrairement attachées aux impôts et par conséquent maintenues arbitrairement basses.
- Troisièmement, quand le maintien d'un certain minimum de services publics de base s'avère nécessaire, ou quand il devient nécessaire d'investir dans les infrastructures, les décideurs politiques recourent à une hausse des impôts, croyant qu'ils sont une source importante du revenu du gouvernement. Ce type de politique fiscale d'après les analystes circuitistes, entrave la croissance économique, non pas parce que les impôts découragent des projets risqués d'investissements privés, mais parce que des impôts élevés retirent une large proportion du revenu du secteur privé et réduit donc la dépense totale du même montant, à moins que le gouvernement ne réinjecte dans l'économie ce qu'il a collecté en impôts.

Lorsque les responsables gouvernementaux résistent à couper dans les dépenses publiques et à équilibrer leur budget à tout prix, les objections et les avertissements des économistes orthodoxes sont à la fois effrayants et trompeurs. Cette position a été défendue par Toye (2000, P. 33-34) ; il explique les gouvernements ont en premier lieu recours à l'emprunt et à la création monétaire parce que l'assiette de l'impôt est trop étroite pour générer des fonds suffisants. Posant l'hypothèse que l'intérêt sur la dette publique doit être payé à partir de l'imposition, il conclut qu'à moins d'élargir l'assiette, la dette croissante ne sera pas supportable et que la confiance des prêteurs sera ébranlée, limitant ainsi la capacité d'emprunt du gouvernement.

En ce qui concerne la deuxième option de financement (par création monétaire), Toye (2000) met ainsi en avant deux arguments :

- le premier est que *« la création monétaire « est inflationniste ».* L'incidence accrue de l'augmentation des impôts réduit la valeur réelle du seigneuriage du gouvernement et pousse les agents économiques privés du secteur formel vers le secteur informel. L'assiette de l'impôt s'érode donc, si bien que le gouvernement a finalement peu de chance d'accroître ses ressources en recourant à la création de monnaies.

- le second argument contre la « création monétaire » est que la libéralisation des marchés financiers et des changes réduit la demande de monnaie nationale puisque le secteur privé a maintenant la possibilité de l'échanger contre d'autres actifs, ce qui réduit la capacité du gouvernement de lever des fonds supplémentaires par le biais du seigneuriage.

B) La redistribution des impôts

Cette question du rôle redistributif des impôts a été abordée par Parguez (2000) et souligne qu'au *niveau macro-économique*_les dépenses de l'État peuvent redistribuer les revenus et la richesse en faveur de catégories sociales spécifiques, mais les impôts ne peuvent pas les redistribuer d'un groupe (disons les riches) à l'autre (les pauvres). Les impôts ne peuvent par exemple pas financer des programmes sociaux en faveur des pauvres, pour la simple raison qu'ils ne font pas partie du flux, mais sont au contraire un élément du reflux dans le système monétaire. Les impôts détruisent donc de la monnaie ; leur rôle n'est pas de financer les dépenses publiques. Les impôts ne peuvent aucunement être un instrument redistributif du revenu des groupes à hauts revenus vers les groupes à bas revenus. On peut en effet bien affirmer que pour un niveau donné de dépenses publiques, une hausse des impôts détruit la capacité de l'économie à produire la richesse future, non pas à cause des effets contre incitatifs sur l'effort, etc., mais de leur conséquence macro-économique de retirer de la monnaie à partir de laquelle la richesse sociale et privée est générée.

Ainsi la conception erronée du rôle des impôts a amené certains décideurs de la politique économique à s'opposer aux réductions d'impôts. Les critiques des réductions d'impôts ont raison seulement lorsque ces réductions sont couplées avec des politiques de budgets équilibrés ou excédentaires. C'est-à-dire que le problème n'est pas la réduction des impôts en soi, mais plutôt que la réduction des impôts devient une sorte de cheval de TROIE destiné finalement à réduire la part des dépenses publiques dans l'économie nationale, réduisant ainsi la contribution du secteur public à la création de la richesse.

Au sein de la structure macro-économique du circuit monétaire présentée par les auteurs, une hausse des impôts réduit l'endettement public tandis que des déficits plus importants l'augmentent, générant en même temps une grande richesse sociale partagée collectivement.

Cependant les auteurs pensent que, bien que les impôts ne peuvent pas transférer de la monnaie des plus aisés pour financer le revenu et les dépenses des pauvres ils ont *au niveau microéconomique*_des effets redistributifs importants entre les ménages. En diminuant le revenu disponible, une structure d'imposition progressive restreint la dépense de consommation des ménages et réduit leur capacité à accumuler la richesse privée. Les impôts ont à cet égard un effet redistributif évident en contribuant créer une société dans laquelle consommation privée et accumulation de la richesse privée sont réparties *plus équitablement.*_Une telle structure affirme les analyses, peut tout autant favoriser un modèle de consommation moins destructeur pour l'environnement.

Bougrine et Seccareccia (2003), concluent finalement que : « la théorie économique est rongée par une méconnaissance grave du rôle, de la nature et de la signification de la monnaie et des impôts. La croyance selon laquelle les impôts sont une source de revenus du gouvernement et qu'ils peuvent financer des programmes sociaux est une erreur qui domine la théorie économique des cercles académiques et des politiques depuis longtemps ».

On admet donc d'une manière générale que la dépense du gouvernement doit se limiter aux « ressources financières restreintes » obtenues par imposition. Cette analyse montre que contrairement à la croyance générale, les impôts font partie de la phase de reflux du circuit monétaire, et qu'en tant que tels ils détruisent, et non ne créent, de la monnaie. Pour eux les impôts ne peuvent donc pas logiquement payer les dépenses du secteur public. La compréhension du rôle des impôts dans cette structure circuitiste est essentielle parce qu'elle libère effectivement le gouvernement d'une contrainte budgétaire artificielle et imposée. Il peut ainsi intervenir activement pour combler les capacités sous-utilisées de la société dans son ensemble, c'est-à-dire lutter pour atteindre le plein emploi. Les objections aux réductions d'impôts ne peuvent être justifiées que si le gouvernement mène une politique d'équilibre budgétaire en réduisant ses dépenses pour équilibrer ses comptes, et qu'en même temps ces réductions ne font pas partie d'une structure d'imposition progressive.

Encadré 2

Représentation de la version canonique du circuit monétaire, empruntée à Graziani (1990)

Graphique 1 : Les flux monétaires entre les banques, les entreprises et les ménages

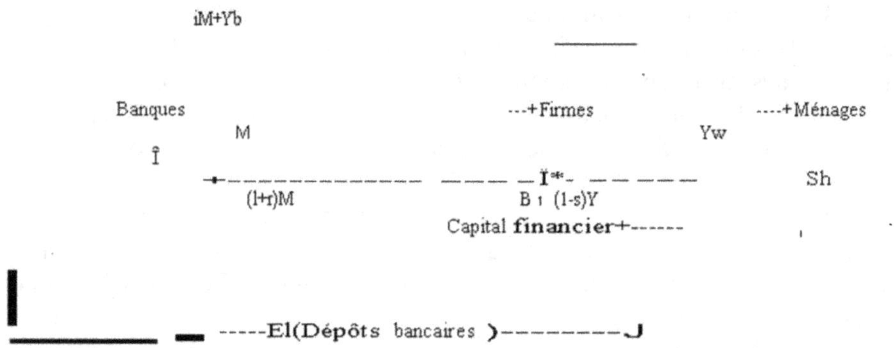

Graphique 2 :

Les flux de fonds : banque centrale, Trésor et secteur privé

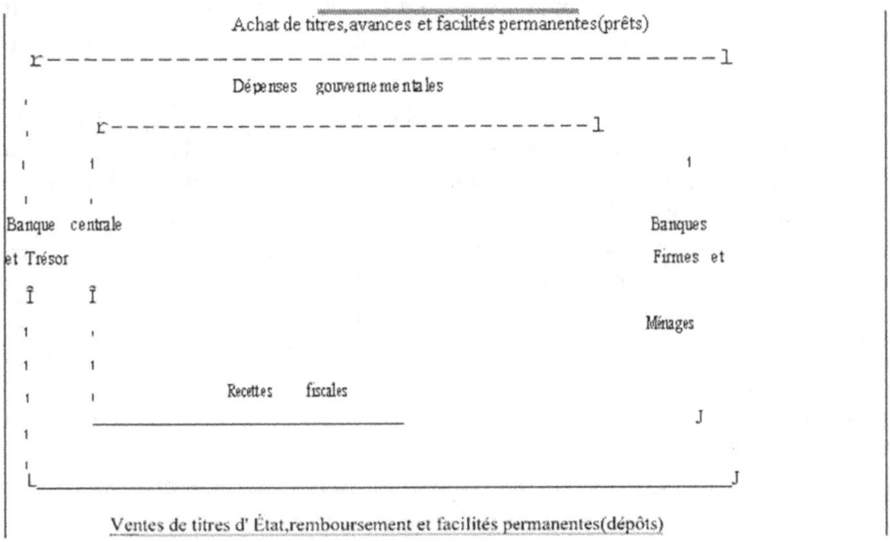

Commentaires des graphiques du circuit monétaire

Nous observons dans le graphique 1, les flux monétaires entre les banques, les entreprises et les ménages d'après l'approche circuitiste de la monnaie. M représente les avances initiales de monnaie de crédit équivalentes, dans ce cas, au revenu des ménages Y en début de période du circuit. Y est à son tour soit dépensé en biens de consommation C, soit épargné S h. Par le biais des marchés financiers, cette épargne autorise l'achat de nouveaux titres à long terme B émis par les entreprises afin de remplir leurs obligations financières auprès des banques en fin de période du circuit. Le reflux vers les banques, égal à la somme du principale des emprunts M et des intérêts r M, peut apparaître à première vue comme un pur système macro-économique de finance Ponzi puisque, à moins d'emprunter également les intérêts r M. Les banques avancent de ce fait non seulement M aux firmes, mais aussi une somme égale à (1+i) M+Y b, avec i l'intérêt sur les dépôts et Y b le flux des paiements hors intérêts aux ménages dont le revenu dépend du secteur bancaire (Y w représentant le revenu au secteur non financier).Bien que différents scénarios soient envisageables (Seccarecia, 1996), il est clair qu'en faisant momentanément abstraction de la préférence pour la liquidité des ménages, le circuit est bouclé lorsque le reflux [(l +r) M= (l +r) Y=C+B] est égal au flux [(1+i) M+Yb].

On peut facilement en déduire que toute variation de la marge de taux d'intérêt (r-i), représentant la marge de profit des banques, rend la fermeture du circuit plus ou moins délicate. En outre, la préférence pour la liquidité des ménages se constitue une fuite supplémentaire en dehors du système, créant par conséquent un obstacle keynésien supplémentaire à la fermeture du circuit monétaire.

Il y a un problème évident dans cette analyse : le rôle de **l'**État n'est pas explicitement pris en compte. Cependant, étant donnée l'importance du secteur d'État, cette structure circuitiste peut, et en fait doit être élargie au secteur public (Parguez, 2000).

Dans ce cas, les relations monétaires deviennent un peu plus complexes parce l'on doit tenir compte de l'existence de deux institutions supplémentaires : la banque centrale (qui peut être considérée comme le secteur bancaire de l'État à la fois dans son rôle de financement des dépenses gouvernementales et dans sa gestion des taux d'intérêt à court terme) et le Trésor (qui exécute les opérations fiscales de l'État, c'est-à-dire l'imposition et les dépenses du gouvernement).

Ces deux facettes de l'État sont d'une importance cruciale dans la mesure où :

- elles affectent le niveau global du revenu en raison de l'impact direct des activités de dépenses et d'imposition du Trésor sur la disponibilité du revenu du secteur privé,
- elles influencent les décisions de dépenses du secteur privé du fait du rôle moteur de la banque centrale dans la détermination des taux d'intérêt et de son contrôle au jour le jour.

Par contre dans le graphigue 2, on constate que ces deux activités de l'État affectent largement l'économie privée par leur effet sur les banques commerciales.

Les opérations fiscales de l'État modifient en effet directement le montant de monnaie centrale dans le système économique qui affecte à son tour les réserves des banques commerciales. Cependant, durant la phase du « flux », les dépenses monétaires de l'État doivent être financées par son département bancaire : la banque centrale. En effet, il en va de même pour l'État que les entreprises incapables de « financer » leurs dépenses initiales, doivent par conséquent recourir au crédit bancaire. Quand entreprises et État s'engagent dans des dépenses, il doit y avoir création monétaire dans ce cas.

L'État ne peut donc pas financer sa dépense par des revenus fiscaux et/ou par la vente de titres, puisque dans chaque cas on se trouve dans la phase du reflux du circuit monétaire.

Toute dépense gouvernementale doit être financée par la banque centrale, à moins qu'elle n'existe pas ou qu'on l'en empêche (comme dans l'UEM), auquel cas la dépense de l'État est financée par les avances des banques commerciales (Parguez et Seccarecia, 2000).

Nous verrons dans le chapitre 7, l'importance du seigneuriage bancaire dans la théorie économique. (C. GNOS).

Cette approche circuitiste n'est-elle pas envisageable pour la zone Franc avec son arrimage à la zone euro ? Les chapitres 8 et 9 apportent tout au moins des réponses prudentes (voir tome 2).

Conclusion du chapitre IV

Nous venons de montrer le rôle que joue la fiscalité dans le développement. Il est apparu que la plupart des systèmes fiscaux africains sont hérités du système fiscal français au rang desquels figurent en bonne place les pays africains de la zone Franc.

Il ressort que les systèmes fiscaux africains prévoient des droits de porte comme moyen de protection permettant des politiques sélectives ou la construction d'industries d'enfance.

C'est pour cela que la fiscalité constitue à côté de l'aide, la base économique de l'État, elle est un instrument essentiel de sa politique.

Dès lors des propositions s'imposent pour réorganiser la fiscalité dans la zone Franc africaine. Ainsi donc l'harmonisation et l'uniformisation du système fiscal comme politique d'intégration régionale et la mise en œuvre des Unions monétaires.

La recherche d'une approche réaliste dans la littérature économique et monétaire nous a conduits à présenter et analyser différentes conceptions de la monnaie qui permettent une compréhension du rôle des impôts et des politiques fiscales dans une économie nationale.

Nous avons de ce fait vu qu'historiquement, les économistes classiques et néoclassiques souscrivent généralement à la conception d'une monnaie marchandise, tandis que la plupart de leurs critiques se trouve dans le camp concurrent de la monnaie endogène comme l'analyse Seccareccia (1999). La théorie du circuit monétaire offre une analyse plus approfondie sur la question. L'approche chartaliste comme référence générique en est une illustration de cette conception concurrente de la monnaie. Cette approche est souvent critiquée par l'école schmittienne. Gnos en a formulé des critiques sur cette approche.

Pour ces derniers, la monnaie est au cœur de la macro-économie post-keynésienne et les différences fondamentales entre les traditions orthodoxe ethétérodoxe concernent précisément la manière dont la monnaie est intégrée à l'analyse macro-économique.

La monnaie est en premier lieu le résultat d'une relation d'endettement entre les entreprises productives et les banques ; elle est introduite dans le système « économique par la production et le paiement des salaires. Les entreprises empruntent aux banques les sommes nécessaires au paiement des salaires (dette à court terme) et aux achats de biens de capitaux (crédit à long terme), dont la dépense crée simultanément le revenu. Les entreprises utilisent leurs recettes pour rembourser les banques. Tout manque à gagner, lié par exemple à la préférence des ménages pour l'épargne, sera compensé par la vente de titres qui capteront une part de cette épargne. Toute monnaie refluant vers les entreprises, soit par le canal de la consommation, soit par celui de l'épargne, permet d'éteindre la dette initiale contractée auprès des banques. C'est l'essence de la théorie du circuit monétaire qui conforte le point de vue de Keynes (1973, P. 221) selon lequel « la consommation est tout aussi efficace que l'épargne pour liquider la finance à court terme. Il n'y a pas de différence entre les deux » (pour de plus amples développements, cf. Graziani, 1996).

Après avoir présenté les corpus théoriques institutionnalistes à travers la critique de la théorie orthodoxe des finances publiques en s'inspirant des analyses de Bougrine, Saccareccia de Gnos et Parguez, nous montrons que ces analyses peuvent être appliquées dans les PVD.

La recherche d'une approche plus intégrée par la fiscalité permettra en prenant des exemples sur la réforme fiscalo douanière au sein des pays de la CEMAC (cas du Cameroun), et la taxation des exportations agricoles en UEMOA (cas de la Côte-d'Ivoire), de comprendre les fonctionnements et dysfonctionnements de la zone Franc dans le cadre institutionnel actuel marqué par la régionalisation des économies et donc par le régionalisme institutionnel. Le chapitre V confirme bien nos analyses.

Références bibliographiques du chapitre IV

ASSIDON, E. et JACQUEMOT, P. (1998), *« Politiques de change et ajustement en Afrique »*, Études et Documents ministère de la Coopération.

ARAUJO BONJEAN, C. (1996), « Termes de l'échange : de la baisse tendancielle au chaos » ; Revue d'économie du développement, n-4.

ARAUJO BONJEAN, C. et CHAMBAS, G. (1995), « Taxe foncière, taxe à l'exportation : l'expérience vietnamienne est -elle transposable en Afrique ? », Tiers Monde, n-144 octobre-décembre.

BELL, S. (2001), « The rôle the state and the hierarchy of money », *cambridge journal of Économies,* 25 (2), p. 149-163.

BELLOFIORE, R. and REALFONZO, R. (1997), « Finance and the labor theory of value », *International Journal of Économie,* 27 (2),
P. 97-118.

BELLOFORE, R. and SECCARECCIA, M. (l999), « Monetary circuit », in P. A. O. 'HARA ed., *Encyclopedia of Political Economy,* vol. 2, London, Routledge, p. 753-756.

BOUGRINE, H. (2000), *« Fiscal policy and the current crisis : are budget deficits a cause, a consequence or a remedy ? »,* in BOUGRINE. H ed., *The Economies of Public Spending : Debts, Deficits and Economie Performance,* CHELTENHAM, EDWARD ELGAR, P6-29.

BOUGRINE, H. et SECCARECCIA, M. (2003), *« Le rôle des impôts dans l'économie nationale »,* in PIEGAY. P ET ROCHON. P, *« les théories monétaires post-keynesienne », Economica,* pl63-176.

BLISS. C, « The design of fiscal reforms for african economies », *Nujjield college, Oxford,* England.

CHAMBAS, G. (1994), *« Fiscalité et développement en Afrique subsaharienne »,* Economica, Ministère de la coopération.

CHARLES, E. et LURE, J. R. (1992), « Incomes tax reform in Colombia and Venezuela : a Comparative history », The Hoover institution, Stanford, *World Development* Vol 20, n-3.

COLIN, R. (1988), « La zone Franc, survivance du pacte colonial ou jalon vers l'Eurafrique ? », *OFCE interne.*

DEVARAJAN, S. et SUSSANGKARN, C. (1991), « Effective rates of protection When · domestic and foreign goods are imperfect substitutes : The case of Thaîland », *Thereview of economies and statistics.*

ESSOMBE EDIMO, J-R, NYA, BONABEBEY. (1995), « Quel avenir pour l'Afrique ? *Financement et Développement, SILEX /Nouvelles du SUD.*

FRANKEL, J. et RAZIN, A. (1989), *« Fiscal policies and the World economicy »,* The MIT Press.

GASTELLU, J-M., MOISSERON, J-Y., POURCET, G.(1999), *« Fiscalité, développement et mondialisation »,* Maisonneuve & Larose, DIAL-ORSTOM.

GUILLAUMONT, P. et GUILLAUMONT, S. (1990), « Why and how to stabilize producer priees for export caps in developing countries », *UNDP, World Bank Trade Expansion Program, occasional paper* n-6.

GRAZIANI, A. (1990), « The theory of the monetary circuit », *Économies et Sociétés,* 24 (6), p. 7-36.

GRAZIANI, A. (1997), « The Marxist theory of money », *International Journal of Political Economy,* 27 (2), p. 26-50.

INNES, A. M. (1913), What is money ? », *Banking Law Journal,* mai, p. 377-408.

HAMILTON, B. et NASHASHIBI, K. (1992), « Border tax adjustments and U. S trade », *Journal of international économies.*

LINDBECK, A. et al. (1993), « Options for economie and polical reform in Sweden », *Economie Policy,*17 p. 220-263.

LINDER, P. H. et WILLIAMSON, J. G. (2002), « Mondialisation et inégalité : une longue histoire : Globalization and inequality : A long history In « Mondialisation, inégalité et Développement : Nouvelles perspectives. *Revue d'économie du développement,* Vol 16 200211-2.

MENGER, K. (1892), « Ün the origin ofmoney », *Économie Journal,* 2 (6), p. 239-255.

MOISSERON, J-Y. (1999), Systèmes fiscaux africains dans les PVD, in *fiscalité, développement et mondialisation,* Maisonneuve & Larose, Paris.

MOSLER, W. (1997-1998), « Full employment and priee stability », *Journal of post keynesian Economies,* 20 (2), p. 167-182.

MOSLER, W. and FORSTATER, M. (1999), *« A general frame work for the analysis of currencies and commodities* », in P. DAVIDSON and J. KREGEL *eds., Full Employment and Priee Stability in a Global Economy,* CHELTENHAM, EDWARD ELGAR, P. 166-177.

PARGUEZ, A. (2000), « A monetary theory ofthe public finance », *Paper presented at the Fifth Post-Keynesian Workshop on Post Keynesian Économies forthe 2r Century*, Knoxville, Tennessee, juin.

PARGUEZ, A. and SECCARECCIA, M. (2000), *« The credit theory of money : the monetary circuit approach », in J.Smithin ed,. What is Money ?,* London, Routledge, p. 101-123.

REALFONZO, R. (1998), *Money and Banking,Theory and Debate (1900-1940)*, CHELTMHAM, EDWARD ELGAR.

ROCHON, L-P. et VERNENGO, M. (2003), La monnaie d'État et le monde réel : la malaise du chartalisme in PIEGAY, P., *Les théories monétaires post-keynésiennes,* Economica.

SECCARECCIA, M. (1996), *« Post Keynesian fundism and monetary circulation »,* in SECCARECCIA, M. (1999), « Money, credit, and finance : history », in P. A. O'HARA, ed. *Encyclopedi of Political Economy,*vol. 2London, ROUTLEDGE, P. 163-766.

SECCARECCIA, M. and SOOD, A. (2000), *« Government dedt monetarization and inflation : a some what jaundiced view »,* in H. BOUGRINE ed,*The Economies of Public Spending : Debts, Deficits and Economie Performance,*CHELTNHAM, EDWARD ELGAR,
P. 98-121.

TOYE, I.(2000), « Fiscal crisis and fiscal reform in developping countries », *Cambridge Journal of Economies,*24 (1), p. 21-44.

WRAY, L. R (1998), *Understanding Modern Money :The Key to Full Employement and Priee Stability,* CHELTENHAM, EDWARD ELGAR.

Chapitre V
La réforme fiscalo-douaniere au Cameroun et au sein de la CEMAC et de la Côte-d'Ivoire au sein de l'UEMOA : l'anthropologie pratique de l'intégration

Introduction du Chapitre V

Ce chapitre s'inspire des résultats d'une étude faite par le CERED/FORUM sur la fiscalité dans les Pays en développement dans le cadre de la mondialisation.

Dans le cas de la zone Franc, le modèle le plus connu est celui de la fiscalité ivoirienne dans la zone UEMOA.

Une étude similaire est à faire pour les pays de l'Afrique centrale en zone BEAC ou Zone CEMAC : la reforme fiscalo-douanière au Cameroun.

Dans ce chapitre, nous mettons en exergue, des argumentations pour confirmer d'une part les dysfonctionnements et évolutions économiques de la zone dans les années 80, à savoir le non respect de la parité des taux et le développement actuel de la zone BEAC (CEMAC) où les fondamentaux macro-économiques ne cessent d'évoluer depuis la dévaluation du FCFA d'autre part.

Cette étude suggère que la fiscalité est un outil efficace pour analyser et appréhender le fonctionnement effectif de la zone Franc. Les exemples du Cameroun et au sein de la CEMAC d'une part et de la Côte-d'Ivoire au sein de l'UEMOA nous servent à bien comprendre les effets des réformes fiscalo-douanières dans le développement. Pour cela les effets conjoints de dévaluation et des reformes fiscalo-douanières du FCFA seront exposés pour la recherche d'une approche monétaire régionale plus intégrée en zone Franc. La problématique de la fiscalité est alors abordée comme dans les chapitres précédents dans le cadre de la théorie des zones monétaires optimales qui constitue le noyau dur de notre travail.

L'étude s'inspire surtout des arguments développés par HUGON dans cette étude notamment dans le cas du Cameroun et au sein de la CEMAC et les arguments de CONTAMIN, dans le cas ivoirien.

Cet apport consiste à mobiliser un corpus théorique post-keynésien en Zone Franc tout simplement, en la recherche d'une approche économique et monétaire intégrée par la fiscalité d'une part et l'utilité de cette approche en zone Franc à l'heure de l'intégration européenne et du phénomène de la mondialisation d'autre part.

Comme l'affirme AHMAD, STERN (1991), BAIDETAL (1991), CHAMBAS (1995) ; THILL(1991) : « la fiscalité joue un rôle essentiel dans les pays en développement », et ceci à plusieurs niveaux :

- *Sur le plan social,* la fiscalité directe est utilisée comme moyen d'intégrer les agents dans le marché et de créer une citoyenneté dans le cadre de l'État-Nation. Elle est à l'origine des rapports de pouvoir entre l'État et les citoyens, mais également entre celui-là et les autorités non étatiques (pouvoirs traditionnels, maffias). Elle renvoie à une question de légitimité et se traduit souvent par des comportements de défection ou d'évasion fiscale de la part des agents « informels » ou des lobbies qui utilisent leur pouvoir pour échapper à l'impôt. L'État africain assoit peu sa légitimité sur une souveraineté nationale ;
- *Sur le plan politique,* la fiscalité est un révélateur de la crise des États, notamment en Afrique, où l'on observe un cercle vicieux d'une défiscalisation. L'État est souvent dans l'incapacité de recouvrer l'impôt nécessaire faute de moyens. D'après les auteurs il en résulte une insuffisance de recettes publiques qui rétroagissent elles-mêmes sur les capacités de l'État. C'est ainsi que le refus de payer l'impôt témoigne souvent d'une opposition à l'État jugé non légitime. Hugon suggère que, les réformes fiscales imputées par les bailleurs de fonds se heurtent quant à elles à de fortes résistances. Ces réformes remettent en questions, au nom d'une rationalité économique, les régulations socio-politiques et la souveraineté nationale notamment du parlement qui vote les lois budgétaires ;
- *Sur le plan économique la fiscalité constitue à côté de l'aide,* la base économique de l'État, elle est un instrument essentiel de sa politique. Les droits de porte sont utilisés comme un moyen de protection permettant des politiques sélectives ou la construction d'industries dans l'enfance. La structure des incitations fiscales est stratégique pour les entreprises. L'harmonisation des fiscalités est également un instrument de la politique régionale et de la mise en place d'unions douanières. La fiscalité joue un rôle essentiel dans la répartition et dans l'accumulation. Nous le verrons dans la section III, les arguments développés par la théorie économique.

Généralement, il faut noter que les pays en développement mettent en œuvre des réformes fiscales conduisant à réduire le poids des taxes assises sur les relations commerciales extérieures et à augmenter le poids de la TVA.

Ainsi précise CHAMBAS (1994), que la TVA devrait réduire les distorsions entre les biens importés et les biens domestiques, supprimer les effets de cascade pour les entreprises et les pénalisations des investissements.

HUGON. P, présente les principales réformes mises en œuvre dans le cadre des programmes d'ajustement structurel (PAS) et concernent les éliminations des restrictions quantitatives, les suppressions des exonérations, la réduction des dispersions entre les taux, les limites des taxes à l'exportation.

Un autre argument de la fiscalité, est la politique de change, dans ce sens TANZI (1989) dit que la « politique de change est un des instruments complémentaires stratégiques pour accroître les recettes fiscales et accompagner les réformes ».

L'analyse de Hugon, privilégie l'impact des politiques économiques sur la fiscalité, en prenant le cas des effets de la dévaluation du FCFA de 12 janvier 1994 et la réforme fiscalo-douanière sur les recettes fiscales du Cameroun et de la Zone CEMAC. Le choix du Cameroun comme pays d'analyse est justifié dans la mesure où ce pays de la CEMAC a connu une forte régression fiscale en passant d'une fiscalité assise sur les recettes pétrolières à la fiscalité indirecte. Les contributions de l'auteur consistent à différencier la régression fiscale après la « dutch disease » et les effets de la dévaluation et la réforme fiscalo-douanière sur l'économie camerounaise et sur la CEMAC.

B. CONTAMIN, s'intéresse plutôt à la politique de libéralisation douanière de la Côte-d'Ivoire. Se traduisant depuis 1985, après la mise en place du PAS par d'importants effets sur les finances publiques. L'auteur pense dans ce cas qu'il est possible de tirer de cette expérience des enseignements en matière de faisabilité des réformes en montrant que la diversité des chemins de l'évasion fiscale conduit à relativiser la pertinence d'un abaissement des droits de porte.

D'autres études ont été menées par D. COGNEAU analysant les conséquences des réformes fiscalo-douanières sur la répartition des revenus où l'ouverture à l'économie mondiale ne se traduit pas seulement par des effets macro-économiques. Mais ces analyses qu'abordent les auteurs nous invitent à la prudence, en nous montrant les effets positifs et négatifs des réformes fiscales dans les pays où le marché n'épuise pas tous les comportements économiques. Par exemple ils précisent « que la libéralisation des échanges, l'abaissement des droits de porte ne s'opèrent pas automatiquement au bénéfice des pays en Développement, en particulier en Afrique. Une piste est alors offerte : le domaine de la technique fiscale demande à être dépassé et les projets de réorganisation gagnent à s'insérer dans une approche qui privilégie une compréhension globale des sociétés du tiers monde ». Notre analyse se limitera tout juste sur les effets de la réforme fiscalo-douanière et l'ajustement de change sur l'intégration régionale, avant de passer en revue les arguments développés par les auteurs.

Des modèles théoriques qui justifient la problématique de transition fiscalo-douanière qui est abordée dans notre étude sont mis en exergue. Une approche empirique est aussi abordée. Les modèles d'équilibre général calculable sont à première vue l'un des instruments susceptibles d'expliquer les simulations fiscales dans le tiers monde. D'autres modèles seront aussi abordés. (des micro-simulations par exemple).

I. La réforme fiscalo-douanière dans le contexte de l'Ajustement de change au Cameroun et au sein de la CEMAC

Notons que ce pays, après avoir connu l'euphorie pétrolière, sans mettre en place les conditions d'une croissance économique durable (effets « dutch disease ») et après avoir appliqué une fiscalité dissuasive vis-à-vis du secteur pétrolier, a vu, depuis le milieu des années quatre-vingt, ses termes de l'échange se détériorer, les déficits financiers s'accumulant et en même temps l'économie subit une régression.

En effet, le Cameroun est le pays d'Afrique qui a connu, à partir de 1985, la régression la plus forte, s'expliquant par :

- Une régression économique, un assèchement fiscal et un ajustement réel après la « dutch disease » ;
- Un système fiscal désincitatif vis-à-vis des entreprises et peu efficace pour l'État ;

La dévaluation du FCFA de 50 % a eu des effets sur les réformes fiscalo-douanières au Cameroun se traduisant par deux réformes. Elle a été précédée d'une réforme fiscale concernant à la fois l'administration et les systèmes de taxes. Ces deux réformes ont eu des effets complexes et difficiles à évaluer plus de deux ans après. Nous allons à titre différencier les effets macro-économiques des réformes fiscalo-douanières qui ont changé la structure des incitations.

Nous allons aussi aborder dans cette sous-section, les effets de la réforme fiscalo-douanière et de l'ajustement de change sur l'intégration régionale et au sein des pays de la CEMAC.

Nous inspirons dans étude d'une contribution, présentée à la journée des économistes de L'ORSTOM, qui utilise les résultats d'une mission d'évaluation dirigée par HUGON. P en novembre 1995 pour le compte du ministère français de la Coopération (voir Rapport CERED/DIAL, 1995).

I.1 - Les arguments de la régression fiscale au Cameroun après la « dutch disease » au contre-choc pétrolier (régression, assèchement fiscal et ajustement)

Un des faits les plus marquants de l'histoire est que le Cameroun avait connu, à partir de l'indépendance, une croissance notable (+4 % par an en moyenne de 1960 à 1975) dans un contexte de relatifs équilibres financiers (Hugon, 1968 ; Coussy, 1988 ; CERED/DIAL, 1995).

L'économie avait été dynamisée en 1977 et 1995 par la mise en valeur des ressources pétrolières. Le taux de croissance du PIB réel était de 13 % entre 1977 et 1981 et de 8 % entre 1982 et 1986. Cette évolution de l'économie camerounaise contrastait avec le ralentissement de la croissance au sein de la Zone FRANC.

Au début des années quatre-vingt, le café et le cacao ne représentaient plus que 20 % des exportations totales. La manne pétrolière avait conduit à la création de la société nationale des hydrocarbures (SNH) sous tutelle de la présidence et au compte hors budget. Dans un contexte expansionniste interne et de crédibilité extérieure, l'État avait géré les tensions régionales en développant les entreprises publiques et parapubliques et crée des effets cliquet.

Les recettes fiscales pétrolières étaient passées de 20 milliards FCFA en 1979/80 à 330 milliards FCFA en 1984/85.

Les effets « dutch disease », au départ neutralisés, se manifestaient par un développement très rapide des non échangeables et par une baisse de la compétitivité (Benjamin, Devarajan, 1986 ; Géronimi, 1996).

À partir de 1985, l'économie du pays est rentrée dans une spirale récessive. Dès l'année 1985/86, la chute des recettes pétrolières avait généré des déficits couverts par un recours au financement extérieur et intérieur (Paye in CERED/DIAL, 1995). Dans un contexte d'inversion de la conjoncture extérieure, le maintien des logiques redistributives de la rente pétrolière a été assuré, dans un premier temps, par des déséquilibres financiers qui ont entraîné un endettement croissant et une accumulation des arriérés intérieurs et extérieurs.

Ce qui a conduit le Cameroun de pratiquer une politique de fuite en avant, tout en modifiant les bénéficiaires des redistributions étatiques.

Les règles monétaires et budgétaires de la Zone FRANC ont été contournées par un recours aux financements extérieurs, par un fort accroissement de la masse monétaire et par des déficits des entreprises publiques. Une grande partie des recettes pétrolières n'a pas été versée au compte d'opération.

La Banque Centrale n'a pu neutraliser l'impact monétaire des variations des termes de l'échange (Henry et al,. 1991).

Puis la montée des déséquilibres financiers internes a rendu nécessaire un ajustement réel et a remis en question les avantages de la période précédente[73].

Ce mouvement d'incivisme fiscal a freiné l'économie camerounaise, aggravé la crise fiscale de l'État et a traduit une délégitimité de l'État (Courade et Al., 1994).

Cela s'explique par le fait que la parafiscalité assise sur les filières d'exportation avait fortement chuté, comme le montrent les estimations de L'OCISSA : entre 1979 et 1988, l'État avait prélevé 371 milliards FCFA Or, les prix mondiaux avaient fortement chuté avec forte chute des prix producteurs.

La libéralisation des filières a été mise en œuvre en 1991 avec suppression du monopole de L'ONCPB sur les droits aux exportations. En 1994, il y a eu

[73]Notons à ce sujet que les Réseaux des ethnies Bamiléké et Foulbé-Haoussa ménacés, ont réagi. La vague des protestations a conduit à l'opération des « villes mortes » de 1991 (désobéîssance civique, manifestations de rues, refus de payer l'impôt, grèves).

suppression de la stabilisation des prix aux producteurs et des prélèvements étatiques sur les filières (ALARY).

La parafiscalité assise sur les exportations représentait de moins de 1 % du PIB.

Entre 1986/87 et 1993/94, les recettes pétrolières officielles étaient passées de 6,6 % à 2,2 % du PIB (Paye, 1995).

La prise en compte des facteurs macro-économiques, micro-économiques, sectoriels et sociopolitiques est nécessaire dans l'analyse de la régression fiscale au Cameroun.

L'Étude dirigée par Hugon, démontre que la baisse des recettes fiscales résultait de la conjonction de facteurs macro-économiques (régression économique, réduction de la taxe taxable), micro-économiques (montée de la fraude notamment sur les produits pétroliers nigérians, pratiques de l'évasion fiscale), sectoriels (baisse des recettes pétrolières) et socio-politiques (inefficience de l'administration fiscale notamment de douanes et incivisme fiscal d'opposition au pouvoir).

« L'informalisation » généralisée de l'économie concernait aussi bien les petites activités urbaines régulatrices de la crise que les pratiques d'évasion fiscale, de contrebande se déroulant hors des règles de l'État (DIAL, 1991).

À la veille de la dévaluation, on constatait la situation financière suivante (HUGON, 1996) : « Une forte déflation ; un déficit du solde budgétaire global atteignant 8 % du PIB en 1993 ; un déficit moyen de la balance des paiements de 220 milliards de FCFA ; des arriérés de paiements liés à l'endettement extérieur s'élevaient à 15 % du PNB ; une dette intérieure estimée à près de 1000 milliards de FCFA dont 400 milliards de FCFA contractée auprès du système bancaire ; un encours de la dette extérieure supérieur au PIB. La dette avait augmenté fortement du fait des rééchelonnements et de l'accumulation des arriérés. Entre 1986 et 1993, le taux de change effectif réel s'était apprécié de 55 % alors que les termes de l'échange avaient chuté de 60 % (calculs Banque Mondiale) ».

L'économie était en régression. L'industrialisation était en forte récession. Les productions de cultures de rente étaient peu dynamiques. On observait une réduction continue de la production pétrolière. Le syndrome pétrolier était d'autant plus important qu'il avait été dans un premier temps occulté.

Il avait créé des effets de cliquet dans les dépenses publiques, qui devaient être gérés dans un contexte durable de tarissement des recettes pétrolières.

Le Cameroun devait ainsi gérer un lourd passif au niveau des dépenses engagées, des arriérés accumulés et de la dette à honorer alors que le recouvrement fiscal était limité, que l'incivisme fiscal était de règle et que l'assiette fiscale était réduite.

Il ressort de ces études que le taux de pression fiscale indicateur important de développement, était de 12,3 % comparé à la médiane de 18,5 % pour les autres pays africains, notamment du fait de l'effondrement des recettes pétrolières. Le calcul de la pression fiscale pose toujours problème compte tenu des modes de calcul du PIB pétrolier et non pétrolier.

Le rapport CERED/DIAL (1995) a recalculé le PIB camerounais de 1992/93 et l'a réduit à 600 milliards de FCFA.

Dès lors, la pression fiscale sur le PIB passait en 1992/93 de 14,6 % à 18,5 % et les recettes non pétrolières sur le PIB non pétrolier passaient de 11,6 % à 15,2 % (voir tableau ci-après).

Tableau 1 :

CAMEROUN 1992/93		Ancienne base	Nouvelle base
Taux apparents d'imposition fiscalité:			
-directe/PIB non pétrolier		1,7%	5,2%
-indirecte(y c taxe surproduits pétroliers)/PIB non pétrolier		5,2%	6,9%
-droits et taxes sur importations		14,9%	14,9%
-exportations hors pétrole		1,6%	1,6%
Pression fiscale globale:			
-Recettes totales non pétrolière/PŒ non pétrolier.		11,6%	15,2%
-Recettes totales/PIB		14,6%	18,9%
PIB(Milliards FCFA)	2941(base FMI)	2411	2281
TI!Lhors Qétrole	2762(base FMI)	2334	209

Évolution de la pression fiscale et des taux apparents d'imposition selon l'ancienne et la nouvelle base

Source : CERED/DIAL, 1995.

Le contexte économique et fiscal du Cameroun s'explique également comme nous l'avons énoncé, par un système fiscal désincitatif vis-à-vis des entreprises et peu efficace pour l'État.

I.2 - Le système fiscal camerounais

Selon les mêmes études conduites par Hugon, il s'avère que la fiscalité pétrolière qui était devenue très lourde avait freiné la prospection des opérateurs. De plus, la constitution d'un compte hors budget géré discrétionnairement par la Présidence finançait une partie des dépenses publiques. Ce compte avait été initialement prévu pour neutraliser les effets « Dutch Disease » et était devenu progressivement un lieu de pratiques arbitraires.

Ce qui explique que le système fiscal était désincitatif vis-à-vis du secteur productif notamment des PME. Plusieurs arguments vont dans ce sens :

- Il conduisait à une forte évasion fiscale pour les petites et grandes entreprises alors que l'assiette fiscale reposait sur les entreprises moyennes.
- Ce système fiscal fonctionnait au cas par cas avec tous les connivences et lobbies qui en résultait.
- Il se caractérisait par une prépondérance (outre la fiscalité pétrolière) des droits de porte sur les taxes directes et indirectes assises sur la production domestique (World Bank, 1996).

La fiscalité pesait peu sur un informel croissant rapidement. L'étude du DIAL montre que le poids du secteur informel pouvait être estimé à 20 % du PIB et l'État prélevait 6 % de la valeur ajoutée de l'informel. Elle considère aussi que la baisse des salaires des fonctionnaires avait conduit à une parafiscalité informelle croissante.

Ainsi donc, conçus initialement dans une logique de substitution d'importation, les tarifs conduisaient à des protections effectives très différenciées, c'est-à-dire que les secteurs d'aval étaient avantagés par la détaxe des biens intermédiaires et des biens d'équipement.

C'est pourquoi la mise en place de la fiscalité commune au sein de l'UDEAC (CEMAC aujourd'hui) avait conduit à une multiplicité de droits limitant les échanges régionaux.

Nous avons également énoncé que le Cameroun a été fiscalement affecté par les effets conjoints de la dévaluation de janvier 1994 de la monnaie FCFA pour appliquer les réformes fiscalo-douanières.

Nous abordons ces deux réformes qui ont eu des effets complexes et difficiles à évaluer après cette dévaluation.

Il ressort du rapport CERED/DIAL que l'économie camerounaise demeure obérée par le poids de la dette et la nécessité de rembourser celle-ci pour accéder aux financements extérieurs alors que les ressources budgétaires demeuraient limiter. Les relations entre les sphères économiques et la richesse et celles du pouvoir politique ne peuvent être réduites au dualisme marché/État, privé/public. Il importe de prendre en compte les chevauchements des positions privées et publiques qui jouent à partir de réseaux constitués sur les divers registres formels et informels.

Ainsi, les possibilités de reprise des investissements privés des ménages et des entreprises sont faibles à moyen terme. Il y a un délai entre l'assainissement financier, la crédibilité dans les réformes durables et la reprise de l'investissement privé à risque.

D'après l'étude, les deux principales variables qui doivent croître sont les exportations et l'investissement public. En faisant recours à la théorie économique keynésienne, l'étude conclut qu'une relance keynésienne est toujours délicate compte tenu de la composante en produits importés de l'investissement public, des risques inflationnistes et de la faible capacité d'absorption de l'économie.

Dans ce sens, la politique budgétaire restrictive du Cameroun et l'attentisme des financements extérieurs limitent une relance par l'investissement privé.

Comme nous le verrons, la simulation réalisée dans le cadre des modèles d'équilibres général et calculable et Tableaux établis par DIAL et le CFD (CERED/DIAL, 1995) montre qu'un accroissement de 10 % de la TCA (soit 22 milliards de FCFA ou un point de pression fiscale) conduit à trois points de croissance en trois ans si elle finance les investissements publics. Le rapport conclut qu'une hausse de deux points de pression fiscale au Cameroun permet d'atteindre les objectifs de croissance du FMI (+6 % en trois ans)

avec l'exemple du Cameroun, la réforme de la fiscalité est bien centrale et mérite des propositions alternatives comme nous allons le voir à la fin du chapitre.[74]

I.3 - Les effets de la dévaluation sur les réformes fiscalo-douanières de la CEMAC

La dévaluation du FCFA de 50 % en janvier 1994 avait été précédée d'une réforme fiscale concernant à la fois l'administration et les systèmes de taxes. Il s'agit là de deux réformes qui ont eu des répercussions deux années plus tard. Ces effets étaient donc complexes et difficiles à évaluer ce qui nous permet de faire une distinction entre les effets macro-économiques des réformes fiscalo-douanières qui ont transformé la structure des incitations.

La même étude du DIAL présente les volets suivants au sein de La CEMAC :

- Volet l : La réforme fiscale et les facteurs de l'atonie fiscale ;
- Volet 2 : Les effets sur les prix relatifs ; (voir encadré 2,3, 4)
- Volet 3 : Les effets sur la balance commerciale et sur les recettes assises sur le commerce extérieur ; (voir encadré)
- Volet 4 : Les effets de la réforme fiscalo-douanière et de l'ajustement de change sur l'intégration régionale.

---

[74]Dans ce volet le rapport CERED/DIAL qui est le mythe fondateur de notre réflexion a fait plusieurs propositions qui concernent la réforme de la fiscalité.

Notre objectif n'est pas de reprendre cette étude dans sa totalité, mais nous essayons plutôt de présenter les arguments pouvant nous aider à réfléchir dans le cas de la CEMAC sur la possibilité et la souhaitabilité d'une approche équitable de la fiscalité dans cette communauté sous-régionale.

Nous insisterons par contre sur les effets de la réforme fiscalo-douanière et de la dévaluation sur les recettes fiscales des pays de la CEMAC et aborderons les avantages et inconvénients de l'appartenance à une union monétaire et l'harmonisation des politiques fiscales et budgétaires.

1/ La réforme fiscale et les facteurs de l'atonie fiscale

« La réforme fiscale diminue le poids des droits de porte au profit des taxes assises sur la production (TCA puis TVA). Elle élargit l'assiette fiscale en limitant fortement les exemptions. Elle simplifie le système fiscal et referme fortement l'éventail des taux. Elle vise à accroître temporairement les prélèvements à l'exportation. »[75]

En reprenant, l'exemple de la CEMAC, l'étude nous démontre qu'au sein de la CEMAC, la reforme fiscalo-douanière a reposé sur quatre principales réformes à savoir :

- Mise en place d'un Tee éliminant la taxe unique (TU), le TIP et la convention d'établissement ;
- les tarifs ont été fixés à un niveau inférieur aux taux dans la fourchette de 0 à 30 % au lieu de 0 à 500 % précédemment ;
- le tarif préférentiel généralisé pour le commerce intra-UDEAC a été fixé à 20 % du TEC ; il doit aboutir à une suppression des droits intra-UDEAC en 1988 ; une surtaxe temporaire de 30 % pour les secteurs bénéficiant auparavant de barrières non tarifaires a été instaurée.
- La réforme de la fiscalité de porte vise à une libéralisation du commerce international et régional intra-UDEAC.
- Ainsi donc plusieurs facteurs ont contribué pour expliquer cette faiblesse des recettes fiscales après la dévaluation :
- Le premier facteur explicatif de cette situation, est le changement de la structure des importations (la hausse des importations de biens intermédiaires et des biens d'équipement moins taxés),
- La baisse en volume des importations (moins de 20 %),
- La mise en place de la réforme fiscalo-douanière et l'évasion fiscale (estimée par certains à 40 % de la valeur).

En revenant au cas Camerounais dont le système fiscal souffre en outre d'une assiette fiscale très réduite et d'un dysfonctionnement de l'administration fiscalo-douanière qui s'ajoutent aux effets de la récession économique.

---

[75]CF HUGON. P, CERED/DIAL, 1999.

D'autres facteurs explicatifs des recettes fiscales sont l'environnement international et régional, les effets de mesures d'accompagnement, les délais de réaction des opérateurs, et leurs réponses aux signaux des mesures macro-économiques et des nouvelles incitations. La régression du secteur pétrolier continue de peser, indépendamment de la dévaluation et des réformes fiscales, à la baisse sur les recettes.

Le contexte régional (évolution du Nigéria) et international dans lequel s'est déroulée la dévaluation a été plutôt favorable.

Les cours des produits primaires ont été élevés, exception faite des prix pétroliers ; on a observé une détente des taux d'intérêt

Par contre, on a constaté depuis une dépréciation du dollar et surtout du naira sur les marchés parallèles.

La dévaluation a été accompagnée de mesures d'annulation de la dette puis d'accès à ces financements concessionnels, de mise en œuvre des réformes fiscalo-douanières au sein de l'UDEAC devenue CEMAC (Hibou, 1994).

Ainsi donc, les effets macro-économiques conjoints de la dévaluation et de la réforme fiscale peuvent être décomposés. Ces réformes modifient la structure des prix relatifs. Elles ont des effets sur l'évolution des exportations et des importations et donc sur les recettes assises sur les droits de porte. Elles ont un impact sur le revenu des agents et les impôts directs. Elles ont des effets sur la valeur ajoutée et ont aussi un impact sur les recettes indirectes assises sur celle-ci.

D'après la littérature économique, la dévaluation a des effets sur les prix relatifs, sur la balance commerciale et sur les recettes assises sur le commerce extérieur. Mais elle a aussi les effets sur l'intégration économique régionale.

Dans le chapitre 2 et 4, nous avons abordé ces questions, mais tout au moins nous pouvons faire un rappel pour éclairer nos analyses sur la fiscalité, notamment en zone CEMAC.

Nous présenterons en encadrés (2, 3, 4) les effets de la dévaluation sur l'économie du Cameroun.

Notons déjà que le bilan en matière de taux de change a été conforme aux attentes (dépréciation de 33 % vis-à-vis du F. F). Par contre, la dépréciation mesurée par l'évolution du prix relatif des biens échangeables par rapport aux biens non échangeables est de l'ordre de 27 %. Plusieurs critères peuvent être différenciés pour évaluer les changements de prix relatifs.

L'effectivité de la dévaluation peut être appréhendée en comparant les taux d'inflation interne et les taux d'inflation de l'extérieur, et en distinguant l'effectivité à l'importation et à l'exportation (Guillaumont, 1996).

Les études montrent que la dépréciation du TER (voir encadré 2), mesurée par l'évolution du prix relatif des biens échangeables (exportables ou importables) par rapport aux biens non échangeables assimilés aux services, avait été de l'ordre de 26 % en 1994.

Sur le plan commercial, dans un contexte de prix mondiaux favorables, exception faite du pétrole, le Cameroun a connu une forte expansion des exportations sans toutefois accroître fortement ses recettes assises sur les exportations ; à la différence d'un pays comme la Côte-d'Ivoire (CERDI, 1996).

Il y a globalement en 1994 un effet négatif de la dévaluation sur les recettes fiscales (les effets malus ont été supérieurs aux effets bonus) (Jacquemot, Raffinot, 1993).

L'amélioration de la balance commerciale résulte largement d'un décalage intertemporel conduisant à une courbe en J inversée (l'effet mécanique de la dévaluation auxquels se sont ajoutés les cours mondiaux et un accroissement des valeurs hors pétrole a accru la valeur des exportations alors que les importations chutaient surtout le premier semestre de la dévaluation. Les effets se sont inversés la seconde année avec un faible effet des cours mondiaux et des valeurs et une forte reprise des importations (voire encadré à la fin du chapitre).

2/ Les effets de la réforme fiscalo-douanière et de l'ajustement de change sur l'intégration régionale

Dans ce paragraphe, nous allons aborder deux aspects de problèmes à savoir :

- Premièrement, nous allons montrer les effets de la réforme fiscalo-douanière et de la dévaluation sur les recettes des pays de la CEMAC ;
- Deuxièmement nous montrons le rôle joué par La BEAC dans la politique d'appartenance à une union monétaire et à la politique d'harmonisation des politiques fiscales et budgétaires.

Notons pour se faire que la dévaluation du FCFA a été mise en œuvre dans le cadre d'Unions monétaires (UMAC) et de pays de la zone Franc.

Par contre la réforme fiscalo-douanière concerne la transformation de l'Union douanière UDEAC en Union douanière et économique CEMAC.

Le traité de la CEMAC du 15 mai 1994 prévoit deux organisations, l'UDEAC et l'UMAC. Il préconise la convergence des politiques économiques ne prévoit pas de surveillance multilatérale. Le constant est que, les pays membres de L'UDEAC sont beaucoup plus contrastés que ceux de l'UEMOA (grande diversité des milieux, des populations, sous-peuplement, grandes difficultés de communications.).

Comme l'affirme Guillaumont (1993), « plusieurs réformes en cours visent à améliorer l'environnement institutionnel, à réduire les marges d'action discrétionnaires des gouvernants, à accroître le pouvoir des Banques centrales et à autonomiser le pouvoir monétaire et judiciaire vis--à-vis du pouvoir politique ».

D'autres auteurs avancent des arguments supplémentaires convaincants : a priori cet environnement institutionnel est une garantie pour mettre en œuvre de meilleures politiques fiscales.

Hugon. Ph, ajoute que cet environnement institutionnel, peut conduire, selon la distinction de de Melo et al (1992), à un effet de dilution des préférences (en isolant les instances de contrôle et le pouvoir judiciaire des lobbies nationaux) et à un effet de création institutionnelle. Mais il y a dans la décision asymétrique de préférences et subordination des préférences des états à une décision supranationale.

Abordons donc les différentes réformes et leurs effets conjoints au sein de la CEMAC.

2/. 1 Les effets de la réforme fiscalo-douanière et de la dévaluation sur les recettes fiscales des pays de la CEMAC

Comme nous venons de l'énoncer, les quatre principaux types de réformes mises en œuvre au sein de la CEMAC après la tentative avortée d'un ajustement structurel régional (Cousy, Hugon, 1992) conduisent à une libéralisation des économies. Elles harmonisent les droits de porte et créent un tarif extérieur commun.

Selon l'analyse standard dans la littérature économique de l'Union douanière, l'élimination et l'instauration d'un TEC peuvent conduire à une création de trafic dès lors que la protection avant unions douanières était élevée et que le TEC est limité, ce qui permet l'ajustement de change.

Dans ce sens, la dévaluation est ainsi un facteur favorable au rapprochement des fiscalités de porte ; elle assure une protection effective accrue du secteur productif et réduit le rôle de la protection tarifaire ; elle donne l'opportunité pour réduire les exonérations et les niveaux de taxation anormalement élevés.

Dans l'UDEAC, devenue CEMAC, on constate toutefois de faibles échanges commerciaux. La libre circulation des facteurs de production ne semble pas modifier significativement par le changement de parité. Les relations se heurtent à de nombreux obstacles non monétaires telles la faiblesse des transports, le faible potentiel économique et l'attractivité commerciale limitée (cf les textes des modalités de garanties de FOROUTAN, 1996). Le commerce potentiel se rapproche des flux observés (malgré le calcul de MANSOUR en 1989).

Nous pouvons illustrer ces arguments par le diagramme présenté dans l'étude du CERED/DIAL, 1995. En effet ce diagramme illustre les effets combinés de la dévaluation et des réformes fiscales sur les différents pays.

Voici le raisonnement.

Soit deux pays a et b en équilibre partiel et en statique comparative :

Les prix domestiques avec protection sont respectivement de Pi a et Pi b.

La dévaluation uniforme conduit à accroître les prix mondiaux exprimés en FCFA du même montant + t.

La suppression des tarifs intra-unions conduit à un prix unique au sein de l'Union (en supposant nuls les coûts de transport et de transactions).

La mise en place d'un tarif extérieur commun (TEC) conduit à baisser la protection vis-à-vis du reste du monde.

Les effets de la dévaluation et de la réforme fiscale sur les pays membres de la CEMAC peuvent être schématiquement se présenter comme suit :

Après avoir présenté les effets de la dévaluation sur la réforme fiscalo-douanière de la CEMAC, montrons en quoi l'appartenance à une union monétaire et l'harmonisation des politiques fiscales et budgétaires sont elles nécessaires.

2/. 2 Le rôle de la BEAC dans la politique d'appartenance à une union monétaire et d'harmonisation des politiques fiscales et budgétaires.

Notons que la plupart des études et analysent confirment que la BEAC a joué un faible rôle fédérateur. La coopération par des institutions monétaires communes est limitée au sein de la BEAC (Comité monétaire mixte).

Le plafond de réescompte reste l'instrument privilégié de la politique quantitative. Dans le chapitre 3, nous avons largement abordé la politique monétaire de la BEAC. Dans ce paragraphe nous nous limitons sur les aspects liés à la fiscalité.

Il y a attribution par pays sur la base de la position extérieure nette compatible avec les prévisions d'activités des entreprises. Les concours aux Trésors publics concernent les avances et des découverts du compte courant.

La zone Franc et l'UMAC s'éloignent d'une Zone monétaire optimale (ZMO) définie comme « un groupe de pays aux échanges de marchandises fortement intégrées, autorisant la libre circulation des facteurs et ayant des monnaies effectivement convertibles, une zone où l'instauration d'une politique monétaire et de taux de change pratiquement fixes apporte aux nations concernées des avantages potentiellement élevés » (MC KINNON).

Les économies subissent de ce fait des chocs asymétriques et asynchrones.

La politique monétaire commune ne s'accompagne pas d'une coordination des politiques fiscales et budgétaires, essentielles selon le modèle Mundell-Fleming.

Par contre, le Trésor français joue le rôle de tiers garant et de tiers payeur. Les financements monétaires des déficits publics sont limités.

Les États ont un faible droit de seigneuriage. En effet la problématique du seigneuriage est largement abordée dans le chapitre 8 où nous abordons dans une section les aspects de la création monétaire intrazone (zone Franc et zone euro).

On peut aussi dire que la dévaluation et la réforme fiscalo-douanière ont toutefois tendu à rapprocher dans une certaine mesure l'UMAC d'une Zone monétaire optimale (ZMO), dans la mesure où :

- Il y a convergence des déficits budgétaires et harmonisation fiscale. On notait pour cela, avant la dévaluation, malgré un même taux de change de fortes dispersions des TCER et une tendance plutôt à la hausse de cette dispersion. Cette évolution résultait d'une forte dispersion des indices de prix à la consommation comme nous le montre dans les encadrés en fin de chapitre. Il y a eu convergence des TCER.
- La dévaluation crée certaines opportunités de convergences entre les économies. Les conflits concernant la protection tarifaire ont été réduits : les mesures d'accompagnement de la dévaluation ont conduit de facto à une certaine harmonisation.

On peut alors conclure que, les pays de la CEMAC ont subi plutôt des chocs régressifs (cours des hydrocarbures), mais selon les degrés différents.

Le Cameroun n'a pas joué, au sein de la CEMAC, le rôle de pôle fédérateur que joue la Côte-d'Ivoire au sein de l'UEMOA.

Il faut ajouter qu'aujourd'hui la BEAC, s'efforce de contribuer au développement économique et fiscal au sein de la Zone CEMAC, et les résultats des fondamentaux macro-économiques de ces trois dernières années le confirme (voir annexes chapitre 2). Il faut à cet effet souhaiter que l'harmonisation des systèmes fiscaux donnera des signes très forts pour la recherche d'une zone monétaire plus intégrée par la fiscalité : à ce titre la théorie économique doit apporter les arguments utiles aux autorités politiques pour redonner à la Zone CEMAC une approche optimale d'union monétaire. Nous aborderons dans la partie empirique de la la section III des différents modèles que la théorie économique a usé pour le cas de la CEMAC.[76]

II. La libéralisation douanière de la Côte-d'Ivoire : une politique sous conditions au sein de l'UEMOA

Comme nous l'avons développé ci-haut, les objectifs assignés à un système fiscal sont contradictoires. Pour ce faire dans un souci d'orthodoxie financière, on peut viser un équilibre entre les recettes et les dépenses. Mais on peut souhaiter, aussi, une stimulation de l'activité économique, qui s'exerce, de nos jours, davantage par des exonérations que par des dépenses supplémentaires. Il en résulte un manque à gagner, qui se traduit dans affaiblissement des recettes de

---

[76]CF : D. COGNEAU, HERREIRA, HUGON. P CERED/DIAL, 1999.

L'État. Enfin, on peut avoir un objectif de redistribution, de justice fiscale, pas trop compatible avec stimulation économique.
La structure des systèmes fiscaux, qui reflètent la combinaison de ces différents objectifs se modifient-elle avec le niveau de développement ?

La Réponse à cette question déjà donnée dans la section 1, incite à réfléchir pour le cas de la Côte-d'Ivoire de sa réforme fiscalo-douanière.

Avec les politiques d'ajustement structurel, la discussion sur les objectifs de la fiscalité dans les pays en développement se simplifie. Le but recherché est la réduction des déséquilibres budgétaires. Cette recommandation ne va pas toujours de pair avec la disparition des exonérations accordées au secteur privé, comme le montre le cas de la Côte-d'Ivoire. Une nouvelle fonction de la fiscalité dans les pays du Sud apparaît avec la libéra des échanges à l'échelle mondiale : y contribuer par l'abaissement des barrières douanières.

B. Contamin, a fait une étude sur la libéralisation douanière de la Côte-d'Ivoire. Il démontre que depuis 1985, les programmes d'ajustement structurel ont eu des effets importants sur les finances publiques. Il est pour cela possible de tirer de cette expérience des enseignements en matière de faisabilité des réformes. Il montre que la diversité des chemins de l'évasion fiscale conduit à relativiser la pertinence d'un abaissement des droits de porte.

II.1 - La fiscalité facteur de la compétitivité économique : le cas de la Côte-d'Ivoire

Notons que la fiscalité apparaît comme un facteur important de la compétitivité des entreprises surtout si on retient une acception large de la notion de prélèvement fiscal. À partir du cas ivoirien, on peut recenser les coûts pour les entreprises des différentes formes de prélèvement.

Les entreprises doivent s'acquitter d'impôts directs (impôts sur les bénéfices, patente, impôts fonciers), de la fiscalité indirecte interne qu'elles collectent et enfin de la fiscalité douanière. Cette dernière est à l'origine de coûts importants pour les entreprises ne bénéficiant pas d'exonération ; pour les entreprises ces coûts sont majorés de manière sensible par les délais de dédouanement, sans que l'État en retire d'avantages. Le handicap des entreprises ivoiriennes est compensé de manière peu homogène par une taxation des produits importés concurrents de leur production.

En raison de la fraude, la protection ainsi accordée peut se révéler insuffisante par rapport au handicap créé par la taxation des intrants.

Le coût des entreprises est alourdi parfois fortement par des taxes à l'usager telles que la taxe de l'office ivoirien des chargeurs (0,6 % de la valeur CAF des importations), la taxe sur les forages.

Les entreprises ivoiriennes sont également soumises à d'autres prélèvements entraînés par l'intervention de l'État bien qu'ils n'alimentent pas directement les finances publiques. Elles doivent se fournir à des prix élevés auprès de monopoles (sucre, farine, soja.). Elles subissent des coûts de frets aériens et portuaires, des frais de transit particulièrement lourd.

Bien évidemment de nombreux facteurs autres que la fiscalité (coût de la main-d'œuvre, coût du capital, coût d'intrants essentiels, coût des transactions.) déterminent la compétitivité économique ; sur les marchés d'exportation régionaux (CEAO) et sur le marché européen, l'existence de préférences douanières joue aussi un rôle important.

Encadré 1

Les effets sur les prix relatifs (l'efficacité de la dévaluation et la compétitivité)

L'inflation Camerounaise a été relativement maîtrisée, on peut l'estimer pour 1994 à 47 % en glissement annuel et à 35 % en moyenne annuelle et pour 1995 à Il % en glissement annuel et à7%enmoyenne annuelle (Lunhaudt, 1996).

Notons que le taux de change effectif réel sectoriel (prix des non échangeables sur les échangeables) s'étaient apprécié de 10 % en période d'ajustement réel ; celui calculé par le FMI (pondéré par les importations), s'était apprécié de5, 8 % entre 1988/89 et 1991/92 tandis que le taux des parités des pouvoirs d'achat de même que le taux de change d'équilibre ajusté afin de tenir compte du choc dans les termes de l'échange (selon l'hypothèse d'élasticité modérée) s'étaient dépréciés respectivement de 3,2 % et6, 4 % (CERAD/DIAL, 1995).

Par contre selon la méthode de la Banque mondiale (prix de gros des pays partenaires, poids supérieur du Nigéria) la surévaluation était estimée à plus de 40 % (78 % en 1993 base 1985, selon la méthode de Dévarajan, 1996).

Les anticipations inflationnistes ont été limitées. Les salaires ont été contenus. De nombreux facteurs, autres que les effets mécaniques de la dévaluation, expliquent ces résultats tels : le contrôle des prix sur certains biens de nécessité et les services publics, l'évolution de la fiscalité, la baisse de la demande par suite d'effets revenus, certaines raréfactions de l'offre, le poids de la contrebande ou la recherche de revenus réels constants pour les agents de l'informel.

L'effectivité de la dévaluation peut être appréhendée en comparant les taux d'inflation internes et les taux d'inflation de l'extérieur et en distinguant l'effectivité à l'importation et à l'exportation (Guillaumont, 1996).

Le taux de change effectif réel de compétitivité (TCER), est le rapport entre les prix à la frontière des exportations et des importations en FCFA (pondéré par le poids des partenaires) et les prix des biens produits domestiques.

La hausse des prix des produits locaux vivriers et produits manufacturés (50 %) a été du même ordre que celle des produits importés (52 %). Ces écarts sont conformes à ceux de la Zone CEMAC, mais supérieurs à ceux
de la Zone Franc.
Les prix domestiques des biens importés ont cru beaucoup moins vite que ceux des prix frontières du fait du désarmement tarifaire et de l'harmonisation de la protection effective. La relative faible fausse des prix des produits importés tient à une diversification des produits et des partenaires (prix frontières), à une déprotection (poids de la fiscalité et de l'informel), à une baisse des marges et à un repli sur les produits locaux à prix inférieur, mais croissant.
On peut déduire une faible marge de compétitivité (Guillaumont, 1996).

La dévaluation a fortement augmenté les prix des biens exportés. Le prix moyen unitaire des exportations en FCFA a plus que doublé avec un partage relativement favorable aux producteurs. On peut considérer que l'effectivité de la dévaluation a été plus forte qu'en Côte-d'Ivoire (Guillaumont, 1996), Comme nous le verrons.

Alors que le calcul de Devarajan (l996) montre une faiblesse de la surévaluation du taux de change.

Source : DIAL-ORSTOM

Encadré 2

Prix des biens échangeables et des biens non échangeables et réallocation sectorielle.
Prix des biens intermédiaires et marges des entreprises.

La dépréciation du TER, mesurée par l'évolution du prix relatif des « biens échangeables » (exportables) par rapport aux « biens non échangeables » assimilés aux services, avait été de l'ordre de 26 % en 1994.

Les indices des prix des échangeables étaient en octobre 1994 et en juin 1995 respectivement de 158 et de 165 alors que ceux des prix des non échangeables étaient respectivement de 117 et 116. Son calcul est très arbitraire et rend difficile les tests empiriques fondés sur les modèles SATER/SWAN.

On estime pour 200 entreprises significatives (Banque Mondiale, 1996) qu'en moyenne les prix des outputs ont crû de 39,7 %., les prix des imputs relatifs ont fortement modifié les coûts par unité de revenu allant de+5O% dans le secteur alimentaire à des baisses de plus de 20 % pour les produits métalliques. Les entreprises produisent des biens exportables ont connu une expansion liée à la baisse des coûts unitaires alors que celles qui utilisaient des biens intermédiaires importés ont connu une contraction liée aux hausses des coûts et aux baisses des revenus des ménages. Si l'assiette fiscale s'est élargie, la fiscalité a reposé sur les entreprises moyennes avec évasion de la part des grandes.

(Source : DIALORSTOM)

Encadré 3

Les effets sur la balance commerciale et sur les recettes assises sur le commerce extérieur du Cameroun

Une courbe en J inversée par la balance commerciale et les droits de porte.

Il est mentionné ici que dans un contexte de prix mondiaux favorables, exception faite du pétrole, le Cameroun a connu une forte expansion des exportations sans toutefois accroître fortement ses recettes assises sur les exportations ; à la différence d'un pays comme la Côte d'Ivoire (CEDRl, 1996). Selon les calculs de Goreux, la décomposition de l'augmentation de la valeur de l'ensemble des exportations hors pétrole en 1993 et 1995 montre que 22 % de l'augmentation exprimée en FCFA est due à l'effet quantité et 15 % à l'effet des cours mondiaux (essentiellement sur le cacao et le café). Par contre, si l'on inclut les recettes pétrolières, l'effet quantité tombe de 52 % à 15 % des recettes de 1993 exprimées en FCFA et l'accroissement des recettes de 232 % à 14 % soit une performance proche de celle de la Côte-d'Ivoire.

(Source : DIAL-ORSTOM)

Tableau 2 :

Augmentation de la valeur des exportations du Cameroun 1993-1995 hors pétrole (milliards FCFA) (en %)

	94-93	95-93	95-93	Non inclus%	inclus%
Effet quantité	*68*	*63*	*132*	*52*	*15*
Effet cours mondiaux	48	37	85	34	14
Effets mécanique	367		367	146	118
Total	483	101	585	232	147

Source : Goreux (1995).

La courbe en J des recettes fiscales :

Il y a eu en 1994 un effet globalement négatif de la dévaluation sur les recettes fiscales (les effets malus ont été supérieurs aux effets bonus) (Jacquemot, Raffinot, 1993). Les prévisions du FMI se sont révélées trop optimistes du fait de l'improductivité des régimes financiers, de la récession économique, de l'inflation contenue, de la baisse des recettes pétrolières et des effets de la mise en œuvre des réformes fiscalo-douanières.

La dévaluation s'est traduite par un doublement des prix producteurs pour le cacao de 150 FCFA à 300 FCFA. L'essentiel de la « rente de dévaluation » a été prélevé par les exportateurs (3/4) contre (V.) pour les producteurs.

À la différence de la Côte-d'Ivoire, le Cameroun n'a pas arbitré, la première année, en faveur des recettes parafiscales ce qui explique des résultats fiscaux nettement inférieurs. Par contre la deuxième année de la dévaluation, il y a eu mise en place de taxes provisoires.

L'amélioration de la balance commerciale résulte largement d'un décalage intertemporel conduisant à une courbe en J inversée. L'effet mécanique de la dévaluation (auxquels se sont ajoutés les cours mondiaux et un accroissement des valeurs hors pétrole) a accru la valeur des exportations alors que les importations chutaient surtout le premier semestre de la dévaluation. Les effets se sont inversés la seconde année avec un faible effet des cours mondiaux et des valeurs et une forte reprise des importations.

Le déficit primaire a représenté 2,5 % du PNB en 1993/94. Par contre, les recettes publiques ont augmenté de + 55% en 1994/95. Le solde budgétaire a représenté 3 % du PIB et nombreux arriérés ont été constitués.

L'accroissement des recettes non pétrolières en 1993/94 et 1994/95 a permis de compenser la baisse des recettes pétrolières, mais le niveau global demeurait en Franc français constant à un niveau de 1/3 à celui de 1984/85. Le Cameroun a été contraint de mener une politique budgétaire restrictive limitant globalement des investissements publics.

Le montant de la dette publique a par contre augmenté du fait de la dévaluation (le service de la dette est passé de 163 à 326 milliards de FCFA). Le ratio du service de la dette sur les recettes budgétaires est devenu le plus élevé de la Zone Franc (60 % en 1994). Le service de la dette absorbe le solde primaire.

Encadré 4

Les effets fiscaux d'une dévaluation et la courbe en J
(Présentation empruntée à Jacquemot et Raffinot, 1993)
Soit :
Rb le revenu brut de l'État
R n le revenu net de l'état dm les taxes à l'importation
d x les taxes à l'exportation
s d le service de la dette/ exportations
t le taux de change
P rn le prix des importations en CFA=P m*. t Q rn les quantités importées
Px le prix des exportations en CFA=P x*t Q x les quantités exportées
P rn* et Px* les prix des importations et des exportations en devises.
On écrit :
Le revenu brut de l'État : R b=t (dm. P*m. Qm) + (dx. P*x. Qx) Le revenu net de l'État : R n=R b-s d. t (P*x. Qx)
= t (dm. P*m. Qm) +t (dx-ds) P*xQx
En supposant réaliser l'équilibre de la balance commerciale ex pot, on a :
R n=t [P*x Qx (dm+d x-sd)]
Si dm+d x-s d> 1 il y a effet bonus et effet malus si dm-d x-sd <1

Dans le cas du Cameroun, on a constaté la première année : une baisse de dm et de d x, une augmentation de s d.

Les quantités exportées ont fortement augmenté, mais les importations ont chuté. L'effet malus l'a emporté alors la seconde année a été inversée. Il y a eu forte croissance des quantités importées.

III. La réforme du système fiscal en zone Franc-africaine (ZFA) et mondialisation : une vision anthropologique et sociale et apport post-keynésiens

Il s'agit de montrer dans cette section le rôle de l'économie politique de la fiscalité dans la zone Franc en s'inspirant des approches historiques, et anthropologiques et sociales, des approches théoriques et modèles empiriques issus de ces constructions théoriques et des propositions de politique économique, nécessaire au développement de la fiscalité dans des pays en développement. Pour illustrer nos analyses la problématique de la transition fiscalo-douanière sera abordée. Dans le cas concert d'un pays de la CEMAC. Il s'agit en fait d'une anthropologie pratique de la fiscalité.

III.1 - La protection sociale fiscalisée et l'accumulation du capital : le cas de la « loi des pauvres » Angleterre aux XVIII et XIX siècle

Nous avons voulu aborder cet aspect de la protection sociale fiscalisée et de l'accumulation du capital, notamment la loi des pauvres en Angleterre, pour illustrer une vision anthropologique et sociologique de la fiscalité à l'heure de la mondialisation.

Cet exemple de l'Angleterre n'est pas l'unique, mais il inspire dans le cas de la zone Franc (Pays a fiscalité héritée du système français) un bel exemple de comparaison afin de rechercher des voies et moyens d'une fiscalité équitable dans ces sociétés issues de diverses formes d'accumulation.

C'est à l'histoire économique et sociale de nous donner des arguments nécessaires pour affirmer ou infirmer cette vision d'ensemble.

Ce paragraphe nous permet de voir comment l'impôt et la politique fiscale ont été conçus dans ce pays, mais il ne s'agit pas d'un effet de décalcomonnaie, par conséquent notre tâche consiste à montrer le lien entre fiscalité et accumulation dans l'évolution de la théorie économique et ressortir une analyse anthropologique sur la question.

La littérature économique, anthropologique et historique de la fiscalité, considère que la loi des pauvres en Angleterre aux XVII et XIXe Siècle est la première forme de protection sociale fiscalisée qui peut nous servir dans un contexte des pays en développement, de rechercher les voies et moyens d'une fiscalité héritée du passée.

La question générale posée ici est celle de la place de la protection sociale fiscalisée dans la reproduction de la force de travail et via ses effets sur le partage de la valeur entre classes ou groupes sociaux dans le régime d'accumulation. L'exemple choisi donc est celui de la loi des pauvres Anglaise, première forme historique de protection sociale fiscalisée du capitalisme parce qu'elle a joué *« un rôle déterminant dans la transition et parce que son analyse est susceptible d'éclairer les enjeux actuels d'un* *principe de redistribution du revenu qui reprend une nouvelle vigueur dans le contexte de la mondialisation, c'est-à-dire dans le passage à un nouveau régime d'accumulatio*n. » (Annie VINOKUR, 1999).

Dans le cas de l'Angleterre des X V IIIe et X I X è siècles, la protection sociale fiscalisée a d'abord accompagné et favorisé l'accumulation du capital dans l'agriculture ; puis permis un transfert de surplus déterminant du capital agricole [77]vers le capital marchand au moment de la transition, pour enfin, sous l'effet d'une convergence d'intérêts entre capital agricole et capital industriel, s'efforcer pour libérer la force de travail au profit de ce dernier.

Du XVIe siècle au milieu XIXe se déploie en Angleterre le vaste mouvement des enclosures qui va simultanément établir une définition capitaliste de l'agriculture et prolétariser la majeure partie de la population. Combinée avec les lois protectionnistes sur les blés, la loi des pauvres sert la concentration foncière et l'accumulation du capital agraire.

L'anthropologie économique de cette forme de protection sociale sera abordée historiquement :

III.1.1 - De l'agriculture traditionnelle au capitalisme agraire : Enclosures et corn laws

Au moyen âge, les Anglo-saxons avaient introduit dans les Lowlands le système agraire « planifié » de l'open field qui, à la fin du XVIe, couvre encore 60 % des surfaces cultivées. Au cours des grandes épidémies du XVI siècle, entre 1/3 et la moitié d'une population à 95 % rurale disparaît. Dans les campagnes désertées, les propriétaires peuvent consolider leurs terres et les clôturer : l'élevage des moutons se répand, l'industrie textile rurale apparaît. La terre féodale est progressivement remplacée par le fermage.

Le mouvement de clôture et de mercantilisation des terres se poursuit aux XV et XVII, favorisé par la vente des domaines du clergé en 1538 : en 1700 (date à laquelle 75 % de la population anglaise est agricole) la moitié des terres est déjà remembrée. Il s'accélère à partir du remplacement au XVIII des actes privés de clôture par des Actes of Parlement ; il s'achève avec le General ENCLOSURE d'une terre double à quadruple sa valeur (Mingay, 1986, p. 87).

La mercantilisation du sol s'accompagne du développement.

À partir du milieu du XVIIIe Siècle, trois facteurs contribuent à l'accroissement du profit agraire et de la rente foncière :

- Les progrès techniques dans l'agriculture, qui passe d'un « mode de vie » à une « industrie », « la productivité du travail agricole double entre 1700 et 1800.

[77]Le terme de capital agricole désigne l'ensemble du capital foncier des propriétaires et du capital agraire détenu par les fermiers capitalistes.

- L'accroissement de la demande intérieure ; la population passe de 9 millions à plus de 15 entre 1802 et 1840. La culture du blé devient plus rentable que l'élevage.
- Les lois protectionnistes sur les blés : la corn law de 1773 instaurait des droits de douane quand le prix du blé descendait au-dessous de 48s ; le seuil passe à 66 en 1804, et la loi très protectrice de 1815 interdit toute importation de blé jusqu'à ce que le prix intérieur atteigne 80 s.

Le système est remplacé en 1828 par une échelle mobile des droits de douane en fonction du prix du blé intérieur.

Jusqu'au milieu du XVIIIe, les prix agricoles étant bas et stables, le rendement net des grandes propriétés n'est pas très élevé : 3 à 4 % de la valeur en capital du sol, soit souvent moins que celui des autres placements ; mais aucun de ces derniers ne procure le pouvoir politique, le prestige et l'influence locale que confère la propriété du sol, le corps des représentants politiques, administrateurs et magistrats non rémunérés étant entièrement fourni par les landlords et la gentry.

De 1750 à1790, le prix des céréales augmente de 50 à 75 % et la rente de 40 à 50 %. Entre 1793 et 1813, le prix du blé double passant de 50 à 1OOs, la rente augmente de 90 % et les profits des gros fermiers s'accroissent parallèlement.

Cette rente, accrue, qui entretient au début du XIXe un million d'habitants sur les 11 que compte l'Angleterre, est également une source majeure de financement pour l'investissement agricole (bâtiments, haies, drainage et routes d'accès), mais surtout non agricole (banques, mines, sidérurgie, transports) à partir de la fin du XVIIIe (Mingray 1986, p. 93).

La transition économique intervient dans cette période d'économie de guerre et d'enrichissement agricole : le taux brut d'investissement en Angleterre dépasse 10 % à partir des années 1790, la part des investissements industriels et commerciaux dans l'investissement total atteignant 25 à 30 % (Anderson, 1986).

Le marché du travail agricole et l'assistance fiscalisée a joué un rôle très déterminant. Dans notre étude nous reprenons les arguments présentés par A. VINOKUR (1999). « *L'auteur nous montre qu'en réalité l'assistance fiscalisée a donc un double effet sur la rente et les profits agricoles : asservir et dévaloriser la force de travail agricole, et favoriser la concentration foncière et la polarisation des statuts et des revenus dans l'agriculture* ».

De ce fait les expériences malheureuses tentées localement par les juges de paix pour mobiliser la charité volontaire des propriétaires aboutissent à la fin du XVIe et surtout en 1601, sous le régime d'Elisabeth, à la codification de la loi des pauvres, qui institue :

- L'obligation pour toutes les paroisses de pouvoir aux besoins des pauvres en levant une taxe sur tous les occupants de propriété de la paroisse ;
- La désignation dans chaque paroisse d'un administrateur (overseer) non rémunéré pour collecter la taxe et veiller à sa dépense ;
- La distinction entre trois catégories de bénéficiaires et de secours : les pauvres âgés et infirmes (secours à domicile), les enfants des pauvres (mise en apprentissage), les pauvres valides (mise au travail).

Au début du XVII le gouvernement tente de superviser son application, mais doit y renoncer au moment de la guerre civile. L'administration de la loi des pauvres est donc décentralisée, juges de paix et overseers sont libres d'interpréter la loi comme ils le jugent bon.

Au cours des 150 ans qui suivent, les principes de réglementation du marché du travail des statuts (fixation par les magistrats des salaires et du prix du pain, réglementation de l'apprentissage) sont rapidement abandonnés, de même que la mise en apprentissage des enfants des pauvres (les métiers organisés refusant de recevoir des apprentis incapables de remplir leurs obligations financières).

L'application de la loi des pauvres s'étend largement en revanche, de manière très inégale selon les paroisses, mais avec deux problèmes communs : la mise au travail des pauvres valides et la charge de l'impôt :

1/ La mise au travail des pauvres valides peut avoir trois fonctions :

- La répression du vagabondage ;
- La réduction de la charge de l'assistance ;
- L'approvisionnement des employeurs en main-d'œuvre bon marché.

Comme l'a souligné le Poor Law Report de 1834 : « l'emploi des pauvres par la paroisse ne profite directement à personne. Dans toutes les autres formes d'assistance, les employeurs immédiats peuvent rejeter sur la paroisse une partie des salaires de leurs travailleurs. Ils préfèrent par conséquent les modalités d'assistance qui leur permettent de dégager des profits sous le masque de la charité » (P. 108).

Encore faut-il pour cela que les travailleurs ne soient pas incités à migrer vers des Zones industrielles et urbaines qui proposent des salaires supérieurs. C'est l'un des résultats des lois de Résidence de 1662 (les settlement laws, que l'on regroupe généralement avec la loi de 1601 sous le terme de old poor law), qui privent de tout droit à l'assistance ceux qui quittent leur paroisse de résidence. Le marché du travail agricole est dès lors extrêmement segmenté.

2/ L'impôt pèse sur tout « occupant » du sol, propriétaire-exploitant, fermier et Yeoman.

L'intérêt des propriétaires est de réduire au minimum la charge de cet impôt.

On peut dire que le système du Speenhamland, qui se répand dans le pays dans les 20 années qui suivent, est donc un système de protection sociale assurant automatiquement aux Working Poors un complément de revenu indexé sur le prix du blé et le nombre de bouches à nourrir. Dans ces conditions, les marchands-manufacturiers peuvent non seulement maintenir leur compétitivité extérieure en déconnectant le salaire du prix de reproduction de la force de travail, mais encore abaisser les salariés en faisant supporter la différence croissante par le surplus agricole. Les salaires baissent (souvent de plus de la moitié), la dépense d'assistance quadruplée entre la réunion du SPEENHAMLAND et la NEW POR LAW de 1834.

« Tous se félicitent de ce que la loi des pauvres ait permis à l'Angleterre d'échapper à la contagion des idées révolutionnaires françaises. Ces compromis avaient été conclus dans le feu d'une grave crise sociale et politique, et sa justification initiale était de passer le cap de la hausse des prix des subsistances (en attendant l'accroissement de production consécutif aux nouvelles clôtures) sans modifier un niveau de salaires qu'il aurait été difficile de rétablir ensuite. » (À VINOKUR. 1999).

3/ D'autres arguments développés par l'auteur concernent notamment l'alliance entre capital agricole et capital industriel et la New Poor Law de 1834.

Cette alliance stipule que le prix du blé baisse après 1812-1813 du fait des nouvelles surfaces encloses, mais la dépense pour les pauvres continue de croître, quoiqu'à un rythme moins élevé, à mesure que les salaires baissent. L'opposition à la loi des Pauvres n'est plus seulement le fait des travailleurs (qui y ont toujours été opposés) ; elle se développe dans deux groupes sociaux :

- Les propriétaires ;
- La bourgeoisie industrielle des manufactures concentrées et des usines qui se développent, en particulier dans le nord du pays. Dans les zones urbaines, l'assistance à domicile est beaucoup moins étendue : les propriétaires fonciers qui y habitent n'y ont aucun intérêt, et les manufacturiers, ne représentent qu'une faible proportion des contribuables, ont une influence réduite.

Le prix du blé est de moins en moins un problème. À partir de 1840 l'Angleterre importe l'essentiel de sa nourriture (les corn laws sont abrogées en 1846) et la dépendance est quasi totale en 1880.

En effet, la convergence des intérêts du capital agricole (qui souhaite alléger sa charge fiscale), et des industriels (qui souhaitent libérer le marché du travail) des entraves à la mobilité engendrées par le mode d'administration de l'assistance), aboutit à l'amendement de la POR LAW en 1834.

L'expérience des siècles précédents ayant montré que la meilleure façon de réduire l'assistance aux pauvres valides était l'in-don relief c'est-à-dire leur mise au travail forcé dans les work houses (suffisamment répulsives pour que bien peu d'indigents s'y résignent), c'est la solution adoptée par la New Poor Law.

Mais cette une solution dépassée, incompatible avec le salariat industriel.

Il dévient donc évident pour les réformateurs sociaux que les nouvelles formes de la misère (sous-emploi conjoncturel, restructurations industrielles et bas salaires) appellent des actions sur les causes plutôt que sur les conséquences de la paupérisation.

En attendant le bute visé par la nouvelle alliance entre la capital foncier et industriel semble être atteint :

Pour le capital agricole : la dépense globale d'assistance diminue, et l'assiette de l'impôt se déplace vers les zones urbaines : 26 % de la population anglaise est agricole en 1841 contre 75 % en 1688.

Pour le capital industriel : la déréglementation du marché du travail, commencée au 17e siècle avec l'abandon des anciens statuts, s'achève avec la disparition des sécurités de l'outdon relief et des entraves à la mobilité des lois de Résidence : la porte est ouverte à l'exode rural, et depuis 1799 les coalitions ouvrières sont interdites par la loi. Surtout, le système de Speenhamland maintenait le principe selon lequel le salaire d'un homme doit assurer la subsistance de sa famille.

L'abrogation de l'ancienne loi des pauvres n'implique donc non pas la hausse des salaires, mais la mobilisation des femmes et des enfants et l'aggravation des honoraires et des conditions de travail.

On peut conclure sur ce paragraphe que l'assistance fiscalisée que nous venons d'aborder, ainsi que les arguments présentés dans la littérature économique et anthropologique de l'Angleterre, est celle qui « permet de dissocier le prix du marché de la force de travail de son coût de reproduction, par un transfert indirect de revenu de non-employeurs vers employeurs ».

Nous sommes partis de l'anthropologie économique du Moyen Âge en passant par le mercantilisme jusqu'à l'actualité de la loi des pauvres.

L'étude, nous a montré le rôle que, ces transferts ont pu jouer dans processus d'accumulation primitive du capital : une sorte d'anthropologie et de sociologie de l'histoire économique de l'Angleterre où la protection sociale fiscalisée est prépondérante.

Dans les conditions actuelles de la compétitivité internationale, l'assistance fiscalisée a repris du service pour compenser des salaires déclinants et une précarité croissante. Le terme même de Working Poor est réapparu dans les nomenclatures (Aux Usa, en 1973 et 1992, la baisse des salaires réels a été respectivement de -10 % et -23 % pour les travailleurs des 4e et 5e quintiles de la distribution ; 32 % des hommes de 25 à 34 ans gagnent moins de ce que ce qui est nécessaire pour maintenir une famille de 4 personnes au-dessous de la ligne de pauvreté. Avec les chômeurs, les « Working Poors » représentaient actuellement plus du tiers des actifs (THUROW 1996, PP22-31).

C'est pourquoi comme s'interroge A. VINOKUR, « peut-être l'analyse du rôle des Poor Laws dans la grande transition de la révolution industrielle pourrait-elle aider à poser quelques questions sur les fonctions de l'accumulation des politiques publiques de redistribution fiscalisées du présent :

- Permettre la dévalorisation de la force de travail ;
- Faire financer la compétitivité extérieure par un transfert vers les employeurs des revenus des non-employeurs (maintenant les salariés « non-pauvres ») et donc la destruction des systèmes d'assurance mutuelle intérieurs ». (A. VINOKUR, 1999).

Cette analyse nous incite alors à reformuler dans le cas des pays en développement et plus précisément dans le cas des pays de la Zone Franc, des politiques publiques de redistribution fiscalisée.

Les études ont été menées dans le cadre de la réforme fiscalo-douanière dans la Zone CEMAC par exemple applicable au cas du Cameroun.

Cette transition fiscalo-douanière, sous-entend aussi de répondre aux questions de l'assistance fiscalisée dans le contexte d'accumulation du capital. Mais l'invention anglaise de cette forme d'accumulation primitive du capital dont est associée d'une part la concentration foncière, a favorisé cette concentration par son effet fiscal sur les contribuables et d'autre part elle a contribué par son effet sur l'abaissement des coûts du travail à la première accumulation capitaliste dans l'agriculture et via la diversification des placements de la « gentry », dans les autres secteurs.

En plus à une époque où la concurrence internationale sur les produits industriels, du fait des techniques artisanales, se jouait principalement sur les coûts de main-d'œuvre, la faiblesse des salaires dans les autres pays résultait du fait qu'une fraction importante du coût de reproduction du travail était assurée par le secteur traditionnel.

On peut ajouter sur cette loi des pauvres Anglaises, qu'il a suffi d'une mesure législative supprimant cette subvention du capital agricole au capital marchand pour fournir à l'industrie concentrée naissante, une main-d'œuvre abondante et désormais démunie des moyens de subsistance que pouvait procurer le secteur traditionnel dans les autres pays, et de ceux que lui avait dans une certaine mesure accordé la définition politique du revenu minimum par le système du Speenhamland.

On peut donc faire ainsi de cette expérience de la Grande-Bretagne sur l'ouverture économique, un élément de comparaison avec d'autres géants économique comme les USA.

Le leadership britannique en matière de libre-échange au cours du 19e siècle, avec, en particulier, l'abrogation de la célèbre corn law (loi sur le blé) de 1846, montre assez bien à quel point les effets de la libéralisation sont dépendants de son origine, et comment la mondialisation peut avoir un impact égalitaire aussi bien au niveau mondial qu'au sein d'une économie avancée engagée dans un processus de libéralisation.

À la question de savoir s'il y a eu une redistribution en faveur des couches aisées de la population britannique et au détriment des pauvres, comme le soutient une certaine partie du discours actuel ? La réponse est non, il s'est produit donc le contraire.

Les grands gagnants de la libéralisation commerciale en Grande-Bretagne furent les travailleurs britanniques et le reste du monde tandis que les perdants furent de façon manifeste les propriétaires fonciers britanniques ainsi que les classes aisées du reste du monde.

Ainsi pour apprécier l'ampleur des gains pour le reste du monde (et celle des gains éventuels pour les capitalistes britanniques), il fallait évaluer les élasticités du commerce extérieur et les effets induits sur les termes de l'échange, une évaluation qui allait opposer en théorie David RICARDO et Robert TORRENS. Dans la mesure où les effets sur les termes de l'échange ont sans doute été relativement significatifs pour le pays qui était alors considéré comme « l'atelier du monde », il est probable également que la Grande-Bretagne ait distribué des gains considérables au reste du monde ainsi qu'à ses propres travailleurs. Ces derniers ont été gagnants parce que la Grande-Bretagne était un pays importateur de produits alimentaires (l'agriculture n'employait qu'assez peu de personnes) et la main d'œuvre était utilisée de façon beaucoup moins intensive que la terre dans les produits concurrents aux importations (lrwin, 1998 ; Williamson, 1990).

L'exemple de la Grande-Bretagne au 19e siècle est différent de celui à l'heure actuelle des États-Unis.

L'histoire fournit en effet deux exemples majeurs où la libéralisation des échanges au niveau d'un pays leader a eu des effets radicalement opposés ; tandis que la libéralisation britannique au 19e siècle fut sans ambiguïté égalitaire, tant au niveau national qu'au niveau mondial, la libéralisation américaine au 20e siècle ne le fut pas. En effet l'accroissement récent des écarts salariaux aux États-Unis a donné lieu à une recherche très intensive sur l'origine de ce phénomène. Deux types de facteurs ont été identifiés. Il y a, d'une part, les facteurs liés à la mondialisation. Ainsi, les taux d'immigration de travailleurs non qualifiés se sont accrus en raison de l'augmentation de l'offre de travailleurs immigrés et/ou de l'assainissement de la politique d'immigration américaine. À cet impact, de l'immigration, il faut ajouter une concurrence accrue des produits d'importations qui utilisent de la main-d'œuvre non qualifiée de façon plus intense par rapport au reste de l'économie.

Cette concurrence accrue est imputable à l'amélioration de l'offre étrangère, y compris celle dérivant de l'externalisation, aux progrès des transports internationaux, ainsi qu'aux politiques de libéralisation commerciale.

D'autre part, il y a des facteurs qui sont apparemment non liés à la mondialisation. Il en est ainsi du ralentissement enregistré au niveau du progrès des qualifications de la main-d'œuvre, de l'affaiblissement du syndicalisme alors que les syndicats ont longtemps milité pour une échelle des rémunérations plus uniforme), enfin, d'un changement technologique « biaisé », qui tend à réduire la demande relative de travailleurs non qualifiés par rapport aux travailleurs qualifiés : 15 à 33 % de l'accroissement de l'inégalité serait dus à la concurrence provenant des importations, y compris de l'externalisation (Robert FEENCTRA, et Gordon HANSON, 1999).

Dans le contexte européen, quelle fut la relation entre la mondialisation et l'inégalité ? La réponse à cette question se trouve dans les écrits de Peter, H.LINDER ; Jeffrey, G. WILLIAMSON (2002).

Pour ces auteurs deux types d'indicateurs permettent d'apprécier les tendances de l'inégalité dans les pays qui participaient à l'économie mondiale. On peut ainsi s'appuyer sur les tendances du ratio entre les salaires de la Main-d'œuvre non qualifiée et les rentes foncières par acre.

On considère traditionnellement que la libéralisation commerciale aurait dû bénéficier aux pays du tiers monde plus qu'elle n'a bénéficié aux leaders industriels. Après tout, la libéralisation devrait avoir un impact beaucoup plus fort sur les termes de l'échange des pays qui rejoignent une économie mondiale intégrée et élargie, que sur les pays qui en sont déjà membres : la divergence mondiale des revenus est antérieure à la mondialisation.

Ces arguments historiques et anthropologiques de l'économie politique de la protection sociale fiscalisée en Angleterre, sont donc utiles pour comprendre les transitions et/ou la libéralisation fiscalo-douanière en Afrique dans le contexte de la mondialisation.

III.2 - Transition fiscalo-douanière et répartition dans le contexte d'un pays en développement : Cas du Cameroun

Il s'agit ici de faire des propositions théorique et empirique en s'inspirant des modèles économiques qui sont utiles pour le développement de la fiscalité dans les pays en développement et en zone Franc particulièrement.

Les discutions théoriques de la fiscalité seront abordées sous l'angle budgétaire et financier (exemple d'une transition fiscalo-douanière), et puis nous analyserons empiriquement à l'aide de modèles micro-macro, c'est-à-dire en équilibre général calculable, la réforme fiscalo-douanière au Cameroun au sein de la CEMAC.

On peut dire que dans la plupart des réflexions sur la transition fiscalo-douanière, le principal changement que les pays en développement sont appelés à faire apporter à leur système fiscal consiste à diminuer le prélèvement sur le commerce extérieur et à réorienter les prélèvements en direction des revenus intérieurs. Cette réforme implique comme l'affirme COGNEU. D (1999), tout d'abord, une modification de la structure des taux, éventuellement une augmentation de l'assiette des prélèvements intérieurs, et enfin une amélioration du rendement du système fiscal dans son entier (lutte contre la fraude).

De ce fait, on attend une plus grande efficacité économique, à travers notamment l'amélioration de l'allocation des ressources et de la spécialisation internationale, et en cas de réussite l'accroissement des recettes budgétaires. L'objectif n'est pas la répartition, contrairement à de nombreuses réformes fiscales menées dans les pays industrialisés et portant sur la structure même de la fiscalité intérieure (impôt sur le revenu, TVA)[78]

Il faut noter aussi que dans la plupart des cas, la baisse des prélèvements indirects sur la production et la consommation intérieures : taxes sur le chiffre d'affaire ou taxe sur la valeur ajoutée. Cette transition fiscalo-douanière a néanmoins des conséquences distributives importantes, et variables selon la forme qu'elle revêt et les types d'économies et de sociétés auxquelles elle s'applique.

Ce paragraphe aborde deux aspects de problèmes : d'une part il effectue une réflexion théorique et empirique des conséquences distributives de la transition fiscalo-douanière dans un petit pays en développement d'une part.

D'autre part, ce paragraphe se propose d'illustrer à l'aide des éléments théoriques dégagés par cette analyse théorique sur un cas concret, à partir de la simulation d'un modèle micro-macro appliqué : Le cas de la réforme fiscalo-douanière de 1994 de la CEMAC (anciennement UDEAC), déjà abordé sous un autre angle précédemment.

III.2.1 - Les discutions théoriques autour de la transition fiscalo-douanière et son impact budgétaire et financier

Ce paragraphe constitue un des noyaux durs de notre réflexion sur la fiscalité dans un contexte d'économies en développement.

[78]Les impôts directs ou les cotisations sociales portant sur les revenus ou le patrimoine, qui sont les instruments de redistribution fiscale par excellence, sont difficiles à mettre en place parce qu'ils supposent une administration fiscale très performante, et un niveau de formalité des revenus plus élevé (société salariale urbaine), outre le fait qu'ils risquent de décourager le développement de facteurs rares (travail qualifié ou capital).

A) Position du problème : conséquences budgétaires

Comme nous l'avons défini ci-haut, la transition fiscalo-douanière, sera définie ici par une baisse des tarifs douaniers compensée totalement ou partiellement, au niveau du budget de l'État, par une augmentation des taxes indirectes (TVA ou autres) portant sur les produits (y compris, bien sûr, les produits importés). Cette compensation totale ou partielle se justifie particulièrement dans des pays qui ont déjà connu un ajustement drastique des dépenses publiques et où l'on peut considérer qu'elles ont atteint un niveau plancher.

Notre étude est empruntée aux travaux de la formulation théorique et empirique faits par COGNEU Denis (1999). Nous la reformulons pour éclairer les argumentations qui sont abordées dans cette étude.

De cette étude découle la formulation de la masse budgétaire affectée dans une économie dont le point de départ est :

La Masse budgétaire affectée s'écrit donc :

t rn P rn M+ t (l+t m) Pm M+ t PfQf

Où t m=le taux de tarif douanier, le taux de taxe sur les produits, P rn le prix des M à la frontière, P le prix de la production domestique, M les importations et Qf la production domestique formelle (ou l'assiette des taxes indirectes intérieures).

Si l'on fait (temporairement) abstraction des variations des volumes d'importations (supposées pour l'instant complémentaires), de l'assiette des prélèvements intérieurs, et des termes de l'échange provoqués par la réforme, l'équilibre budgétaire « ex-anté » implique :

f'lt. [Pt Q f+ (l +t m) P rn M] t -. t m. (l +t) P rn M

Comme on le voit, toutes choses égales par ailleurs, la variation compensatoire requise des taux de taxe indirecte est évidemment d'autant plus faible que l'assiette de ces taux est grande relativement aux importations. Dès lors, une économie « très informelle » fera peser le poids de transition fiscalo-douanière sur un petit nombre de produits et d'entreprises formelles. Cette transition sera confrontée, dans ce cas, à un risque d'échec important : les entreprises formelles, soumises à des taxes exorbitantes et à une concurrence sévère vis-à-vis des importations et des produits informels, préfèrent s'immerger dans l'informalité. Il s'ensuit une augmentation de la fraude, une baisse de recettes fiscales et une impasse budgétaire : le taux de pression fiscale baisse et les taxes sur le commerce extérieur conservent leur position prééminente (cas de Madagascar, et dans une moindre mesure, du Cameroun lors de la réforme de la Zone UDEAC en 1994).

Le rétablissement de l'équilibre budgétaire rend alors inévitable un ajustement des dépenses publiques, dont les conséquences distributives (et productives) doivent être examinées. Séparément (voir partie annexe) ; tout dépendra alors de la distribution fonctionnelle de ces dépenses, et du poster sur lequel on fera l'ajustement : salaires, investissements d'infrastructure, éducation, santé, etc. Si l'ajustement des salaires réels, à travers une baisse nominale ou une dévaluation, on peut sembler préférable parce que touchant les catégories moyennes et supérieures, en revanche l'ajustement des autres dépenses peut se révéler défavorable aux plus pauvres. Par exemple, dans le cas des dépenses d'éducation en Afrique subsaharienne, F. ORIVEL (1995) montre que les ajustements ont plus porté sur l'éducation primaire que sur les autres cycles.

Si la baisse des tarifs douaniers est suffisamment forte, et si les produits locaux ne sont qu'imparfaitement substituables à ces importations, la transition fiscalo-douanière s'accompagne donc d'une baisse, au niveau du consommateur, du prix des importations par rapport aux prix des produits formels et informels domestiques[79]

Ex anté, la transition fiscalo-douanière a ainsi un effet équivalent à une appréciation du taux de change réel. C'est pourquoi elle est souvent accompagnée d'une dévaluation compensatoire de la monnaie (réformes commerciales de la Zone Franc par exemple, en 1994) afin de rétablir l'équilibre extérieur de long terme. La pénétration des importations s'avère la plupart de temps supérieure au surcroît d'exportations, tout d'abord parce que la libéralisation commerciale est asymétrique, les tarifs douaniers étant beaucoup plus élevés dans les pays du Sud que dans ceux du Nord : de surcroît, l'accord signé entre l'Union européenne et ses partenaires du Maghreb ne concerne pratiquement pas les produits agricoles.

On peut ajouter que l'un des objectifs centraux de la transition fiscalo-douanière est toutefois d'attirer des capitaux extérieurs privés (investissements directs) : la réussite de la transition doit donc permettre, à terme une stabilisation du taux de change réel. Un afflux de capitaux extérieurs publics (aide ou prêts) peut également accompagner la réforme et servir à rééquilibrer temporairement les comptes extérieurs.

Nous avons développé, les arguments abordés sur le plan théorique par les auteurs (COGNEU, TAPINOS (1995), RODRIK (1996) (voir partie annexe) et ressort que les réformes fiscla-douanières ou l'économie politique de la transition présentent le risque de déstabilisation macro-économique. De ce fait comme nous l'avons stipulé, il n'est donc pas convenable de minimiser l'impact potentiellement déstabilisateur des réformes de la fiscalité extérieure, lorsque les capacités de gestion macro-économiques des États sont déficientes, et en l'absence de gains de productivité majeurs dans

[79]Les raisonnements effectués font abstraction des importations parallèles et supposent que les importations non frauduleuses sont commerciales par le secteur commercial formel. Autrement dit, on suppose que les importations frauduleuses ne sont taxées ni au frontières ni à l'intérieur du pays, tandis que les importations entrées légalement sont également entièrement soumises aux taxes intérieures.

les secteurs de biens échangeables (condition d'un accroissement de la compétitivité du pays et de l'attraction des investissements directs). Ce risque de déstabilisation est d'autant plus fort que les gains d'efficacité micro-économique et de croissance provenant de la libéralisation commerciale seront faibles.

Il ressort de ce fait que la théorie économique traditionnelle, bien que dépassée par la nouvelle économie internationale, prévoit donc que la libéralisation commerciale provoque une spécialisation des pays en développement dans les secteurs intensifs en ressources naturelles très spécifiques et/ou en travail non qualifié.

On peut aussi conclure comme l'affirme la plupart des auteurs que, lorsqu'ils sont appliqués à des cas concrets, les modèles d'équilibres généraux que nous venons d'aborder fournissent dans la plupart des cas des estimations assez décevantes des gains d'efficacité micro-économiques de long terme générés par une libéralisation commerciale, de l'ordre de 2 à 3 % du PIB en moyenne (Brown et al, 1994 ; Goldin et al, 1983 ; Robinson, 1991 ; Rütherford et al, 1995).

Rappelons que ces modèles ne sont globalement concernés que par le gain d'efficacité micro--économique engendré par une spécialisation internationale plus conforme aux avantages comparatifs (rapprochement en niveau de la frontière de production) et ne disent rien en termes de croissance (voir annexes).

Ainsi donc, les études empiriques effectuées depuis la fin des années 1970 sur la distribution fonctionnelle du revenu aboutissent à des résultats mitigés.

Ce schéma esquissé jusqu'à présent associe une forte redistribution des revenus à un gain d'efficacité globale somme toute modeste. Rodrik (1996) emploie le terme de « *political cost-benefit ratio* » pour qualifier « coûts politico-économiques de la réallocation et de la redistribution ». Dans un exemple ultra-simpliste, sans compensation budgétaire, il montre qu'une annulation des droits de douane peut impliquer une redistribution de 5$ pour un gain d'efficacité de 1$.

On fait également abstraction des coûts politiques de la redistribution, or, lorsque cette dernière s'exerce au détriment de catégories influentes (les salaires du secteur formel par exemple, ou les détenteurs du capital des secteurs abrités par les tarifs douaniers), on peut s'attendre à ce que ces catégories s'opposent à tout ou partie de la transition : soit à l'abaissement des tarifs, soit à l'augmentation des taxes dans le cas des capitalistes du secteur formel par exemple. Les capitalistes et les travailleurs du secteur formel peuvent exiger des compensations sous forme de transferts, qui seront à retrancher des bénéfices globaux et qui devront être prélevés sur d'autres agents (intérieurs, ou extérieurs, donneurs d'aide appuyant la transition par exemple), modifiant du moins à moyen terme, les effets de redistribution attendus (COGNEU, 1999).

On peut enfin dire que l'économie politique de la transition fiscalo-douanière doit être étudiée de près, plusieurs recherches récentes s'y attachent.

L'exemple que nous avons abordé pour le cas de la Zone Franc (zone CEMAC) et Zone (zone UEMOA), nous incite à réfléchir pour une fiscalité unifiée qui permettra à long terme, le développement de l'intégration économique et monétaire par la fiscalité.

B) Les effets attendus sur les prix et les revenus. (voir Encadré cas du Cameroun)

Les arguments développés sur les effets attendus de la fiscalité sur les prix et les revenus sont présentés dans la partie annexe du chapitre.

C) Analyses empiriques en équilibre général à l'aide de modèles micro-macro : Le cas de reforme fiscale-douanière de la Zone CEMAC au Cameroun

Comme nous le montre les tableaux qui présentent les caractéristiques de la simulation étudiée, ce paragraphe aborde de façon plus empirique les approches théoriques développées.

1/ Fondements théoriques du modèle

De ces cas concrets, il ressort que, les économies présentent des configurations sur lesquelles, la théorie ne sait pas toujours conclure directement. Il existe de nombreux résultats analytiques sur la structure des systèmes fiscaux, l'impact des dépenses publiques et des externalités associées, les conséquences de l'incomplétude des marchés financiers, des imperfections de la concurrence, ou des asymétries d'information entre les agents.

Le chapitre IV a largement abordé les caractéristiques de la fiscalité dans les économies concrètes dont nous étudions dans ce paragraphe. Cependant dans de nombreux cas, la résultante de ces phénomènes est mal connue, parce que théoriquement ambiguë. En particulier, on sait que comme l'affirme l'auteur, les équilibres concrets peuvent être assez éloignés d'une allocation Pareto-optimale des ressources : « On sait aussi que l'augmentation de l'utilité de l'agent représentatif moyen (synonyme de l'efficacité parétienne en cas d'agrégation parfaite) peut se faire au détriment d'une distribution équitable des revenus. Le plus souvent, les conséquences distributives des politiques économiques ne sont pas faciles à prévoir, et il s'avère donc nécessaire de recourir à des simulations macro-économiques » (COGNEU. D (1999).

Dans la plupart des études, la construction de modèles d'équilibre général appliqués se consacre à ces configurations complexes (optima de second rang, déséquilibres) que seules une qualification et une quantification empirique peuvent permettre d'étudier. Les modèles d'équilibre général calculables sont donc particulièrement adaptés à l'étude du dilemme efficience/équité.

Ce modèle d'inspiration néoclassique a tout au moins ces fondements qui peuvent être appréhendés à travers les travaux très proches de la tradition Walrasienne. Il s'agit notamment des modèles de SHOVEN et WHALLEY (1984), qui sont considérés comme des pionniers du génie.

TAYOR (1992) développe des modèles d'équilibre général « structuralistes » particulièrement centrés sur les questions de répartition. Dans le chapitre 9, nous avons décortiqué cette approche en terme de nouveau courant du Développement (voir tome 2).

Les développements récents se concentrent notamment aux situations de concurrence imparfaite, à l'introduction d'une sphère monétaire et financière, et de dynamiques temporelles (MERCENIER. J,T. N. SRINIVASSAN, 1994)

Le modèle utilisé dans notre étude est fondé sur une maquette commune due à BOURGUIGNON, BRANSON et De MEL0 (1991) et spécialement conçue pour l'étude des phénomènes distributifs dans les pays en développement appliquant des politiques de stabilisation et d'ajustement structurel.

Cette maquette dynamique rend compte à la fois des questions de stabilisation macro-économique de court terme grâce à l'inclusion d'une sphère monétaire et financière, et des phénomènes structurels de plus long terme de réallocation et de croissance.

Les applications de cette maquette au Cameroun sont présentées dans COGNEU, HERRA, ROUBAUD (1996). Une étude similaire a été faite pour le Maroc dans une version actualisée et modifiée du modèle construit par C. MORRISSON (1991).

Notre étude n'a pas pour ambition ici de reformuler les caractéristiques de ces modèles, sinon pour rappeler qu'ils prennent en compte un certain nombre de rigidités des économies concernées : rigidités des techniques de production, imparfaite substitution entre produits locaux et produits importés, rigidité du marché du travail salarié formel, chômage urbain et existence des marchés segmentés reliés par des migrations et des mobilités socio-professionnelles peu fluides, caractère oligopolistique des entreprises formelles (industries et services).

2/ La réforme fiscale-douanière de la zone UDEAC (devenu zone CEMAC) au Cameroun

Cette réforme correspond à la réforme fiscalo-douanière effectivement réalisée pendant les années 1994 et 1995, sur la base des informations disponibles au milieu de l'année 1995. (voir, encadrés)

concernant la réforme tarifaire, il convient de signaler que les baisses de taux considérées sont des baisses de taux apparents constatées qui incluent à la fois et les conséquences de la réforme proprement dite et la baisse des taux de recouvrement qui semble avoir été forte pendant cette période. Ces deux éléments d'évolution (baisse des taux effectifs et baisse du recouvrement) n'ont malheureusement pas pu être différenciés (Leenhaudt. B, 1995).

Les hausses des taux apparents de taxes sur les produits ont été ajustées en fonction du degré de formalité des secteurs ajustés (plus fort pour l'industrie, moins élevé dans le cas des services et du commerce).

Par ailleurs, en 1994 pour profiter de la dévaluation et de hausse des cours, le Cameroun, comme la Côte-d'Ivoire et contre l'avis de la Banque Mondiale, ont rétabli un prélèvement sur les exportations agricoles sous la forme d'un « Droit Unique de Sortie » (DUS) portent sur les volumes déclarés, cet élément fondamental des changements apportés à la fiscalité n'est pas considéré dans la simulation présentée puisqu'il se situe en contradiction avec une transition vers la fiscalité intérieure. On peut dire que grâce à la mise en place de ce DUS et à la faveur de la dévaluation qui augmente les recettes provenant du commerce extérieur, la Côte-d'Ivoire a de surcroît mené une politique de baisse conjointe des droits de douane et des taux de TVA, contre l'un du FMI.

On voit là encore que l'économie politique de la fiscalité joue un rôle important.

Conclusion du chapitre V

L'étude sur la recherche d'une approche par intégration fiscale a porté sur plusieurs aspects de l'analyse économique. Certains aspects ont trouvé les réponses selon les approches développées.

Il existe des questions que la théorie économique a abordées et d'autres que la science économique n'a pu aborder.

Nous avons tenté de reformuler sur cette base des politiques économiques de court terme nécessaires au développement à long terme de l'analyse économique en Afrique. Mais les politiques fiscales restent des instruments de court terme nécessaires pour réguler les dysfonctionnements économiques tant au niveau macro-économique qu'au niveau micro-économique. Ces instruments de court terme préparent à notre avis les conditions d'un développement à long terme d'une économie nationale et /ou internationale (régionale et/ou sous-régionale).

Nous avons montré que la fiscalité est au cœur des processus de développement et l'impôt permet aux États de disposer des ressources nécessaires à leur action et de modifier, façon indirecte, les structures économiques. L'exemple de nombreux pays en Développement montre que, la pression fiscale est faible et l'essentiel des moyens provient des taxes sur les échanges internationaux. Or comme nous l'a décrit les théoriciens de la fiscalité, la mondialisation contraint ces pays à réduire ce type de taxes de façon à contribuer à la libéralisation des échanges et provoque un manque à gagner qu'il faut compenser par l'augmentation des ressources prélevées sur les revenus internes.

Cette transition fiscalo-douanière est complexe et elle suppose une lutte contre les maux dont souffrent tout particulièrement les pays en développement : fraude fiscale, évasion fiscale, contre-bande.

Ainsi donc nombreux sont les ouvrages en économie comme d'autres disciplines où les auteurs s'appliquent dans leur analyse à justifier l'utilité d'une publication de plus sur le thème abordé et de monter en quoi leur approche est novatrice par rapport à celles qui existent déjà.

Dans notre étude, la rareté des analyses sur le sujet suffit comme justification.

C'est pourquoi, comme il a été abordé tout au long de nos analyses cette littérature économique très abondante sur la fiscalité et le développement. Nous avons aussi montré que la fiscalité dans ou pour le développement est un problème qui reste traité de façon marginale, notamment dans les travaux francophones, alors que, paradoxalement, les pays africains de la Zone Franc sont les plus touchés par la « crise fiscale ».

L'objectif de ce chapitre a été de montrer que la réforme fiscalo douanière au sein des pays de la CEMAC (cas du Cameroun), et la taxation des exportations agricoles en UEMOA (cas de la Côte-d'Ivoire), sont des exemples pertinents pour analyser les fonctionnements et dysfonctionnements de la zone Franc dans le cadre institutionnel actuel marqué par la régionalisation des économies.

Nous venons d'aborder les questions des réformes fiscales et les approches réalistes pour les économies modernes. En se référant à la théorie des zones monétaires optimales, la zone Franc obéit de près aux critères élaborés par Ingram sur l'intégration financière et fiscale. Nous avons brièvement montré, le rôle du chartalisme dans l'analyse de la création monétaire en zone Franc Africaine. Il ne s'agit pas ici de montrer que les approches post-keynésiennes résoudront les problèmes économique et monétaire internationaux, mais plutôt, notre démarche consiste à tirer des enseignements théoriques sur ces approches qui sont utiles pour comprendre les mutations économiques et monétaires dans les pays sous-développés, particulièrement en zone Franc africaine.

Prendre en considération la dimension politique de ces réformes institutionnelles est stratégique pour une appropriation des réformes, une d'endogénéisation des institutions et une faisabilité des réformes : c'est ici que l'économie politique de la fiscalité (et donc des institutions) joue un rôle important (Hugon, 2007).

En s'inspirant des arguments développés par les auteurs tels Parguez, Bougrine, Saccareccia sur la critique de la théorie orthodoxe des finances publiques, nous montrons que ces analyses sont utiles pour la compréhension des problèmes des PVD et il est faux de prétendre dire que ces analyses ne peuvent pas être appliquées dans ces pays.

Références Bibliographiques du Chapitre V

AGENOR, P. R., MURA, E. 1995) , Exchange rate reform, inflation, and fiscal déficits, IMF, *Working Paper,* WP/95/78 : 39.

AGENOR, PR., MONTIEL, P. (1996), *Develpment macroeconomies,* Princeton University Press.

ASSIDON, E. et JACQUEMO, P. (1998), *« Politiques de change et ajustement en Afrique »,* Études et Documents ministère de la Coopération.

ARAUJO BONJEAN, C. (1996), « Termes de l'échange : de la baisse tendancielle au chaos » ; *revue d'économie du développement,* n-4.

ARAUJO BONJEAN, C. et CHAMBAS, G. (1995), « Taxe foncière, taxe à l'exportation : l'expérience vietnamienne est -elle transposable en Afrique ? », *Tiers Monde,* n-144 octobre-décembre.

ARAUJO BONJEAN, C. CHAMBAS, G. et FOIRRY, J. P. (1997), conséquences de l'ajustement des finances publiques sur l'agriculture marocaine et tunisienne, *FAO*, Rome.

AZAM, J. P. et MORISSON, C. (1994), La faisabilité politique de l'ajustement en Côte-d'Ivoire et au Maroc, *OCDE,* Paris.

BANQUE MONDIALE (1988), « Côte-d'Ivoire : La mobilisation des ressources internes en vue d'une croissance stable », *Rapport principal.*

BHAGWATI, J. (1983), *Alternatives theories of statiscal Detection. The theory of commerciam Policy. B. JFEESTRA, MIT* PRESS, I : 325-342.

BOCCARA, B. (1994), « Why higher fiscal spending persists when a boom in primary product sends », *Policy Research Working Bank,*
n-1295.

BONJEAN, C. (1988), « Contraintes et efficacité de la politique des prix agricoles : exemples de la Côte-d'Ivoire, Kenya et de Madagascar », Thèse d'Université Clermont I.

BOURGUIGNON, F., DE MELO, J., BRANSON (1989), Macro-économie Adjustment and Incarne Distribution : a Macro-micro simulation Madel, *Centre de développement de l'OCDE, Technical Paper* n-1, Paris.

BOURGUIGNON, F., MORISSON, C. (1991), External trade and incarne distribution, PARIS *OCDE.*

BOURGUIGNON, F., De MELO, J., MORISSON, C. (eds) (1991), Adjustment with Growh and Équity, *World Development, Spécial issue,* vol. 19, 11,1483-1651.

BLANCHARD, O. FISCHER, J. S. (1989), Lectures in marcoeconomics.

BLEJER, M. et CHEASTY, A. (1992), « How to measure the fiscal deficit », *Finance and Development.*

BLISS, C.,« The design of fiscal reforms for african economies », *Nu.ffield college, Oxford,* England.

BRASSEUL, J. et ENGELHARD, P. (1985), *« Intégration monétaire et développement économique* in distress. Policy reforems and the World Bank, Vinod Thomas and al.

CAMPELL, J. Y., MANKIV, G. (1987), « Are output fluctuations transitory ? », *Quaterly journal of Economies,* vol c II, 4 november, p857-880.

CHAMBAS, G. (1994), *« Fiscalité et développement en Afrique subsaharienne »,* Economica, Ministère de la coopération.

CHAMBAS, G. et ARAUJO-BONJEAN, C., Les conséquences néfastes de l'instabilité des recettes dans le cas de la Côte-d'Ivoire ».

CHAMLE, C., HONOHAN, P. (1990), Taxation on finacial intermediation, world *Bank WPS,* n-421.

CHIA,N. C., ENOH, C. and al (1991), « Improving the macroeconomie data base, a SAM for Côte-d'Ivoire, 1986 », *mimeo World Bank.*

CHIA, N. C., WHABA, S. and WHALLEY, J. (1992), « Assessing poverty-reducing targeting programs, a general equilibrium approach », Technical note, World Bank.

CHOUDHRY, N. (1991), Collection lags, fiscal revenu and inflationary financing : Emprical evidence and analysis, *IMF WORKING PAPER,* N-91141..

COGNEAU, D., RAZAFINDRAKOTO, F. (1996), « Le secteur informel urbain et l'ajustement budgétaire au Cameroun. *Revue d'Économie du Développement*

COGNEAU D, J. C., DUMONT, P. 1220 (1996), Intégration régionale, investissement directs et migration dans l'espace euro-méditerannéen : résultats d'un modèle d'équilibre général calculable, Paris, *OCDE, DEE LSAIELSA/M/ (96)* 30, 32P.

CONGNEAU, D., HERRARA, J., ROUBAUD, F. (1996), La dévaluation du FCFA au Cameroun, bilan et perspectives, *Économies et Sociétés, Coll. « Relation Économiques Internationales »,* P169-205.

COGNEAU, D., TAPIN OS, G. (1995), « Libre échange, répartition du revenu, et migrations au Maroc, *Revue d'Économie Du Développement,* 1.

COGNEAU, D. (1999), « Les réformes fiscalo-douanières sur la répartition des revenus.», in *Fiscalité, Développement et mondialisation* », Maisonneuve & larose.

COLIN, R. (1988), « La zone Franc, survivance du pacte colonial ou jalon vers l'Eurafrique ? », *OFCE interne.*

CONTAMIN, B. (1999), *« La libéralisation douanière de la Côte-d'Ivoire », infiscalité, développement et mondialisation,* éditions Maisonneuve et Larose.

DE MELO, J. D., HOLST, R., HADAD, M. (1993), « Fraude et réforme de la fiscalité dans une économie à faible revenu : analyse à travers un modèle CGE appliqué à Madagascar, *Revue d'économie du Développement,* vol 1, P 41-68.

DEVARAJAN, S. et SUSSANGKARN, C. (1991), « Effective rates of protection When domestic and foreign goods are imperfect substitutes : The case of Thaïland », *The review of economies and statistics.*

DEVARAJAN, S. et RODRIK, D. (1990), « Pro-Competitive effects oftrade reform : results from a CGE model of Cameroon », *European Economie Review,* North Bolland.

DEYARAJAN, S. et DE MELO, J. (1990), « Membership in the CFA Zone », *Workings papers* n-482.

ESSOMBE EDIMO J-R., NYA, BONABEBEY (1995), « Quel avenir pour l'Afrique ? *Financement et Développement, SILEX /Nouvelles du SUD.*

FRANKEL, J. et RAZIN, A. (1989), *« Fiscal policies and the World economicy »,* The MIT Press.

GASTELLU, J-M., MOISSERON, J-Y., POURCET, G.(1999), *« Fiscalité, développement et mondialisation »,* Maisonneuve & Larose (DIAL) ORSTOM.

GOLDIN, I. et al (1993), Trade liberalization : Global Economie implications, *OCDE-World Bank,* 217 pp.

GUILLAUMONT, P. et GUILLAUMONT, S. (1990), « Why and how to stabilize producer priees for export caps in developing countries », *UNDP, World Bank Trade Expansion Program, occasional paper* n-6.

GUILLAUMONT, S. (1988), « Dévaluer en Afrique ? », *Observation et diagnostics économiques,* n-25.

GUPTA, S. et NASHASHIBI, K. (1992), « The fiscal dimensions of adjustment », *Finance and Development.*

GRANDCOLAS, C., SCHEIDER, J.L., SPAHN, B. et STEENLANDT, M. (1995), « République de Côte-d'Ivoire : Réformes fiscales et renforcement des administrations fiscales et douanières, *FMI,* juin 1995.

HAMILTON, B. et NASHASHIBI, K. (1992), « Border tax adjustments and U. S trade », *Journal of international économies.*

HUGON, PH. (1999), « La reforme fiscalo-douanière dans le contexte de l'ajustement de change au Cameroun et au sein de la CEMAC », *CERED-FORUM*

HUGON, PH. (2002), *Les économies en développement à l'heure de la régionalisation,* Karthala.

HUGON, PH. (2007), *« Les spécificités de l'analyse institutionnelle des pays du Sud et leurs implications méthodologiques »*, Ecole Thématique : les méthodes de l'analyse institutionnelle, La Rochelle17-21 septembre ; Document.

HONOHAN, P. (1990), « Monetary coopération in the CFA Zone », Working papers n-389.

KAY, J. A. (1990), « Tax policy : a survey », The economie journal.

KRUMM, K. (1985), « Adjustment policies in the Ivory Coast in the frame Work of UMOA », *discussion paper* N -19856.

LELART, M. (1986), « Zone monétaire et convertibilité : l'expérience africaine », *Economies et Sociétés,* n-30.

LINDER, P. H. et WILLIAMSON, J. G. (2002), « Mondialisation et inégalité : une longue histoire : Globalization and inequality : A long history In « Mondialisation, inégalité et développement : Nouvelles perspectives. *Revue d'économie du développement* Vol 16 2002/1- 2.

L'HERITEAU, M. F. (1987), *« La zone Franc dans une perspective d'ajustement et de croissance »*, caisse centrale de coopération Économique.

L'HERITEAU, M. F. (1990), *« Le FCFA : Taux de change et ajustement »,* caisse centrale de coopération Économique.

MENGER, K. (1892), « Ün the origin of money », *Économic Journal,* 2 (6), p. 239-255.

MERCENIER, I. (1987), *Contribution à l'étude de la dynamique macro-économique,* thèse de doctorat, Université Libre de Bruxelles.

MERCENIER, J. (1989), « Ün Wealth Effects in Sticky-Price Exchange Rate Models with Optimizing Agents », *Cahier de recherche* n-3689, CRDE, Université de Montréal, 34p.

MOSLER, W. (1997-1998), « Full employment and priee stability », *Journal of post Keynesian Economies,* 20 (2), p. 167-182.

O'CONNELL, S. (1988), « Fiscal policy in Low-income Africa », *Working papers.*

O'ZILER, S. et RODRIK, D. (1992), « Externalshoks, politics and private investment », *Journal of development économies,* North Bolland.

PALMERO, S. (2004), Intégration et régionalisation : une approche par les modèles de blocs, *Économie appliquée* Tome LVIIN-1, mars.

PALMERO, S. (2004), Concurrence fiscale et normes locales d'environnement, P119, *Économie appliquée* Tome LVII n-1, mars.

PARQUEZ, A. (2000), « A monetary theory of the public finance », *Paper presented at the Fifth Post-Keynesian Workshop on Post Keynesian Économies for the 21"1Century*, Knoxville, Tennessee, juin.

PARGUEZ, A. and SECCARECCIA, M. (2000), *« The credit theory of money : the monetary circuit approach », in JSmithin ed,. What is Money ?,* London, Routledge, p. 101-123.

PINTO, B. (1991), « Black markets for foreign exchange rates and inflation », *Journal of international economies* 30 (1-2) :121-35

REALFONZO, R.(1998), *Money and Banking, Theory and Debate (1900-1940)*, CHELTMHAM,EDWARD ELGAR.

ROBINSON et al. (1991), Agricultaral polocies and Migration in US-Mexico Free Trade Area : A computable General Equilibrium Analysis, california Agricultural Experiment station, Gianninni Fondation of agricultural économies, *working paper*n-617.

RODRIK, D.(1996), Under standing Economie Policy Reform, *Journal of Economie Litterature* Vol XXXIV, 9-41.

SAMEN, S. (1990), *« Protection effective et développement industriel : l'exemple du Cameroun »,* PUF.

SECCARECCIA, M. (1996), *« Post keynesian fundismand monetary circulation »,* in DELPLACE,G. and NELL, E. J. eds., Money in *Montion : the Post Keynesian and circulation Approches,* London. Mac MILLAN, P. 400-416.

SCHNEIDER, H. ( ), « Ajustement et équité en Côte-d'Ivoire », *Série Ajustement et équité dans les pays en développement, OCDE.*

STERN, N. H. (1991), *« Le rôle de l'État dans le développement économique, conférences Walras-Pareto,* Édition Fayot Lausanne.

TAIT, A., GRATZ, L. M. Et EICHENEGREEN, B. T. (1979), « International Comparaison of Taxation for selected Developing countries », *IMF Staff Paper,* Vol. 26, n-1 pp. 123-156.

TANZI, V. (1987), « Quantitive Characteristics of the Tax Systems of developing Countries », in NEWBERT,D. G. M. et STREN, N. H. (Eds) (1987), *The Theory of Taxation for Developing countries,* New York, Oxford University. Press.

TANZI, V. (1989), « The impact of macroeconomic policies on the Level of Taxation and the fiscal Balance in Developing countries », *IMF, Staff paper,* vol. 36, n-3 (sept 1989), pp. 633-656.

TAYLOR(ed) (1992), *Socially Relevant Policy Analysis, Structuralist Computable General Equilibrium Modelsfor the Developing World,* The MIT Press, 379 pp.

THILL, J. (1991), *« Fiscalité et ajustement structurel en Afrique Francophone »,* ministère de la Coopération française.

TOYE, *I.(2000),* « Fiscal crisis and fiscal reform in developping countries », *Cambridge Journal of Economies,* 24 (1), p. 21-44.

VINOKUR, A. (1999), *« Protection sociale fiscalisée et Accumulation : La « loi des pauvres » en Angleterre aux XVIIIe et XIXe Siècles.* CERD-CNRS, Paris-X Nanterre.

World Bank (1991), *« Tax policyin developping countries »,* edited by javed khalilzahed-shiarazi et Anwar Shah.

WRAY, L. R. (1998), *Understanding Modern Money : The Key ta Full Employement and Priee Stability, CHEL* TENHAM, EDWARD ELGAR.

Annexes du chapitre V

Annexes 1

Taxes implicites dans les PVD

Les taxes implicites sur les revenus agricoles dans les PVD

La version selon laquelle les petits producteurs agricoles échappent à toute forme d'imposition est largement répandue, en particulier au sujet des producteurs africains qui de surcroît, ont des proportions d'autoconsommation supérieures à celles des autres PED. Cependant, ces pays ont utilisé des instruments de fiscalité indirecte à travers des organismes de la collecte de la production et la stabilisation des prix (voir Shalizi 1988). Ces caisses de stabilisation des prix des matières premières (Marketing Boards dans les pays anglophones) chargées de stabiliser les prix payés aux producteurs sur la base des prélèvements dans les périodes de hausse des cours ont été, principalement dans les pays africains, l'un des moyens des plus efficaces pour taxer les revenus des agriculteurs.

Lorsque les cours se sont effondrés entre 1985 et 1992, le prix aux producteurs a été aussi fortement diminué révélant ainsi le caractère fiscal de cette institution.

La commercialisation des produits de base ne s'est pas pour autant effondrée. On note par ailleurs un taux de pression inégale des taxes implicites selon le type de produit, ce qui pourrait, dans certains cas refléter le jeu d'alliances politico-ethniques propre à chaque pays.

- **Les taxes implicites sur l'intermédiation financière dans les PVD**

Dans le cas des pays en développement ayant un niveau élevé d'intermédiation financière, la fixation des taux d'intérêt en dessous du taux international ou négatifs en termes réels ont constitué une source de transferts pouvant atteindre près de 10 % du PIB dans les cas du Zimbabwé ou 5 % comme au Maroc, au Mexique et en Thaïlande.

On remarque que l'importance des taxes implicites financières est assez variable dans le temps. Les niveaux élevés de transferts et de répression financière s'avèrent insoutenables sans doute du fait des réactions des agents couplés à la mobilité des ressources financières.

L'obligation faite aux banques commerciales de maintenir des réserves obligatoires auprès des banques centrales et le fait que celles-ci ne soient pas rémunérées, de surcroît dans les contextes inflationnistes, impliquent un transfert de ces banques vers le gouvernement.

Sur un échantillon de huit économies africaines, IKHIDE (1993) montre que l'importance relative de cette forme d'imposition implicite varie de 1,5 % du PIB en Tanzanie à 7,5 % du PIB en Éthiopie.

Compte tenu de sa taille dans l'économie, le secteur bancaire de ces pays apparaît selon COLLIER et GUNNING, très fortement taxé. Par ailleurs ; ces auteurs observent que le crédit octroyé par les banques nationalisées aux entreprises parapubliques tanzaniennes afin de couvrir leurs pertes a servi comme une source implicite (off-budget channel) dans le financement des dépenses du gouvernement (Op. cit. p. 53).

- **Taxes implicites sur le commerce extérieur des PVD**

À la suite des chocs sur les termes de l'échange et de la hausse des taux d'intérêt, de nombreux pays en développement se sont vus confrontés à des problèmes de balances de paiements et ont réagi en instaurant des régimes de taux de change multiples et en imposant des restrictions à la convertibilité. La justification théorique au maintien d'un système dual de taux de change tient au fait qu'il permet aux pays subissant un choc externe temporaire de protéger leurs réserves et d'isoler le prix des biens échangeables.

En effet, dans un régime dual de changes, une sortie massive de capitaux provoque la dépréciation du taux parallèle tout en limitant l'impact sur les réserves et les prix dans la mesure où les opérations de la balance courante sont effectuées au taux de change administré (GHEI, et A., 1997).

Bien entendu, le succès du régime dual des changes par rapport à ces deux objectifs dépendra d'une part de l'ampleur et de la durée des sorties de capitaux, et d'autre part de l'existence ·ou non de « fuites » entre le marché parallèle et l'officiel.

Dans le cadre proposé par PITT (1981,1984), l'accroissement de la décote peut entraîner une diminution des exportations officielles au profit des exportations informelles ainsi qu'une surfacturation des importations. Les tensions accrues sur le marché officiel impliquent souvent l'imposition d'un rationnement de devises ou quotas/interdictions à l'importation avec pour corollaire que davantage de transactions s'effectuent au taux de change parallèle. Danscertainspays comme le Nigéria, les déséquilibres externes et les fuites entre l'officiel et le parallèle sont si importantes que l'évolution des prix des biens importés est pratiquement indexée à celle du taux de change parallèle, lequel représente le véritable coût d'opportunité des importations.

PINT0 (1989,1991) ; KHARAS et PINT0 (1985), considèrent que l'écart entre le taux commercial et le taux financier est une importante source de revenus pour le gouvernement de sorte que l'unification des taux de change induit des pertes des recettes implicites et pèse négativement sur les finances publiques. Une condition nécessaire à l'obtention de ce résultat étant le fait que la banque centrale soit acheteur net de devises ce qui n'est toujours pas le cas comme le soulignent divers auteurs comme KIGUEL, LIZONDO et al, (1997), HUIZINGA (1996), AGENOR et MURAT (1995).

L'autre remarque relative au cadre proposé par PINTO est que l'existence des gains/pertes ne requiert pas nécessairement un régime à taux multiples.

AGENOR et MURAT (1995), proposent d'élargir le cadre d'analyse en considérant les différentes sources des taxes /subventions implicites opérant à travers le taux de change. Ils distinguent deux types de sources des taxes/subventions quafiscales :

- Celles générées par un régime de taux de change multiple appliqué à différents types d'opérations ;
- Celles émanant de la coexistence d'un taux de change officiel et d'un taux parallèle.

On peut alors conclure que lorsqu'on tient compte des taxes officielles ainsi que des différentes formes de taxation implicite on découvre qu'un bon nombre de pays en développement ont un taux de pression fiscale proche de celui des pays développés. Ces taxes ont pour origine des distorsions et déséquilibres économiques et ne peuvent pas de ce fait constituer une source permanente de revenus pour les gouvernements.

Annexes 2

Tableau 2 :

La transition fiscalo-douanière et répartition dans les PVD

T.2-1 : Structure des recettes fiscales : Cameroun, Maroc, Madagascar

	Cameroun 1992/93	Maroc 1991	Madagascar 1994
Taxes sur les exportations	1	0	3
Tarifs douaniers+taxes indirects sur importations	28	3l	45
Taxes indirectes sur produits locaux	42	37	28
Taxes directs et autres	]	2C	21
Total	10C	10C	100

Sources : Cameroun : CFD et Calculs propres ; Maroc : Direction de la statistique ; Madagascar : Institut de la statistique et MAD IO.

Note : au Cameroun, le total du tableau correspond aux recettes fiscales non pétrolières qui représentaient 75 % des recettes fiscales totales.

T-2-2 : Définition de la simulation pour le Cameroun.

	Avec UDEAC (CEMAC
1-Droits de douane à l'importation	Baisse des droits de douane
2-Effet sur les exportations	Néant
3-Mesures de compensation fiscale	Augmentation des taxes indirectes sur la production
f4. -Dévaluation	Néant (SO % en 1994 comme dans la référence)

T. 2-3-Conséquences de la réforme fiscale-douanière de L'UDEAC sur la structure des taux au Cameroun

Produits	Baisse des taux apparents sur importations	Augmentation des taux de taxe sur les produits
V\. gricoles vivriers	-3S,OOo/t	néant
!Agricoles d'exploitation	-3S,OOo/t	lléant
!Bois	néant	S0,00<Y<
ƆCndustries	-3S,00<Y<	S0,00<Y<
IBTP	néant	33,00<1<
Services	néant	20,00<1<
mportations comQlémentaires	-3S,OOo/t	réant

Sources : Travaux GIS DIAL/ORSTOM, 1999

T. 2-4-Définition des variantes pour le Maroc

	LIBEX1	-11BEX2---- -1
1-Droits de douane à l'importation	Suppression totale étalée sur Sans	idem
2-Effets sur les exportations agricoles	Gains immédiat de compétitivité-prix de 8%	
3-Effets sur les exportations industrielles intensives en main-d'oeuvre	Néant	Gain immédiat de compétitivité- prix de 8%
4-mesures de compensation fiscale	+7S% sur les taux de taxes indirectes,étalé sur Sans	idem
S-Dévaluation	S%,étalée sur Sans	réant

Sources : Travaux GIS DIAL/ORSTOM, 1999

Annexes 3

Tableau 3 :

Reforme fiscalo-Douanière de L'UDEAC au Cameroun

T3. 1-Résultats macro-économiques généraux

Avec UDEAC (CEMAC)	
PIB	-0,9 %
CHÔMEURS	4,0 %
INVESTISSEMENT	3,6 %
EXPORTATIONS	0,4 %
IMPORTATIONS	0,1 %
TX CHANGE RÉEL (*)	0,8 %
DEF. BUDG/PIB (a)	0,5 %
BAL. COUR. /PIB (a)	0,1 %
S. DETTEPUB. /PIB (a)	0,1 %
INEGALITE (indice de Theil)	0,9 %
PROFONDEUR DE PAUVRETÉ (b)	0,3 %

Écarts à la simulation de référence en pourcentage (%) ou en points de pourcentage. (*) : une croissance indique une dépréciation

(a) : écarts en pourcentage du PIB
(b) : % du PIB nécessaire pour faire passer l'ensemble des ménages au-dessus de la ligne de pauvreté.
Lecture : En 1997/98, la réforme de l'UDEAC implique un niveau de PIB inférieur de 0,9 % au niveau qui aurait été atteint sans réforme.

T. 3. 2-Emploi par secteur

Écarts à la simulation de référence en pourcentage (%)

	Avec UDEAC(CEMAC)
!Agriculture vivrière	-0,8%
V\griculture d'exportation	1,7%
Sylviculture	0,3%
industrie(+Pétrole)	-2,5%
PTP	2,8%
Services	-1,6%
&dministration	0,0%

Sources : Travaux GIS/DIALORSTOM, 1999

T. 3-3-Répartition du niveau de vie

Écarts à la simulation de référence en pourcentage (%)

	Avec UDEAC(CEMAC)	
Catégorie d'actifs	Coût de la vie	Revenu réel par actif
Ruraux agricoles	-1,2%	-2,2%
Ruraux non agricoles	-1,2%	0,4%
Urbains(Douala et Yaoundé):		
.c .Chômeurs	0,0%	-2,2%
n.c .Chômeurs	0,0%	-0,6%
Ensemble	-1,0%	-1,6%

Sources : GIS/ORSTOM, 1999.

Commentaires de l'annexe

Le risque de déstabilisation macro-économiques et l'économie politique de la transition et d'autres arguments.

Les résultats présentés dans cette maquette, poussent donc à ne pas minimiser l'impact potentiellement déstabilisateur des réformes de la fiscalité extérieure, lorsque les capacités de gestion macro-économique des États sont déficientes, et en l'absence de gains de productivité majeurs dans les secteurs de biens échangeables (condition d'un accroissement de la compétitivité du pays et de l'attraction des investissements directs). Ce risque de déstabilisation est d'autant plus fort que les gains d'efficacité micro-économiques et de croissance provenant de la libéralisation commerciale seront faibles.

L'exemple du Mexique est fort assez éloquent en la matière, où les difficultés persistantes de balance des paiements (antérieurs à la signature de l'ALENA) et sa perte de confiance des agents extérieurs dans la capacité de gestion du gouvernement ont conduit à un ajustement drastique. Cet exemple rappelle également les conséquences distributives défavorables que peut avoir une libéralisation commerciale de cette ampleur pour certaines catégories éloignées du marché mondial (paysans vivriers notamment).

Le cas du Mexique, pays de grande taille, n'est pourtant pas le plus défavorable en matière de paiements extérieurs et de budget, puisque son ouverture sur l'extérieur est moins importante et sa fiscalité intérieure est plus développée qu'au Maghreb ou en Afrique subsaharienne.

Les simulations effectuées pour le Maroc par exemple, fournissent des estimations très élevées de l'augmentation compensatoire de la TVA (jusqu'à plus 75 % sur les taux pour un libre-échange total). (COGNEAU, TAPINOS,1995).

Ces auteurs débouchent dans leurs analyses sur un effet nul, voire négatif du libre-échange sur le niveau du PIB, une fois prises en compte les exigences de stabilisation (dévaluation contractionniste, hausse de la TVA).

RODRICK (1996), rappelle à quel point la libéralisation commerciale des pays d'Asie de l'Est et du Sud-EST a été progressive et graduelle, ayant pour préalables le renforcement des capacités de gestion macro-économiques des États, et un rythme d'accumulation rapide des facteurs (capital physique et humain).

En comparaison, certains pays d'Amérique latine ont dû accomplir en cinq ans des réformes que les pays asiatiques ont mis plus de vingt ans à réaliser.

Il est particulièrement intéressant que Rodrick fasse reposer les meilleures « gouvernance » et capacité de gestion asiatique sur une distribution initialement plus égalitaire, voire équitable (qui est par ailleurs favorable à une accumulation rapide de capital humain).

Les effets attendus sur les prix et les revenus : Redistributions des revenus dans le cadre standard.

Les effets micro-économiques attendus de la libéralisation commerciale ont été relativement bien cernés par l'économie internationale traditionnelle. Notamment le théorème d'Hecksher-Ohlin qui prévoit une spécialisation dans les secteurs intensifs en facteurs relativement abondants (travail non qualifié) et le théorème de Stolper-Samuelson une augmentation de la rémunération de ces facteurs abondants ; l'effet dit d'amplification de Jones prévoit que cette augmentation sera plus élevée que la hausse du prix des secteurs correspondants.

Ces théorèmes supposent une immobilité internationale des facteurs et une mobilité nationale parfaite.

Ils ont été étendus au cas de facteurs spécifiques à certains secteurs (terre notamment), prévoyant aussi un avantage comparatif dans les secteurs intensifs en facteurs spécifiques relativement abondants.

Le théorème d'Haberler prévoit alors la baisse de la rémunération du facteur spécifique dans le cas où le prix du secteur correspondant baisse.

En cas de mobilité des facteurs, et notamment du capital (investissements directs), les effets de réallocation et de redistribution sont plus difficiles à circonscrire.

Les hypothèses classiques débouchent plutôt sur une substitution entre flux de bien des et flux de facteurs (Mundell), et donc une baisse des flux de facteurs (migrations ou investissements) à la suite de la libéralisation commerciale. Cependant d'autres hypothèses plus proches du comportement des firmes multinationales conduisent à une complémentarité (Modèles de Markusen et Venables par exemple).

La théorie économique traditionnelle prévoit donc que la libéralisation commerciale provoque une spécialisation des pays en développement dans les secteurs intensifs en ressources naturelles très spécifiques et/ou en travail non qualifié. La rémunération de ces facteurs a tendance à s'accroître relativement à celles du capital et du travail qualifié. On aurait de ce fait tendance à penser que les conséquences distributives de la libéralisation commerciale sont plutôt positives.

Cependant le cas de la terre est particulier. Dans le cas où les exportations agricoles du Nord (ou d'autres pays en développement) concurrencent les produits locaux, la baisse de la protection entraîne une baisse de la rémunération des propriétaires terriens. L'effet sur les petits pays vivriers, offreurs de main-d'œuvre non qualifiée, mais propriétaires de leur terre, est indéterminé ; il peut donc être négatif. Dans ce cadre standard, l'évolution du revenu des petits paysans pauvres éloignés du marché semble donc constituer le nœud de la question distributive. Si elle se pose de manière aiguë au Mexique (paysans du Chiapas, producteurs de maïs), il est prévisible qu'elle soit plus aigüe encore au Maghreb ou en Afrique-Subsaharienne.

Lorsqu'ils sont appliqués à des cas concrets, les modèles d'équilibre général standard fournissent dans la plupart des cas des estimations assez décevants des gains d'efficacité micro-économiques de long terme générés par une libéralisation commerciale de l'ordre de 2 à3% en moyenne (BROWN et ALl, 1994, GOLDIN et ALl, 1993, ROBINSON, 1991 ; RUTHER-FORD et all, 1995).

Ces modèles ne sont globalement concernés que par le gain d'efficacité micro-économique engendré par une spécialisation internationale plus conforme aux avantages comparatifs (rapprochement en niveau de la frontière de protection) et ne disent rien en termes de croissances.

D'autre part, les études empiriques effectuées depuis la fin des années 1970 sur la distribution fonctionnelle du revenu aboutissent à des résultats mitigés.

Les effets sur les revenus relatifs peuvent être par ailleurs compensés par les effets sur les prix, les catégories correspondantes de consommateurs (capitalistes, qualifiés, non qualifiés, ruraux) n'ayant pas le même panier de consommation et donc des indices de coût de la vie différents.

En définitive, la redistribution entraînée par les mouvements de prix relatifs et de coût de la vie devrait s'avérer limiter dans la plupart des cas de figure.

L'effet de la variation des prix relatifs sur le consommateur peut être représenté par : (Représentation empruntée à COGNEU).

Convenons de représenter le bien-être d'un ménage h comme une fonction d'utilité dépendant de trois arguments : la consommation de produits importés, de produits formels et de produits informels :

hh h h

U (Cm, Cf, Cf)

ch ch ch

ch PmCm+PfCf +PiCi=P. Ch

C : étant la dépense totale de consommation.

Sous les hypothèses habituelles de la théorie du consommateur, on peut écrire le bien-être comme une utilité indirecte fonction de la dépense totale en volume et du vecteur (triple ici) des prix rh

hh c c

c V=V (C, rcm, rcf, rci)

On a, par l'identité de ROY :

hh h c h c h c

aV=-aV (Cm rcm+Cfrcf+Ci rci)

h

arc ac

Pour des mouvements marginaux des prix relatifs, la variation de bien-être du ménage est équivalente à une variation du revenu correspondant à la variation du coût de son panier de consommation.

Coûts politico-économiques de la réallocation et de la redistribution.

Le schéma présenté jusqu'à présent associe une forte redistribution des revenus à gain d'efficacité globale somme toute modeste. Rodrik (1996) emploie le terme de « political-cost-benefit ratio » pour qualifier cette association. Dans un exemple ultra-simplifié, sans compensation budgétaire, il montre qu'une annulation des droits de douane peut impliquer une redistribution des $ pour un gain d'efficacité de l $. Cette forte redistribution des revenus est également corrélée avec une intense réallocation sectorielle des facteurs (mouvement des spécialisations), comme le modèle très désagrégé de RÛTHERFORD et al.dans le cas du Maroc. Les résultats des modèles théoriques et appliqués ne portent que sur les flux nets de facteurs. Les flux correspondants sont sans doute très supérieurs, comme les travaux sur les marchés du travail aux États-Unis puis en Europe l'ont montré pour les mouvements d'emploi entre entre ou secteurs.

Cette réallocation se réalise d'un côté par des ouvertures et fermetures, d'établissements et d'entreprises et d'un autre côté par des déplacements concrets des facteurs et des requalifications de ces facteurs (formations professionnelles par exemple). Les modèles standards font habituellement abstraction de ces coûts de réallocation qui sont d'autant plus forts que les marchés des facteurs sont plus segmentés et que la mobilité d'un secteur à l'autre est difficile ; ces coûts frictionnels s'expriment en termes de chômage ou de dépenses supplémentaires et peuvent venir atténuer le bénéfice à atteindre de la réforme, notamment pour les catégories les moins aptes à effectuer une mobilité.

On fait également abstraction des coûts politiques de la redistribution au détriment de catégories influentes (les salariés du secteur formel par exemple, ou les détenteurs du capital des secteurs abrités par les tarifs douaniers), on peut s'attendre à ce que ces catégories s'opposent à tout ou partie de la transition.

L'économie politique de la transition fiscalo-douanière doit-être étudiée de près, plusieurs recherches récentes s'y attachent.

Les arguments portants sur les autres effets potentiels et conséquences distributives ont été avancés par ROBINSON (l992), mais d'ores et déjà nous pouvons présenter ces arguments favorables au libre échange et qui renforcent le caractère vertueux de ses conséquences distributives, au-delà des modèles standards. Il s'agit de :

1/ Les secteurs à avantages comparatifs peuvent présenter des rendements d'échelle croissants tels que l'ouverture internationale sur des marchés de grande taille va porter a des gains beaucoup plus élevé, renforçant la rémunération des facteurs abondants.

2/ L'ouverture à la concurrence peut diminuer le pouvoir de monopole ou d'oligopole de certaines entreprises jusqu'alors abritées et entamer les revenus correspondants des capitalistes.

3/ La production industrielle exportable peut bénéficier d’externalités diverses provenant de l'accès plus important à des intrants importés ou de l'augmentation de ses exportations. Si ces externalités permettent d'économiser du capital et diminuer sa rémunération relative, on peut avoir un effet distributif favorable, à côté d'un gain d'efficacité accru.

4/ La libéralisation des échanges peut engendrer une baisse de la prime de risque correspondant aux flux de capitaux extérieurs à cause des anticipations favorables qu'elle induit chez les investisseurs étrangers ; l'afflux de capitaux a tendance à abaisser les taux de profit et les rémunérations des capitalistes, en revanche il peut avantager le travail qualifié, plutôt complémentaire du capital et donc des catégories favorisées que les pauvres.

On peut aussi noter que même si la libéralisation commerciale a l'avantage de la simplicité et de la prudence, son optimalité n'en demeure pas moins débattu, l'argument le plus fort provenant sans doute des modèles de croissance endogène. Rien ne garantit que les secteurs de croissance, bénéficiant par exemple d'externalités technologiques ou d'effets d'apprentissage. Il n'y a pas coïncidence entre les deux types de secteurs, il existe un système optimal de tarification douanière positive, comme l'a montré la « nouvelle économie internationale ».

Dans tous les cas, où la libéralisation commerciale détourne les ressources (capital, travail, autres facteurs) des secteurs de croissance, le gain d'efficacité obtenu et la redistribution engrangée se payent alors d'un sentier de croissance ralenti. Les tendances actuelles des investissements directs étrangers du Nord vers le Sud semblent plutôt favoriser les secteurs technologiques ou les secteurs à marchés domestiques dynamiques (élasticité revenu élevé par exemple) et se concentrer dans les pays du Sud disposant d'un stock important de capital humain et marchés en expansion (Asie principalement).

Comme l'affirment COGNEAU, DUMON (1996), « il peut-être ainsi dangereux pour les pays en développement de favoriser outrageusement une spécialisation plus traditionnelle ».

D'un point de vue distributif néanmoins, ces secteurs de croissance sont probablement moins intensifs en travail ou plus généralement en ressources également distribuées que certains secteurs d'avantage comparatif.

Les auteurs concluent de ce fait qu'on « peut trouver peu souhaitable, car injuste de maintenir indéfiniment un système dualiste profitant à quelques entreprises et salariés abrités ; si l'accumulation et la croissance ne sont pas au rendez-vous. »

Annexe 4

Les Droits et Taxes de Douanes dans la Communauté économique et monétaire de l'Afrique centrale (CEMAC)

Droits de douane :

Extrait de l'Acte N-5/94-UDEAC-556-CD-56 portant modification des articles 5 et 16 suppression de l'article14 de l'Acte N-7/93-UDEAC-556-CD-Sel portant révision du Tarif commun et fixant les modalités d'application du Tarif préférentiel généralisé (19 Décembre1994).

Article 5 : Taux du Droit de Douane

Les taux du droit de douane applicables des pays tiers importés dans l'UDEAC/CEMAC sont fixés comme suit :

Tableau 4 :

Taux du Droit de Douane

TYPE DE PRODUITS	*CATÉGORIE*	*DROIT DE DOUANE*
Biens de première nécessité	Catégorie I	5,00o/t
Matières premières et bien d'équipement	Catégorie II	1O, OOo/t
Biens intermédiaires et divers	Catégorie III	20,00o/t
Biens de consommation	Catégorie I V	30,00o/t

TCA et Droits d'Accise :

Extrait de l'article N-2/96-UDEAC-556-CD-58. Modifiant l'article 1er de l'Acte 6/93- UDEAC-556-CD-SEl fixant les fourchettes de taux de la TCA et de Droit d'Accise (lO Décembre1996).

Article 1er : Les fourchettes de taux de la TCA sont fixées ainsi qu'il suit :

- Taux réduit (TR) : O à 8 %
- Taux normal (TN) : 10 à 18 %

Surtaxe temporaire :

- *Extrait de note circulaire N-471/SG/DUD du 10 mars 1995 :*

Contrairement à la taxe unique qui était octroyée par voie d'agrément du comité de Direction, le TARIF PRÉFÉRENTIEL GÉNÉRALISÉ s'applique directement à tous les produits UDEAC tels que définis à l'article 9 de l'Acte n-7/93-UDEAC-556-CD-SE1 du 21 juin 1993. Sont soumis au TPG tous les produits UDEAC. Le Certificat de Circulation UDEAC garantit en lui-même l'origine de ces produits.

On entend par produits UDEAC :

- Les produits entièrement obtenus ou produits du ou, soumis au taux Zéro : Régime A du certificat de circulation UDEC (article 91 a del'Acte 7/93 : produit entièrement obtenu dans les États membres de l'UDEAC conformément à l'article 1 de l'Acte 7/93), mais soumis le cas échéant, aux taxes intérieures ;
- Les autres produits, soumis au TPG et taxes intérieures : Régime B (article 1b de l'Acte 7/93 : produit fabriqué dans le territoire des États membres de l'UDEAC à partir des produits entièrement obtenus au sens de l'alinéa a) ci-dessus ou de matières premières importés des tiers à condition que les formalités d'importation aient été accomplies et, notamment, tout droit et surtaxe temporaires visés aux articles 5 et 6 ci-dessus aient été perçu et non remboursés).

- *Extrait de l'Acte n-7/93-UDEAC-556-SE1 du 21 juin 1993 :*

Article 6 : Surtaxe temporaire

La surtaxe temporaire prévue à l'article 4 ci-dessus est applicable :

a/ Aux produits figurant en annexe I a soumis à la date du 01/01/1994 à des restrictions quantitatives dans les États membres ;

b/ Aux produits figurant dans la liste en annexe I b

- La base imposable à la surtaxe temporaire est la même que la base imposable au droit de douane.
- Le taux de la surtaxe, fixé librement par chaque État membre, ne doit pas dépasser 30 %.

a/ En ce qui concerne chacun des produits mentionnés au paragraphe 1 a) ci-dessus, la période maximum de l'application de la surtaxe temporaire, est de trois ans. Elle prend effet à compter de la date d'élimination effective de la restriction quantitative. Toutes les restrictions quantitatives doivent être éliminées au plus tard le 30/06/96 (prorogé jusqu'à l'an 2000).

b/ Les États membres doivent informer le comité de Direction de la datez d'élimination effective de toute restriction quantitative et de la date d'application de la surtaxe temporaire pour le produit correspondant.

c/ En ce qui concerne chacun des produits mentionnés au paragraphe 1b) ci-dessus, la période maximum d'application de la surtaxe temporaire est de 6ans. Elle prend effet à compter de l'entrée en vigueur des présentes dispositions.

d/ La période d'application de la surtaxe n'est pas renouvelable.

Conclusion de la deuxième partie

Cette partie s'inscrit beaucoup plus dans une approche évolutive. Nous mobilisons ici les corpus théoriques abordant le rôle de la fiscalité dans les PVD en matière financière et monétaire où l'apport des post-keynésiens est intéressant.

En effet la dévaluation du Franc CFA est un bel exemple pour analyser, les problèmes de la fiscalité en Afrique plus précisément dans les pays de la zone Franc. Les modèles d'équilibre général calculable et d'autres modèles ont été tout au long des recherches une inspiration pour faire simuler les variables fiscales qui pèsent sur les économies de ces pays confrontées à des chocs endogènes.

Cette étude nous a permis d'approfondir notre analyse du fonctionnement de la zone Franc, et de faire l'examen des conditions d'une évolution de cette zone vers la constitution d'une zone monétaire plus intégrée, questions qui constituent le noyau dur de notre travail.

Une solution pour l'harmonisation de la fiscalité dans les pays de la zone Franc n'est-elle pas une possibilité d'intégration économique plus réaliste pour l'évolution de cette zone ?

Cette question a été abordée avec beaucoup d'acuité et nous croyons que la fiscalité est bien entendu au cœur des processus de développement. Nous avons vu que l'impôt permet aux États de disposer des ressources nécessaires à leur action et de modifier, de façon indirecte, les structures économiques.

Dans de nombreux pays en développement, la pression fiscale est faible et l'essentiel des moyens provient des taxes sur les échanges internationaux contraints par la mondialisation qui les réduits, provocant ainsi un manque à gagner qu'il faut compenser par l'augmentation des ressources prélevées sur les revenus internes.

Nous venons de montrer que la fiscalité reste traitée de façon marginale, notamment dans les travaux francophones, alors que, paradoxalement, les pays africains de la zone Franc sont les plus touchés par la « crise fiscale ».

Malgré la diversité des approches que nous avons présentés et analysées dans cette partie, la mondialisation, les liens entre fiscalités, types de marché et d'accumulation et les enjeux du pouvoir nous ont fourni des arguments pour comprendre les dysfonctionnements économiques et monétaires en zone Franc. La structure fiscale de ces pays se caractérise par le poids prédominant des taxes assises sur les échanges internationaux et sur les droits de porte qui constituent une ressource que le passage obligé aux frontières rend plus aisément accessible.

Les propositions en vue de la réforme fiscalo-douanière ont été utile pour cette étude et il ressort comme l'affirme COGNEU. D, que le principal changement que les pays en développement sont appelés à apporter à leur système fiscal consiste à diminuer le prélèvement sur le commerce extérieur et à réorienter les prélèvements en direction des revenus intérieurs. Une forme de fiscalité endogène.

Cette réforme implique tout d'abord une modification de la structure des taux, éventuellement une augmentation de l'assiette du rendement du système fiscal dans son entier (lutte contre la fraude). On en attend une plus grande efficacité économique, à travers notamment l'amélioration de l'allocation des ressources et de la spécialisation internationale, et en cas de réussite l'accroissement des dépenses publiques productives permi par l'accroissement des recettes budgétaires. L'objectif n'est pas la répartition, contrairement à de nombreuses réformes fiscales menées dans les pays industrialisés et portant sur la structure même de la fiscalité intérieure (impôt sur le revenu, TVA).

Les impôts directs ou les cotisations sociales portant sur les revenus ou le patrimoine, qui sont les instruments de redistribution fiscale par excellence, sont difficiles à mettre en place parce qu'ils supposent une administration fiscale très performante, et un niveau de formalité des revenus plus élevés (société salariale urbaine), outre le fait qu'ils risquent de décourager le développement de facteurs rares (travail qualifié ou capital).

Dans la plupart des cas, la baisse des prélèvements indirects sur la production et la consommation intérieures : taxes sur le chiffre d'affaire ou taxe sur la valeur ajoutée. Cette transition fiscalo-douanière a néanmoins des conséquences distributives importantes, et variables selon la forme quelle revêt et les types d'économies et sociétés auxquelles elle s'applique.

Notre étude a permis d'aborder une discussion théorique et empirique sur les conséquences distributives de la transition fiscalo-douanière dans un petit pays en développement. Dans le chapitre 4, des illustrations dégagées par l'analyse théorique sur deux cas concrets sont mises exergue :

- Le cas de la réforme fiscalo-douanièrede 1994 de l'UDEAC aujourd'hui CEMAC au Cameroun.
- Le cas de la Côte-d'Ivoire a concerné la taxation des exportations agricoles d'une part et la transition fiscalo-douanière d'autre part.

Nous avons utilisé le modèle macro-micro appliqué à partir d'une simulation, notamment le modèle d'équilibre général calculable, bien que présentant des limites pour illustrer le fonctionnement de nos économies actuelles en matière de fiscalité : le cas de la CEMAC.

Nous avons montré le rôle de la transition fiscalo-douanière, son impact budgétaire et financier. Les conséquences budgétaires de cette transition qui s'explique par la baisse des tarifs douaniers compensée, totalement ou partiellement au niveau du budget de l'État, par une augmentation des taxes indirectes (TV A ou autres) portent sur les produits (y compris, bien sur les produits importés). Cette compensation totale ou partielle se justifie particulièrement dans des pays qui ont déjà connu un ajustement drastique des dépenses publiques et où l'on peut considérer qu'elles ont atteint un niveau plancher.

Nous avons aussi montré dans le cas de l'analyse empirique que les économies concrètes présentent des configurations sur lesquelles la théorie ne sait pas toujours conclure directement. Il existe de ce fait de nombreux résultats analytiques sur la structure des systèmes fiscaux, l'impact des dépenses publiques et des externalités associées, les conséquences de l'incompétence des marchés financiers, des imperfections de la concurrence, ou des asymétries d'information entre les agents.

Le plus souvent, les conséquences distributives des politiques économiques ne sont pas faciles à prévoir, et il s'avère donc nécessaire de recourir à des simulations numériques appliquées (optima de second rang, déséquilibres.). Les modèles d'équilibre général calculable sont de ce fait particulièrement adaptés à l'étude du dilemme efficience/équité.

DE SHOVEN et WHALLEY, considérés comme des pionniers du génie des modèles très proches de la tradition Walrasienne, en passant par TAYLOR (qui a développé des modèles d'équilibre général structuraliste centrés sur la répartition) et MERCENIER, consacrant leurs études sur les situations de concurrences imparfaites à l'introduction d'une sphère monétaire, et financière, et des dynamiques temporelles, jusqu'à BOURGUIGNON. F, BARON et MELO, qui ont conçu pour l'étude des phénomènes distributifs dans les pays en développement appliquant des politiques de stabilisations et d'ajustement structurel : telle est une des voies explorées dans notre étude.

Cette maquette dynamique rend compte à la fois des questions de stabilisation macro-économiques de court terme grâce à l'inclusion d'une sphère monétaire et financière, et des phénomènes structurels de plus long terme de réallocation et de croissance.

L'application de cette maquette au Cameroun est très enrichissante pour ce qui concerne la réforme fiscalo-douanière réalisée pendant les années 1994-1995. Les rigidités des économies concernées (CEMAC), s'expliquent par les rigidités des techniques de production, imparfaites substitutions entre produits locaux et produits importés, rigidité du marché du travail salarié formel, chômage urbain et existence des marchés segmentés reliés par des migrations et des mobilités socio-professionnelles peu fluides, caractère oligopolistique des entreprises formelles (industries et services).

Les modalités de la fiscalité implicite dans les PED, ont largement été abordées dans notre étude, notamment, en raison de la forte dépendance des taxes sur le commerce extérieur et de l'exiguïté de l'assiette des taxes intérieures, les États de PED disposent de moyens limités pour accroître leurs revenus. Ils ont ainsi recours à des instruments peu orthodoxes relevant de la fiscalité implicite (appelée aussi opérations quasi-fiscales), pour financer leur surcroît de dépenses comme l'affirme Tanzi (1995).

Cette fiscalité implicite est fortement imbriquée dans les mécanismes de régulation des marchés mis en place par les gouvernements et dépend des caractéristiques de leurs économies.

Nous avons passé en revue quelques-uns des instruments de taxation implicite mis en œuvre dans les PED dont deux d'entre eux ont été examinés de manière détaillée (voir annexe : les taxes implicites sur les revenus agricoles, taxes implicites sur l'intermédiation financière). La taxe implicite sur le commerce extérieur a été abordée et ressort qu'à la suite des chocs sur les termes de l'échange et de la hausse des taux d'intérêt, de nombreux pays en développement se sont vu confrontés à des problèmes de balance de paiements et ont réagi en instaurant des régimes de taux de change multiples et en imposant des restrictions à la convertibilité. La justification théorique au maintien d'un système dual de taux de change tient au fait qu'il permet aux pays subissant un choc externe temporaire de protéger leurs réserves et d'isoler le prix des biens échangeables.

Les analyses faites par HUGON, P (2002) sur le régionalisme institutionnel sont très pertinentes au plan monétaire notamment, la prise en compte de la question de l'intégration par les règles avec d'une part le problème de l'unification des politiques monétaires et celui de la coordination des politiques monétaires. D'autre part, l'auteur aborde en partie la question des zones monétaires optimales dans sa vision ancienne.

Mais lorsqu'on tient compte des taxes officielles ainsi des différentes taxations implicites, on découvre qu'un bon nombre de formes de taxation implicite de pays en développement ont un taux de pression fiscale proche de celui des pays développés. Ces taxes implicites ont pour origine des distorsions et déséquilibres économiques et ne peuvent pas de ce fait constituer une source permanente de revenus pour les gouvernements.

Un autre aspect qu'on aurait pu aborder ici est celui du seigneuriage et la taxe d'inflation. Soulignons que les ressources gouvernementales trouvant leur source dans la création monétaire (seigneuriage) ne constituent pas une modalité nouvelle de fiscalité implicite, mais elle est le plus souvent perçue davantage comme le résultat d'un dérapage de politique économique que d'un acte délibéré des gouvernements. Nous verrons dans le chapitre 8 où nous abordons d'une part des questions des déséquilibres des paiements intrazone et le seigneuriage est abordé sous l'angle keynésien. L'analyse de GNOS. C sur la question est riche d'enseignements. D'autre part, notre apport servira tout simplement à repenser cette politique de la fiscalité implicite dans le contexte de la zone Franc.

En 1940, dans un ouvrage HOW TO PAY FOR WAR, KEYNES avait proposé cette voie en comptant sur l'illusion monétaire des salariés afin de résoudre l'impasse du financement de l'effort de guerre. *Le seigneuriage peut être défini comme la capacité des États d'accroître, en termes réels, l'offre de monnaie.*

Cette partie a aussi abordé la question de la place de la protection sociale fiscalisée dans la reproduction de la force de travail et via ses effets sur le partage de la valeur entre classes ou groupes sociaux dans le régime d'accumulation. L'exemple choisi dans notre étude est celui de *la loi des pauvres en Angleterre, première forme historique de protection sociale fiscalisée du capitalisme parce qu'elle a joué un rôle déterminant dans la transition et parce que son analyse est susceptible d'éclairer les enjeux actuels d'un principe de redistribution du revenu que reprend une nouvelle vigueur dans le contexte de la mondialisation, c'est -à-dire dans le passage à un nouveau régime d'accumulation.*

Nous avons montré dans le cas de l'Angleterre au XVIIIe et XIXe siècle que la protection sociale fiscalisée a d'abord accompagné et favorisé l'accumulation du capital dans l'agriculture, puis a permis un transfert de surplus déterminant du capital agricole vers le capital marchand au moment de la transition. La convergence d'intérêt entre capital agricole et capital industriel s'effaça pour libérer la force de travail au profit de ce dernier.

Des propositions en vue de la réforme de la fiscalité dans les PVD et notamment en Zone Franc ont montré le rôle de ces politiques économiques dans le développement.

Malgré la diversité des approches qui a été développée ici quatre types de facteurs s'imposent qui permettent l'analyse :

- Liens fiscalité et développement ;
- Fiscalité et développement en zone Franc. (pour une fiscalité implicite)
- Fiscalité dans la théorie économique et monétaire ;

Des propositions pour les réformes fiscales et les approches plus réalistes pour les économies modernes : des leçons à tirer pour la zone Franc africaine arrimée à la zone euro dans le contexte de la mondialisation.

En définitive l'étude mobilise un corpus théorique privilégiant les contributions d'auteurs hétérodoxes institutionnalistes (Hugon), Cogneu, post-keynésienne sur le rôle des impôts et de la politique fiscale à travers une critique de la théorie orthodoxe des finances publiques. Le mythe fondateur de cette réflexion est suggéré dans les écrits de Bougrine, Seccareccia, Parguez et Gnos et autres post-keynésiens et circuitistes. On peut alors conclure que les analyses post-keynésiennes et institutionnalistes peuvent être appliqués dans les PVD.

Troisième partie
La création monétaire en zone franc africaine

« Conditions et scénarios : Approches internationales »

> *« La théorie économique ne fournit aucun ensemble constitué de conclusions immédiatement utilisable pour définir les politiques*
> *Il s'agit d'une méthode plutôt d'une doctrine, d'une série d'outils intellectuels qui aident leurs détenteurs à tirer des conclusions correctes »*
>
> John Maynard Keynes

Mots Clés : création monétaire, approches internationale et supranationale de la monnaie, intégration économique européenne, Zone Franc africaine.

Introduction de la troisième partie

Cette troisième partie a pour but d'analyser en profondeur, dans une perspective à la fois historique et comparative, les principaux domaines de l'activité économique en Afrique sur le plan économique et monétaire.

En effet les économies africaines ne se sont pas dégagées d'une structure de production héritée du passé et axée sur la seule exploitation de quelques ressources naturelles.

À l'inverse notre but est d'analyser une politique dynamique de développement, par un effort soutenu de diversification des activités économiques, source d'économies externes et d'amélioration des résultats par unité d'effort. Mais les mentalités changent.

La compétitivité des pays africains de la zone Franc sur les marchés internationaux (monétaires, capitaux, des biens et services, du travail, etc.) obéit-elle à des déterminants des modèles keynésiens des années 1960 (Modèle de Mundell) ?

Grâce à des politiques d'ajustements macro-économiques notamment des taux de change, ces pays ont opté pour un régime de change fixe ce qui caractérise cette zone monétaire comme une expérience originale de zone monétaire. Mais ces modèles ont présenté des limites.

Les possibilités d'intégration qui se développent entre d'une part les pays africains de la zone Franc et la France (et donc avec la construction monétaire européenne) et d'autre part entre pays de la zone Franc entre eux, visent à la création d'un véritable marché commun Africain qui à long terme pourra modifier les conditions structurelles de la compétitivité : la recherche d'économie d'échelle entre autres. (voir le Tableau comparatif entre la CEMAC et L'UEMOA)[80]

Dans cette partie nous abordons dans le chapitre 5, la relation de causalité entre la zone Euro et la zone FCFA, il s'agit en d'autres termes l'analyse des fondements théoriques de l'arrimage du FCFA à l'Euro, et nous présentons les vertus négligées d'une monnaie unique ou commune[81].

Le chapitre 6 aborde beaucoup plus les fondements théoriques de la monnaie internationale, les propositions des approches d'intégration économique en Afrique sont envisagées.

---

[80]CF annexes générales : « dix ans d'inflation dans les pays de la CEMAC), Données regroupées par Credit Risk International ».

[81]Un étude sur la question a été proposé par CLAUDE GNOS ln « transition vers L'UEM : les vertus négligées de la monnaie commune », Revue du marché Commun et de l'Union Européenne, n-360, juillet-août 1992, pp. 621-626

À ce sujet, cette partie s'inscrit dans une perspective comparative et historique dans la mesure où d'autres aspects nouveaux sont abordés, notamment, la dimension anthropologique de l'intégration Euro africaine en général, la conception juridique de l'intégration.

Mais la nouvelle donne économique mondiale rend de nos jours les constructions régionales indispensables, mais la dévaluation du Franc CFA reste la référence la plus marquante dans l'histoire des ajustements macro-économiques en Zone Franc. C'est pourquoi cette partie tentera aussi d'aborder cette question qui est à l'origine de l'accélération du processus d'intégration dans la zone étant donné que cette zone qui a réalisé un schéma inverse à l'Union européenne est une zone complète de plus de trente années. Ce qui a expliqué sa plus grande fragilité. Le contexte européen est justifié par une union économique et financière établie au préalable. L'arrimage du FCFA à l'Euro est un problème d'actualité et sera bien abordé ici.

La recherche d'une approche médiane et équitable ne peut être trouvée qu'en abordant toutes les questions que propose cette partie.

Cette approche que nous allons rechercher est la résultante des approches déjà existantes, il s'agira de faire un choix en donnant un apport personnel sur la question : nous n'allons pas oublier que la théorie économique et monétaire a joué un rôle très important dans l'élaboration des zones monétaires nationales et internationales, dans ce sens nous avons voulu insérer dans le chapitre 6, une section intitulée : les avantages de la flexibilité du taux de change : les leçons à tirer des crises monétaires, où nous abordons le problème de la mobilité du capital et la stabilité bancaire :

Cette méfiance vis-à-vis d'une stabilisation trop rigide de la monnaie s'applique tout aussi bien aux pays riches qu'aux pays pauvres, c'est d'ailleurs la raison pour laquelle les pays membres du FMI qui ont adopté des taux de change flottants représentent désormais les deux tiers des pays représentés dans cette institution alors qu'ils étaient largement moins du tiers en 1975.

Dans un monde où le capital est mobile internationalement, les autorités doivent choisir. Il semble que, de plus en plus souvent, elles acceptent de reconnaître que la stabilité du système bancaire est plus importante que le prestige d'un taux de change fixe. Nous ne saurions terminer cette partie sans dire un mot sur J-M Keynes sur les réformes monétaires. (c'est l'approche historique de la monnaie qui sera abordée).

D'autres approches telles : l'anthropologie économique de la monnaie sera envisageable (l'analyse PARGUEZ.). Ces approches institutionnelles ouvriront un débat que nous aborderons pour des recherches futures.

Chapitre VI
Les fondements pour une approche internationale de la zone franc africaine à l'heure de l'euro

Introduction du Chapitre VI

Dans ce chapitre, nous abordons la question de la relation de causalité entre le Franc CFA et l'EURO, en d'autres termes il s'agit des débats théoriques et des analyses, portant sur l'arrimage de la monnaie Franc CFA à la monnaie européenne.

Les réalités de l'ancrage Euro-FCFA, sur le plan technique démontraient déjà en fin d'année 1998, que le passage du Franc français à l'Euro comme ancre monétaire du Franc CFA, est automatique et sans incidence sur le fonctionnement de la zone Franc.

En effet en s'inspirant de la déclaration sans ambiguïté du ministre français de l'Économie, des Finances et de l'Industrie de l'époque M. Dominique Strauss Khan, à l'issue de la réunion avec les les quinze ministres de l'Économie et des Finances des pays membres de la zone Franc qui s'est tenue à Paris les 30 septembre et 1er octobre 1998 qui stipule :

« Rien ne change. La relation entre la France et les pays de la zone Franc ne change pas et continue à être gérée par la France comme avant. La parité sera chiffrée en Euro, mais les mécanismes demeurent les mêmes qu'avant. »

D'un point de vue juridique, c'est l'acceptation de l'article 109. 584 qui l'a emporté.

Ainsi, s'il semble établi qu'à court moyen terme l'arrimage Euro-FCFA s'est produit, qu'en est-il pour l'évolution de ce scénario à long terme ?

Pour certains, l'encrage du Franc CFA et de l'Euro est un ancrage opportun. Comme nous le verrons dans **l'encadré**[82], il existe un certain nombre d'avantages de l'ancrage du FCFA à l'Euro. Il s'agit des atouts non négligeables pour les pays de la zone Franc et à cet égard, ils doivent profiter du développement de l'Euro fiduciaire comme moyen de facturation du commerce international et comme monnaie de réserve. De même, cette situation nouvelle leur permettra de bénéficier d'un lien monétaire et commercial privilégié avec l'ensemble des pays européens et les échanges comme les investissements pourront s'intensifier étant donné que 60 % de leur commerce extérieur s'effectue avec l'Union européenne.

---

[82]Confère encadré 8 à la fin du chapitre 6

Depuis la dévaluation du FCFA de janvier 1994, les pays de la zone Franc avaient entamé une longue marche vers l'ajustement structurelle et l'accélération du processus d'intégration. Ces vastes chantiers en cours supposent aussi que la monnaie unique ne soit pas remise en cause dans ses fondements. En plus un Franc CFA rapproché à l'Euro devrait permettre une gestion économique et monétaire plus rigoureuse nécessaire au développement.

Mais on peut aussi se demander si les économies de la zone Franc pourront supporter à long terme les contraintes d'un Euro fort ou encore d'une compétitivité accrue. L'émergence de certaines contraintes, telles que nous l'avons présenté notamment dans de nombreux débats qui ont précédé la dévaluation, ne pourrait-elle pas remettre à long terme la volonté africaine de cet arrimage ?

Nous avons subdivisé ce chapitre en trois sections à savoir :

I : Fondements théoriques et analyses ;

II : Le rattachement ou le détachement du FCFA à l'Euro : Un problème d'actualité (les scénarios du futur) ;

III : Les vertus négligées d'une monnaie unique et/ou commune.

I. Fondements théoriques et analyses

Nous abordons ici d'une part la problématique de l'Euro-FCFA, de l'avenir européen pour l'Afrique, les fonctions de la monnaie oubliées ; d'autre part la question de la définition de la zone Franc.

I.1 - La problématique de l'Euro-FCFA

Notons que les débats qui ont porté sur la ratification du traité de Maastricht dans des pays de la communauté européenne ont concerné les chances que représente pour eux la mise en place d'une monnaie unique. Toutefois, le problème de la zone Franc ne peut se résumer qu'au cas des pays de l'Europe.

D'abord, la particularité de la zone réside dans le fait que celle-ci constitue une zone monétaire complète vieille de plus de trente années. La zone Franc s'est réalisée avec un schéma inverse de l'Union européenne, d'où sûrement sa plus grande fragilité.

En effet, l'Union européenne est l'aboutissement d'un long processus qui a commencé avec le marché commun, complété par la suite par le grand marché intérieur, et pendant laquelle les progrès économiques ont accompagné les progrès monétaires. Les pays de la zone s'ils ont accepté de perdre leur souveraineté au moment de leur indépendance, ont tenu à conserver un minimum d'attributions et à exercer pleinement leur souveraineté dans le domaine économique.

Depuis, les États tentent comme nous l'avons signalé plus haut de remédier à ce défaut avec un succès relatif. Ainsi, au moment où l'Europe monétaire se justifie dans une Europe Économique, l'incapacité de la zone à dépasser la coopération monétaire a rendu celle-ci vulnérable.

Une particularité de ces pays membres de la zone Franc, tient à la définition même de son rattachement monétaire avec la France :

- D'une part, leur parité est restée fixée avec le Franc pendant plus de trente années ;
- D'autre part, la France lui garantit une convertibilité par l'intermédiaire de ses comptes d'opération la reliant aux deux banques centrales de la zone.

Si les comptes d'opération sont créditeurs, leur convertibilité est garantie sur le DTS, sinon certaines clauses tentent de lui éviter des dérapages, mais aucun plafond n'existe formellement. Certaines estimations ont relevé que le coût moyen du soutien en devise de la zone Franc s'élèverait à 20 milliards dont 9 milliards pour racheter les billets sortis de la zone. Tandis que dans le SME., le taux de change n'était pas totalement stable et la convertibilité est limitée aux soldes d'intervention des banques centrales.

Dans le contexte européen, l'union monétaire est justifiée par une union économique et financière établie au préalable. L'instauration de l'ECU aujourd'hui Euro a été apparu de ce fait plus nécessaire comme l'aboutissement de l'Union européenne. Dans la zone Franc, cet arrimage ne s'est pas opéré sans pour autant poser certains problèmes et introduire certaines distorsions et aberrations.

Ainsi, par l'intermédiaire du Franc français, le Franc CFA était rentré dans le SME. Augmentant d'autant le nombre de ses fluctuations, il n'en est pas moins que la stabilité du Franc français depuis quelques années avait fait que le Franc CFA soit une monnaie aussi forte que le deutsche mark[83].

Ainsi pour Lélart, la libéralisation des capitaux et des services financiers accroît la compétitivité des institutions financières dans la communauté et incite l'épargne locale à venir se placer en Europe. Cette sortie de capitaux rendue possible par la convertibilité du Franc FCFA a été en partie compensée par les crédits et surtout les investissements français et étrangers en Afrique, mais les uns et les autres ont sensiblement diminué depuis quelques années bien avant l'arrimage du FF à, l'Euro.

La libéralisation financière qui a accéléré l'arrimage doit se faire avec prudence, car celle-ci nécessite une stabilité macro-économique qui n'est pas forcement garanti dans la zone Franc.

Au total, la convergence des économies européennes rend nécessaire une plus grande rigueur dans les politiques budgétaires, qui si elles restent nationales, seront soumises à de fortes contraintes. Dans ce contexte, la France

---

[83]M. Lelart reconnaît lui-même cette aberration en s'interrogeant sur le fait de savoir s'il est normal que la monnaie du Niger ou du Tchad par exemple soit aussi forte que L'ECU qui circulera dans la communauté.

pourrait-elle se permettre de favoriser ses partenaires africains alors que d'autres priorités telles les pays de l'Est nécessitent une aide importante afin d'effectuer leur transition vers l'économie de marché ? Le coût de la zone Franc peut-être très élevé. Comme nous l'avons vu précédemment, la nécessité de combler les déficits était, une lourde charge.

I.2 - L'avenir européen pour l'Afrique

Nous abordons ici l'avenir européen très difficile pour l'Afrique notamment, l'épineux problème de l 'Europe des quinze et /ou des vingt-cinq. (et aujourd'hui des vingt-sept).

Si aujourd'hui, ces pays s'accordent tous à considérer que les pays de la zone Franc restent sous la responsabilité de la France, considérant finalement que cela ne constitue qu'un simple problème budgétaire, la contrainte réelle qu'ils représentent risque fort de remettre en cause une telle considération.

Étant donné que, ces pays n'ont été associés ni de près ni de loin aux diverses phases des négociations, aussi bien celles qui ont conduit en 1986 à la signature de l'Acte Unique, que celles qui, ultérieurement, ont conduit à la définition du processus monétaire.

S'agissant du cas particulier de la zone Franc dont on aurait pu penser qu'elle serait l'objet de négociations ou de dispositions spécifiques, eu égard à la disparition du Franc français qui a eu lieu au profit de l'Euro, et à l'importance des implications monétaires et économiques pour les pays africains membres, aucune allusion explicite n'y est faite dans les textes relatifs à l'union monétaire. Ainsi, malgré le fait que cette union monétaire double pratiquement le nombre de participants au SME l'Europe a omis d'intégrer les préoccupations africaines dans le processus de négociations comme si ces dernières n'étaient considérées seulement de façon incidente. En effet, les pays de la zone Franc avaient besoin de cette reconnaissance au sein du SME. Ces pays à forte spécialisation en produits primaires sont très dépendants de la conjoncture internationale et doivent la plupart du temps s'adapter aux conditions de l'économie mondiale ou des économies industrielles. Ces pays influencent faiblement le marché. Certains auteurs pensent aussi que et c'est ce qui est vrai, si l'on considère l'ensemble du cadre de l'économie mondiale, on pourrait considérer que les pays de la zone Franc ou pays satellites évoluent dans un système de « zone optimale à pays leader ». Celle-ci étant constituée des pays industriels. *Les pays industriels déterminent en effet les mécanismes d'ajustements de la zone Franc à travers leur politique économique. Dans ce cadre, l'ajustement est asymétrique en ce sens que ce sont les pays faibles qui sont obligés de s'ajuster aux conditions déterminées par les pays « leader ». Ce qui justifie que le poids de l'ajustement soit parfois supporté pratiquement en totalité par les agents économiques de ces pays qui s'ajustent ainsi d'une part à la baisse des cours sur le marché international, et d'autre part, aux mutations de la nouvelle division internationale où les hiérarchies et donc des économies est déterminée par la capacité technologique et le degré de valeur ajoutée qui peut être mise sur le marché.*

De ce fait la résorption des déficits notamment extérieurs implique une orientation des pays satellites vers le secteur d'exportation, et dans le cas des pays africains vers des productions primaires. Alors les politiques économiques des pays industriels, polarisées par l'objectif de désinflation imposent une rigueur qui, dans les pays africains peut se traduire par une croissance négative et une déflation. Cette tendance pouvait dans le cadre du SME s'accentuer. En effet, le SME s'analysait comme une zone mark, de telle sorte que la politique économique allemande en général, sa politique monétaire en particulier, donne l'orientation générale des politiques économiques chez les partenaires, même lorsque leurs objectifs ne sont pas les mêmes que ceux de l'Allemagne, essentiellement préoccupées par la maîtrise de l'inflation. C'est pourquoi l'adhésion de l'Allemagne au projet monétaire a été conditionnée par le degré d'indépendance qui serait accordée au système européen des banques centrales, degré d'indépendance qui doit être au minimum, égal à celui de la BUBA.

Ainsi, les Allemands estimaient que pour mieux illustrer leur préoccupation à ce sujet, que le siège du SEBC devrait être à Francfort, symbole de l'indépendance de cette banque centrale.

Tous les pays du projet étaient alors obligés de s'aligner ou d'adhérer à cette proposition. Il s'agissait particulièrement de la France où l'objectif du Franc fort réduisait le degré de liberté des autorités françaises à s'écarter durablement des orientations économiques allemandes. L'exemple le plus souvent cité est celui du relèvement des taux intervenus en décembre 1991, après le sommet de Maastricht. Cette préoccupation de l'Allemagne de maîtriser l'inflation qui risquait de déraper aux yeux des autorités monétaires (eu égard au déficit budgétaire dû en partie aux charges de l'unification) avait relevé le taux de base de la BUBA qui était ainsi passé de 7,5 % à 8 %. La France par contre avait pour objectif de relancer l'investissement pour soutenir la croissance, d'autant que le chômage ne cessait d'augmenter et avait franchi la barre des trois millions de demandeurs d'emploi. Il faut préciser que la France était très préoccupée du ralentissement de son économie et un des axes préoccupants était depuis 1990, la baisse des taux d'intérêt :

- les premières baisses sont intervenues en octobre 1990 ;
- mais le relèvement du taux de base de la BUBA a contraint la Banque de France à relever aussi son taux de base, passé de 9,25 % à 9,75 % pour que le différentiel des taux ne mette à mal la position du Franc sur les marchés.

Ainsi donc, la France s'était ajustée de façon asymétrique à l'Allemagne. Cette analyse asymétrique d'ajustement a été faite non seulement dans le cadre général d'une zone monétaire optimale[84], mais aussi dans le cas

[84]Cf Mundell, 1961

particulier du SME est dans cet exemple une illustration valable tant dans le cadre des relations entre pays industriels et pays sous-développés en général que particulièrement dans le cadre des relations entre l'Europe et la Zone Franc.

Disons aussi que lorsque s'est produit, à partir des années 1970, un renversement de la tendance des cours des matières premières, et plus précisément du pétrole, l'apparition des déficits des paiements a été générale, mais leur résorption s'est traduite par un ajustement asymétrique et très coûteux, au détriment des pays sous-développés. Ainsi les pays industriels ont pu à leur tour opérer un ajustement rapide grâce à l'absorption par les marchés financiers.

L'ajustement des pays en développement s'est dans la pratique traduit par un endettement de plus en plus élevé qui avait induit une lourde charge et des flux de plus en plus croissants de transferts pour le service de la dette.

Les pays en voie de développement ont été obligés à recourir à des mesures de stabilisation drastiques affectant la demande intérieure et le niveau d'emploi dans ces pays :

- l'activité économique s'en est ainsi fortement ressentie, avec des taux de croissance négatifs
- Les politiques d'ajustement élaboré par le FMI et la Banque Mondiale traduisent bien cette asymétrie ;
- l'effort du processus étant entièrement supporté par les pays engagés ;
- la résorption de ces déséquilibres a conduit ainsi à un ajustement drastique dont le poids est essentiellement supporté par les agents économiques internes.

Nous pouvons dire aussi que cette asymétrie s'est observée en particulier dans le cas de la zone Franc. Le lien monétaire avec la France conduit celle-ci à veiller à ce que les effets d'éventuels déséquilibres partenaires n'exercent aucune influence sur elle, du fait des clauses garantissant les accords de coopération monétaire.

Comme nous l'avons déjà signalé précédemment, tout déficit entraîne des mesures d'ajustement très strictes et qui se traduisent par exemple, par une politique monétaire restrictive amenant les taux parfois à 21 % comme c'était le cas de la BEAC en 1990.

L'intégration monétaire européenne qui était un risque pour le renforcement de cette asymétrie s'est faite sans difficulté pour les pays de la zone Franc, d'autant que les autres avantages ne semblaient s'imposer d'évidence.

Ainsi donc le renforcement de l'ajustement asymétrique pourrait défavoriser l'intégration des économies de la zone si elle tend à renforcer le poids des spécialisations traditionnelles qui se caractérise par les faits suivants :

- Étant donné que la structure des exportations africaines est essentiellement dominée par des productions agricoles et minières dont les parts de marché se rétrécissent régulièrement compte tenu des mutations des économies industrielles du fait des avancées technologiques permettant l'apparition de substituts ;
- De plus pour certaines matières premières, la zone Franc se trouve en concurrence avec d'autres producteurs, au sein des ACP ou d'autres pays ;
- On pourrait aussi penser que les pays africains vont bénéficier du marché, à travers une diversification de cette production, mais rien n'est moins sûr, d'autant que l'ajustement tend plutôt à renforcer la production primaire traditionnelle sous l'hypothèse que la restructuration des filières, en fait des baisses des prix aux paysans, en améliorant la compétitivité.
- Or il faut plutôt s'attendre à l'effet inverse d'une baisse des prix.
- S'agissant de l'afflux des capitaux, le mouvement à priori ne peut être considéré comme acquis, dans le sens Europe-Afrique. Les charges de la dette et la dynamique des marchés financiers conduit en effet à une polarisation de l'épargne intérieure africaine, et de la zone Franc en particulier, vers les grandes places financières, ainsi qu'on peut le vérifier du fait que les transferts nets sont négatifs pour la zone Franc. Il y a, en effet, plus d'intérêt à placer sur les marchés européens qui bénéficient de la dynamique de l'innovation financière grâce auxquels on peut réaliser des gains dans un temps plus court et avec une diversification du risque plus grande. Les flux d'investissements dans la zone Franc restent très faibles.

Pour ce qui concerne les investissements dans la zone la plupart représenté dans le secteur pétrolier et le poids total des investissements français dans le stock d'investissements étrangers est estimé à 40 %.

Un afflux de capitaux vers la zone ne pourrait se faire qu'avec des primes de risques importantes, se traduisant par des taux très élevés susceptibles d'hypothéquer l'investissement.

Cette argumentation est vraie particulièrement pour les pays de la zone Franc où la libre transférabilité devrait jouer très favorablement au bénéfice de l'Europe, comme elle l'est déjà en faveur de la France.

Le tableau ci-dessous nous montre la position extérieure nette des banques commerciales de l'Afrique centrale bien avant l'entrée en vigueur du processus d'unification monétaire européenne (de 1996 à 1998).

On remarque une polarisation de l'épargne en Afrique Centrale et cette polarisation ne pourra être compensée par un flux d'aide équivalent, d'autant que la croissance de ceux-ci ne peut être tenue pour acquise, surtout que les budgets européens vont être soumis à de très fortes contraintes, en particulier avec la politique agricole commune. De plus, la CEE, comme d'ailleurs l'ensemble des flux d'aide des pays industriels évolue à la baisse depuis plusieurs années surtout si l'on s'intéresse à sa valeur en terme réel. Et même les mécanismes de compensation de la baisse des cours des matières premières mis en place tels que le STABEX ou le SYSMIN ont beaucoup de mal à remplir leur fonction.

Certains auteurs pensaient déjà que dans le domaine de la mobilité du travail, il risque là aussi de se poser un problème au sein de la CEE. Ainsi l'uniformisation des politiques demain d'œuvre semble être orientée vers une limitation de l'immigration en provenance du Sud, et donc des pays de la zone.

Au total en considérant l'ensemble de ces événements, l'intégration européenne en l'état actuelle prendra du temps, mais ces effets auront sans doute un impact sur la zone Franc. Si les pays de la zone Franc ont commencé à restructurer leurs économies et accélérer le processus d'intégration, la réalisation complète de ces chantiers pourrait mettre de temps que lui impose le calendrier européen. De plus, malgré toute sa volonté, elle connaissait un environnement conjoncturel qui ne la favorisait pas trop.

À notre avis, l'imminence de l'entrée en vigueur de la phase III de l'union économique et monétaire européenne constituait la deuxième chance pour les pays africains de la zone Franc de s'interroger sur le statut de la monnaie CFA au sein de leur économie. Ainsi donc, le changement de parité entre le Franc français et le Franc CFA qui s'est traduit par la dévaluation de 50 % de la monnaie FCFA, et l'avènement de la monnaie de l'Union européenne interpellaient de plus les dirigeants africains qui devraient donc choisir entre héritage historique et réalité.

En effet, la question de l'héritage historique sera abordée dans le chapitre 9 (tome 2) où nous allons consacrer une étude pour une approche historique et anthropologique de l'économie en zone Franc.

Avant donc de présenter les fondements théoriques de zone Franc, il serait d'abord nécessaire de faire l'analyse de la monnaie FCFA à la lumière de la conjoncture internationale (voir paragraphe suivant après le tableau 15).

Tableau 1 :

Position extérieure nette des banques commerciales de l'Afrique centrale

	1996	1997		1998	
	Décembre	uin	Décembre	Juin	Décembre
Avoirs	154368	160401	146869	170315	154498
Engagements	111700	90859	104124	106955	120559
Position extérieur nette	42668	69542	2745	63360	33939
Cameroun					
Centreafrique	7977	37465	23560	28689	18649
Congo	-1541	-710	-821	-1420	-853
Gabon	3855	10289	5646	6888	-7206
Guinée équatoriale	29426	14719	5014	20477	5678
Tchad	1548	288	-2213	2656	7224
L	1403	3491	11619	6070	10447

Source : rapport de la réunion des ministres des Finances et de l'Économie des pays de la zone Franc (avril 1999)

I.3 - Les fondements théoriques de la monnaie et le problème du taux de change optimum

Dans ce paragraphe nous abordons les fondements théoriques de la monnaie dans le cas du Franc CFA, qui semblent être oubliés. Il se pose ici trois types de problèmes que nous allons aborder séparément :

- le problème du coût de la parité fixe ;
- le problème du taux de change optimum ;
- le problème de la définition de la zone Franc

A) Le problème du coût de la parité fixe : approche internationale de la fixité du FCFA

Notons qu'un des fondements de la zone Franc a été la parité fixe entre le Franc CFA et le Franc Français qui a disparu (aujourd'hui avec l'euro). Le cours de change ainsi établi constituait « un prix administré » par les autorités sans considération des lois du marché.

Ainsi jusqu'en 1973, une telle fixité pouvait se justifier puisque le système monétaire international était régi par une fixité des changes. Après l'éclatement du système de Bretton-Woods, on ne pouvait que s'interroger sur le maintien d'une telle contrainte et ces conséquences sur les économies africaines.

Mais avant donc d'étudier les conséquences de ce choix, nous allons d'abord examiner les différents régimes de change qui existent et les régimes de taux de change optimaux, bien qu'abordés dans la première partie de notre travail (voir chapitre 1).

L'argument le plus souvent avancé invoque comme avantages du régime de taux de change, la suppression des coûts de transaction et la stabilité des revenus d'exportations. Cependant, depuis l'éclatement du système de Breton-Woods, résultant de tensions financières et de déséquilibres externes, ces avantages ont été remis en cause. C'est pourquoi, désormais, la plupart des pays fonctionne sur le système de « flottement généralisé », dans lequel il n'existe ni unité de compte ni valeur de base pour l'ensemble du système, un rôle précédemment joué par l'or.

Pour ce faire, chaque pays est désormais libre de rattacher sa monnaie à une autre monnaie ou à un panier de monnaies, comme les DTS pour le FMI ou de permettre les taux de change de varier selon les forces de marché.

C'est pourquoi depuis 1973, les pays ont adopté des changes d'une plus grande souplesse. Si 63 % des régimes de change étaient rattachés à une monnaie en 1976, ce pourcentage est tombé à 25 % en 1994. Les rattachements au dollar et à la livre ont fortement diminué, mais dans la zone Franc pendant toute cette période c'est maintenu fixe avec le Franc.

D'un côté, les pays rattachés au DTS ne sont plus que 2 % en 1994. Par contre, le pourcentage des pays ayant opté pour un rattachement de leur monnaie au panier de monnaies des principaux partenaires commerciaux est resté presque inchangé (13 % en 1976 et 14 % en 1994).

La décision prise par un nombre croissant de pays en voie de développement de passer du système de rattachement à une seule monnaie à celui du rattachement à un panier de monnaie composite se justifie en partie par leur désir de limiter les effets défavorables sur leur économie des fluctuations dans les taux de change des principales monnaies qui ont eu lieu depuis 1973, particulièrement dans les 1980. Ces fluctuations ont entraîné divers problèmes pour les pays en voie de développement, allant de l'incertitude sur la profitabilité des investissements dans le secteur des biens échangeables à la gestion des finances publiques, de la dette extérieure et des avoirs extérieurs.

Dans les régimes de change souples, bien que très nombreux, on compte des dispositions très variées d'un pays à l'autre. La majorité des pays ont opté pour un flottement dirigé c'est-à-dire que les autorités ajustent le taux périodiquement selon leurs propres besoins, bien que dans la pratique le système à taux souple s'échelonne entre deux extrêmes, allant de ceux qui fonctionnent sous un régime de rattachement à ceux où le taux nominal peut s'apprécier ou se déprécier de façon relativement libre. Dans le flottement souple, on distinguait le SME où les monnaies étaient rattachées entre elles, mais flottent par rapport aux monnaies extérieures, le flottement indépendant, choisi par le Japon et les États-Unis où le taux est essentiellement déterminé par le marché ou encore l'ajustement du taux en fonction d'une série préétablie d'indicateurs comme au Chili et à Madagascar.

Ainsi, le pourcentage des pays reposant sur un système de taux de change flexible se situe autour de 58 %.

L'utilisation de changes flexibles dans les pays en voie de développement peut-être attribué à plusieurs facteurs :

1 /le taux d'inflation dans plusieurs pays s'est fortement accru durant les années 1980. Cette accélération du taux d'inflation prononcée dans les pays d'Amérique latine, mais aussi dans certains pays africains et européens. Ces pays étaient placés dans l'obligation de déprécier rapidement leur monnaie pour éviter une détérioration de leur compétitivité extérieure.

21 l'adoption de taux change plus flexibles a été encouragée par les incertitudes résultant des fluctuations des principales monnaies pour en réduire l'impact sur leur économie ; et du fait de la mauvaise image politique attachée à la dévaluation dans un système de rattachement, un nombre croissant de pays ont trouvé plus simple d'adopter un régime plus flexible pour ajuster leur taux de change sur la base d'un panier de monnaies. Ce type de régime permet, en effet, aux autorités de prendre avantage des fluctuations des principales monnaies pour camoufler la dépréciation effective de leur taux de change, en évitant les répercussions politiques d'une dévaluation.

À la lumière de tous ces différents types de taux de change et des argumentations qui les justifient, on peut se demander s'il existe un régime de taux change optimal.

B) Le problème de change optimum

Comme nous l'avons déjà vu précédemment, nous étendons l'analyse sur le modèle de Mundell-Fleming[85], dont l'une des grandes leçons de ce modèle est que le comportement d'une économie est fonction du système de taux de change qu'elle adopte. En partant de l'hypothèse d'un régime de taux de change flottants ; la Banque centrale laisse le taux de change s'ajuster librement aux variations des conditions économiques. Nous allons voir comment l'économie fonctionne en régime de taux de change fixes (cas du FCFA), et nous allons évaluer les mérites respectifs des deux régimes.

Il s'agit ici du problème de gestion optimale du taux de change. En effet, le régime de change optimal dépend des objectifs économiques fixés par les autorités. Il est donc très difficile de définir un régime de change optimal

[85]Ce modèle a été élaboré au début des années 1960. On trouvera les apports de Mundell in Robert A. Mundell, *International* Economics (Neww-York : Macmillan, 1968), et celles de Fleming in J. Marcus Fleming, » Domestic Financial Policies under Fixed and under Floating Exchange Rates », IMF *Staff Papers* 9 (novembre 1962) : 369-379

applicable à l'ensemble des économies tant dans une économie fermée qu'ouverte.

Surtout que la plupart des économies mondiales sont des économies ouvertes, ce qui veut dire qu'elles exportent une partie des biens et services qu'elles produisent et qu'elles importent certains des biens et services qu'elles consomment. En outre, les économies ouvertes empruntent et prêtent sur les marchés financiers internationaux.

Le premier problème à examiner est d'abord la définition de l'objectif économique que les autorités cherchent à atteindre. Du point de vue théorique, l'objectif le plus recherché est la stabilitédu produit national en termes réels. Ce problème se résume alors à savoir comment mieux gérer le taux de change pour limiter le variation du produit réel autour du niveau du plein emploi des capacités dans un contexte de chocs inattendus provenant de sources aussi bien extérieures qu'intérieures.

La plupart des théoriciens admet qu'aucun des choix extrêmes, c'est-à-dire un taux de change complètement flexible ou fixe, n'est optimal. La solution paraîtrait être un intermédiaire entre ces deux systèmes. Le problème reste à déterminer le degré de flexibilité à adopter.

La réponse à cette interrogation dépendra du type de choc auquel l'économie considérée est confrontée :

- Par exemple, si une économie est confrontée à des chocs extérieurs, l'adoption d'un change flexible peut permettre l'absorption de ces chocs.
- Par contre, si le pays est confronté à une baisse internationale de ses produits d'exportation, il pourrait stabiliser ses prix intérieurs par un ajustement convenable du taux de change.

Dans le cas d'une économie confrontée à des chocs internes, la gestion du taux de change dépendra de la nature de ces chocs s'ils sont réels ou monétaires :

- Si ces chocs étaient de nature monétaire, le régime optimal serait alors un régime à taux fixe. Dans la mesure où l'offre de monnaie est endogène dans un régime de taux de change fixe, les perturbations dans le marché de la monnaie seraient simplement absorbées par la variation des avoirs sans affecter le niveau de la demande et de l'offre dans le marché des biens qui déterminent le niveau de l'activité économique.
- Par contre si les chocs sont réels (cause climatique par exemple), le taux de change devrait être ajusté pour stabiliser le produit national en générant ou en annulant la demande extérieure. L'appréciation du taux de change amortirait l'effet d'un choc positif de la demande intérieure en dirigeant une partie de cette demande vers l'extérieur.

Au total, ces deux types de caractéristiques ne suffisent pas à définir une politique optimum de taux de change, elle dépend d'autres facteurs qui ne sont plus relatifs cette fois aux chocs transitoires, mais à la composante structurelle de ces économies.

Par exemple des caractéristiques telles que le degré d'ouverture, la mobilité du travail ou encore celle du capital sont autant de facteurs à prendre en compte (Cf Mundell, 1960) :

1/ *On pourrait penser que plus un pays possède un degré d'ouverture élevé,* plus sera important la nécessité pour lui de bénéficier d'un taux de change fixe du fait des répercutions des coûts potentiels de fréquents ajustements du taux de change sur les transactions internationales :

- De plus, une telle ouverture rend le taux de change fixe plus efficace en canalisant à l'extérieur un choc monétaire national (l'absorption de chocs monétaires internes se fera par des variations d'avoirs extérieurs) ;
- D'autre part, l'ouverture aide l'ajustement du taux de change à stabiliser le produit national en cas de chocs exogènes, cela devrait nécessiter de plus fréquents ajustements du taux de change.

2/ Un autre critère élaboré par Mundell, est la mobilité des capitaux qui lie directement les taux d'intérêt internationaux aux taux d'intérêt intérieurs. Elle influence en effet l'efficacité de l'ajustement du taux de change dans sa capacité à stabiliser l'économie.

Considérons, par exemple, une augmentation de la demande extérieure associée à une politique monétaire expansionniste et un déclin correspondant dans les taux d'intérêt extérieurs. Dans un régime. Dans un régime de change fixe, et en présence de mobilité de capitaux, les taux d'intérêt internes vont aussi baisser, renforçant les effets déstabilisateurs de la demande extérieure élevée jouant à travers le compte courant. Dans cette situation, le taux de change courant nécessite d'être apprécié pour stabiliser l'économie nationale.

D'autre part, si l'augmentation de la demande extérieure est associée à une politique budgétaire expansionniste, l'augmentation concomitante des taux d'intérêt va tendre à compenser l'effet déstabilisateur de la forte demande extérieure sur le produit national.

Un tel raisonnement montre que, dans un régime de taux de change fixe, un haut degré de mobilité des capitaux amplifie les effets déstabilisateurs d'un choc provenant de la demande intérieure. Dans le cas d'un choc monétaire intérieur, un haut degré de mobilité des capitaux rend les taux de change fixe plus efficace dans la stabilisation du produit national en limitant les effets des mouvements déstabilisateurs sur les taux d'intérêt intérieurs.

3/ Enfin, le degré de rigidité des salaires a aussi un impact sur l'efficacité de la politique de taux de change. Les effets d'une dévaluation nominale sur les variables macro-économiques dépendent de manière cruciale de la manière dont les prix et les salaires nominaux réagissent à une dévaluation. Quant le degré d'indexation des salaires au niveau général des prix est fort et quand l'économie est très ouverte, l'effet de la variation des taux de change sur le salaire réel et le produit national sera faible.

Nous venons de présenter les mérites des deux régimes de change, ils présentent chacun les avantages et les inconvénients selon que l'on se trouve dans une économie fermée ou ouverte.

Mais une définition de la zone Franc paraît évidente si l'on regarde son fonctionnement parle passé et surtout avant la dévaluation de 1994, car ces pays ont opté pour un régime de change fixe compte tenu la stabilité monétaire de la zone depuis sa création. Dans le cas de la zone Franc voyons si ces facteurs exposés sont vérifiables.

C) La recherche d'une définition de la zone Franc par rapport aux régimes de change optimal

– Si nous tenons compte de la façon dont on peut mieux déterminer l'incidence d'un régime de taux de change, doit-on considérer la plupart de ces facteurs ?

Notons que dans le cadre de la zone Franc d'Afrique, on pourrait définir trois caractéristiques principales à savoir :

– les économies de la zone Franc d'Afrique sont très exposées aux chocs ;
– Ces économies sont vulnérables aux chocs intérieurs ;
– dans ces économies, les salaires n'y sont pas indexés.

1/ En effet, les économies africaines de la zone Franc sont pour la plupart des économies agricoles ou minières reposant sur peu de produits d'exportation qui contribuent pourtant à 80 % des exportations totales et représente la moitié du produit national : pour ce faire, la croissance y est donc fortement influencée par les fluctuations des matières premières et du cours du dollar.

2/ D'autre part, les chocs internes se manifestent par une forte dépendance aux conditions climatiques du fait de sa spécialisation en matière agricole. C'est ainsi que les pays du Sahel sont un exemple frappant, en période de conditions favorables, qui sont auto-suffisants alimentairement, mais en période de sécheresse, ils ont recours à l'aide alimentaire.

3/ Enfin, ces économies ont rarement un système d'indexation de leur salaire aux prix. Mais en tenant compte de l'analyse précédente, tout porterait à penser que, les pays de la zone Franc seraient dans une situation plus optimum dans un régime de change moins rigide. Il faut ajouter que certes, il est vrai que le système de compensation du Trésor français tend à pallier à la faiblesse de ces pays aux chocs externes, mais la dévaluation de janvier 1994, la baisse des matières premières semblent indiquer que ce processus reste coûteux pour les pays de la zone. Ces pays avaient préalablement bien tenté de parer aux faiblesses d'un tel système, mais sans succès.

Signalons qu'il existe des substituts à l'ajustement des taux de change. Par exemple, lorsque la chute des prix à l'exportation est à l'origine de la dégradation de la balance courante, une subvention aux exportations peut être utilisée. Mais, hélas, une telle entreprise avait été mise en place dans la zone Franc, celle-ci a été couronnée sans succès, le fait que l'argent des caisses de subvention ayant été détourné au profit des dépenses publiques.

C'est pourquoi l'utilisation de la protection commerciale comme substitut comporte quant à lui différentes contraintes que nous évoquons :

- il implique des coûts administratifs ;
- il introduit des distorsions dans le marché ;
- son abus pourrait conduire à des importations clandestines pouvant entraîner une baisse des recettes fiscales et un déficit public.

Donc, ces pays dans l'incapacité d'avoir recours à ces substituts, ont-ils opté pour un ajustement interne impliquant des coûts pour les recettes fiscales ou bien l'investissement ?

Notons de ce fait que, les taxes à l'importation et sur les biens échangeables dans les pays de la zone Franc représentent près de 80 % des recettes de l'État. Étant donné que les importations et le secteur des biens échangeables constituent l'essentiel de l'assiette fiscal, les termes de l'échange et le taux de change ont un impact sur les importations et donc les recettes fiscales. Ainsi la détérioration des termes de l'échange a un effet-prix direct sur l'assiette fiscale en affectant la valeur des importations et des exportations, et un effet indirect en réduisant les revenus.

Les États contraints de respecter le maintien de la parité doivent conduire des politiques fiscales de telle manière que le déficit budgétaire soit réduit à un niveau compatible avec la parité fixe et que les prix relatifs entre biens échangeables et biens non échangeables soient capables de changer en réponse à un choc extérieur prolongé pour maintenir la compétitivité. Comme nous l'avons abordé dans le chapitre précédent, la politique fiscale joue un rôle très important pour résoudre les effets des chocs extérieurs (exogènes) d'un pays pour que celui-ci améliore sa compétitivité86.

[86]La compétitivité, par définition est la capacité pour un pays à conquérir, à conserver et accroître ses parts de marchés internationaux, est un phénomène complexe à appréhender (cf : Jean-pierre Bertrand et Guillermo Hillcoat : *le Brésil et l'Argentine,* l'harmattan 1996.

En effet bien que les taux de change réels sont indicateurs de maniement plus difficile (qui mesurent la compétitivité-prix), on peut signaler que c'est depuis 1985, que le double impact de la détérioration des termes de l'échange et l'appréciation du Franc CFA a entraîné une baisse de la compétitivité dans le secteur des biens échangeables.

Ainsi donc, dans un contexte de chocs extérieurs, les politiques monétaires et fiscales doivent être utilisées pour réduire le niveau de salaire réel et le prix des biens non négligeables, si bien que les coûts de production des biens échangeables baissent pour restaurer leur profitabilité en monnaie nationale. Comme la plupart des recettes proviennent des importations et du secteur des biens échangeables, la chute de la compétitivité a favorisé la détérioration du déficit budgétaire. La difficulté de réduction des dépenses dans la zone Franc CFA, la persistance du maintien de la parité, ont entraîné une forte chute de l'investissement tant publique que privée.

Au total, le système de parité fixe est donc coûteux pour les pays de la zone Franc CFA qui du fait de leurs caractéristiques nécessiteraient-ils plutôt une politique de change plus souple ?

Les réponses à cette interrogation seront données dans le chapitre, mais l'encadré qui s'en suit nous montre certaines contraintes théoriques liées à la fixité du taux de change. (voir encadre à la fin du chapitre 6).

II. Le rattachement ou le détachement du FCFA à l'Euro : un problème d'actualité (les scénarios du futur)

Cette section aborde le problème de la monnaie au-delà d'un instrument monétaire, donc celui du choix entre une monnaie nationale ou une monnaie régionale.

Nous allons aussi débattre des fonctions réelles de la monnaie et les scénarios de la zone Franc à l'horizon 2010 qui ont été proposés par les acteurs économiques et politiques africains ou français.

Il s'agira aussi de voir les différentes solutions de réformes de la zone Franc plus réalistes proposées par certains théoriciens, dont le groupe de M de Boissieu.

D'autres auteurs, comme Charles Albert Michalet, Mamadou Koulibaly (1992), Hugon (1999), ont eux aussi proposé des schémas d'intégration économique et monétaire en Afrique et en zone Franc.

Comme nous l'avons déjà vu dans les chapitres précédents, le problème de la monnaie revient au-devant de l'actualité, dont les événements de cette remise en cause sont nombreux :

- Entre autres la dévaluation du FCFA a fait resurgir le manque de moyen d'intervention dont pouvaient bénéficier les pays de la zone Franc (même s'ils existaient des problèmes structurels le processus de parité fixe s'est avéré plus comme étant un handicap) ;

- la persistance de chocs externes comme la crise asiatique qui ont eu pour effet la baisse de la demande mondiale et la chute des cours des matières premières ;
- mais surtout l'avènement effectif de l'union monétaire européenne avec la création de la monnaie unique, l'Euro dont l'institut Monétaire européen, la banque centrale commune chargée de l'émission.

En effet, s'agissant de cette dernière raison, son influence sur le débat s'explique pour deux raisons essentielles à savoir :

- la première raison est que l'union monétaire européenne peut être instructive sur le plan de l'Afrique en général, ces derniers ayant signé en 1996 un traité constitutif du marché commun ;
- la seconde raison vient de la remise en cause qu'introduit cette donne européenne dans la zone Franc.

Mais le gros problème reste de définir un nouveau système monétaire dont les mécanismes aideront à faciliter un processus d'intégration qui permettra aux pays de la zone Franc de s'affirmer dans un monde désormais multipolaire.

C'est pourquoi nous nous intéresserons ici à deux types de scénarios possibles :

- Le premier scénario est celui qui consiste à soutenir la création de monnaies nationales ;
- Le deuxième scénario est celui qui opte en faveur d'une monnaie régionale ou continentale arrimée à l'Euro : dans ce dernier cas, l'unité monétaire est montrée comme étant nécessaire à la réalisation de l'intégration économique et d'un meilleur développement.

II.1 - Monnaie nationale ou monnaie régionale : l'histoire monétaire en Afrique

Cette question est développée dans le chapitre 1, mais ce paragraphe fait un rappel de l'histoire monétaire en Afrique. Celle-ci nous enseigne que, l'existence d'une monnaie régionale se présente aujourd'hui comme une option alternative à la création de monnaies nationales, qui, au lendemain des indépendances africaines semblait avoir de nombreux partisans.

En effet, à l'exception de la zone Franc, on a assisté dans pratiquement tous les pays du continent africain à la création des monnaies nationales et à la dislocation des zones monétaires dont l'existence avait caractérisé jusque là la scène monétaire internationale africaine. Cette question est abordée dans un article que nous avons intitulé « les nouvelles régulations économiques et monétaires en zone Franc et en zone euro (travaux CEMI-

EHESS). Différents travaux sur la zone Franc ont traité la question soit en terme de pacte coloniale (Confert les travaux du CODESRIA, 2001), soit en terme d'évolution.

Alors que pendant la période coloniale, l'Afrique est intégrée dans les zones monétaires correspondants à l'espace économique dominé par la puissance coloniale, et que fonctionnent ainsi les zones sterling, Franc, ou escudo, ces divers regroupements disparaissent pour laisser la place aux monnaies nationales.

La zone Franc est restée alors la seule exception du continent après avoir subi plusieurs départs (Guinée, Mali, Maroc, Tunisie et Algérie).

Ainsi donc, la décision de la création d'une monnaie nationale a plusieurs motivations certaines dont certaines sont historiques et politiques, et d'autres sont économiques :

- l'expérience historique tient de l'histoire des pays industriels qui ont tous créé leur propre monnaie au profit d'autorité plus centralisée ;
- la motivation politique quant à elle, contribue au pouvoir de souveraineté et d'unité du pouvoir national, justifiant ainsi la création du Mark ou de nos jours l'Euro ;

Si nous tenons compte des motivations économiques, c'est que la plupart des États considère qu'il ne peut y avoir d'indépendance politique sans indépendance économique, et nous retombons là encore sur l'affirmation de la souveraineté nationale. Mais dans ce cas, l'indépendance économique ne trouve pas sa justification seulement dans le politique. Son autonomie lui permet de formuler des politiques de développement conforment aux caractéristiques propres de son pays. La monnaie devient alors un instrument clé pour résoudre le problème du financement de l'économie.

Mais sa création va entraîner la mise en place des institutions financières qui vont définir les fonctions possibles de l'intermédiation financière. Cette dernière composante est non négligeable, car elle permet de définir le degré de mobilisation de l'épargne national dans le processus de développement et de croissance à travers ses effets sur le taux et le rythme d'accumulation et d'investissement.

De ce fait, la création d'une monnaie est suivie de la création d'intermédiaires financiers spécifiques au besoin ou à la nature du financement à accorder. De même ; cette nouvelle autonomie monétaire permet la mise en place de politiques monétaires qui doivent orienter l'économie en fonction des priorités établies par leur politique économique nationale.

Ainsi, la viabilité d'un tel choix semble fortement compromise dans le cas d'économies fragiles et déstructurées. Il semblerait qu'elles ne pourraient acquérir une crédibilité économique et monétaire qu'au sein d'une monnaie régionale. Les cas, tels que le Mali, Madagascar ou la Guinée caractérisés par de fortes inflations ou d'instabilité monétaire semblent montrer les difficultés de gestion d'une politique monétaire autonome :

- Le problème primordial est celui de la gestion du taux de change, car les autorités monétaires doivent fixer elles-mêmes le taux de change d'autant plus que la monnaie y est encore plus dépendante des fluctuations monétaires extérieures. Ceci tient au fait que dans la monnaie la plupart des cas, l'émission de monnaie est couverte par les devises, ce qui entraîne que toutes fluctuations affectant une devise, se répercutent sur le taux de change. Ce fait a des répercussions d'autant plus importantes que la variabilité du taux de change influe sur le comportement de consommation des importateurs qui représentent une grande part dans l'économie.
- Le deuxième problème auquel se sont heurtés ces pays concerne le contrôle de crédit par la banque centrale selon qu'il y ait liberté ou non de transfert.

Dans le premier cas, le risque est de voir les sociétés étrangères s'adresser à leur société mère, faisant alors perdre au pays son pouvoir d'orienter sa politique de crédit en fonction des priorités. Les sociétés pouvant avoir recours à d'autres astuces de détournement à la politique de crédit par des transferts intra-groupe par exemple.

Dans le second cas, il court le risque d'exclusion des marchés internationaux des capitaux alors essentiellement à financer des dépenses publiques.

En somme, l'existence de monnaie commune semble être une alternative. Cette considération est défendue par le rapport de Triffin (1963) :

Une telle monnaie permettrait par exemple de renforcer les effets d'intégration économique en éliminant le risque de change et de pénurie de réserves par l'existence d'union de paiement.

Outre la garantie de convertibilité, celui-ci permettrait en théorie de favoriser l'homogénéisation des facteurs de transactions en favorisant la circulation des biens et des facteurs.

Toutefois les difficultés de la zone ne semblent pas comporter pleinement cette théorie.

L'étude de Guillaumont et Plane (1987) montre qu'il n'y a pas eu d'avantages significatifs des pays de la zone Franc comparés aux autres pays africains que se soit en terme d'attraction d'investissements extérieurs ou de croissance.

Il faut souligner qu'il existe d'ailleurs des coûts à l'appartenance à une union monétaire par exemple l'asymétrie d'ajustement.

II.2 - Les fonctions réelles de la monnaie

En tenant compte de l'ensemble de ces résultats présentés, le problème de la monnaie ne tient pas tant de définir les avantages ou les inconvénients d'une monnaie régionale ou nationale.

Le vrai problème réside plutôt dans la définition et la considération de la monnaie dans une économie.

Notons qu'un des rôles principaux, outre celui des ses trois fonctions traditionnelles (unité de compte, d'intermédiaire d'échange et réserve de valeur), est celui d'apparaître comme une dette c'est-à-dire substituant la dette des intermédiaires financiers principalement bancaires à la dette des autres agents qui la détiennent. L'un des grands économistes de la pensée économique, Shumpeter disait à propos de la monnaie de crédit ainsi qui suit :

« Ün ne peut devenir entrepreneur qu'en devenant auparavant débiteur, s'endetter appartient à l'essence de l'entreprise et n'a rien d'anormal ».

Cette affirmation est d'autant plus vraie dans les pays africains de la zone où l'absence de marché financier ne permet aux offreurs et demandeurs de financement de se rencontrer. Les besoins de financement sont alors essentiellement satisfaits par les intermédiaires financiers qui substituent leur endettement à celui des investisseurs.

La monnaie a aussi une fonction de répartition dans la mesure où sa détention détermine sa capacité d'accès à une part du surplus créée. Selon Marshall (1956), « elle détermine les possibilités d'action des différentes catégories d'agents sur le montant du revenu national réel, sur sa répartition, sur la flexibilité des taux de rémunération ».

Du fait de cette fonction d'accumulation et de répartition, elle possède un pouvoir social.

D'une part, comme instrument de solution à des conflits sociaux comme en 1969. D'autre part comme instrument permettant à l'État de faire prévaloir l'intérêt général sur l'intérêt particulier justification ainsi contrôle de la banque centrale).

En définitive, le problème des pays semble donc être relatif à la définition précise du rôle de l'instrument monétaire.

Dans le cas d'une monnaie nationale, l'échec des différentes expériences tiendrait de la non-considération de ces différentes fonctions. Lorsque nous avons évoqué le fait que le taux de change était dépendant des fluctuations extérieures, cette dépendance monétaire traduirait en réalité la non-utilisation de l'instrument monétaire en vue de remodeler les structures de production et d'autonomie interne. La création monétaire n'a pas entraîné un redéploiement de l'économie et les choses étant restées en l'état, il s'est opéré une contradiction entre les structures de production et d'échanges extravertis et un système monétaire introverti.

Dans le cas de la zone Franc, le maintien de celle-ci est significatif d'une insuffisance de prise de conscience du rôle stratégique de l'instrument monétaire. Ces pays ont supporté tous les coûts d'ajustement sans compensation. En période de faste, ils ont assuré eux-mêmes la convertibilité de leur monnaie, ainsi que leur couverture tout en donnant à la France des devises fortes à un coût faible. Dans le cadre de déficit, ils ont supporté un ajustement interne puis de taux de change.

Nous pouvons aussi ajouter la discrimination du crédit qui non seulement discrimine l'argent économique local, mais aussi les objectifs internes de l'économie. Si l'accès est libre pour les entreprises françaises, les entreprises locales sont soumises à restriction. De plus l'accès au crédit reste confirmé à la vocation première du système financier c'est-à-dire les activités économiques dont la métropole a besoin. Ainsi la monnaie au sein de cette zone ne remplirait pas toutes ses fonctions de valorisations d'objectifs internes et de développement.

En bref, le risque encouru par les pays de la zone par l'arrimage au Franc CFA est de voir l'établissement d'une monnaie en dehors de toutes réalités régionales et insuffisamment orientées vers des structures de valorisation et de développement.

Voilà, globalement, la structure de la zone Franc et ses capacités réelles, mais il nous est utile d'essayer de déterminer l'évolution cette zone monétaire à l'horizon 2010 à travers les différents scénarios de la littérature économique et monétaire.

II.3 - Les différents scénarios de la zone Franc africaine à l'horizon 2010

Comme nous l'avons souligné en introduction de la section, il est alors utile de voir la position des différents acteurs économiques et politiques africains ou français ou d'autres pays de l'Europe quant aux conséquences de l'Euro sur la coopération monétaire dans la zone Franc.

Il se pose ici le problème du rattachement ou du détachement du FCFA à l'Euro. Ainsi les scénarios qui ont été proposés peuvent se regrouper en quatre points à savoir :

- l'éclatement de la zone Franc et la création d'une monnaie nationale dans chaque pays ancien membre de la zone ;
- l'éclatement de la zone Franc au profit de regroupements plus étroits (UEMOA, UMAC) et la création d'une monnaie autonome dans chacun des regroupements ;
- le maintien du FCFA et son rattachement, entre 1999 et 2002 à l'Euro, la monnaie unique Européenne ;
- la disparition de la zone Franc au profit d'une zone rand dirigée par l'Afrique du Sud et/ou d'une zone Naira dirigée par le Nigéria.

Les analyses souvent faites sur le plan théorique par la plupart des auteurs sont sujettes à controverses, mais chaque scénario présente des inconvénients et des avantages.

Les deux premiers scénarios sont très pessimistes. Ils découlent d'une détérioration de la situation économique et financière de la zone Franc africaine qui consacrerait l'échec de la dévaluation du 12 janvier 1994, il s'ensuivrait une nouvelle dévaluation du FCFA :

- **Dans le premier scénario,** l'adoption par chaque État d'une monnaie autonome conduirait sans doute à la faillite ; dans la mesure où aucune économie n'a de ressources suffisamment stables pour soutenir une monnaie capable de faire face aux nouveaux enjeux qui se dessinent à l'horizon 2010.

L'adoption d'une monnaie propre entraînerait dans chacun de ses pays des situations suivantes :

- une politique monétaire trop restrictive qui risquerait de bloquer la croissance ;
- une perte de crédibilité et de convertibilité de la monnaie qui ne garantirait plus l'arrivée de capitaux nécessaires au développement ;
- la réduction des échanges entre pays africains.
-

Raison pour laquelle, les disparités dans des performances économiques des états membres amèneraient à rejeter cette fois-ci l'option d'un taux de dévaluation unique. Dès lors, les velléités jusque-là contenues de certains États à se désolidariser des autres membres de la zone Franc s'affirmeraient ouvertement et conduiraient à l'éclatement de la zone. Ce qui déboucherait sur la création d'une monnaie sous régionale pour chaque regroupement, soit d'une monnaie nationale pour chaque pays.

- **Dans le deuxième scénario,** en tenant compte de ces conditions évoquées, des regroupements sous régionaux du type UEMOA, UMAC, n'auraient sans doute pas une meilleure efficacité. Il est à redouter que les difficultés soient plus grandes au moment où le recours de la France fera précisément défaut. Ajouté au fait de la diversité de ces pays, même au sein de chaque sous-zone, les fonctions principales de la monnaie ne pourraient répondre aux besoins de chacun d'eux.
- **Le troisième scénario** semble être le plus probable. En effet la zone Franc se glisserait progressivement dans la zone Euro. Ce cas présente l'avantage de préserver les acquis de la zone Franc au-delà de l'avènement de la monnaie unique européenne. Mais comme nous l'avons évoqué plus haut, là encore l'évidence n'est pas

complète. Surtout, qu'il nous paraît que dans ce cas les pays de la zone seraient obligés de passer par une nouvelle détermination de leur parité avec l'Euro afin que celle-ci soit plus fiable et plus conforme à l'évolution des économies africaines. Elle supposerait par ailleurs, des performances économiques de croissance, d'inflation et de déficit public conformes aux exigences Européennes. La transition douce de la zone Franc vers la zone Euro ne réglera pas le problème de fonds, celui du développement de l'Afrique.

- **Enfin, le quatrième scénario** est le plus difficile à réaliser, mais concorderait peut-être mieux aux priorités africaines. Toutefois, il obligerait les pays de la zone à renoncer à une part de leur histoire avec la France et de relations depuis longtemps établies. Mais surtout, il semble dommage que les pays de la zone Franc ne bénéficient de sa crédibilité. Il ne s'agit pas de fixer des parités de façon irrévocable, ce qui n'a guère de sens dans le cas d'économies qui ne sont finalement ni intégrées entre elles ni intégrées à l'Europe. Non, il s'agirait de proposer un modèle hybride associant la reconnaissance des priorités de chacun et l'exploitation de l'avantage offert par un arrimage à l'ECU (Euro).

Après avoir présenter les différents scénarios possibles qui ont été proposés pour l'horizon 2010 par certains auteurs et autorités africaines et françaises sur la question de l'arrimage du FCFA à l'Euro, il nous semble donc utile de voir, quelle est la la solution de reforme de la zone Franc plus réaliste voire équitable.

II.4 - La proposition de réforme de la zone Franc la plus réaliste et équitable

La littérature économique nous enseigne qu'il existe plusieurs propositions de réformes de la zone Franc, mais celle que nous abordons ici et qui nous paraît plus réaliste est celle formulée par un groupe de travail dirigé par M de Boissieu en 1983. Bien que datant de plus de 20ans cette proposition de réforme de fonctionnement du régime de change de la zone Franc nous paraît réaliste, voire équitable.

Mais la zone Franc ne pouvait penser son avenir sans profiter de cette opportunité qui lui est offerte de s'intégrer au commerce mondial. Toutefois ; comme nous venons de voir, le coût d'un tel lien direct avec l'ECU (dorénavant avec l'Euro) serait trop lourd pour ces pays. Dans un papier que nous avons développé dans les travaux du CEMI-EHESS, les scénarios du futur sont envisagés. Tout au moins nous essayerons de les analyser.

Ainsi, le groupe de travail propose un idéal pour une mise place d'une union monétaire africaine à taux de change fixe, mais ajustable à deux niveaux. Celle-ci permettrait de garantir l'unité, l'autonomie et une stabilité économique et financière à la zone Franc.

Chaque pays émettrait sa propre monnaie nationale qui devient la seule monnaie complète c'est-à-dire remplissant les trois fonctions de la monnaie (Hicks : moyen de paiement, réserve de valeur et unité de compte). Mais cette monnaie n'exercerait ces trois fonctions qu'à l'intérieur du pays considéré.

Chaque monnaie nationale serait définie par rapport à une unité de compte l'ACU (l'African Currency Unit).

Les fonctions de l'ACU seraient :

- l'ACU servirait d'unité de compte pour l'ensemble des pays participants à la zone ECU (Euro). Cette monnaie n'exercerait pas de fonction d'intermédiaire des échanges à l'intérieur des économies nationales ;
- l'ACU, dont la valeur serait déterminée par rapport à l'ECU européen (Euro), servirait d'instrument de règlement des soldes entre les pays ;
- l'ACU servirait de monnaie de réserves des banques centrales des pays de la zone ;
- enfin, l'ACU serait le passage entre les différentes monnaies africaines et les devises étrangères.

L'autonomie de la zone dans ce système serait marquée par la création d'un Fond Monétaire Africain. Ce fond aurait pour fonction de gérer l'ACU et de définir la parité de celle-ci à l'ECU (l'Euro). L'avantage de ce double taux de change est que les pays pourront définir leur propre taux de change par rapport à l'ACU et l'ACU lui se définira, par l'intermédiaire du FMA, une parité avec l'ECU (l'Euro).

Les fonctions du FMA seraient alors :

- chargé de l'émission de l'ACU, il centraliserait une partie des réserves de change des pays africains ;
- il effectuera la compensation des créances et des dettes de chaque pays africain participant ;
- il assurerait la convertibilité des monnaies nationales africaines par l'entremise de l'ACU ;
- il accorderait des crédits aux pays débiteurs nets, en appliquant une conditionnalité définie en commun avec les pays africains et européens de la zone ;
- il serait l'interlocuteur des institutions européennes qui permettra la garantie européenne de l'ACU à travers le FMA.

Ainsi, ce système présente l'avantage de combiner des variations de change nécessaire à l'ensemble des pays africains membres en cas de choc affectant de la même façon l'ensemble de la zone et des variations de change justifiées par la situation de tel, ou tel pays particulier. Il permettrait aux pays de la zone d'amortir les variations brutales du dollar vis-à-vis de l'ECU (l'Euro). Il offre un instrument supplémentaire aux politiques économiques des pays de la zone. Ces derniers en cas de déficit persistant pourront réviser leur taux sous le contrôle du FMA qui devra éviter la réalisation trop répétée de dévaluation nationale.

II.5 - Pour une vision alternative de l'intégration en zone Franc[87]

Nous venons de voir les caractéristiques de la zone Franc et son arrimage monétaire à la zone Euro aux travers différents scénarios proposés.

Notons que l'aboutissement de l'intégration européenne a introduit et va encore introduire un changement très important au sein de l'économie mondiale. Cette dernière va conduire à une économie mondiale multipolaire dont elle devient de nos jours l'un des pôles les plus importants.

Ainsi donc, le véritable bouleversement européen est avant tout monétaire. C'est pourquoi, pour la première fois depuis 1970, l'Europe a apporté une cohérence et une stabilité plus grandes au sein du système monétaire international de même qu'une plus grande coordination des politiques macro-économiques assurées par le SEBC et les divers mécanismes de surveillances multilatérales.

Devant de telles mutations, certains pays en développement se réorganisent en vue de ne pas rester en marge de ce nouvel ordre économique. Chaque pays tente de se rapprocher du pôle qui s'est imposé sur la scène économique.

L'arrimage du FCFA à l'Euro semble être bon augure pour la zone Franc. Lorsqu'on regarde pourtant, les flux commerciaux de la zone, on peut s'interroger sur l'impact de la France et plus généralement de l'Europe sur le développement de la zone.

Alors que dans la plupart des économies, on assiste en effet à une mutation en profondeur des flux commerciaux, et la structure s'est modifiée en faveur des produits à forte valeur ajoutée, celle des économies africaines est restée identique, dominée essentiellement par des produits agricoles et miniers. Ces économies restent donc fortement sensibles aux chocs externes et dépendantes de secteurs de moins en moins rémunérateurs compte tenu de l'apparition de substituts ou encore de nouveaux concurrents.

L'apparente déficience du marché de la zone Franc ne s'est pas alors traduit par une réadaptation du système productif, mais vers une dépendance accrue du financement extérieur ce qui a eu pour effet d'inhiber

---

[87] Notons que l'histoire de l'intégration en Zone est présentée dans la partie annexe de la première partie

l'investissement (par un effet de prélèvement et un effet d'éviction de l'épargne).

Il faut aussi ajouter que ces économies sont alors confrontées à d'importants déséquilibres de leur balance des paiements du fait notamment de l'inadéquation de leur structure productive aux exigences de marché mondial. Cette question des déséquilibres des paiements sera abordée dans le chapitre 7 (PLANE, 1988) et (GNOS. C, 1999).

Ces économies sont confrontées à des déséquilibres fréquents sont soumises à des ajustements asymétriques et passifs d'autant plus coûteux qu'elles sont en système de taux de change fixe.

Bien que ces pays ont plus ou moins réussi leur ajustement structurel et atteint un certain nombre d'objectifs de stabilisation macro-économiques, elles devront opérer de profondes réformes de la zone Franc suite à son arrimage à l'Euro si elles ne veulent pas voir se renforcer les risques d'asymétrie de l'ajustement et donc de déséquilibre permanents.

Elles doivent de ce fait tenter d'établir une restructuration de leurs espaces économiques afin de lui donner une plus grande rationalité en vue d'établir des économies d'échelles. Dans ce sens, les efforts entrepris dans ce domaine semblent être sur la bonne voie notamment avec la volonté d'harmonisation et d'intégration qui se développe (comme nous l'avons vu dans le chapitre3 et chapitre 4).

Si pour ces pays, il semble avantageux de bénéficier sous un contrôle trop étroit des pays leader, avec ce que cela implique quant à la l'asymétrie des ajustements qui peuvent s'opérer.

En bref, l'impact de l'intégration européenne sur les pays de la zone Franc, si en termes réels n'est pas établi doit être avant tout celui de la prise de conscience de la nécessité d'une intégration économique. Celle-ci doit se traduire par un projet cohérent d'intégration régionale autour d'une monnaie, qui si elle se doit toujours d'être rattachée tant pour des raisons économiques qu'historiques, devra être plus représentative des pays qui la composent.

La proposition faite en 1983, déjà évoquée, nous semble la plus réaliste et équitable quant l'avenir de la zone Franc dans la zone Euro.

Mais d'autres propositions ont été faites qui seront abordées dans le chapitre ?, mais la section suivante aborde les vertus négligiées d'une monnaie unique et/ou commune : l'analyse faite par M Claude GNOS en est une belle illustration[88], notamment pour le cas européen pourquoi pas pour le cas de la zone Franc.

En fin la relation de causalité entre la zone Franc et la zone euro s'articule à travers les points suivants :

- Le rattachement à l'euro du Franc CFA et du Franc comorien. En effet, au 1er janvier 1999, l'euro est devenu la monnaie de onze pays

[88]Cf Claude GNOS, 1992.

européens membres de l'union économique et monétaire européenne'(UEM) et le Franc français est devenu une subdivision non décimale de l'euro. L'euro a remplacé le Franc français comme ancre monétaire du Franc CFA et du Franc comorien. Cette substitution a déterminé automatiquement les parités en euro du Franc CFA et du Franc comorien. *Elle n'affecte pas les mécanismes de coopération monétaire de la zone Franc.*

- Le rattachement à l'euro n'a pas donné lieu à une modification des parités des Francs CFA et Comorien. À ce titre, le 31 décembre 1998, le conseil de l'Union européenne a fixé le taux de conversion irrévocable entre l'euro et le Franc français (1 euro=6,55957 FF). Ce taux a déterminé automatiquement la valeur de l'euro en Franc CFA et en Franc comorien. Comme le Franc CFA s'échangeait en Franc français au taux de 100 FCFA pour lFF, la parité du Franc CFA est désormais de leuro=655, 957FCFA. De la même façon, le Franc comorien s'échangeait à un taux de 75 pour lFF, sa parité est désormais de 1 euro pour 491,96775 FC. La substitution de l'euro au FF comme ancre monétaire du Franc CFA et du Franc comorien n'a donc pas donné lieu à aucune modification de la parité de ces monnaies.
- La permanence des accords monétaires de la zone Franc est assurée : de ce fait les accords de coopération monétaire liant la France aux autres pays de la zone Franc ne sont pas affectés par le passage à l'euro. Les autorités françaises et africaines s'étaient engagées au maintien des accords de la zone Franc depuis la décision du passage à la monnaie unique.

Le conseil de l'Union européenne, par une décision du 23 novembre 1998, a confirmé que la France pouvait « maintenir les accords sur les questions de change qui la lient actuellement à l'UEMOA, à la CEMAC et aux Comores » (article premier de la décision du conseil). (voir annexe).

La France et les autres pays signataires des accords de la zone Franc demeurent les seuls responsables de leur mise en œuvre. Ceci implique notamment que les modifications éventuelles de la parité entre l'euro et les Francs CFA et Comoriens relèvent de la seule responsabilité des États membres de la zone Franc. Les autorités françaises devront toutefois informer le comité économique et financier (CEF) de l'Union européenne préalablement à toute modification de parité et tenir la commission, la BCE et le CEF régulièrement informés de la mise en œuvre de ces accords (article2).

Une décision du conseil de l'Union européenne n'est nécessaire que dans deux cas seulement :

1er cas : Soit lors d'un changement de la portée des accords (admission d'un nouvel État) ;

2e cas : Soit encas de modification de la nature même de l'accord (par exemple une remise en cause du principe de garantie par l'État français de la convertibilité à parité fixe des Francs CFA et Comorien). Toute autre modification demeure de la compétence exclusive des États membres de la zone Franc.

L'ancrage de la zone Franc à l'euro doit entraîner une intensification des échanges entre les deux zones.

Sur le plan technique, l'incidence de la construction monétaire européenne sur les accords de la zone Franc se limite à la substitution de l'euro au Franc français comme ancre monétaire des Francs CFA et Comorien.

D'un point de vue économique, cette substitution contribue à la stabilité économique et monétaire des pays africains de la zone Franc. l'arrimage du Franc CFA à l'euro offre pour les pays de la zone euro de nouvelles opportunités d'investissement et de commerce dans la zone, dans la mesure où il réduit leur risque de change. Les exportations de la zone Franc vers les pays de l'union monétaire européenne doivent également s'en trouver favorisées.

En outre dans la mesure où les pays africains de la zone Franc réalisent plus de la moitié de leurs échanges commerciaux avec les pays de l'Union européenne, le passage à l'euro entraînera une plus grande stabilité du taux de change effectif des Francs CFA et Comorien.

Ainsi donc, suivant « la priorité » du pays, un argument en faveur de l'union a souvent sa contrepartie en défaveur de l'union.

D'un point de vue strictement économique, il ressort tout de même que privilégier le long terme plaide plutôt en faveur de l'union (harmonisation des taux, objectifs communs.) Alors que l'outil de change s'inscrit dans le court terme, en réponse à une situation donnée.

D'un point de vue plus politique, la renonciation à une certaine forme de souveraineté nationale (perte d'un instrument de politique économique) doit s'apprécier au regard de l'histoire du pays et de ses ambitions géo-politiques.

Quoi qu'il en soit, la suppression de la zone Franc s'inscrirait à contre-courant de l'évolution économique mondiale, avec la tendance au regroupement des économies en zones, qu'il s'agisse de la communauté pour le développement de l'Afrique australe (SADC), de l'Union Maghreb arabe (UMA), de l'Union européenne, de l'accord de libre-échange nord-américain (ALENA), de l'association des Nations Sud-est asiatique (ASEAN), etc.

Par contre, il semble nécessaire de rendre cet atout efficient : une restructuration audacieuse et judicieuse (après plus de vingt ans de fonctionnement, certaines améliorations peuvent être envisagées) de la zone Franc semble la mieux appropriée :

La question du rattachement s'imposera d'elle-même.

HUGON. PH dans son analyse sur la Zone Franc à l'heure de l'euro, apporte une contribution théorique à ce sujet[89]

D'autres auteurs comme : LAFAY, Gérard (1997), LINIGER-GOUMAZ, MAX (1972), SCHULDERS, GUY (1990), ont également apporté leur contribution théorique.

II.5.1 - Les scénarios du futur : la création monétaire en Afrique : une vision pour l'avenir

Ce paragraphe a fait l'objet d'un article que nous rédigé dans les travaux du CEMI-EHESS abordé sous l'angle anthropologique en tenant compte le faite que 5 % de la population de la zone Franc est bancarisée, monnaie non équivalente générale des échanges.

Tout au moins de préférence pour nous il s'agit ici des propositions pour ancrage aux monnaies fortes et zones monétaires régionales. Plusieurs études ont été faites, nous tentons ici d'approfondir le schéma d'intégration en Afrique proposé par C. de BOISSIEU pour l'horizon 2010 et les récentes analyses faites pour le CODESRIA.

II.5.2 - De l'ancrage au Franc CFA à l'UEMASS

Le processus se ferait en deux étapes pour la création d'une zone monétaire :

- la première étape consisterait en l'élargissement de l'union Économique et Monétaire ouest-africaine (UEMOA) et de la Communauté économique et monétaire de l'Afrique Centrale (CEMAC) respectivement aux pays de la CEDEAO (Communauté économique des États de l'Afrique de l'Ouest et de la CEEAC (Communauté économique des États de l'Afrique Centrale) ;
- la seconde étape se situerait dans le cadre de la fusion des deux zones monétaires élargies.

1/ Les arguments de l'élargissement de l'UEMOA aux autres pays de la CEDEAO

Le but recherché ici est celui d'une union monétaire plus équitable en Afrique de l'Ouest. Cette vision confère au Nigéria un rôle important, celui d'établir d'abord une parité fixe entre le naira et le FCFA, après une période d'observation, ce dernier rejoindra la zone Franc à la suite des négociations avec les pays de l'UEMOA. L'entrée du géant nigérian dans la zone Franc attirerait automatiquement le Ghana, le Liberia, la Sierra Léone, et la

[89]CH : HUGON. PH, » *la zone Franc à l'heure de l'euro* », Édition Karthala, 1999.

Gambie qui se verront contraints de chercher à s'intégrer. Le seul et unique problème réside dans la coopération entre le Nigéria d'une part et d'autre part l'UEMOA. Il suffit que l'UEMOA et le Nigéria forment une zone monétaire et le processus serait lancé. Les autres pays suivraient. Il en est de même de la Sierra Léone et de la Guinée Conakry. Il faudrait souligner ici que l'idée est déjà très avancée en Afrique de l'Ouest qui prévoie l'adoption d'une monnaie régionale dans le cadre de l'élargissement de l'UEMOA aux autres pays. Le rattachement pourrait durer aussi longtemps que la plupart des pays (les trois quarts par exemple) ne répondraient pas à quelques critères de convergence liés aux taux d'inflation, aux déficits budgétaires et à la stabilité politique.

Pendant ce temps l'Afrique Centrale adopterait le même schéma.

2/ Les arguments de l'élargissement de la CEMAC

Dans ce scénario, la République Démocratique du Congo, le Burundi, le Rwanda, Sao Tomé et l'Angola acceptent rejoindre la CEMAC dans le cadre d'une intégration régionale élargie. La libre circulation des personnes et des biens recherchée au sein de la CEMAC s'élargirait alors à l'ensemble des pays de l'Afrique Centrale. L'intégration économique se renforcerait par l'adoption du FCFA comme monnaie communautaire. Les pays rattacheraient leurs monnaies au FCFA ou adopteront purement et simplement cette monnaie. Ce qui est intéressant ici c'est que trois pays de la CEEAC non membres de la CEMAC utilisent le Franc. Il s'agit du Burundi, du Rwanda et de la RDC. En rejoignant la zone Franc, ces pays bénéficieront d'une stabilité monétaire qui leur fait défaut.

Par exemple en 1991 1 dollar valait 181,5FB (Franc burundais),

1 dollar valait 125,14FR (Franc rwandais). Le dobras sao toméen a plongé de 201,8 à 4552,5 dobras pour 1 dollar entre 1992 et 1997.

Il faut dire que dans ce scénario la zone CEMAC élargie à la CEEAC maintiendrait son rattachement à l'euro, le temps que les pays structurent leurs économies dans le cadre d'une intégration renforcée. Pendant la durée du rattachement, les deux zones monétaires (UEMOA élargie et CEMAC élargie) mettraient sur pied des institutions leur permettant à long terme de fusionner.

« À ce niveau, le problème ne devrait pas se poser étant donné que les zones BEAC et BCEAO sont étroitement liées du fait de leur appartenance à la zone Franc. Au début d'une période purgatoire au cours de laquelle les pays membres des deux zones monétaires présenteraient des critères de convergence bien définis, l'on pourrait passer à la dernière étape, celle de la fusion. » (H. G. NKAMA, CODESRIA, Accra, Ghana 23-26 avril 2002).

3/ Les arguments de la fusion des deux zones monétaires.

Ce scénario prévoit que le Nigéria devrait d'abord être admis dans l'UEMOA, même si les autres pays de la CEDEAO et de la CEEAC tardent à se manifester. L'entrée du géant nigérian constituerait une incitation pour les autres pays.

À ce niveau le problème ne devrait pas se poser dans l'appellation de la nouvelle unité monétaire. Ainsi les États peuvent décider d'un commun accord de l'adoption d'une nouvelle unité monétaire. Cette situation serait plus intéressante, compte tenu de la transformation de la vision monétaire du continent. L'unité monétaire serait alors tout ce qu'on peut deviner : « l'AFRIC », « l'African Currency Unit-ACU »., peut importe la dénomination, pourvu que la monnaie soit au départ rattaché au dollar ou à l'euro. La durée du rattachement dépendrait des difficultés et facilités rencontrées après la fusion ».

Après cette période d'observation, l'Afrique du Congo et de la RCA au Sénégal-ou Burundi au Sénégal, en passant par la RDC, le Cameroun, le Nigéria et la Côte-d'Ivoire, selon que ces pays seraient favorables à l'union, pourrait décrocher sa monnaie de l'euro (ou au dollar selon les cas) et le faire flotter de façon contrôlée. Cela permettrait à l'Afrique d'une part de se soustraire des systèmes de change dont l'évolution ne reflète pas la santé économique du continent et d'autre part de favoriser les échanges intra-africains qui sont aujourd'hui très insignifiants.

Une des questions serait alors de savoir ce que deviendraient les Banques Centrales de chaque zone ou pays. Ces dernières deviendraient des directions régionales de la nouvelle Banque Centrale Africaine « l'African Central Bank » (l'ACB). Les directions régionales ne devraient pas dépasser cinq en nombre : Une au Nigéria qui abriterait aussi la Banque Centrale Africaine, deux dans l'UEMOA élargie aux membres de la CEDEAO, sauf le Nigéria, et deux dans la zone CEMAC élargie aux autres membres de la CEEAC. En plus de ces directions régionales, chaque pays abriterait une direction nationale.

Voilà présenter les scénarios du futur pour l'avenir des unions monétaires africaines.

De cette étude on peut se demander au plan théorique quelles les vertus négligées d'une monnaie unique et commune. La réponse à cette question se trouve dans les analyses empruntées à C. GNOS.

III. Les vertus négligées d'une monnaie unique et commune : le contexte européen et propositions pour la zone Franc CFA (Analyses empruntées à C. GNOS)

Une étude similaire a été faite par l'économiste Claude GNOS (1992)[90] en ce qui concerne spécifiquement l'intégration monétaire européenne, nous nous inspirons de cette étude pour appuyer les arguments sur la possibilité pour les pays africains de créer une monnaie unique ou commune et la création d'une zone monétaire africaine spécifique.

Dans cette étude riche d'enseignements, l'auteur nous présente les vertus négligées d'une monnaie unique ou commune à travers les axes suivantes : nous attirons juste ici l'attention qu'il ne s'agira pas d'une comparaison à faire entre les deux zones monétaires diamétralement différentes, mais plutôt d'un apport théorique qui nous permettra de réfléchir sur la question de la création d'une monnaie unique en Afrique, question que nous approfondirons au chapitre 6 qui traite en partie de la création monétaire.

Le mythe fondateur de cette réflexion théorique est ainsi résumé et présenté : « l'institution d'une monnaie unique suppose la réunion de l'ensemble des banques des pays concernés en un même système organisé autour d'une banque et d'une monnaie centrales uniques. Il ne peut y avoir de demi-mesure : les monnaies nationales restent distinctes ou bien elles sont unifiées. Il est vrai que les agents économiques (y compris les banques), et c'est l'origine de l'existence de l'ÉCU privé, peuvent choisir de libeller leurs créances et dettes en termes d'une unité de compte qui vient s'ajouter aux unités définies par les monnaies nationales. Mais cette procédure ne suffit pas pour autant à créer une monnaie. L'institution d'une monnaie unique ne pourra manquer de réunir les économies nationales actuelles en une même économie nationale : les pays actuels ne seront plus que les régions d'une même nation économique. À cet égard, il est évidemment paradoxal que les mêmes chefs d'État et de gouvernement qui ont voulu donner un caractère irréversible à leur engagement en faveur d'une monnaie unique, aient soigneusement écarté toute référence à une éventuelle « vocation fédérale » de l'Europe. Remarquons en outre que la transition vers l'institution d'une monnaie unique est souvent présentée comme la reconnaissance officielle et irrévocable de la fixité effective des taux de change. Pourtant la distinction des paiements montre que l'on ne peut s'en tenir à cette approche. En effet, dotés de monnaies distinctes, les pays entretiennent entre eux des relations économiques qualifiées d'internationales et dont la logique est notoirement différente de celle qui prévaut entre les agents d'une même nation. « C'est pourquoi l'instauration d'une monnaie unique représentera un profond

[90]Claude. GNOS : « La transition vers l'Union Économique et Monétaire : Les vertus négligées de la monnaie commune », *Revue du marché commun et de l'Union européenne*, n-360, juillet-août 1992.

bouleversement. Or la diversité des espaces nationaux, leurs particularismes et leurs traditions pourront-ils s'accommoder d'un tel bouleversement ? Le pari est actuellement risqué. On démontre qu'il serait plus judicieux, pour assurer la transition vers l'Union Économique et Monétaires (UEM), de créer une monnaie commune qui permettrait de réorganiser les paiements intervenant entre les monnaies nationales, tant au gain de la CEE qu'entre les pays membres et les pays tiers. »[91]

Cette réflexion menée par l'auteur avait abouti aux observations présentant les vertus négligées d'une monnaie commune en faisant d'abord la distinction entre les paiements nationaux et internationaux ; ensuite les conditions et effets de la création d'une monnaie unique ; enfin les conditions et effets de la création d'une monnaie commune.

Mais avant de développer ces arguments dans le cas européen, il est opportun de spécifier les questions issues de ces enseignements.

C. GNOS, en présentant son analyse qui nous servira de fondement pour une approche monétaire et économique dans le cas des pays de la zone Franc, s'interrogeait sur les points suivants·avant que le processus d'unification monétaire ait vu le jour :

- Le premier point dont l'auteur aborde pour le projet d'une monnaie unique est : le projet de création d'une monnaie unique est-il le plus sûr moyen d'assurer l'achèvement de l'Union économique et monétaire européenne ? (Cf rapport werner, 1970) ;
- le deuxième point abordé porte sur : les conditions qui concernent la convergence des caractéristiques des économies nationales, pourront-elles être satisfaites dans l'intervalle des quelques années qui nous séparent de l'échéance fixée (entre 1997 et 1999) ? (Cf sommet de Maastricht) l'application des indicateurs de convergence retenus par les autorités montre qu'aujourd'hui, deux pays seulement seraient à même d'entrer dans l'UEM : Il n'est d'ailleurs pas certain que les chefs d'État et de gouvernement réunis à Maastricht aient pris l'exacte mesure des difficultés posées. Les critères retenus se rapportent essentiellement aux domaines monétaires et budgétaires : ils concernent l'inflation, la stabilité des changes, le déficit budgétaire, la dette publique et les taux d'intérêt. Pour l'auteur comme pour nous ces domaines ne sont pas seuls en jeu. La création d'une monnaie unique suppose réunies d'autres conditions qui concernent la structure des économies, par exemple en matière d'industrialisation, d'aménagement du territoire ou encore de répartition des revenus ;
- le troisième point auquel l'auteur aborde concerne les avantages de la création d'une monnaie européenne pour préparer l'achèvement de l'UEM, que les partenaires pourraient renoncer.

[91]0P. cit : C. GNOS

L'auteur pense que « ce n'est qu'à l'issue d'une période de transition, les principales difficultés aplanies, que les pays (en réalité et au mieux quelques-uns d'entre eux) bénéficieront d'un tel instrument. Pourtant une autre solution, au moins à titre transitoire, est convenable : la création d'une monnaie commune. Le principe en a déjà été bien exploré ; particulièrement dans la lignée des réflexions et des propositions que Keynes avait développées lors de la conférence de Bretton Woods, qui ont paru autrefois trop ambitieuses pour être appliquées à l'échelle du monde, devraient -elles représenter une ambition trop modeste pour l'Europe ? »

L'auteur tente de démontrer dans sa réflexion, l'applicabilité et l'urgence de la création d'une monnaie commune à l'ensemble des pays de la communauté. Il tente à la fois en en présentant les modalités et en en confrontant les conditions et les effets à ceux de la monnaie unique, en faisant d'abord, la distinction des paiements, nationaux et internationaux, afin de distinguer les deux solutions dont il nous propose.

D'ores et déjà nous allons essayer de voir dans le cas de la zone Franc africaine, le bien fondé de l'analyse de C. GNOS dont le soubassement théorique renvoie aux conceptions keynésienne et néo-keynésienne de la création monétaire, que nous aborderons en profondeur, sur la possibilité ou non de créer une monnaie unique ou commune en Afrique. Mais nous dirons ici que cette question sur le plan théorique a fait l'objet d'analyses que nous retrouvons dans le cas de la zone Franc in : « La zone Franc : la dynamique de l'intégration monétaire et ses contraintes. » par GERARDIN. H (1994)[92].

III.1 - Fondements théoriques : Distinction des paiements nationaux et internationaux

Nous avons repris dans cette sous-section la présentation de C. GNOS que nous avons jugé fondamentale pour approfondir notre réflexion.

L'auteur présente tout d'abord les caractéristiques des paiements nationaux, intérieurs à chaque pays. À partir d'un exemple très simplifié que nous vous reproduisons ici :

A) Les paiements nationaux

Soit un exemple très simplifié, où B1 et B2 désignent deux banques d'un même pays. Celles-ci créent de la monnaie pour répondre à une demande de crédit de leurs clients ; l'opération se traduit par une double inscription comptable à leur bilan, passive et active[93].

[92]CF : GERARDIN. H : *« La zone Franc : la dynamique de l'intégration monétaire et ses contraintes, Tome* II, Paris, l'Harmattan, 1994.

[93]Une analyse similaire a été faite par C. GNOS : la création monétaire est une opération comptable débit-crédit, *Revue économie appliquée.*

L'inscription passive, dette des banques vis-à-vis des déposants, entre dans la mesure de la masse monétaire disponible dans l'économie ; l'inscription active, créance des banques sur les emprunteurs, dans la mesure des contreparties de la masse monétaire.

Réciproquement, la création monétaire rend le public (emprunteurs et déposants) à la fois débiteur et créancier des banques.

L'auteur souligne le fait que la monnaie ainsi créée est « privée » : la création de monnaie définit l'engagement d'une banque particulière par rapport à ses clients. Les différentes monnaies bancaires sont néanmoins unifiées : elles constituent des unités d'une· même monnaie nationale. Il s'interroge alors comment ce résultat est-il atteint ?

Pour répondre à cette question, il observe en disant que, la création monétaire définit encore, en termes économiques, une offre de monnaie à laquelle correspond une demande équivalente : définition de dettes (et créances) réciproques des banques et du public, la création monétaire ne peut être unilatérale.

C'est ainsi que la conversion (nette), au choix du public, de la monnaie en titres financiers et en biens réels ne peut pas créer un déséquilibre entre la monnaie créée et offerte par les banques et la monnaie demandée par le public : toute monnaie restituée aux banques est annulée, par confusion (sur les banques) du débiteur et du créancier, précise l'auteur.

Cependant, au hasard, des paiements effectués par les quantités offertes et demandées de la monnaie de la banque B1 peuvent se trouver infirmés. C'est le cas lorsque, dans un paiement, le payeur et le payé, qui reçoit par remise d'un chèque ou par virement, une créance sur la banque B2, créance sur sa propre banque. On pourrait dès lors s'attendre, comme ce serait le cas dans les relations internationales, à ce que la monnaie B1, offerte en excédent, se déprécie par rapport à la monnaie B2. Mais il n'en est rien, grâce à l'existence d'une monnaie spécifique, interbancaire, la monnaie centrale. Précisément, la situation se dénoue de la façon suivante comme il est décrit dans cette analyse :

- Tout d'abord, l'opération s'inscrit dans des comptes ouverts par les banques (dites secondaires, par opposition à la banque centrale) auprès d'une chambre de compensation, au crédit de la banque B1, et au débit de B2. Puis dans la mesure où le débit de B1 n'est pas compensé le jour même par un crédit équivalent, résultat des paiements effectués au bénéfice des clients de B1 par les clients des autres banques (dont B2), B1 doit apurer son compte débiteur, ce qu'elle réalise en utilisant la monnaie centrale. À cet effet, chaque banque centrale, approvisionnée par les règlements reçus, par des opérations de refinancement auprès de la banque centrale (cession d'effets) ou par des emprunts auprès d'autres intervenants sur le marché monétaire interbancaire. Le paiement considéré se réalise dans les livres de la banque centrale, par le débit du compte de B1 et le crédit simultané du compte B2.

- En contrepartie du paiement qu'elle effectue, la banque B1 reprend l'engagement qu'elle avait initialement contracté dans l'opération de création monétaire : Cette reprise vaut destruction de la monnaie offerte en excédent par rapport à la demande du public, la banque n'étant plus engagée qu'envers elle-même. Ainsi, la monnaie B1 est annulée. Symétriquement, la banque B2 peut offrir sa monnaie au public pour un montant égal à celui de la monnaie B1 détruite : elle reçoit et porte à son actif le même montant de monnaie centrale, nécessaire et suffisant à la couverture de son nouvel engagement. L'intervention de la monnaie centrale permet la substitution, à parité, de la monnaie B2 à la monnaie B1. Au total, au niveau des banques comme à celui du public, une monnaie se substitue à une autre.

B) Les paiements internationaux

Dans l'espace international, les opérations se déroulent différemment. L'auteur reconsidère le même exemple où, cette fois-ci, les banques B1 et B2, appartiennent respectivement aux pays P1 et P2. Soit un paiement opéré en sa propre monnaie par la banque B1, à l'initiative des importateurs (de biens, de services ou de titres) du pays 1 et au bénéfice des exportateurs étrangers, clients de B2. L'auteur rappelle que dans une économie nationale, lorsque le payeur et le payé sont clients de deux banques distinctes, le paiement se résout grâce à l'intervention de la monnaie centrale, par la substitution d'une monnaie à l'autre. Il en va autrement dans les relations internationales. B1 et B2 n'appartenant pas à un même système organisé autour d'une banque et d'une monnaie centrales uniques, leurs monnaies ne sont pas substituables. Ainsi, même lorsque la banque B2 crée sa propre monnaie en contrepartie de la monnaie B1, cette dernière n'est pas détruite : elle est réservée et ne peut être dépensée que pour financer des achats auprès du pays 1. De la sorte, on vérifie qu'aucun pays ne dépense jamais sa propre monnaie dans le paiement de ses importations, mais la monnaie des pays étrangers (les devises) qu'il gagne dans ses propres exportations. Ainsi s'explique la tenue des balances de paiements d'un pays : le paiement des importations d'un pays ne peut trouver son aliment que dans le paiement de ses propres exportations par les pays étrangers.

Nous venons ainsi de présenter les observations qui ont fondé l'analyse de la création monétaire dans l'optique de la transition de l'union économique et monétaire européenne, observations qui justifient les fondements théoriques de cette approche dans une vision keynésienne et post-keynésienne : les deux exemples nous fournissent un cadre théorique pour faire nos analyses.

Mais pour ne pas trop s'attarder sur tous les développements que l'auteur nous a inspirés, il est clair d'en dire plus les conditions et les effets de la création d'une monnaie unique et /ou commune.

III.2 - Conditions et effets de la création d'une monnaie unique

En s'inspirant de l'analyse de C. GNOS, la littérature économique sur la question, nous stipule que la distinction des paiements confirme tout d'abord le fait que l'institution d'une monnaie unique suppose la réunion de l'ensemble des banques des pays concernés en un même système organisé autour d'une banque et d'une monnaie centrale unique. Il ne peut y avoir de demi-mesure : les monnaies nationales restent distinctes ou bien elles sont unifiées. En particulier, la proposition de créer une monnaie parallèle qui s'ajouterait aux monnaies existantes pour s'imposer progressivement grâce à ses qualités, apparaît clairement inapplicable. La mise en œuvre de cette conception impliquerait, littéralement, la création d'un pays supplémentaire au sein de la communauté, enclavé dans les pays existants, les relations entre les agents réalisant leurs paiements dans les monnaies actuelles et ceux qui utiliseraient la nouvelle monnaie ne pouvant être qu'internationales. Il est vrai précise l'auteur, et c'est l'origine de l'existence et du développement de l'écu privé, que les agents économiques (y compris les banques) peuvent choisir de libeller leurs créances et dettes en termes d'une unité de compte qui vient s'ajouter aux unités définies par les monnaies nationales. Ce choix aide notamment les agents à gérer leurs risques de change. Mais cette procédure ne suffit pas pour autant à créer une monnaie. Enfin, l'institution d'une monnaie unique ne pourra manquerde réunir les économies nationales actuelles en une même économie nationale : Les pays actuels ne seront plus que les régions d'une même nation économique. À cet égard, dit l'auteur, il est assurément plus paradoxal que les mêmes chefs d'État et de Gouvernement, qui ont voulu donner un caractère irréversible à leur engagement en faveur d'une monnaie unique, aient soigneusement écarté toute référence à une éventuelle « vocation fédérale » de l'Europe.

En effet, ce débat sur la transition vers l'union monétaire européenne, bien que dépassé, nécessite d'être relativisé pour aider à notre réflexion future, pour ce qui concerne l'euro et le Franc CFA actuel.

Cette observation de C. GNOS. selon laquelle la transition vers l'institution d'une monnaie unique est souvent présentée dans la littérature économique comme le résultat attendu d'une stabilisation réussie des monnaies nationales concernées : elle ne serait que la reconnaissance officielle et irrévocable de la fixité effective de leurs taux de change. Ainsi s'explique l'accent mis sur l'harmonisation des politiques monétaires et fiscales, condition reconnue d'une stabilisation des changes. Pourtant la distinction des paiements montre que l'on ne peut s'en tenir à cette approche. Les taux de change entre des monnaies nationales seraient-ils rendus parfaitement stables, cette situation ne doit pas être confondue avec l'institution d'une monnaie unique.

L'auteur poursuivant son analyse, montre qu'il y a une différence qualitative entre les deux situations ; cette différence comporte des conséquences qu'on ne doit pas négliger.

D'après la théorie économique, l'auteur nous rappelle que, les phénomènes économiques suivent des lois distinctes, selon qu'ils se manifestent dans un espace international ou dans un espace national. C'est-à-dire en particulier, dans un espace international, s'applique la loi des coûts comparatifs, d'après laquelle un pays peut avantageusement produire et commercer avec les autres pays même lorsque ses coûts absolus montrent que la productivité de son économie est inférieure dans tous les domaines à celle de ses partenaires. C'est en effet de la détermination des taux de changes entre les monnaies nationales que dépend la compétitivité des produits d'un pays sur les marchés internationaux. Au contraire, dans un espace national, ce sont les coûts absolus qui dictent leur loi, conduisant à l'élimination du marché des entreprises les moins productives. Nul doute l'institution d'une monnaie commune provoquerait d'importantes révisions du « tissu » économique européen, a-t-il précisé.

Ce constat est bien évidemment apparu depuis la création de l'euro.

L'exemple souvent cité, des USA, est ici significatif. Il apparaît que l'harmonisation des politiques monétaires (et particulièrement des taux d'intérêt) et fiscales (taux d'imposition) n'est pas un objectif prioritaire de l'Union. Bien au contraire, certains observateurs sont tentés d'y voir un précédent favorable aux dessins européens : les conditions de création d'une monnaie unique ne seraient craindre. Pourtant, il convient d'examiner la question avec plus de prudence. Les divergences des taux d'intérêt, constatées aux USA, sont destinées à compenser des facteurs de risques régionaux, des différences d'opportunités d'investissement, etc.

La référence au cas des USA montre ainsi qu'en confrontant la question de la stabilité (ou de la fixité) des changes et celle de l'institution d'une monnaie unique, on occulte les vraies difficultés de l'entreprise. L'harmonisation des politiques monétaires et fiscales, qui sont des variables clés dans la situation actuelle de la communauté européenne, les pays étant dotés de leur intérêt lorsque l'Europe sera constituée en une économie nationale unique.

L'auteur insiste sur les vraies questions auxquelles on a négligé : il s'agit notamment de les questions concernant alors l'aménagement du territoire, la politique industrielle, la lutte contre le chômage et l'indemnisation des chômeurs, l'harmonisation des rémunérations (aux USA, les écarts de rémunération en fonction des régions ne dépassent pas 10 % par rapport à la moyenne nationale) et des niveaux de vie, etc. Toutes questions qui ont notamment pour condition la réalisation d'importants transferts de revenus entre les régions.

Poursuivant encore ces analyses, l'auteur s'interroge sur la rigueur de l'application des coûts absolus et pose la question de savoir si cette rigueur ne sera-t-elle pas adoucie en Europe, du fait que l'adoption d'une monnaie unique interviendra à partir d'une situation où les différences de productivité sont compensées grâce aux taux de change ?

La réponse qu'il donne est réaliste : en réalité, il n'est pas envisageable de figer des taux de change qui compensent l'inégale productivité des économies nationales. Ce serait en effet admettre que la situation existante au moment choisi pour l'adoption de la monnaie unique ne doive plus évoluer. Toute évolution ultérieure, en l'absence du facteur d'ajustement que constituent les taux de change, menacerait en effet la compétitivité des pays les moins « avancés », tandis que celle des pays les plus « avancés » se trouverait accrue. Le dossier d'études et de documentation, série économique, n-20, novembre 1991 avance comme le dit l'auteur, que la thèse du « couronnement », soutenue notamment par les experts de la Bundesbank, n'est pas unanimement partagée ; il semble bien pourtant qu'elle soit la plus réaliste : il s'agit de l'harmonisation des principales variables des économies nationales qui doivent être réalisées préalablement à l'institution d'une monnaie unique.

Un autre argument présenté, est que la création d'une monnaie unique signifie également, du point de vue des paiements extérieurs des pays, la fusion des balances de paiements actuelles (Cf, Rapport Werner, op. cit, p. 7), les paiements intra-européens étant dorénavant de la nature des paiements intérieurs d'une même économie nationale. De ce fait la question de la stabilisation des taux de change se trouvera résolue. D'autres questions sur la monnaie unique ont été abordé par l'auteur, mais nous avons limité notre analyse sur les points abordés par l'auteur. Ces observations comme il il a formulé, ne condamnait pas le projet européen de création d'une monnaie unique. Il ajoutait en disant qu'en mettant l'accent sur les conditions de la stabilisation des taux de change des monnaies européennes et de leur fixation irrévocable, les artisans du projet tendaient à négliger d'autres aspects fondamentaux qui concernent les structures des économies nationales actuelles et la répartition de leurs richesses.

Pour relativiser cette analyse, la monnaie dans le cas des pays de la zone Franc la monnaie unique, ces conditions ne nous semblent pas encore réunies notamment la prise en compte des structures économiques de chaque pays de la zone et le problème de la répartition des richesses restent un enjeu majeur. Dans le cas la zone euro, la monnaie unique européenne a vu le jour, mais le problème des déséquilibres des paiements respectifs intrazone restent posés. Nous aborderons cette partie dans le chapitre 8 où nous avancerons des arguments pertinents sur la question.

La monnaie unique présente donc des vertus que l'auteur nous enseigne, vertus souvent négligées. Pour ce qui concerne la zone Franc, le processus d'intégration monétaire n'a pas trop d'influence dans les facteurs structurels, mais de nos jours et depuis la dévaluation du Franc CFA, avec l'intégration économique et monétaire, les États s'intéressent aux facteurs structurels (secteurs agricoles, agro-alimentaires, et l'union douanière).

III.3 - Conditions et effets de la création d'une monnaie commune

Reprenons les analyses formulées par C. GNOS sur la question, il en résulte que l'examen de la logique des paiements internationaux nous convainc que le marché des changes n'est pas un marché ordinaire où les quantités offertes et demandées d'un bien sont susceptibles de s'ajuster instantanément en fonction de son prix. Les offres et les demandes de devises exercées par les opérateurs individuels s'inscrivent dans un équilibre global des paiements, défini sur chaque pays. Cet équilibre, dont rendent compte deux catégories complémentaires de flux, les flux commerciaux et les flux financiers. C'est ainsi que toute importation commerciale nette d'un pays est systématiquement compensée par une exportation équivalente de titres financiers.

Reprenons le même exemple, cette fois-ci dans le cas des paiements internationaux, l'auteur fournit une analyse enrichissante pour la création d'une monnaie commune.

Dans cet exemple, l'importation commerciale nette du pays 1 endette ce pays vis-à-vis du pays 2. Il est vrai que l'endettement du pays 1 est ici monétaire, il affecte ce que l'on nomme sa « position monétaire extérieure ».

Mais, l'auteur nous rappelle que, la monnaie n'existe que comme créance sur sa banque d'origine : payés en monnaie B1, les exportateurs du pays 2 importent bien un titre financier. Aussi, à moins que le pays 1 compense immédiatement ses importations commerciales par des exportations équivalentes de titres financiers non monétaires, sa position monétaire extérieure débitrice est momentanément irréductible. De ceci il résulte que le taux de change d'une monnaie constitue une variable d'ajustement originale : il intervient seulement dans l'équilibrage des exportations et des importations commerciales. En liaison avec le niveau des prix, il détermine en effet la compétitivité des produits exportés par un pays.

L'auteur ne se limite pas seulement à cette argumentation, il s'interroge en disant que, pourtant, en pratique, l'expérience ne prouve-t-elle pas que la tenue d'une monnaie sur le marché des changes est étroitement liée aux variations des offres et des demandes de monnaies exercées par les opérateurs sur le marché des changes ?

La réponse à cette question est pertinente dans la mesure où, l'auteur pense que la vérité est qu'il y a un hiatus entre les conclusions de l'analyse menée au niveau des opérateurs individuels et celles de l'analyse des paiements extérieurs des pays. Souvent ce hiatus serait lié à la distinction entre la détermination des taux de change à court terme et leur détermination à long terme. À court terme, elle serait dépendante des mouvements de l'offre et de la demande de devises formulées par les opérateurs individuels. Ce n'est qu'à long terme que pourrait être prise en considération la nécessaire compétitivité des produits exportés. Mais cette affirmation est démentie par les faits : les variations des taux de change sont souvent et pendant de longues périodes déconnectées de l'évolution des prix des biens : les entrepreneurs doivent subir les conséquences de variations de changes aléatoires et hautement spéculatives.

Pour l'auteur, l'institution d'une monnaie commune, instrument des paiements internationaux des pays de la communauté, assurerait la stabilité des monnaies européennes, laissant aux ajustements des taux de change leur rôle légitime de correcteurs des déséquilibres durables des balances de paiements.

Un autre aspect que l'auteur aborde, nous renvoie aux propositions de Keynes sur la monnaie internationale. Notons que la théorie Keynesienne joue aussi un rôle très déterminant, lorsque l'on traite les problèmes monétaires internationaux. La référence à Keynes et les néo-keynésiens constitue les fondements de la monnaie internationale.

Ainsi dit-il, s'agissant de l'institution d'une monnaie internationale, les propositions que Keynes avait élaborées constituent une référence largement citée94 : « Rappelons brièvement que le célèbre économiste proposait la création à l'échelle du monde, d'une union de compensation dotée d'une monnaie spécifique, le bancor ».

Cette monnaie aurait constitué un instrument de paiement pour les nations entre elles, « opérant à travers un organisme central, Trésor public ou Banque centrale, les particuliers, les entreprises et les banques autres que les banques centrales continuant d'utiliser comme auparavant leurs propres monnaies. »95

Ces propositions s'appuient comme nous le rappel l'auteur, précisément sur la distinction des opérations de paiements définies entre les agents individuels et entre les pays. De façon pragmatique, et en s'appuyant sur l'analyse des opérations de compensation, C. Gnos envisageait la possibilité de la création d'une monnaie européenne selon un modèle dont les grandes lignes pourraient être les suivantes :

« Indiquons tout d'abord qu'il n'est pas nécessaire, et c'est évidemment opportun dans la liberté du public de transférer internationalement ses avoirs en utilisant la monnaie de son pays d'origine ou les monnaies des autres pays. Il suffit que les banques centrales aient la possibilité de compenser toute offre nette de leur monnaie nationale sur le marché des changes, émanant des opérateurs individuels, par une opération de paiement définie

[94]Cf in C. GNOS, op. cit. Pour une analyse détaillée de l'actualité des propositions de Keynes, B. Schmittt, *L'ECU et les souverainetés nationales en Europe,* Paris, Dunod, 1989.

[95]1-M. Keynes, « Proposais for an international clearing Union », *The Collected Writings of John Maynard* Keynes, Macmillan, Cambridge University Press, vol. XX. P. 168

entre elles et réalisée au moyen d'une monnaie commune, émise par une banque spécifique, la banque de l'Europe. N'étant pas elles-mêmes émettrices de la monnaie utilisée, les banques centrales devraient emprunter la monnaie commune : elles substitueraient ainsi à leur monnaie nationale offerte en excédent, des titres d'emprunt auprès de la Banque de l'Europe ou envers d'autres banques centrales. De la sorte, les monnaies nationales seraient empêchées de fluctuer au gré des aléas du marché, sans que, bien sûr, la logique des paiements internationaux soit en aucune façon bafouée. L'opération se traduirait par une substitution entre deux lignes de la position monétaire extérieure des pays : un endettement en monnaie commune se substituant à un endettement en monnaie nationale. »96

Pour l'auteur le corollaire de la création d'une monnaie commun - le nouvel ÉCU officiel, aujourd'hui euro - serait la formation d'un marché monétaire spécifique, entre banques centrales. Nous savons que les économies nationales, sur le marché interbancaire, les banques excédentaires prêtent aux banques déficitaires, les encours de prêts (et d'emprunts) de monnaie centrale dépassant largement les engagements de la banque centrale. Il en irait de même sur le marché interbancaire de la monnaie commune. Les arguments de l'auteur se résument par deux arguments importants a savoir :

Premièrement, tout en assurant un rôle déterminant dans la fixation des taux d'intérêt du marché de la monnaie commune, par l'intermédiaire de sa politique d'émission, la Banque de L'Europe n'en aurait pas pour autant un rôle prédominant : elle ne serait pas principalement un pourvoyeur de fonds. L'expérience des modèles nationaux est explicite : la création, par une banque centrale de la monnaie utilisée dans les règlements interbancaires se distingue nettement du crédit, prêt de la monnaie centrale qui peut aussi assuré aussi bien par la banque centrale elle-même que par des tiers, banques ou organismes financiers.

Deuxièmement, l'existence de la monnaie commune atténuerait l'interdépendance des taux d'intérêt européens et leur dépendance vis-à-vis des taux appliqués par les pays tiers. Aujourd'hui, les taux d'intérêt sont un instrument de régulation du change des monnaies : chaque pays doit, par leur intermédiaire, inciter les non-résidents qui détiennent des dépôts en sa monnaie nationale à ne pas les convertir en d'autres devises.

L'intervention de l'écu (euro), monnaie commune, lèverait cette contrainte sur les taux d'intérêt portés par les monnaies nationales. Les autorités nationales retrouveraient ainsi une plus grande latitude pour fixer leurs propres taux en fonction des besoins de leurs économies intérieures qu'elles doivent hisser à un même niveau de développement en vue de l'adoption d'une monnaie unique. Quant à la détermination du taux de

---

[96]CF, C. GNOS, op. cit

l'intérêt porté par l'écu (euro), elle devrait pénaliser les pays déficitaires et assurer une rémunération suffisante aux créances des pays excédentaires.

Enfin, pour clore cette esquisse du modèle de la monnaie commune, d'après les termes de l'auteur, il évoque encore les relations entre cette dernière et les monnaies du reste du monde, c'est où l'analyse nous interpelle, notamment pour ce qui concerne la zone Franc CFA aujourd'hui arrimée à l'Euro.

Pour ne pas occulter les analyses avancées par l'auteur, quel est alors l'enseignement donné à ce sujet ?

Tout en insistant sur le fait qu'il n'est pas question de restreindre la circulation des monnaies nationales dans l'espace international, il pense que les monnaies européennes pourraient continuer d'être détenues par les résidents européens. Systématiquement, les résidents européens pourraient détenir des avoirs en dollar, en Yen, etc. L'écu (euro) n'interviendrait en effet que pour compenser les demandes nettes de conversion se déclarant à l'encontre des monnaies européennes ; que ces demandes concernent la conversion d'une monnaie européenne en une autre ou en une monnaie tierce, la compensation est également concevable. Elle est même indispensable : le respect de la nécessaire cohérence des taux de change des monnaies européennes entre elles et à cette condition.

Mais les banques du reste du monde accepteront -elles d'être payées en ECU (EURO) ?

Parmi les réponses que l'auteur donne, figure, la suivante : la contrainte qui pèse aujourd'hui sur chacune des monnaies européennes face aux monnaies tierces se trouverait reportée sur la monnaie commune ; ainsi se confirmerait la levée de la contrainte qui pèse aujourd'hui sur les taux d'intérêts nationaux européens. Précise en plus qu'il est vrai que l'acceptabilité d'une monnaie n'est pas seulement fonction des taux d'intérêt qu'elle porte, mais aussi de son appréciation sur le marché des changes.

Une autre question est posée par l'article, est celle de savoir si en l'espèce, l'écu (euro), monnaie européenne serait-il une « bonne » monnaie ?

Il est alors avancé l'argumentation qui suit : « Dans les paiements intracommunautaires, c'est le mécanisme même des règlements interbancaires qui assurerait la stabilité des monnaies européennes par rapport à l'écu (euro) et donc, réciproquement, celle de l'écu (euro) par rapport aux monnaies européennes : les banques centrales paieraient et seraient payées en écu (euro) selon une grille de parité prédéfinie ».

Mais pourrait-on éviter les fluctuations de l'écu face aux autres monnaies tierces ?

À cet effet, il suffirait évidemment que toute offre excédentaire soit immédiatement compensée. Mais comment atteindre ce résultat ?

En proposant la création d'une autre monnaie qui jouerait le rôle de la monnaie internationale par rapport à l'écu (devenu euro) : il suffirait qu'elle emprunte des monnaies des pays tiers : l'Europe compenserait bien ses importations excédentaires par des exportations de tires, trouvant ainsi les monnaies mêmes (essentiellement dollar et yen) que les pays tiers peuvent accepter en paiement.

Tous les développements que nous avons tenté de présenter s'articulent autour de la conclusion suivante : « Il est certain que les politiques monétaires des pays européens connaissent un degré élevé d'intégration et d'interdépendance.97On est tenté d'en conclure que la question du maintien de la souveraineté monétaire des pays de la communauté est aujourd'hui dépassée. Aussi pourquoi continuer de s'interroger sur l'opportunité de la création d'une monnaie unique ? Ne s'agit-il pas d'une disposition somme toute anodine, dont l'application est d'ores et déjà largement engagée ?

En réalité, précise l'auteur, la distinction des monnaies nationales comporte des conséquences qui vont bien au-delà des questions de la politique monétaire et, notamment, des conditions de la stabilisation des monnaies. Cette distinction fonde, véritablement, la séparation des nations économiques : dotées de monnaies distinctes, les pays entretiennent entre eux des relations économiques que l'on qualifie à juste titre d'internationales et dont la logique est notoirement différente de celle qui prévaut entre les agents d'une même nation. C'est pourquoi l'institution d'une monnaie unique représentera un profond bouleversement : il s'agira de fusionner les économies nationales actuelles en une même nation économique, à l'échelle de l'Europe.

Or la diversité des espaces nationaux actuels, leurs particularismes et leurs traditions pourront-ils s'accommoder d'un tel bouleversement ? Le pari est actuellement risqué. Comme le craint P. Farba, à vouloir plaquer artificiellement un schéma abstrait sur cette diversité, on ne fera que des pays insatisfaits.

Dès lors il est légitime de s'interroger. Faut-il rompre aussi radicalement avec la situation actuelle et singulièrement avec la logique du système monétaire européen ? La proposition de créer une monnaie commune pourrait constituer un excellent moyen terme : elle donnerait à la seconde phase vers l'union économique et monétaire prévue par le Rapport Delors la consistance qui lui fait défaut. Il s'agirait de réorganiser les paiements extérieurs des pays en créant un véritable système monétaire communautaire. Deux avantages principaux en résulteraient :

D'une part, la stabilité des taux de change des monnaies européennes, tant entre elles que dans leurs rapports avec les monnaies tierces, serait garantie.

D'autre part, les taux d'intérêt domestiques cesseraient d'être les instruments de la stabilité des monnaies européennes et retrouveraient ainsi une plus grande autonomie, condition de leur adéquation aux besoins des économies intérieures.

[97] Comme nous l'avons déjà exposé dans les sections précédentes.

Conclusion du chapitre VI

Nous venons de voir le débat autour de l'arrimage du FCFA à l'Euro, ancre monétaire du Franc français (dorénavant de l'euro) qui a disparu. Cette relation de causalité entre les deux monnaies détermine les fondements pour la recherche d'une approche internationale. La modification de parité n'a pas vraiment eu de problèmes sur le bon fonctionnement de la zone Franc dans la mesure où aucune incidence le démontre. Ainsi, plusieurs pistes ont été suggérées à savoir :

La substitution de l'euro au Franc français comme ancre monétaire du Franc CFA, n'a pas affecté les mécanismes de coopération monétaire dans la zone Franc :

Sur le plan technique, cette permanence des accords monétaires de la zone Franc est assurée (le conseil européen jouant ainsi un rôle très important).

Sur le plan économique et monétaire, l'encrage de la zone Franc à l'euro doit plutôt entraîner une intensification des échanges entre les deux zones : qui va se traduire par des nouvelles opportunités d'investissement et de commerce dans la zone, dans la mesure où les exportations de la zone Franc vers les pays de l'union monétaire européenne s'en trouvent favorable, ce qui offre sur le plan économique et monétaire une stabilité dans les pays de la zone Franc.

Ainsi, a priori, un argument en faveur de l'union a souvent sa contrepartie en défaveur de l'union.

Le chapitre a abordé le problème de rattachement ou détachement du FCFA à L'Euro. (Dans un papier du CEMI-EHESS, nous abordons en profondeur cette question).

Différentes propositions sont faites, par les auteurs et que nous avons développé, mais il ressort que la question du rattachement ou pas du Franc CFA à l'Euro s'imposera d'elle même.

Le schéma que propose DE BOISSIEU et son équipe est très enrichissant pour l'avenir de la zone Franc dans le contexte d'intégration africaine, mais d'autres auteurs ont formulé les différentes approches, que nous avons abordé et dans d'autres études.

Le problème des zones monétaires optimales reste toujours au cœur du débat bien que cette question est une question annexe dans le contexte de l'évolution historique de la zone Franc. Ainsi nous montrons que, l'analyse empruntée à Claude GNOS sur les vertus négligées d'une monnaie commune dans le cas européen, nous offre un cadre théorique pour approfondir la problématique d'intégration en milieu africain.

Nous verrons que cette question de la création d'une zone monétaire spécifique en Afrique, avait été abordée bien avant la dévaluation du Franc CFA dans les travaux d'autresauteurs, comme Charles Albert Michalet, Mamadou Koulibaly Brasseul et Engelhard, Philippe Hugon.98 Par contre une analyse très enrichissante a été faite par Alain Bécart sur la nouvelle zone Franc africaine.99

La recherche d'une approche plus intégrée en Zone Franc se pose ici en terme de zone monétaire optimale et donc d'intégration économique et monétaire, et soulève le débat de l'arrimage du FCFA à l'Euro.

À cet égard les propositions de C. GNOS, nous inspirent et fondent même la problématique du renouveau de la création monétaire pour ce qui concerne les deux zones monétaires. La prise en compte respective des structures économiques, et leurs répartitions de leurs richesses peuvent être un argument qui renforcera les relations économiques et monétaires entre les deux zones pendant ce troisième millénaire de développement. La référence aux outils de politique économique keynésienne a contribué à cette étude. Elle sera poursuivie dans le chapitre 7 et dans le chapitre 9, avec l'apport des post-keynésiens et le renouveau sur l'optimalité des zones monétaires vus sous l'angle des économies en transition.

La recherche d'une approche internationale sera alors vue sous plusieurs dimensions. Pour nous l'article de C. GNOS, est une sorte de prophétie dans la mesure où certaines de ces propositions ont été réalisées dans le cadre de l'Euro actuellement monnaie européenne.

Les pays de la zone Franc pourraient-ils à un horizon lointain s'inspirer de cette construction réaliste de la théorie économique ?

Plusieurs articles et revues sont consacrés à ce sujet dans la littérature économique, et vont ainsi compléter nos argumentations dans les derniers chapitres de notre travail de recherche.

---

[98]Les analyses de C. A. MICHALET sont présentées in Mamadou Koulibaly « libéralisme en question 1992, l'harmattan », le nouveau départ pour l'Afrique, CF : BRASSEUL J et ENGELHARD. P (1985) : « intégration monétaire et développement économique : le cas de la zone Franc », in Mondes en développement, Tome 23 n-52.

[99]C. f A. Bécart : « la nouvelle zone Franc africaine : la question oubliée » in *Revue Banque* n-550 juillet-août 1994, p44-46.

Encadré du Chapitre VI

Encadré 1

Incidence du passage à l'Euro dans la zone Franc

Sur le plan technique, le passage du Franc français à l'Euro comme ancre monétaire du Franc CFA est automatique et sans incidence sur le fonctionnement de la zone Franc.

Stabilité des accords monétaires

Le Franc français est devenu le 1er janvier 1999 une dénomination nationale de l'Euro, à une parité fixe de façon irrévocable. Le Franc français est donc une subdivision de l'Euro qui disparaîtra le 1er janvier 2002. Ces évolutions ne modifieront pas la garantie de la convertibilité à taux fixe du Franc CFA par rapport à la monnaie française. Les accords qui lient la France aux unions monétaires de la zone Franc seront maintenus dans leur contenu actuel.

L'appellation Franc CFA ne sera pas modifiée.

A) Automaticité de la parité Euro-Franc CFA

La parité CFA étant définie par rapport au Franc français (au taux actuel de 100 FCFA=1 FF), et celui-ci étant une subdivision de l'Euro jusqu'en 2002, la valeur de l'Euro en Franc français étant exprimé avec six chiffres significatifs

(1 Euro= 6,556957FF), la parité du Franc CFA sera (1 euro=655,6957), aucun arrondi n'étant nécessaire pour déterminer la valeur de l'Euro en CFA.

B) La progressivité du passage à l'Euro.

Le passage à l'Euro n'aura pas d'incidence sur la monnaie de libellés des transactions et des règlements dans les pays hors de la zone Euro. Les avoirs libellés dans les monnaies participant à l'Euro peuvent être libellés en Euro ou en monnaie nationale depuis le 1er janvier 1999 et seront libellés en Euro uniquement à compter du 1er janvier 2002.

C) Sur le plan juridique une définition faible

La lecture juridique du rapport de Maastricht instituant l'UEM règle le problème des liens entre la France et les PAZF en l'article 109 du dit traité qui en son alinéa premier stipule entre autres que « le conseil, statuant à l'unanimité sur proposition de la commission, peut conclure des accords de taux de change avec des monnaies non communautaires ». L'alinéa 5 du même article fonde juridiquement la capacité de la France à conclure les accords avec les PAZF. Mais ce fondement juridique n'est que partiel, dans la mesure où quand on prend en compte d'une part les principes directeurs de l'UEM, assis essentiellement, sur les critères de convergence, il y a lieu de se demander si, malgré son caractère réduit, l'incidence budgétaire de la garantie illimitée accordée au F-CFA par le Trésor français ne pourrait biaiser les engagements pris par la France, qui au demeurant restera dans le « collimateur » des instances de surveillances de l'UEM.

Sur le plan économique, la mise en place de l'Euro se traduit par une série d'effets. Dans la mesure où les pays africains poursuivront une politique macro-économique rigoureuse, qu'ils mènent aujourd'hui, ils continueront de bénéficier des effets stabilisateurs de la parité fixe avec l'Euro. L'ancrage à une monnaie stable, l'euro sera préservé.

D) Stabilité accrue des transactions commerciales.

Un des intérêts majeurs de la zone Franc pour les pays africains signataires des accords de coopération monétaire est de permettre à ces pays de libeller une part conséquente de leurs échanges extérieurs dans leur monnaie interne (sans risque de change et sans risque de fluctuation). Avec la création de l'Euro, c'est à terme une part encore plus importante de leurs opérations commerciales qu'ils pourront libeller en monnaie de réserve et de transactions internationales. Certaines exportations de matières premières de la zone pourraient de ce fait à l'avenir être libellées en Euro, faisant du même coup disparaître une source d'incertitude pour les opérateurs économiques de la zone.

E) Nouvelles opportunités pour les investisseurs extérieurs

Dans un monde où les variations monétaires déstabilisantes constituent une menace sur la croissance, l'arrimage du Franc français à l'Euro va renforcer le cadre institutionnel et l'attrait des investisseurs privés pour cette partie du monde.

Source : texte élaboré par le ministère français de l'Économie et des Finances à la suite de la réunion des ministres de la zone Franc.

Encadré 2

Taux de change avec et sans mouvements de capitaux

A) Taux de change fixe sans mouvements de capitaux

Soit l'équation macro-économique initiale : Y=C+I+X+M.

Où Y représente le revenu, C la consommation, 1 l'investissement, X les exportations et M, les importations.

Elle peut se décomposer de la manière suivante : C=Co+C (Y- Tr)

Co est la consommation incompressible (constante). C dépend du niveau de revenu, du niveau de taxe (T) et des taux d'intérêt (r).

L'investissement est fonction du revenu et du taux d'intérêt : I=I (Y, r)

Les importations sont une fonction du revenu : M=M (Y)

L'équation (5) peut donc s'écrire : Y=Co+C (Y- T,r) +I (Y, r) + X*-M (Y)

Appelons B la contrainte extérieure : (3) B=X-M=X*-M (Y)

Comme X* E est exogène, on peut en déduire qu'il n'existe qu'un niveau de revenu Y compatible avec l'équilibre externe.

AppelonsYo le revenu qui assure cet équilibre. Si Yo correspond au niveau de plein emploi à l'intérieur, c'est idéal pour l'économie. En général, ce n'est pas le cas, et Yo ne correspond pas à ce niveau de plein emploi interne.

Supposons maintenant que les autorités utilisent la politique monétaire pour augmenter le niveau de revenu (pour passer de Yo à Yl par exemple) et réduire le chômage. Les agents économiques vont utiliser une partie de ce surplus pour importer davantage, passant ainsi de M (Yo) à un niveau supérieur, M (Yl). La balance extérieure, qui était initialement en équilibre, deviendra alors déficitaire, selon les termes de l'équation B, puisque du fait de l'accroissement des importations, on a :

Bl=X*-M (Yl) <O

La seule possibilité d'éviter ce déficit est de susciter un accroissement des exportations, phénomène exogène dans notre raisonnement.

B) Taux de change fixe avec mouvements de capitaux

Introduisons maintenant les entées et sorties de capitaux dans notre analyse. Pour cela, il faudrait compléter l'équation (3) de la façon suivante :

Bl=X*-M (Y) +K (r)

K étant la balance des capitaux qui lorsque les mouvements des capitaux sont libres est fonction des taux d'intérêt (r).

Soit Yo et ro les niveaux de revenu et de taux d'intérêt qui assurent l'équilibre extérieur. Pour simplifier le raisonnement, supposons que ro corresponde au taux d'intérêt étranger qui est évidement exogène. Supposons également qu'Yo ne corresponde pas au niveau d'équilibre interne.

Les autorités souhaitent augmenter Yo par le truchement de la politique monétaire pour le faire passer, mettons au niveau Y2 de manière à réduire le chômage. Cette politique monétaire va se traduire par une baisse des taux d'intérêt nationaux (rl), celle-ci conduisant à une sortie des capitaux ; ce phénomène provoquera à son tour un déficit de la balance des paiements. On aura :

$B2 = X^* - M(Y2) + K(rl) < O$

Le déficit de B2 sera plus important que celui de B1. On se trouve là confronté à un conflit d'objectifs. Il est donc impossible d'obtenir à la fois le plein emploi et l'équilibre externe.

En conclusion, l'économie se gère sur deux fronts, qui posent chacun deux problèmes : à l'intérieur, deux situations des crises majeures sont possibles : le chômage ou l'inflation ; du côté externe, la balance des paiements peut-être soit excédentaire, soit déficitaire. Cela offre quatre combinaisons possibles aux concepteurs des politiques monétaires ; selon les options prises, les coûts et bénéfices doivent être évalués :

Dans le cas de chômage et d'excédent de la balance de paiements, une politique monétaire expansionniste donnera de bons résultats. Elle relancera la demande et réduira l'excédent extérieur. C'est notamment ce que font beaucoup de pays industrialisés.

Dans un second cas d'inflation et de déficit, la politique monétaire est alors restrictive et conduit à une hausse du taux d'intérêt. Elle exerce une pression sur la demande, diminue les importations et attire les capitaux, ce qui provoque des effets rééquilibrant. C'est la situation de la plupart des pays africains ayant des monnaies nationales propres.

Dans le cas de chômage et de déficit, une politique monétaire expansionniste accompagnée d'une baisse du taux d'intérêt éloignera les capitaux et augmentera le déficit extérieur. En revanche une politique restrictive accompagnée d'une hausse des taux d'intérêt limitera la sortie des capitaux, réduira le déficit externe, mais aggravera le chômage. C'est la situation type du conflit d'objectifs que subissent actuellement les pays de la zone.

Enfin, une situation plus rare, celle d'une inflation et un excédent de la balance. Toute politique de lutte contre l'inflation réduira la demande et augmentera les taux d'intérêt, ce qui aura pour effet d'accroître davantage l'excédent externe.

Source : Mankiv, G.

Références bibliographiques du chapitre VI

AKITOB, B. (1998), Dévaluation, ajustement structurel et équilibre général intertemporel : une analyse de la dévaluation du FCFA au Bénin, Revue Économie Appliquée P. 83.

BECART, A. (1994), « La nouvelle Zone Franc Africaine : la question oubliée », in Revue Banque N-550, Juillet-août, P44-46.

BERTRAND, J-P., GUILLERMO, H.(l996), « Le Brésil et L'Argentine », L'Harmattan, Paris.

BRASSEUL, E., « Under Floating Exchange Rates », ! MF Staff Papers 9 (Novembre 1962) : pp 369-379.

BRASSEUL, J., ENGELHARD, P. (1985), « <ntégration monétaire et développement économique : le cas de la zone Franc », in Mondes en développement, Tome 23, n-52.

DE BOISSIEU, C. (1983), in « La Réforme de la Zone Franc : Les solutions de réformes.

FLEMING, J., MARCUS (1962), in « Domestic Financial Policies Under Fixed and Under Floating Exchange Rats », ! MF Staff Papers 9 (Novembre 1962) : pp369-3 79.

GERARDIN, H. (1994), « La Zone Franc : la dynamique de l'intégration Monétaire et ses contraintes, Paris, l'HarmattanTome 2.

GNOS, C. in Schmitt, B. (1989), « L'Écu et les souverainetés nationales en Europe », Paris, Dunod.

GNOS, C. (1992), « Transition vers l'UEM : Les vertus négligées de la monnaie commune », Revue du marché commun et de l'Union européenne, N-360, juillet-août 1992, pp 621-626.

GNOC, C. (1992), « La Transition vers l'UEM », in : European Financial Area, Actes du 3 ème Colloque international, Société d'Économiede Thessaloniqua.

GNOS, C. (1993), « La Monnaie européenne, facteur de division ou de Cohésion en Europe ? », Actes du Colloque de l'akademia Ekonomiczna W POZNANIER, POZNAN (Pologne).

GNOS, C. (l998), « L'euro », CAEN Édition EMS.

GNOS, C. (l998), La théorie monétaire de Keynes : les enseignements du plan d'une union de compensation, P79, Économie Appliquée LI, N-2.

HUGON, PH. (l999), « La zone Franc à l'heure de l'Euro », Édition Karthala.

HUGON, PH. (1994), « Zone Franc : du Franc CFA à la monnaie unique européenne ».

HOBEIKA, G. (2003), « Transmission de la politique monétaire : cas de la zone euro. »

JACOUD, G. (2003), « Système Monétaire et financier européen : La monnaie dans la Zone euro ».

KEYNES, J. M., « Proposais for an international Clearing Union », The Collected writings of Jonh Maynard Keynes, Macmillan Cambridge University Press,Vol. XX,P. 168.

KOULIBALY, M. (1992), « Libéralisme et nouveau départ pour l'Afrique », L'Harmattan.

LAFAY, G. (1997), « L'Euro contre l'Europe, Arléa.

LELART, M. (1986), « Zone monétaire et convertibilité : l'expérience africaine », Économie et Sociétés N-30.

LELART, M. (1985), « Le système monétaire européen et Le système monétaire Franco-africain », Eurépargne, n-12.

LINIGER-GOMAZ, M. (1972), « L'eurafrique utopie ou réalité », Éditions CLE.

MANKINV, G. (1999), Macro-économie, traduction de la 3e édition Américaine par HOUA Jean, De BOECK UNIVERSITE.

MARSHALL (1956), « Les fonctions réelles de la monnaie ».

MICHALET, C. À in Koulibaly, M. (1992), « Libéralisme en question, le nouveau départ pourl'Afrique », L'harmattan.

NORRO, M. (1998), in Économies Africaines » Analyse Économique d'Afrique Subsaharienne », De BOECK Université 2e Édition.

RAULIN, A. (2000), « La zone Franc face à l'Euro », ARRAS. ARTOIS Presses université.

SANDRETTO, R. (1993), « Le pouvoiret la monnaie », Économica.

SCHULDERS, G. (1990), « S'unir : le défi des États de l'Afrique Centrale », Édition l'Harmattan.

VINA Y, B. (1988), « Zone Franc et coopération monétaire », Ministère de la coopération, la documentation française.

RAPPORTS :

Réunions des ministres de l'économie et des finances des pays membres de la zone Franc, Libreville, Avril 1997, « Le FMI et les pays de la zone Franc au cours de l'année 1997 »

Réunion des Ministres de l'économie et des finances des pays de la zone Franc, Avril 1998 : situation économique et monétaire des États de l'union économique et monétaire OUEST africaine. (UEMOA).

Réunion des Ministres des Finances et de l'économie des pays de la zone Franc, avril (1998) situation économique, monétaire et financière des États de la banque des États de l'Afrique centrale (BEAC).

Agence Française de Développement, Leenhart, Bernard et V. Caupin (1999), « Perspectives économiques et financières des pays de la Zone Franc.

Le magazine du financier, numéro 6 (avril 1998), Revue économique, financière et sociale du ministère des finances, de l'économie, du budget et des participations chargées de la privatisation), Réunion des ministres des finances des pays de la Zone Franc.

Les notes de la coopération Française (1995) : La zone Franc après la dévaluation, macroéconomie finance, n-5 Juin 1995).

Rapport de la Réunion des ministres des finances et de l'économie des pays de la zone Franc avril 1999.

Texte élaboré par le Ministre français de l'économie et des finances à la suite de la réunion des Ministres de la zone Franc.

Chapitre VII
Crises monétaires internationales, intégration économique européenne et approches de la monnaie supranationale en zone franc africaine

Introduction du Chapitre VII

Le travail consiste ici à repérer plusieurs objets construits à travers les fondements des crises monétaires internationales, la problématique de l'intégration économique européenne et les approches de la monnaie supranationale. Ce chapitre mobilise les outils de la macro-économie keynésienne, de l'économie internationale, et les outils post-keynésiens, régulationnistes, conventionnalistes. En résumé, il s'agit de rechercher entre autres, une forme de Keynésiannisme Africain.

Ainsi donc nous abordons dans la première section, les fondements des crises monétaires internationales et le débat sur les réformes monétaires. Dans la section deux, nous présentons la dimension de l'intégration économique européenne dans une vision historique, économique. La troisième section quant à elle aborde les fondements théoriques d'une monnaie internationale et l'approche de Bernard Schmitt de la monnaie supranationale « la monnaie des monnaies nationales » en Zone Franc Africaine. Dans, la quatrième section nous analysons le rôle de l'euro et les dysfonctionnements du système monétaire internationale : les leçons à tirer.

La problématique de la monnaie supranationale, comme le dit B. SCHMITT, « la monnaie des monnaies nationales », sera utile dans le cas de la zone Franc CFA rattachée à l'euro. « L'auteur s'est proposé d'y mettre en lumière de la façon la plus vive les défauts dirimants que comporte tout système qui fait l'économie de la création d'une monnaie des monnaies nationales ».

En effet, la question de l'avenir du FCFA constitue un sujet de préoccupation pour les responsables politiques, les décideurs économiques, ainsi que les universitaires. La dévaluation de 1994, comme nous l'avons exposée dans les pages précédentes, a été à l'origine d'une grande inquiétude sur la capacité de cette zone à faire face aux mutations économiques et à maintenir son rattachement aux Franc français, aujourd'hui à l'euro.

L'avènement de l'Euro a été un nouveau motif d'inquiétude sur les perspectives d'avenir du FCFA.

Comme le fait remarquer Hakim Ben Hammouda et Moustapha Kassé : « Certes l'Europe a entériné le rattachement du FCFA à la monnaie commune. Cependant, des questionnements subsistent sur l'avenir du FCFA et d'une manière générale sur celui des monnaies nationales en Afrique dans un contexte de globalisation » (Hakim Ben Hammouda, Moustapha Kassé, 2001). Il s'agit ici de présenter des mérites de l'intégration européenne autour de l'optimalité des zones monétaires et de la problématique d'intégration en zone Franc occultées par la dévaluation du Franc CFA.

I. Les fondements des crises monétaires internationales et le débat sur les réformes monétaires : les leçons à tirer

Après avoir présenté les dimensions de l'intégration appliquées dans le cadre de l'intégration européenne, cette section aborde comme nous l'avons déjà annoncé ci-haut les aspects suivants :

- Les fondements des crises monétaires internationales : l'analyse de Keynes et les keynésiens sur les changes ;
- Les fonctions de la monnaie internationale (rôle de l'euro et du FCFA) ;
- Les différentes approches d'intégration proposées pour l'Afrique.

I.1 - Les avantages de la flexibilité du taux de change

A) Les leçons à tirer des crises monétaires internationales

Le fait d'autoriser le taux de change à fluctuer plus largement peut modérer les entrées massives de capital. En effet les avantages de cette dernière recommandation, un taux de change plus flexible ne se limitent pas aux périodes d'entrées de capitaux. Son atout le plus important est sans doute d'aider à éviter le problème des crises monétaires auquel sont sujettes les monnaies à taux de change fixe (c'est-à-dire les monnaies dont les autorités cherchent à stabiliser la valeur en la fixant par rapport à une devise étrangère où à un panier de devises) lorsque les flux de capitaux changent de direction.

S'il y a bien une leçon à tirer des expériences monétaires internationales récentes, c'est que les taux de change fixes sont extraordinairement difficiles à maintenir dans un monde de marchés de capitaux internationaux.

On peut utiliser les taux de changes fixes pendant un certain temps, mais si les spéculateurs commencent à douter de la volonté des autorités à les défendre et de tels doutes sont inévitables dans des sociétés démocratiques, c'est la chute.

La défense de la fixité du taux de change nécessite, en d'autres mesures, le relèvement des taux d'intérêt jusqu'à ce que cesse la spéculation, mais cette mesure est fort coûteuse pour l'économie et elle devient vite impopulaire. De plus, les fonds dont disposent les spéculateurs sont nettement plus importants que les réserves des banques centrales, ce qui permet aux marchés d'emporter la décision. Il suffit de rappeler les crises monétaires en Europe en 1992, au Mexique en 1994, en Asie du Sud-Est en 1997, en Russie en 1998 pour ne plus douter de l'association des taux de changes fixes et des crises.

B) Comment réconcilier la mobilité du capital et la stabilité bancaire ?

Cette méfiance vis-à-vis d'une stabilisation trop rigide de la monnaie s'applique tout aussi bien aux pays riches qu'aux pays pauvres. C'est d'ailleurs la raison pour laquelle les pays membres du FMI qui ont adopté des taux de change flottants représentent désormais les deux tiers des pays représentés dans cette institution alors qu'ils étaient largement moins du tiers en 1975. Cette tendance est très nette dans les pays en développement : en 1975, les pays à taux de change fixes effectuaient 70 % du commerce total des pays en développement et les pays à taux de changes flexibles 30 % ; en 2002, ces proportions sont plus qu'inversées, puisqu'il ne reste plus que la chine, Hong Kong et la Malaisie comme pays exportateurs importants dont la monnaie est fixée (Pegged) au dollar américain (il faut 8,28 yuans chinois, 7,89 dollars de Hong Kong et 3,8 ringgits Malais pour obtenir un dollar américain).

Ce changement de stratégie devrait réconcilier la mobilité du capital et la stabilité bancaire. Les banques des pays en développement sont fragiles, et les flux de capitaux auxquels elles sont soumises sont gigantesques.

Lorsque les événements se précipitent, quel que soit le caractère approprié des mesures macro-économiques prises, ce sont les États qui doivent intervenir comme prêteurs locaux en dernier recours. Renflouer des banques sinistrées tout en défendant simultanément le taux de change en temps est quasiment impossible.

La défense du taux de change en temps de crise conduit à limiter l'offre de liquidité alors que la stabilisation du système bancaire nécessite au contraire de fournir des liquidités supplémentaires.

Dans un monde où le capital est mobile internationalement, les autorités doivent choisir. Il semble que, de plus en plus souvent, elles acceptent de reconnaître que la stabilité du système bancaire est plus importante que le prestige d'un taux de change fixe.

Il ressort de cette analyse, le débat sur l'optimalité des zones monétaires selon l'approche liée à la mobilité des capitaux exposée dans la première partie, c'est-à-dire l'approche de Mundell qui soulève le problème du choix d'un régime de change. Mais pour comprendre un peu plus cette question, nous allons aborder dans un second aspect les politiques économiques des années 1930 afin de saisir les fondements théoriques des crises monétaires.

Pour ce qui concerne la Zone Franc CFA, nous avons déjà abordé en introduction de la première partie, cette dimension historique de l'approche internationale de la monnaie en zone monétaire : la création de la zone Franc est la conséquence logique des crises d'avant 1930.

I.2 - Les fondements théoriques des politiques économiques des années 1930

I.2.1 - Un Rappel des politiques économiques « classiques »

On peut dire sans trop d'exagération que la période qui précède la Première Guerre mondiale est caractérisée dans les pays qui ont adopté l'étalon-or par le laissez-faire, l'équilibre budgétaire et l'automaticité monétaire. L'équilibre budgétaire représente la norme et les seules exceptions acceptées le sont en temps de Guerre. Le niveau des taux d'intérêt, la masse monétaire et le crédit sont déterminés par les règles de l'étalon-or qui s'imposent aux banques centrales et aux trésors publics.

Les déficits publics sont déjà importants et ils augmentent dans certains pays, dont la France. Les banques centrales, y compris la banque d'Angleterre, ne sont pas toujours respectueuses des « règles du jeu ». Le commerce est loin d'être libre dans cette période de libre-échange. Les gouvernements ont une tendance croissante à intervenir dans l'économie, comme le montre la création des U.S. Interstate commerce commission en 1886.

Quels que soient ces écarts parfois significatifs, le laisser-faire reste malgré tout la norme.

La Première Guerre mondiale représente un choc particulièrement brutal pour cet environnement « classique ». Les dépenses publiques augmentent vertigineusement dans les pays belligérants. Le recours à la « planche à billets » pour financer ces dépenses conduit à suspendre de droit ou de fait l'étalon-or. En dépit du financement monétaire des dépenses, les déficits et les dettes publiques s'accroissent énormément. En 1918, le déficit budgétaire français représente 80 % des dépenses de l'État. Quant à l'inflation, quasi inexistante de 1880 à 1913, elle fait des ravages et le niveau des prix triple en France entre 1914 et 1918.

Les hommes politiques (au pouvoir) et les économistes (officiels) sont d'avis que cet état de fait ne doit pas durer. La rupture des flux commerciaux et financiers, le pessimisme des investisseurs et la redistribution arbitraire des revenus et de la propriété mettent en péril le consensus politique et favorise les conflits sociaux. Dans les partis de gouvernements, personne ou presque ne critique le désir de revenir à la situation « idyllique » qui prévalait avant la guerre.

I.2.2 Les quelques idées d'économie (et de monnaie) dirigée dans les années 1920 Par J. M. Keynes

Les événements de la guerre ont toutefois montré aux gouvernements comment il était possible d'intervenir en dirigeant de façon centralisée l'économie. Les bolchéviques ne se privent pas de s'inspirer de Ludendorff pour expérimenter le « communisme de guerre », mais, dans les pays d'économie libérale eux-mêmes, plusieurs signes montrent que les gouvernements cherchent à diriger plus activement l'économie.

1/ La politique monétaire et l'étalon-or

Certains proposent que les prix ne reviennent pas à leurs niveaux d'avant-guerre. Car cela ne pouvait qu'entraîner une chute de la production et de l'emploi. Et il suggèrent que ce soit au contraire la masse monétaire qui s'ajuste au niveau des prix. C'est l'argument développé par J. MKEYNES dans son livre. [100]

KEYNES, explique que l'action de la politique monétaire pour faire monter les prix, ou au moins les maintenir à leur niveau actuel, permet de réduire les coûts salariaux (car les salaires nominaux, sont relativement inflexibles), ce qui stimule l'emploi, et réduit le poids de l'endettement, ce qui stimule l'investissement.

Dans le chapitre 4, de la Réforme monétaire, J. M. Keynes répond de façon très pédagogique aux trois questions fondamentales qu'il a évoquées au cours des deux années précédentes à savoir :

« Dévaluation ou Déflation ? »

« Stabilité des prix ou stabilité du change ? »

« Faut-il rétablir l'étalon-or ? »

A la première question, J. M. KEYNES répond en disant : « L'inflation est injuste et la déflation inopportune. Peut-être la déflation est-elle la pire des deux, si on fait abstraction des inflations extraordinaires comme celle de l'Allemagne. En effet, dans un monde appauvri, il est pire de provoquer le chômage que de frustrer le rentier dans ses espoirs ».

La réponse à la deuxième question ne fait pas non plus de doute : « Le cours auquel une monnaie s'échange contre la monnaie du reste du monde, dépend sous certaines réserves, du rapport entre le niveau des prix intérieurs et le niveau des prix extérieurs. Le change ne peut être stable que si le niveau des prix intérieurs et le niveau des prix extérieurs demeurent stables tous les deux. Dans le cas où la stabilité des prix intérieurs et la stabilité du change sont incompatibles, il est préférable de rechercher la première ».

---

[100] J. M. KEYNES « La Réforme monétaire, publié en 1923, et repris dans The Economie consequences of Mr. Churchill, publié en 1925 »

J. M. Keynes explique enfin que la réponse à la troisième question doit provenir « d'une discussion rationnelle des idées de réforme monétaire ».

J. M. Keynes est entendu, même s'il n'arrive pas à convaincre Churschill (ni l'opinion publique anglaise) que le retour à l'étalon-or en mars 1925 n'est pas opportun. En fait, les conférences internationales de Bruxelles en 1920 et de Gênes, en 1922, ont déjà largement évoqué la question du changement de statuts des banques centrales pour qu'elles puissent augmenter leurs masses monétaires de façon à limiter la déflation entraînée par le retour aux parités d'avant -guerre.

Les travaux de la réunion de Gênes montrent que les délégués de 29 pays européens, y compris la Russie Soviétique, admettent l'existence de relations entre, la monnaie et le chômage, et qu'ils désirent « diriger » la première pour pouvoir limiter le second. Il est d'ailleurs significatif que les pays dans lesquels l'inflation continue à servir jusqu'au milieu des années 1920 n'utilisent pas la stabilisation des prix comme l'occasion de revenir à la parité d'avant-guerre. La Belgique, la France, l'Italie stabilisent aussi leurs monnaies à des niveaux qui correspondent à une forte dévaluation par rapport à l'or, et, dans chaque pays, les partisans de la déflation et du retour à la parité d'avant-guerre assurent un échec, leurs propositions paraissant trop dangereuses.

2/ La coopération internationale

Même ceux qui considèrent que l'étalon-or est le fondement des politiques économiques sérieuses admettent la nécessité d'une gestion plus active des conditions monétaires pour renforcer la stabilité du système international.

Sous l'impulsion de Benjamin Strong, gouverneur de la New York Federal Reserve Bank, le Féderal Reserve système, nouvellement crée, reconnaît ses responsabilités en la matière et il aide la Banque d'Angleterre à restaurer la convertibilité de la livre en poursuivant une politique d'argent bon marché (easy money) :

Les taux américains sont abaissés en 1925, puis en 1926, jusqu'à ce qu'ils soient 200 points de base (2 %) en dessous des taux anglais. -Au cours de l'été 1927, la Réserve fédérale et la Banque de France agissent pour aider la Banque d'Angleterre à maintenir la convertibilité, à la suite d'une rencontre secrète organisée à New York entre Benjamin Strong, Montagu Norman, gouverneur de la Banque d'Angleterre, Hjalmar Schacht, gouverneur de la Reechsbank, et Charles Rist vice-gouverneur de la Banque de France.

Celle-ci suspend la conversion en or de ses avoirs en livres sterling, et la Réserve fédérale abaisse son taux d'escompte.

La coopération entre les Banques centrales existait déjà avant la Première Guerre mondiale, mais les années 1920 sont marquées par des efforts sans précédent pour piloter de manière plus systématique les conditions monétaires, avec comme objectif la stabilité de l'économie internationale.

Ces essais de coopération internationale ne sont pas toujours fructueux, car est apparue dans le même temps une volonté croissante d'organiser les politiques monétaires en fonction des objectifs internes, ce qui conduit certains pays, comme les USA, et la France à stériliser unilatéralement les entrées d'or. La stérilisation en violation des règles de l'étalon-or avait déjà été pratiquée avant la guerre, mais elle est beaucoup plus fréquente dans la seconde moitié des années 1920, ce que J. M. Keynes justifie en ces termes dans A Treatise on Money : [101] « *On a accusé la France et les États-Unis de ne pas respecter les règles du jeu de l'étalon-or* » lorsque, pour des raisons purement internes, ces pays ont choisi ces derniers temps une politique monétaire qui a attiré de grandes quantités d'or dans leurs réserves, et qu'ils ont empêché ces entrées de modifier cette politique. C'est sans doute trop demander que de s'attendre à ce que ces pays sacrifient volontairement ce qu'ils pensent être leurs propres intérêts et qu'ils adoptent une politique monétaire qui conviendrait mieux aux autres pays. Je soutiens l'idée que la solution doit être recherchée dans un compromis en vertu duquel l'adhésion à un étalon international se combine de façon régulière et légitime avec une dose raisonnable d'autonomie locale en ce qui concerne les mouvements de capitaux ».

J. M. Keynes propose comme solution « minimale », la possibilité pour les Banques Centrales de détenir au moins la moitié de leurs réserves légales en monnaies étrangères.

Comme solution « maximale », il suggère la création d'actifs de réserve nouveaux qu'une « autorité internationale » avancerait aux Banques centrales des pays qui éprouvent des difficultés temporaires de leur balance des paiements.

C'est d'ailleurs dans le paragraphe intitulé « les complications internationales » que J. M. Keynes mentionne brièvement le soutien direct des dépenses d'investissement par le gouvernement au moyen de « grands travaux » (public works) : « c'est une arme qu'un pays peut utiliser lorsque son déséquilibre externe entraîne un chômage sévère. Dans une telle situation, les prêts de l'Autorité internationale ne sont sans doute pas suffisants. Le gouverneur doit lui-même promouvoir un programme d'investissement.

L'environnement économique des années 1920 présente une autre caractéristique nouvelle : la création de nombreuses Banques centrales dans des pays qui n'en possèdent pas.

Après avoir présenté cet environnement économique des années 1920, nous montrons comment Keynes et les keynésiens ont-ils fait les propositions pour sortir de la crise.

D'ores et déjà nous disons que la pensée keynésienne et néo-keynésienne sert de nos jours de référence pour la plupart des politiques économiques et monétaires menées dans les pays en développement et en particulier dans les pays de la zone Franc pour sortir des crises économiques.

Comme nous l'avons abordé plus modestement dans le chapitre 2, en annexes, les réformes monétaires amorcées dans la zone BEAC, démontrent la

[101] J. M. Keynes ?A. Treatise on Money

réussite de l'intégration au plan monétaire, avec la création de nombreuses banques centrales dans les pays membres. Ces réformes bien qu'engagées sont à poursuivre en tenant compte de la donne internationale et la prise en compte des aspects anthropologiques, sociales, juridiques, philosophiques dans les unions monétaires. Nous verrons dans le dernier chapitre comment ces questions sont privilégiées dans notre étude.

1.2.3 Les sept propositions de J. M. Keynes pour sortir de la « crise »

Le 28 Février 1930 J. M. Keynes expose devant le Comité Macmillan ses « remèdes », qui sont au nombre de sept et qu'il présente par ordre de mérite croissant :

C) Les propositions :

- La solution de la dévaluation ;
- La deuxième solution serait « une réduction générale des revenus nominaux » ;
- Le troisième remède pourrait provenir de « subventions aux entreprises en général ou certains secteurs en particulier » ;
- La quatrième solution passe par la « rationalisation de l'industrie, en particulier lorsqu'il y a des capacités de production excédentaires » ;

Les propositions précédentes visent à abaisser les coûts de production ;

- La cinquième solution serait « la protection douanière » permettrait au contraire de soulager directement les entreprises en leur permettant d'augmenter leur prix sans que le coût de production (les salaires) augmentent ;
- La sixième solution consiste en « la politique des travaux publics », financée par l'emprunt et préconisée depuis six ans, déjà par J. M. KEYNES, le développement des institutions spécialisées à long terme aux PME, une taxation plus forte des revenus des titres étrangers.

J. M. Keynes, préconise « la concertation entre les grandes Banques centrales », non seulement pour empêcher la poursuite de la diminution des prix mondiaux, mais surtout pour les faire remonter au niveau des revenus nominaux mondiaux.

Mais ces propositions ont été critiquées par d'autres théoriciens.

D) « La réponse des économistes orthodoxes à J. M. Keynes : l'effet d'éviction et les anticipations »

Le porte-parole du Trésor, Richard R. Hopkins, déclarait ainsi ; qu'il n'est opposé, en principe, aux propositions sur les dépenses publiques, mais qu'il craint qu'un plan, comme celui que propose J. M. Keynes, ne suscite « une tempête de critiques contre des décisions bureaucratiques extravagantes et ruineuses », avec comme résultat que les emprunts nécessaires pour financer le plan devront être « émis à des taux très élevés », ce qui aura comme effet de « décourager les entreprises ». Moins le plan sera crédible, plus les taux d'intérêt monteront, tout dépend « de l'atmosphère dans laquelle les programmes sont entrepris ».

De plus, R. HOPKINS, dit, que le programme de grands travaux des libéraux a été proposé à une époque où les taux d'intérêt étaient élevés, comme une alternative à une politique de cheap money qui était alors impraticable. Du fait de la chute de Wall Street, les taux sont redescendus à moins de 3 %, ou à court terme maintenant le risque d'interrompre cette décrue des taux.

R. HOPKINS admet que « des programmes publics d'investissement peuvent peut-être servir à réduire le chômage et que les sommes qui leur sont consacrées ne sont pas nécessairement soustraités à d'autres usagers », mais « si un programme est très impopulaire, cela affecte immédiatement ses effets dynamiques »102

EYNES, reconnaît que cette présentation est très différente de ce qu'il croyait être « le point de vue du Trésor » : il demande à R. HOPKINS : « quel est alors le point sur lequel nous sommes en désaccord ? »

La réponse de R. HOPKINS est remarquable puisqu'elle évoque les thèmes de « crédibilité des politiques économiques » et de « confiance des marchés » qui seront redécouverts dans les années 1970 lorsque seront rétablies les conditions financières internationales à savoir : convèrtibilité des monnaies, liberté de circulation des capitaux, financement direct par les marchés de capitaux telles qu'elles prévalaient avant 1931 ;

L'auteur poursuit en disant « si un tel programme est entrepris dans des conditions différentes de celles que vous supposez, il ne créera pas de forte dynamique capable d'entraîner une reprise de l'activité, il creusera un trou dans le capital qui est disponible pour le financement de l'économie.

Cela peut conduire des gens à penser que ce pays est un mauvais endroit pour investir, s'il faut emprunter à taux très élevé, et que le sentiment du public est très négatif, on reperd très rapidement ce qu'on a pu gagner grâce au programme, car nombreux sont ceux qui vont penser qu'il vaut mieux investir son argent en Amérique ».

---

[102]CF : Gérard Marie HENRY : » Les crises au xxè siècle » 1873-2003

En prenant bonne note de ces remarques qui se retrouveront intégrées dans plusieurs passages importants de la théorie générale, J. M. KEYNES, dit ainsi : « L'autorité monétaire gouverne sans peine le taux d'intérêt à court terme, mais le taux à long terme peut se montrer plus récalcitrant une fois qu'il est arrivé à un niveau que d'après les enseignements du passé et les provisions courantes de la politique monétaire future, l'opinion représentative trouve dangereux »103

Dans la suite du débat, J. M. KEYNES, toujours provocateur, propose une dernière solution.

Supposons qu'au lieu d'emprunter l'argent, le gouvernement se contente de demander directement à la Banque d'Angleterre de faire marcher « la planche à billets ».

La réponse de R. HOPKINS est prévisible : « *C'est fantastique ! Si j'ai bonnes raisons de penser qu'un grand emprunt réalisé de façon normale peut entraîner un sentiment négatif du public, je peux difficilement imaginer ce qui se passerait si on recourait purement et simplement à l'inflation* ».

Nous voyons donc que les propositions de Keynes ont été critiquées positivement et négativement, mais elles restent tout au moins une leçon à retenir pour la mise en place des politiques économiques des pays tant développés et en voie de développement.

La reprise économique anglaise des années 1930 avec le flottement du sterling et l'application des politiques monétaires expansionnistes104 a donné aussi une leçon pour la construction d'une part du SMI en 1944, et par la suite dans les années 1970 en Europe du SME (1979), dans les pays africains pour ne citer que ceux de la zone Franc dans les années 1948 à des réflexions sur les regroupements régionaux d'autre part.

Le modèle Keynesien a pour ce faire ces mérites, dans la mesure où il est pour la plupart l'inspiration des modèles macro-économiques encore utilisable aujourd'hui, mais il présente aussi, pour d'autres des limites. Comme le soulignait COMELLIAU sur le keynésianisme Africain :

« On peut dire que le « keynésianisme à l'échelle africaine se heurte certes à de nombreux obstacles » 105 ; celui de la mobilisation des ressources financières au nord endetté alors que les pétrodollars recyclés ont disparu (+ 111 milliards de dollars en 1980 ; 8 milliards de dollars en 1984) ; celui de l'acceptation des affectations des fonds pour des anciennes colonies y voyant une ingérence ; celui des risques inflationnistes de la part de pays dont la capacité d'absorption paraît faible compte tenu des goulets

---

[103]*CF : Théorie Générale,* P211-212

[104]Nous verrons dans le chapitre 8 où nous repensons le débat sur les dévaluations que celles-ci ont été un jeu à somme nulle « beggar-thy-neighbour » pour les Anglais dans les années 1930

[105]Cf. C. COMELLIAU (1985) : « Les propositions de transferts massifs de ressources du Nord vers le Sud » in Économie du Développement. *Recherches économiques et sociales ».* n-11-12, 1984, p. 95-120

d'étranglement. Si des transferts importants de ressources financières ne sont pas une condition nécessaire ; l'important est d'avoir une action modulée selon les pays africains, dont les situations diffèrent fortement, et de traduire ces transferts en projets générateurs à terme de recettes extérieures assurant le remboursement des intérêts.

« *L'aide est appelée à jouer un rôle essentiel pour financer les réformes structurelles, à la condition qu'elle accompagne les politiques nationales de développement au lieu de s'y substituer.* »

Ce constat fait par C. COMELLIAU, nous pousse à renouveler la problématique des reformes économiques et monétaires en Afrique et plus précisément dans la zone Franc avec l'intégration monétaire européenne.

I.3 - Les réponses des économistes hétérodoxes face à la crise : le débat des années 80 et 90 (analyses empruntées à Jacques SAPIR)

La désorganisation du système décisionnel américain apparaît d'un point théorique comme un élément objectif aussi important les institutions du marché financier ou les transformations des institutions concernant le commerce international et la gestion du salariat aux États-Unis, qui on permis à une situation d'insolvabilité majeure des ménages de se développer.

« Cette situation traduit une crise profonde du régime de croissance américain tel qu'il s'était développé depuis les années 80 et 90 tout en produisant en Europe des clones tels l'Espagne, la Grande-Bretagne ou l'Irlande. Mais, cette crise montre aussi que les dynamiques du temps court, celles de l'événement, sont tout aussi importantes que les dynamiques du temps long, celui des structures des appareils productifs et de l'évolution des institutions, que les économistes régulationnistes affectionnent. Les économistes hétérodoxes doivent affronter le défi de formuler une théorie de la décision individuelle qui fonde en microéconomie leurs analyses macro-économiques. Il faut pouvoir analyser le temps comi ou se taire ». (J, SAPIR, 2008).

Jacques Sapir montre qu'au-delà des justifications, le chaos décisionnel aux États-Unis indique qu'une nouvelle étape de la crise est en train d'être franchie. Le discours classique, tenu par les économistes orthodoxes ou hétérodoxes, sur la prégnance des « biens publics » est ici confronté à son incohérence microéconomie. Il suppose en effet que les biens publics (ici la stabilité du système financier) existent à la fois objectivement et subjectivement, parce que la subjectivité des acteurs est supposée construite sur la base de préférences stabilisées et autonomes vis-à-vis du contexte. Que cette supposition s'avère fausse, comme le montrent les travaux de Tversky, Kahneman, Lichthenstein et Slovic, et il faut admettre que seuls certains contextes permettent aux biens publics objectivement indentifiables de se constituer en une représentation subjective de ces biens publics.

Les PVD sont de facto touchés par cette crise de l'économie mondiale qui montre les hétérogénéités des situations institutionnelles. Nous verrons dans le chapitre 9 (tome 2) comment les pays du Sud restent marginaliser dans les échanges mondiaux occasionnés par la mondialisation. Cela montre que la matrice des institutions actuelles sont les institutions du passé. Les origines des crises institutionnelles sont à regarder d'un point vu historique et évolutif.

II. La dimension économique de l'intégration Européenne et le débat des reformes en Zone Franc Africaine

GNOS, C , montre que : « La création de la monnaie unique est située dans une double perspective : celle de l'instabilité monétaire internationale et celle de la stratégie d'intégration économique et politique de l'union. Elle est également examinée à la lumière d'un double défi, celui de la convergence des économies européennes et celui de la conduite des politiques économiques européennes » (GNOS, 1999).

A) Fondements (approche historique)

Dans cette section nous montrons que les développements sur l'intégration ne sont pas hors propos. Ils ne sont pas non plus générateurs d'effets décalcomanie. Ils sont utiles tout d'abord au plan historique (voir philosophique), car c'est la première forme réussit d'une intégration qui au plan théorique a obéît à l'approche de Bella Balassa et sur le plan évolutionniste obéit à l'approche de Rostow. Nous insistons aussi sur une conception communautaire de l'intégration, car il ne s'agit nullement de transposer les trajectoires européennes par mimétisme ou décalcomanie dans les économies du Sud en particulier les pays de la Zone Franc. Mais aussi avec le projet simplifié de l'intégration européenne, une étape avancée de l'UE, une analyse sera faite dans nos recherches futures. Cette analyse est utile pour comprendre les facettes d'une intégration économique dans son aspect historique et évolutive en prenant le cas européen.

Sans remonter à la mythologie grecque et à l'enlèvement d'Europe par Zeus, il est vrai que l'idée européenne n'est pas une idée neuve, et qu'on pourrait raconter l'histoire de « vingt-huit siècles d'Europe, d'hésiode à nos jours »[106], à travers les écrits de Sully ou de l'abbé de Saint Pierre, de Spengler ou de Ortega, de Valery ou de Stéfan Zweig.

En effet si l'on tient aux expressions officielles, la prise de conscience de la nécessité de l'Union européenne s'est manifestée principalement au

[106]Cf D. de Rougemont, Paris, Payots, 1961, Réédité in *Écrits sur l'Europe,* oeuvres complets de D. de Rougemont voU, PARIS Ed de la différence, 1994.

lendemain des deux guerres mondiales. Il suffira à ce titre de mentionner le projet Loucher de « Cartels par produits », première illustration de l'idée d'intégration économique sectorielle, ou le mémorandum d'Alexis Léger présenté par Briand au nom de la France à la tribune de la SDN en 1930, premier plan d'union politique européenne.

Mais c'est surtout au sortir de la Seconde Guerre mondiale qu'a été vigoureusement affirmée l'ardente obligation d'une Europe unie, notamment par le célèbre discours de Winston Churchill, à l'université de Zurich (1946) et la création du mouvement européen au congrès de la Haye (1948). C'est à la même période, et dans la foulée du plan Marshall, que sont nées les organisations européennes de coopération, à vocation économique, telle que L'OECE (1948) devenue OCDE en 1962, à vocation militaire, telles L'UE0 (1948) et l'OTAN (1949), tandis-qu'allaient se constituer en Europe de l'Est le CAEM/COMECON (1949) et le pacte de Varsovie (1955).

Les organisations d'Europe occidentale avaient en commun trois caractéristiques :

- un souci d'unité défensive en vue de faire face aux menaces potentielles du bloc soviétique ;
- une structure de coopération intergouvernementale ;
- et une volonté de faire l'Europe de la diplomatie et de la sécurité.

B) La Relance de l'intégration économique

Le résultat paradoxal de la crise de la construction européenne impliquée par le traumatisme de l'échec de la CED devait être la validation a posteriori de la démarche pragmatique et graduelle proposée par Jean Monnet et Robert Schuman. À l'initiative du Bénélux, le processus d'intégration allait être relancé en vue d'élargir l'intégration sectorielle à l'ensemble des activités économiques.

La conférence de Messine (1955) proposait l'ouverture d'une conférence intergouvernementale composée de représentants personnels des chefs de gouvernement des Six, auxquels s'était joint jusqu'à la veille de l'adoption du rapport final, un expert britannique, et placé sous la présidence de Paul-Henri Spaak. À l'issue des négociations de Val-Duchesse et de la conférence de Venise (1956), devrait être arrêté le texte des traités instituant la Communauté Économique Européenne (CEE) et la Communauté Économique de l'énergie atomique (Eura-tom/CEEA), qui furent signés à Rome le 25 mars 1957 et entrèrent en vigueur entre les Six le 14 janvier 1958. Les États européens restés à l'écart des traités de Rome constituaient, quelque temps plus tard, par le traité de Stockolm du 3 janvier 1960, l'Association européenne de libre échange (AELE/EFTA).

C) L'ouverture : L'espace économique européen et l'Élargissement

Depuis le premier élargissement, les pays de l'AELE qui n'avaient pas adhéré à la communauté étaient liés à cette dernière par des accords d'association, mais ont souhaité renforcer ces liens et en particulier profiter plus directement des avantages du marché intérieur. C'est la raison pour laquelle a été envisagée la constitution d'un « Espace économique européen », qui devait se traduire par l'application, à une échelle géographique plus vaste, d'une partie substantielle de l'acquis communautaire.

En dépit de certaines difficultés politiques lors des négociations et malgré les questions juridiques délicates soulevées par les mécanismes envisagés, ce processus a abouti à la signature de l'accord de Porto le 2 mai 1992 entre la communauté et ses États membres d'une part, les États membres de l'AELE d'autre part. Toutefois, à la suite du refus de ratification de la Confédération helvétique, et de l'adhésion à la communauté de l'Autriche, de la Finlande et de la Suède, l'accord a singulièrement perdu de sa signification géopolitique. En revanche, ces adhésions, effectives depuis le 1er janvier 1995, constituent une nouvelle étape dans le processus d'élargissement progressif de la communauté.

Les demandes d'adhésion actuellement pendantes (Malte, Chypre, Turquie, pays d'Europe centrale et orientale, pays baltes), qui pourraient se traduire par de nouveaux élargissements dans un avenir proche, expliquent que l'un des enjeux de la construction européenne au lendemain de la signature du traité d'Amsterdam, et en particulier l'un des objectifs de la CIG 2000 qui a préparé l'adoption du traité de Nice, aient été précisément la définition du calendrier, des conditions économiques et politiques de l'adhésion aux communautés[107], mais également des indispensables modifications du système institutionnel qu'impliquera nécessairement une nouvelle augmentation du nombre des États membres.

D) L'apport du Traité de Maastricht

Sans revenir sur les critiques adressées à juste titre à la présentation formelle du traité, il convient néanmoins de mettre l'accent sur la complexité de la « grammaire de Maastricht », qui traduit l'extrême difficulté de parvenir à des compromis ponctuels politiquement acceptables, fut-ce au détriment de la cohérence de l'ensemble : en témoigne le fait que le texte conventionnel proprement dit est assorti de 17 protocoles insérés dans l'Acte final, ainsi que de 33 déclarations adoptées par la conférence. L'architecture

[107]La programmation des élargissements ultérieurs a été opéré par la communication de la commission du 16 juillet 1997 dite « Agenda 2000 », (COM (97) 2000 final). V., également, J. L. SAURON, Élargissement à l'Est : 1848-

globale s'articule selon une structure supportée par ce qu'il est convenu d'appeler trois piliers.

À la suite du préambule et des « dispositions communes », qui apparaissent comme un « fronton commun », le traité comporte un pilier central constitué des dispositions modifiant les traités de Paris et de Rome, dont le contenu peut être résumé de la façon suivante :

- indication des principes et des objectifs de la construction communautaire (art. là 7c) ;
- fondements de la communauté (art. 9 à 136 bis), intégrant d'une part la mise en place de l'union économique et monétaire (art. 102 A à 109 M) et d'autre part l'attribution de nouveaux champs de compétence à la communauté ou le développement des compétences existantes, en matière de politiques dérivées ;
- dispositions institutionnelles et financières ;
- dispositions générales et finales (titre V, art. J à J. 11), consacré à la politique étrangère et de sécurité commune (PESC) et un troisième pilier (titre VI, art. K à K. 9), consacré à la coopération dans les domaines de la justice et des affaires intérieures.

L'accord final sur cet ensemble de dispositions n'a pu être acquis que sous réserve de la « différenciation » introduite dans le domaine social grâce au protocole et à l'accord à Onze sur la politique sociale, excluant le Royaume-Uni de l'application du traité dans ce domaine (opting out), et sur les clauses d'exemption consentis au profit du Royaume-Uni et du Danemark concernant le passage à la monnaie unique.108

[108]Respectivement par le protocole N-11 pour le Royaume-Uni et par le protocole n-12 et la décision du conseil européen concernant certains problèmes soulevés par le Danemark (JOCE n- C 348 DU 31 Décembre 1992), s'agis sant des dérogations accordées au Danemark. V. infra-§34.

Encadré 1

Le Rapport Delors et le Traité de Masstrich « l'euro la monnaie de l'an 2000 » (Présentation empruntée à C. GNOS)

Au conseil de Hanovre, les Douze (aux neuf États membres, étaient venus s'ajouter en 1981 ; la Gèce, et en 1986, l'Espagne et le Portugal) nommèrent un comité d'experts chargé « d'étudier et de proposer les étapes concrètes devant mener à l'union économique et monétaire ». Ce comité fut placé sous la présidence de Jacques Delors.

Le rapport établi par le comité, rendu public en avril 1989, proposait une progression en parallèle de l'intégration dans les domaines économique et monétaire. On peut, bien entendu, voir dans cette option la recherche, à nouveau, d'un compromis entre la thèse des monétaristes et celle des économistes. L'union économique et monétaire, confirmaient les experts était le prolongement nécessaire de l'Acte unique.

Selon le rapport Delors, l'union monétaire suppose la fixité et la convertibilité parfaites des monnaies des pays membres, ainsi que la libre circulation complète des capitaux et l'intégration des marchés bancaires et financiers.

La création d'une monnaie unique n'est pas considérée comme indispensable ; elle est toutefois présentée comme un prolongement naturel et souhaitable de l'union monétaire. La politique monétaire doit relever exclusivement de l'union. Ainsi est proposée la création d'un système européen des banques centrales (SEBC), dont l'objectif prioritaire serait de garantir la stabilité des prix.

Quant à l'union économique, le comité la fait reposer à la fois sur l'existence d'un marché unique concurrentiel et sur des politiques communes devant réduire les disparités structurelles et régionales entre les économies des pays membres ; elle suppose également une coordination des politiques macro-économiques, organisée autour des règles contraignantes concernant les déficits budgétaires nationaux.

Le rapport retient en outre le principe de subsidiarité selon lequel les États doivent conserver les fonctions qui peuvent être exercées au niveau national sans nuire à la cohésion et au fonctionnement de l'union.

Le conseil européen réuni à Dublin en juin 1989, décida de mettre en œuvre, à partir du 1er 1990, le processus prévu par le rapport Delors. Une nouvelle dynamique était ainsi créée qui déboucha sur la rédaction du projet final de traité adopté en février 1992 à Maastricth.

Le comité Delors prévoyait une mise en place progressive de l'union économique et monétaire (UEM), selon un calendrier en trois étapes. Ce principe, ainsi que les recommandations en matière de politiques monétaire et économique sera repris dans le traité de Maastricht.

II.1 - La dimension économique : « de l'union douanière à l'union économique »

II.1.1 - La définition de la notion d'intégration économique

Les objectifs économiques de la construction européenne sont le plus souvent définis par référence au concept d'intégration. Cette notion renvoie en premier lieu à une conception libérale assimilant l'intégration économique à l'intégration des marchés. Il s'agit dans ce premier sens pour l'essentiel d'une forme d'intégration négative, visant à l'élimination des obstacles résultant des frontières entre États membres, qui constituent autant d'entraves à la libre circulation des marchandises et des facteurs de production.

Le démantèlement des barrières nationales s'opposant aux échanges, de biens, de travailleurs, de services et de capitaux doit conduire à une mobilité accrue des matières premières, de l'énergie ; de la main-d'œuvre et permettre ainsi la constitution d'un grand marché, favorisant une meilleure adaptation de l'offre et de la demande et tendant à l'optimum économique.

Mais cette première forme d'intégration, si elle peut apparaître comme une condition nécessaire, ne constitue pas une condition suffisante pour tendre vers une union économique et doit être complétée par une intégration positive, parfois qualifiée d'intégration structurelle, axée sur la mise en œuvre des politiques communes et sur un rapprochement des politiques économiques.

L'intégration économique voulue par les auteurs des traités a pu sembler privilégier une vision néolibérale, même si elle n'a jamais été exclusive, mais l'évolution de l'action des institutions, par le développement des politiques communes sectorielles et par la progression vers l'union monétaire opère une combinaison des deux approches. Ce constat est confirmé si l'on se livre à une analyse de l'intégration communautaire en termes de degrés et si l'on fait intervenir le facteur temps.

II.1.2 - Les Degrés de l'intégration économique

a/ L'Union Douanière

Contrairement à certaines qualifications parfois utilisées, la construction économique envisagée par les traités constitutifs ne vise pas à la réalisation d'une Zone de libre-échange, mais d'une Union douanière.

La Zone de libre-échange se définit en effet comme la constitution d'un espace au sein duquel est réalisée totalement ou partiellement une libre circulation des produits originaires des États de la Zone, par élimination ou réduction sensible des barrières douanières de la zone. L'Union douanière en revanche suppose non seulement la libéralisation des échanges à l'intérieur de la zone, mais implique en outre la mise en place d'une barrière douanière commune et d'une politique commerciale commune dans les relations avec les pays tiers. (cf article XXIV, §8b et a) du GATT).

Sont ainsi éliminées les difficultés inhérentes au fonctionnement d'une Zone de libre-échange, c'est-à-dire la définition de l'origine des produits, et les risques corrélatifs de détournement de trafic et de distorsions de concurrence. Les biens et les services en provenance de pays tiers sont soumis à des règles identiques pour leur pénétration dans l'union douanière, mais après leur « mise en libre pratique », circulent à l'intérieur de la zone dans les mêmes conditions que les produits originaires.

b/ Marché Commun et Marché Unique

Les notions de marché commun et de marché unique ont un contenu plus incertain à l'intérieur de la zone de libre-échange ou d'union douanière.

On considère généralement que la réalisation d'un marché commun suppose qu'à la libéralisation des échanges de biens impliqués par l'union douanière s'ajoutent la libre circulation des facteurs de production (travailleurs, professions non salariées, services et capitaux), l'application de règles communes, en particulier en matière de concurrence et de fiscalité, l'existence de politiques sectorielles communes (agriculture, transports.), et un début de rapprochement des politiques économiques.

Le stade suivant de l'intégration économique consiste dans l'achèvement du marché intérieur, qui tend à l'élimination totale des entraves fiscales et techniques, en vue de faire disparaître les obstacles physiques aux frontières intérieures : la communauté a atteint cette étape au 1er janvier 1993, conformément à l'objectif et au calendrier définis par l'Acte unique européen.

Il est évident que cette phase implique une harmonisation plus poussée des législations et réglementations nationales, ainsi qu'une coordination accrue des politiques économiques.

c/ L'Union Économique et Monétaire

Le stade ultérieur de l'intégration est constitué le passage à l'union économique et monétaire, qui suppose la mise en place de critères de convergence assurant l'Homogénéité suffisante des politiques budgétaires et économiques des États membres ainsi que l'établissement d'un système commun de banques centrales en vue de centraliser progressivement le contrôle des signes monétaires.

Cette étape correspond aux ambitions affichées par le traité de Maastricht dans la perspective de la création de la monnaie unique. Les États membres ont confirmé leur décision de substituer l'Euro aux monnaies nationales selon le processus progressif prévu par le traité sur l'Union européenne à compter du 1er janvier 1999.

Au delà, le stade suprême de l'intégration économique revient à l'identification de l'espace commun à un espace économique analogue à un espace étatique.

II.1.3 - La dynamique de l'intégration économique

a/ L'effet de Spill Over ou effet d'engrenage

Le processus d'intégration économique ne doit pas être conçu comme un phénomène statique, ni même comme une succession d'étapes décidées par une démarche volontariste des États membres.

D'une part, les traités eux-mêmes intégraient cette dimension de progressivité dans la réalisation des objectifs, comme en témoignent les périodes de transition et autres échéanciers inscrits dans les actes constitutifs.

D'autre part et surtout, la mécanique de l'intégration comporte une tendance inhérente au dépassement, par un effet d'entraînement automatique imposant une progression constante.

Cette idée était d'ailleurs déjà présente dans le discours du salon de L'Horloge, la multiplication des « solidarités de fait », étant censée exercer une pression vers une intégration sans cesse plus étroite. Le passage d'une union à vocation sectorielle (CECA) à une union à vocation générale (CEE), l'extension progressive des domaines d'intervention de la Communauté, la consécration par l'Acte unique européen, puis par les traités de Maastricht, d'Amsterdam et de Nice, de nouveaux champs de compétence commune illustrent parfaitement ce phénomène.

b/ L'effet de cliquet ou la consolidation de l'acquis

La seconde constatation qui traduit le dynamisme de l'intégration économique repose sur l'idée d'irréversibilité du processus. L'accroissement de l'interdépendance économique, mais aussi l'intensification de la coopération politique et le rapprochement des réglementations juridiques, ont pour conséquence de consolider les avancées de l'intégration et de rendre tout retour en arrière sinon impossible, du moins plus coûteux économiquement et socialement que le maintien du statu quo ou le passage à l'étape suivante. Ce mécanisme prend juridiquement la forme de ce qu'on appelle l'irréversibilité de l'acquis communautaire.

II.2 - Les critères d'entrée au processus d'intégration européenne

Nous disons que si les taux d'inflation ont largement convergé entre les pays européens la dernière décennie, les taux de change pour ajuster le niveau des prix ont fortement divergé.

Une des explications, par exemple, réside dans le fort niveau de dépenses publiques (dans le cas de l'Italie). Le niveau de ces déficits va rapidement s'avérer insoutenable, et donc des ajustements devront avoir lieu. La tentation sera alors grande de dévaluer pendant la période de transition pour revenir à un ratio dette sur PIB acceptable.

La thèse qu'avançaient Foot et Rogoff[109] est que l'amélioration continue de la réputation européenne provenant en partie de l'augmentation progressive de l'indépendance des Banques dans la dernière décennie ne peut garantir une forte crédibilité en matière de stabilité durant la transition vers l'UEM. Leur modèle montre que, en l'horizon fini, c'est-à-dire en présence d'une date butoir, ce qui génère des mouvements de taux d'intérêt, de prix et des salaires, précise C. Enoh (1999). Ainsi si le gouvernement ne veut pas dévaluer, alors il sera obligé d'indexer sa dette, solution dont le coût peut s'avérer trop élevé. De ce fait, les progrès accomplis sous le SME, n'assurent en rien une transition économiquement stable pour arriver à la monnaie unique selon les auteurs.

Pour les auteurs comme Giavazzi et Pagono.C[110] (1988), stipulent que certains pays ne pourront appartenir à l'UEM, étant donnée leur situation initiale, à savoir, large base monétaire et dette publique élevée, nécessitant, à un moment ou à un autre, une forte pression fiscale.

Alors que la taxation optimale, suggère que la pression fiscale doit diminuer progressivement, dans le même temps, renoncer aux seigneuriages détériore l'efficacité de la taxation quand la base monétaire est importante et relativement inélastique.

Dans un cas extrême, le gouvernement peut se trouver dans l'incapacité de payer le service de sa dette en l'absence de seigneuriage et donc de devenir insolvable. Il ne s'agit pas ici de plaider en faveur des forts taux d'inflation.

Cependant, pour les pays fortement endettés (dette publique) comme l'Irlande ou l'Italie, il est difficile de renoncer à l'option « inflation surprise ». Dans ces conditions, l'échéance annoncée pour l'union monétaire peut fortement contraindre les économies et de ce fait entraîner une période de perturbations économiques, néfaste à la réputation européenne comme à la création de l'UEM.

La crédibilité de la politique mise en œuvre est au centre du problème. Ainsi, pour un pays comme l'Italie ou la France, dont l'histoire passée a été

---

[109] Cf. K. FROOT et K. ROGOFF

[110] Cf. K. GIA VAZZI et M. PAGANO

inflationniste, il s'agit de convaincre que la dévaluation n'est plus l'instrument privilégié. On peut d'ailleurs tenter d'évaluer la crédibilité des politiques menées à partir des différentiels de taux d'intérêt[111]. De plus la crédibilité est forte, plus la somme des deux (la prime pays, plus une prime de risque de changes, de taxes sur les intérêts) est faible.

De la même manière les disparités en termes d'endettement public, résumées par le différentiel entre les ratios dette sur PIB, donnent des informations quant à la crédibilité de la politique menée. Des distorsions dans le système fiscal peuvent effectivement en découler et remettre en cause la confiance accordée. Car les options de politiques économiques aux mains des gouvernements deviennent peu nombreuses pour, à la fois contenir leur économie et respecter les accords en vue de l'entrée à l'UEM.

Les investisseurs, par exemple, savent que des mesures seront adoptées pour diminuer ce ratio (dette/PIB) et ceci, surtout si l'échéance est proche.

Au total nous disons que les inquiétudes relatives à la création de l'UEM, résidaient plutôt dans sa mise en œuvre effective, des perturbations importantes durant la période de transition pouvant avoir lieu, remettant en cause les résultats obtenus (avec le SME) auparavant notamment les résultats en termes de réputation et de crédibilité. En effet, la structure démocratique de l'UEM accordait un vote égal à tous les pays membres[112]. On craignait aussi le fait que la forte réputation de conservatisme de la Banque centrale allemande ne sera donc pas automatiquement reconduite à travers la Banque centrale Européenne, notamment à cause des pays membres pour lesquels la lutte contre le chômage passe avant celle contre l'inflation[113].

Les arguments développés par E. LAHILLE sur l'intégration économique européenne au choc du 29 mai 2005, nous semblent utiles pour la compréhension du sujet (voir chapitre 7).

II.2.1 - La Monnaie comme symbole de la souveraineté nationale

La deuxième question que soulevait le débat autour de l'UEM, est celle de la coordination des politiques économiques (déjà exposée plus haut), à travers l'intégration monétaire et donc la perte d'un instrument de politique nationale, mais aussi par la moindre indépendance de la politique budgétaire.

---

[111]Cf. K. FROOT et K. ROGOOFF, Le différentiel de taux est égal à, une prime pays, plus une prime de risque de changes, de taxes sur les intérêts. Les deux dernières composantes prises séparément ou ensemble reflètent la crédibilité de la politique menée (les agents croient effectivement que la monnaie ne sera pas dévalué).

[112]0n perd ainsi la suprématie de la politique menée par la Bundesbank. Certains qualifiaient d'ailleurs le SME de zone DM.

[113]Cf. A. BROCINER

Cohen et Wyplosz (1989)[114] insistaient effectivement sur la forte controverse émanant de l'intégration monétaire, pourtant neutre à long terme, par rapport à l'acceptation massive de l'intégration économique.

Les opposants à l'UEM mettaient en avant la perte d'autonomie nationale, en insistant sur le rôle stabilisateur de la monnaie et la possibilité de seigneuriages pour le gouvernement : à ce premier argument, les auteurs répondent que les effets de seigneuriage ne sont qu'un effet de second rang possible devant la période de transition.

Par contre, les partisans de l'UEM, dont l'argument simple est que les bénéfices de l'union dépassent les sacrifices nécessaires, notamment en matière de liberté, ils répondent que la coordination des politiques n'était pas menée optimalement à travers l'intégration monétaire.

Inversement, d'après EICHENGREEN (1991)[115], la rationalité d'un marché unique européen sans barrière est évidente, tandis que la rationalité d'une Banque centrale européenne et ses relations avec ce marché unique restent plus compliquées.

– *Concernant le marché unique*, il va dans un premier temps encourager la spécialisation. Ainsi, la production le plus efficace en Europe va accroître sa production et offrir ses produits à l'ensemble des consommateurs de la communauté européenne. Il s'agit tout simplement de la théorie des avantages comparatifs. Mais ce producteur, face à de plus faibles coûts que ses concurrents, pourra également afficher de plus prix, ce qui aura une double répercussion. Sur le marché intérieur, la satisfaction des consommateurs sera accrue et sur le marché extérieur, on enregistrera des gains de parts de marché.

En fin, la mobilité des facteurs résoudra le problème des régions défavorisées. Ce raisonnement reste un peu caricatural et on devra le nuancer en tenant compte de certaines contraintes technologiques et structurelles ou tout simplement en considérant l'existence de coûts comme les coûts de transport.

– *Concernant l'intégration monétaire*, on entend souvent que la fin des contrôles de capital associée à la fin de l'incertitude sur les taux de change assurera les pleins bénéfices de l'intégration économique. Elle permettra une plus grande harmonisation des politiques de chaque pays qui sont à l'origine des perturbations enregistrées.

Pourtant, l'auteur estime que malgré cette plus grande harmonisation, des crises spéculatives et des anticipations déstabilisatrices pourront resurgir.

[114]Cf. COHEN etC. WYPLOSZ
[115]Cf. B. EICHENGREEN

Seule une Banque Centrale Unique pourra y remédier. Mais il faut savoir que ceci entraîne un coût.

L'exemple des cinquante États américains, parmi lesquels circule une monnaie unique, le dollar, est à ce titre intéressant. Le coût supporté est le sacrifice de son autonomie en matière monétaire, et sans doute aussi en matière budgétaire. Le taux de change ne peut plus être utilisé pour résoudre des conflits entre équilibre intérieur et extérieur.

Ce débat, autour de la coordination des politiques économiques, a sans doute été le plus polémique. De nombreuses études s'intéressent aux gains éventuels procurés par la coordination, les externalités étant à la base de leur raisonnement, mais les travaux théoriques ne fournissent guère d'appui à cette thèse. On retrouve ici l'importance de la crédibilité, ou réputation, qui, associée à la coordination pourrait en favoriser les gains.

En effet, l'interdépendance des politiques monétaires et budgétaires est également une question incontournable de la réussite de l'UEM. Comme l'ont montré Sargent et Wallace (1981)[116], la manière dont ces politiques sont coordonnées modifie la capacité de la Banque Centrale européenne à contrôler l'inflation.

Soit donc un pays confronté à un déficit budgétaire. S'offrent à lui deux possibilités pour le financer : le seigneuriage ou la vente de titres.[117]

- Avec une politique monétaire indépendante, les autorités budgétaires seront contraintes de financer leur déficit par le montant fixe du seigneuriage (fixé par les autorités monétaires) et par les ventes de titres.

L'inflation sera contrôlée à partir de l'évolution de la base monétaire retenue par les autorités monétaires.

- Par contre, si les autorités budgétaires décident du financement de leur déficit, les autorités monétaires seront amenées à financer la différence entre la vente de titres et le déficit budgétaire.

Leur argumentation implique donc que le contrôle de l'inflation passe par la suprématie budgétaire.

La Banque centrale de l'union devra donc définir la politique monétaire indépendamment des autorités budgétaires. Ces dernières seront alors obligées de fixer un déficit compatible avec les sources de financement possibles.

Cohen (1989) quant à lui suggère que la coordination des politiques budgétaires n'est pas nécessaire si la politique monétaire est crédible, car elle induit alors une réponse budgétaire optimale.

---

[116]T. SARGENTetN. WALLACE. T.

[117]Cette question est un peu abordée abordée dans le chapitre 5, sera approfondie dans le chapitre 8.

De plus, suivant la nature des chocs auxquels vont être confrontés les pays, la coordination peut s'avérer plus ou moins efficace.

La distinction traditionnelle repose sur le caractère symétrique (en faveur de l'union)[118] ou asymétrique (en défaveur de l'union) des chocs.

Cependant Cohen et Wyplosz (1989) distinguent les chocs selon leur caractère permanent ou transitoire. Leur raisonnement repose sur le traitement de la balance commerciale comme un bien public. Ils arrivent à la conclusion que la distinction-choc symétrique /asymétrique ne suffit pas à déterminer le caractère optimal de l'union monétaire, et que seuls les chocs permanents prémunissent de l'inefficacité dans la détermination de la Balance européenne. Ainsi, le pire des cas pour l'UEM serait la prépondérance de chocs temporaires asymétriques.

À ce stade la gestion de la coordination doit être prise en compte. L'exemple américain, souvent repris dans la littérature concernant l'UEM, met l'accent sur les avantages et inconvénients du fédéralisme budgétaire, et met en évidence les limites dans son application à l'Europe.

Ainsi donc, le système fédéral aux États-Unis fonctionne sur la base d'un transfert de fonds des États riches vers les États défavorisés, réduisant ainsi les différentiels de revenu entre les régions.

Ainsi donc, le système fédéral aux États-Unis fonctionne sur la base d'un transfert de fonds des États riches vers les États défavorisés, réduisant ainsi les différentiels de revenu entre les régions et stabilisent les chocs asymétriques. Grâce à ce système de partage du risque, toutes les régions peuvent améliorer leur bien-être.

Concernant l'Europe, ces transferts pourraient compenser le manque d'ajustement du taux de change.[119] Mais cela impliquerait bien évidemment une augmentation du budget communautaire.

Toutefois, Eichengreen (1990)[120] suggère une alternative au fédéralisme pour les pays européens. En effet, il part du constat selon lequel la mobilité du travail est inférieure en Europe[121] (comparativement aux États-Unis) et donc que cette dernière a une marge de manœuvre plus importante en matière d'impôts. Dans ces conditions, les besoins en transferts sont réduits. L'exemple des allocations de chômage versées par la communauté plutôt que par le pays lui-même montre comment les transferts (au niveau de l'union) peuvent augmenter les distorsions et ainsi aggraver le problème qu'ils sont censés combattre.

Il propose alors un système où des régions individuelles peuvent emprunter afin de réagir contre des chocs temporaires touchant le revenu. Et

---

[118]La Banque centrale unique va choisir la politique monétaire (commune) de manière collective, ce qui évitera les compétitions de taux de change.

[119]Cf. A. BROUNER

[120]Cf. B. EICHENGREEN

[121]A cause du problème de la langue.

le montant de leur emprunt serait conditionné par leur capacité à collecter les impôts.

On retrouve ici un système qui s'apparente à celui mis en place au niveau de la Zone Franc.

Quoi qu'il en soit pour ou contre la coordination, la véritable question est relative à l'évolution de la communauté européenne. (que nous avons exposé en bref dans la section I).

Si le succès du SME dans certains domaines n'était plus à remettre en cause, il était clair qu'il ne s'agissait pas d'un système optimal et que des réformes s'avèrent nécessaires.

Alors une question a été à l'ordre du jour celle de savoir s'il est préférable de réformer le SME ou de passer à L'UEM ?

Les réponses à cette question étaient alors multiples.

II.2.2 - La question de l'optimalité des réformes

Poursuivant leurs analysent Cohen et Wyplosz (1989), soulignaient ainsi ceci ; il ne s'agit pas de dresser une liste exhaustive des mérites de l'intégration monétaire, mais plutôt d'apporter des éléments de comparaison avec les mérites possibles d'une réforme du SME.

Leur réponse s'appuie sur un argument de faisabilité. Ils estiment tout d'abord que l'UEM est préférable en matière de taux d'intérêt, puisqu'elle supprime définitivement tout différentiel de taux et redonne au taux d'intérêt, unique et sans risque, toute sa « dimension économique ».

Avec le SME, on avait un taux d'intérêt directement lié à l'endettement du secteur public. Par contre, ils montrent l'incapacité des deux systèmes (UEM et SME) à proposer une coordination budgétaire efficace concernant notamment les contraintes des balances commerciales. C'est en fait la simplicité de l'UEM et donc sa faisabilité qui l'emporteront face à l'option d'amélioration du SME (pour tenter de le rendre optimal).

Il est effectivement clair que le passage à l'UEM constitue une nouvelle étape dans la construction européenne, au sens d'une rupture de fonctionnement.

L'intégration monétaire va modifier fondamentalement les politiques menées et les comportements sur les marchés.[122]

La fin des contrôles de change et l'harmonisation des politiques monétaires va laisser un espace étroit pour des politiques budgétaires autonomes. Les pays avec un ratio dette sur PIB élevé et un faible niveau de réserves auront, en particulier, une faible autonomie budgétaire. De plus, la fin des restrictions de mobilité des facteurs (travail, capital) comme des biens, va créer une pression à l'harmonisation des systèmes fiscaux

[122]Cf. B. EICHENGREEN

(actuellement, le différentiel de taxes entre États-Unis est de 40 % inférieur à celui observé entre pays européens).

En fin, l'existence d'une Banque Centrale Unique, garante de la stabilité du taux de change, modifie le processus d'ajustement de la balance des paiements.

La question de l'optimalité des Réformes que nous venons d'aborder dans le cas précis de l'Union européenne, nous pousse à réfléchir sur les fondements d'une monnaie internationale et le problème de la création monétaire déjà abordé par Keynes et les keynésiens

Il ne s'agit pas ici de faire une analyse comparative en tant que telle, mais plutôt de voir le bien-fondé des arguments avancés dans la littérature économique et monétaire en s'inspirant de Keynes.

III. Les fondements théoriques d'une monnaie internationale (statut-attributs-fonctions) et l'approche de Bernard Schmitt de la monnaie supranationale en Zone Franc Africaine

Ces questions ont été abordées par C. GNOS (), quand il s'agissait de distinguer la création monétaire sur le plan national et sur le plan international (chapitre 6). Une autre présentation a été faite par H. BOURGUINAT, sur les fondements théoriques d'une monnaie internationale. Nous vérifierons dans le cas de la zone euro et de la zone Franc si les attributs et fonctions sont bien remplis aujourd'hui. Le recours à l'approche de Bernard Schmitt de la monnaie supranationale constitue un corpus théorique indispensable dans le cadre institutionnel actuel de nos économies monétaires. Les enseignements issus de ces travaux sont pertinents et nous fournis des arguments convaincants.

En effet, la théorie économique et monétaire nous enseigne que l'existence d'une zone monétaire repose sur deux grands principes :

- Une ou plusieurs monnaies dont les valeurs relatives sont toujours fixées, mais qui ont une valeur libre sur le marché extérieur (le cas de la zone Franc est bien vérifié).
- La parfaite mobilité des capitaux (cas de la zone Franc : liberté des transferts stipulés dans les accords relatifs au fonctionnement de la zone).

Avant de répondre aux interrogations posées dans cette section, nous nous inspirons d'abord de la littérature sur les fonctions de la monnaie internationale empruntée à H. BOURGUINAT.[123] Ces questions sont :

[123]CF : H. BOURGUINAT (1999, 2001), Cahier français n-319 Mars-Avril 2004 « euro et gouvernance économique »documentation française.

- La zone Franc est-elle une zone monétaire ?
- Le Franc CFA, remplit-il aujourd'hui les fonctions d'une monnaie internationale avec son rattachement à l'Euro ?

III.1 - Les fonctions d'une monnaie internationale

À l'intérieur du débat sur l'UEM, qui a engendré un grand nombre d'articles, il convient de se poser la question sur les fonctions de la monnaie internationale. Une ébauche de la littérature est déjà faite dans les pages précédentes, dans l'article de C. GNOS.

Dans un article paru dans cahier français, H. Bourguinat, nous présente l'analyse suivante qui fonde notre réflexion :

III.1.1 - Définition

Une monnaie devient « internationale » dès l'instant qu'elle ne sert pas seulement aux résidents du pays qui en réalise l'émission, mais qu'elle est aussi utilisée par les non-résidents. En cela, elle ne doit pas servir exclusivement aux opérations propres du pays qui l'émet, mais aussi aux transactions « tierces » (commerciales, financières, cambiaires).

Cette condition qu'on pourrait qualifier « d'externalisation », fait que les mouvements de son taux de change ou de son taux d'intérêt se répercutent davantage sur des autres monnaies (HAR TMANN, et ISSING, 2002). Mais cette condition ne suffit pas elle seule, la monnaie doit remplir des conditions strictes par les deux attributs suivants :

III.1.2 - Les attributs de la monnaie internationale

Deux attributs lui sont nécessaires (cf HAYEK. F, 1976)[124] :

1) **la liquidité-acceptabilité,** suppose que cette monnaie soit largement diffusée au niveau international, en raison du rôle du pays émetteur dans le commerce international et/ou dans les opérations financières transnationales.
2) **la stabilité-prédictibilité,** d'après Hayek, les monnaies qui s'imposent au plan international sont celles en lesquelles les agents ont la plus grande confiance parcequ'ils anticipent plus stables que les autres ou, à défaut, susceptible de voir leurs cours prévisibles à partir de règles simples comme, par exemple, celle de parité du pouvoir d'achat.

[124]CF : HAYEK. F, 1976, « Denationaisation of Money », Hobat.

III.1.3 - Les fonctions traditionnelles de la monnaie internationale

Si les deux attributs précédents sont réunis, une véritable monnaie internationale est alors à même d'exercer simultanément plusieurs fonctions. Ici on s'en tient, le plus souvent, aux trois fonctions traditionnelles de la monnaie internationale.

Pour BOURGUINAT. H, une fonction supplémentaire importante convient d'être ajoutée, car elle spécifie justement le caractère international de la monnaie considérée.

Le tableau suivant nous résume clairement les fonctions de la monnaie internationale :

Tableau 1 :

Les fonctions de la monnaie internationale.

Fonctions	*Usages privés*	*Usages officiels*
Unité de compte	Cotations	Rattachement
Moyen de paiement	Facturation et change	Intervention des Banques Centrales
Réserve de valeur	Diversification des portefeuilles	Réserves de change
Bouclage du circuit financier international	Intermédiation	Prêteur en dernier ressort.

Sources : Bourguinat. H, 1999 ET 2001, Cahier français n-319 Mars-Avril 2004 « euro et gouvernance économique » documentation française.

III.2 - Les éléments de réponses aux questions posées

À la question de savoir si la zone est Franc est une zone monétaire monétaire, le débat a été déjà tranché dans les chapitres 1 et chapitre 2, par contre en se fondant sur le plan institutionnel, comme par le passé les Banques BEAC et BCEAO sont respectivement les institutions multinationales et internationales.

Bien que remplissant de nos jours les attributs d'une monnaie refuge au sein de l'Afrique par le biais de la France par son arrimage à l'euro, le Franc CFA ne remplit pas encore les fonctions d'une monnaie internationale.

Mais sa conversion en EURO par le biais du trésor français, laisse à nouveau une réflexion sur la possibilité ou non de créer une monnaie rattachée de facto à l'Euro.

La littérature économique sur la question reste encore d'actualité.

Pour nous la zone Franc constitue encore une zone de stabilité monétaire en Afrique et des réaménagements et/ou réformes sont à poursuivre.

« Le continent africain ne présente plus pour l'Europe le même intérêt que le passé. En revanche, l'Europe demeure pour les pays africains l'objet de toutes références positives ou négatives, modèle sans cesse contesté, mais toujours invoqué au titre de l'héritage ou du passif »[125]

---

[125]CF : Helène d'Alméida-Topor/Monique LAKROUM. 1994, ARMAND COLLIN

En effet, ce constat continue de nourrir les débats au sein de la zone Franc, en espérant que les réformes annoncées trouveront des réponses positives pour le développement de la politique économique et monétaire internationale.

Nous allons bien élucider ce débat de la monnaie supranationale en Afrique en s'inspirant de l'approche de B. SCHMITT.

Un rappel sur les principes de fonctionnements du FCFA (car largement exposés dans le chapitre 1) est fait, avant d'exposer les grandes lignes de l'approche de SCHMITT, qui nous semble capable de trancher le débat de la monnaie supranationale.

III.2.1 - La garantie de la parité du Franc CFA (approche historique et évolutive)

A) Nature du FCFA

En ce qui concerne la garantie de la parité du Franc CFA, il convient d'observer que celui-ci ne constitue pas, à proprement parler, une monnaie, mais seulement un sous-multiple du Franc français (dorénavant euro) auquel, il était lié, comme on le sait, par un rapport fixe. C'est d'autant plus évident que la parité ne reflétait pas la situation économique de ces États, comme c'est le propre, pourtant, d'une monnaie de le faire. Les fluctuations qu'elle a subies trouvent leur origine dans une politique sur laquelle les dirigeants de ces pays n'avaient aucune action.[126]

Même, en admettant que le Franc CFA soit une monnaie en soi, sa garantie par les réserves communes d'or et de devises de la Banque de France n'est que pure fiction, ainsi que nous pensons l'avoir montré. La convertibilité illimitée que cette garantie prétend lui assurer est dénuée de portée pratique, en raison des conditions restrictives d'utilisation du compte d'opérations qui interviennent, nous l'avons vu, dès que le rapport des engagements à vue et des avoirs extérieurs risque d'être égal ou inférieur à 20 %.

Comme l'écrivait M. J. RUEFF (1970) : « quelle liberté de décision peut être celle d'un pays, dont les réserves monétaires,-instruments et conditions de la convertibilité de sa monnaie-sont en dépôt à l'étranger ? »[127]

Par ailleurs, s'il est vrai qu'une monnaie saine facilite les échanges extérieurs des États intéressés, encore faut-il que la monnaie en question soit la leur et que la valeur universellement reconnue à cette monnaie soit le résultat, d'une part, du travail et de la discipline de leurs citoyens et d'autre

[126] A preuve la répercussion dans les États en question des conséquences de la dévaluation du Franc français du 8 août 1969 provoquée par les événements de mai 1968.

[127] M. RUEFF visait les possesseurs de balances dollars, mais sa remarque s'applique parfaitement aux États africains, membres des Banques centrales de la zone Franc au sud du sahara, dont les réserves de change correspondaient, en fait, à des balances Francs, aujourd'hui à des balances euro. (Le Monde du 14 février 1970).

part, de la bonne gestion des affaires publiques par leurs dirigeants. Lorsqu'il en est autrement, c'est-à-dire lorsque la monnaie dans laquelle ces États font leurs règlements à l'extérieur est celle d'un autre État, l'indépendance économique que leur confère l'utilisation de la monnaie de cet État dans leurs relations avec l'extérieur a nécessairement pour contrepartie une plus grande dépendance à l'égard de cet État.

Comme le disait Mamadou DIARRA : « le Franc CFA, n'étant pas traité à l'étranger, on ne voit pas comment les États membres de la Zone Franc ou leurs ressortissants peuvent légitimement être fiers et se réjouir de la considération que confère, à l'extérieur, la réputation de solidité du Franc français qu'ils emploient, surtout lorsque leur contribution à cette réputation semble beaucoup moins évidente aujourd'hui qu'elle ne l'était dans les années d'après-guerre, où la fragilité de l'économie française nécessitait un effort de solidarité alors très approprié à l'intérieur de la zone Franc ».

Ces arguments avancés sont sujets à discussion, mais nous la reforme de la zone bien que prévue dans les traités de 1994 (UEMOA, CEMAC) dans le cadre de l'élargissement de la Zone Franc aux autres pays africains constitue un élément intéressant à analyser. Les éléments de réponses sont développés dans le chapitre 6.

B) Rôle du FCFA

Poser, enfin, le problème de la monnaie pour les États africains membres de la zone Franc revient à envisager celui-ci seulement d'un point de vue mercantiliste, qui consiste à favoriser les échanges commerciaux du type colonial, et non à permettre un véritable développement économique. C'est en d'autres termes envisager uniquement la monnaie, comme un simple instrument d'échange, en ignorant délibérément ses autres aspects primordiaux pour les pays généralement pauvres en quête de développement économique et social. C'est notamment faire abstraction du pouvoir que confère le fait d'être maître de sa monnaie, celui de se donner par exemple les structures économiques de son choix, services, comme le disait M. François PERROUX[128], « par des moyens monétaires et financiers adéquats », lesquels permettent, en outre, de défendre ces structures économiques contre les emprises extérieures, en l'occurrence celles qui résultent de la garantie du Franc CFA par le compte d'opérations. C'est aussi en outre ignorer le rôle moteur de la monnaie, qui permet de stimuler et d'orienter la vie économique, donc c'est ignorer aussi le moyen d'action puissant que constitue l'émission monétaire entre les mains de gouvernements avisés.

La rôle dévolu actuellement à la monnaie dans les États membres des unions monétaires africaines les ramène pratiquement à l'époque des

[128]CF : F. PERROUX, IN » *Indépendance de la nation* », pages 63-64.

comptoirs, c'est-à-dire à l'époque où le seul moyen connu pour assurer l'expansion économique était de développer les échanges extérieurs pour faire rentrer l'or nécessaire à cet effet.

En agissant pour que les choses soient ainsi, on ne peut, au fond, en vouloir à la France, car elle ne fait, après tout, qu'agir au mieux de ses intérêts. Personne ne doute plus aujourd'hui, car les exemples passés comme des faits plus récents le confirment, que derrière les idéologies et les proclamations humanitaires il n'y a, le plus souvent, que des « égoïsmes sacrés » individuels ou nationaux. Dans un article intitulé » La France et la liberté des autres »[129] qui analyse la politique extérieure de la France, M. André FONTAINE ne constate-t-il pas, avec regret d'ailleurs :

« . qu'est bon, dès lors, et justifié tout ce qui va dans l'intérêt de la France, c'est-à-dire ce qui la met à même d'accomplir comme l'intérêt français coïncide avec les aspirations des populations et avec la morale, tant pis s'il ne coïncide pas ».

Pour les dirigeants africains qui ne l'auraient pas encore compris, le même auteur indique dans un autre article[130] que :

« dans les rapports entre nations, fussent-elles amies et alliées, il convient de ne faire au sentiment qu'une place limitée ».

Cela dit, que l'organisation monétaire instituée entre les États africains et la France ait rendu des services aux dits États en ce sens qu'elle a permis une cohésion qui n'eût peut-être pas existé sans elle entre des pays balkanisés, personne ne peut le contester. (Bien que stérile jusqu'ici). C'est d'autant plus vrai que les États intéressés n'ont pas montré, au cours des dix premières années, leur capacité à s'organiser dans le domaine économique.

De là, toutefois, conclure que l'organisation monétaire actuelle fonctionne à l'avantage mutuel des parties et à voir en elle un modèle exemplaire de solidarité humaine, d'entraide internationale comme certains le prétendent, c'est nous semble-t-il confondre les intérêts de l'un et de l'autre partenaire.[131]

C) Le système monétaire actuel

Le système monétaire actuel aurait été plus défendable s'il avait été conçu comme le point de départ d'une évolution qui aurait conduit rapidement, par étapes successives, les États en question à assurer complètement leur responsabilité monétaire et non pas comme un système rigide, définitif, répondant à toutes les exigences d'un véritable développement.

« *Mais personne, parmi les dirigeants actuels, n'ignore plus que ce système, s'il comporte des avantages, n'en est pas moins une solution de facilité qui, en leur épargnant les risques qu'ils devraient normalement assumer, aboutit en fait à l'irresponsabilité* » (SEYDOU DIARRA).

---

[129]Le Monde du 5 Février 1969.

[130] « Le Couple France-Angleterre ». Le Monde du 20 février 1969.

[131]CF : M. Bernard HEPP. « Monnaie et crédit en Afrique noire », PARIS MARS, 1967.

Nous disons que les arguments avancés ci-haut sont valables d'un point de vue historique, car le contexte d'aujourd'hui n'est plus le même. Tout au moins du point des résultats le fond reste le même quelques soient les fronts théoriques qui peuvent d'affronter.

Or, si l'on considère qu'en règle générale ces dirigeants n'ont pas réussi, malgré une stabilité monétaire dont il est vraiment difficile de trouver l'équivalent dans le monde, à réaliser à l'échelon national les conditions de cohérence nécessaires à un développement satisfaisant de leur économie, ni même pour la plupart d'entre eux à éviter les crises politiques qui en découlent fatalement, on est conduit naturellement à penser que le compte d'opérations a pris aujourd'hui à leurs yeux la fonction d'un « filet de sécurité » qu'il convient de conserver précieusement.

Ainsi, faute d'avoir et de pratiquer une politique économique générale susceptible de déboucher sur quelque chose, les dirigeants actuels se trouvent comme pris dans un cercle vicieux ; et pour en sortir, il faudra beaucoup de courage et de détermination. Cette situation, d'ailleurs, n'est pas sans analogie avec le circuit où l'inflation enferme les salaires et les prix : ici, c'est la hantise des désordres sociaux ou des crises politiques engendrées par les difficultés économiques qui expliquent le besoin de protection que concrétise le maintien du compte d'opérations. Or, les conditions mises à cette garantie telle qu'elle existe actuellement, et dont les deux principales sont la liberté des transferts avec son corollaire la libre circulation des marchandises et une participation étrangère prépondérante, comportant droit de veto, dans la gestion de l'émission monétaire et dans la distribution du crédit à l'économie, ne tendent à rien de moins qu'à conserver aux États intéressés le caractère de « marchés privilégiés » pour les entreprises françaises et donc d'économies complémentaires de l'économie française, bref, de « chasses gardées » comme au temps où ces États se trouvaient placés sous l'administration directe de l'ancienne Métropole.

Si, la coopération monétaire, l'aide et le commerce, forment un tout[132]. Selon l'avis du Conseil économique et social en zone Franc, sous cette optique » le développement procuré c'est-à-dire celui des seuls échanges ne peut pas être le développement que recherchent et espèrent les éléments évolués des populations intéressées et que, par suite, au lieu de les faire disparaître, le développement dont on parle dans le cadre du système du compte d'opérations aggrave, au contraire, les causes des crises redoutées.

Ces aspects anthropologiques de la monnaie FCFA, à travers le compte des opérations courantes méritent d'être relativiser, car depuis la dévaluation de janvier 1994, les enjeux sont devenus nouveaux et les réflexions se nourrissent le jour au jour dans la zone Franc, malgré ce scepticisme des années post-indépendances (voir chapitres 1 et 2).

---

[132]Avis sur les problèmes monétaires de la zone Franc du Il mars 1970.

La création d'une zone monétaire en Afrique et d'une monnaie unique n'est pas un débat nouveau, cette réflexion date des années 1960.

Depuis l'arrimage du FCFA à l'Euro les enjeux ont changé et la littérature sur la question est abondante.

Nous envisageons rédiger des articles sur la question à fin d'éclairer ce débat. Mais il s'agit comme nous l'avons déjà présenté dans le chapitre 6, des vertus négligées de la monnaie commune vue sous l'angle européen. Et voir dans le cas de la zone Franc CFA la possibilité et/ou non de créer une monnaie spécifique en Afrique. Signalons que le rattachement à l'euro n'a pas donné lieu à une modification de parité des Francs CFA et Comorien. Le 31 DÉCEMBRE 1998, le conseil de l'Union européenne avait fixé le taux de conversion irrévocable entre l'euro et de Franc Français (1 EUR0=6, 55 657 FF). Ce taux a déterminé automatiquement la valeur de l'euro en Franc CFA en Franc comorien. Comme le Franc CFA s'échangeait en Franc français (qui a disparu) au taux de 100 FCFA pour 1 FF, la parité du Franc CFA est désormais de **1** euro=655,957FCFA. De la même façon, le Franc comorien s'échangerait à un taux de 75FC pour 1 FF, sa parité est désormais de 1 euro pour 491,96775 FC.

La substitution de l'euro au Franc français comme ancre monétaire du Franc CFA et du Franc comorien n'a donc pas donné lieu à aucune modification de la parité de ces monnaies.[133]

L'encrage de la zone Franc à la zone euro doit plutôt entraîner une intensification des échanges entre les deux zones sur le plan technique, mais sur le plan économique cette substitution contribue à la stabilité économique et monétaire de la zone Franc. Nous verrons dans le chapitre 8, dans la section 2, comment les pays de la zone Franc et de la zone vont-ils pallier les déséquilibres de leurs balances des paiements respectifs (voir tome 2).

Si pour certains l'ancrage du Franc CFA à l'Euro est porteur d'un avenir économique meilleur pour l'Afrique, pour d'autres cet ancrage pourrait signifier l'explosion de la zone Franc au profit d'une zone rand ou la création de monnaies régionales.

Il est difficile de déterminer les différents scénarios qui se présenteront à elle. Mais des propositions peuvent être envisagées au cours de l'évolution dans le temps des deux zones monétaires.

Les Africains eux-mêmes doivent avant tout rechercher des solutions pour le devenir des zones monétaires africaines.

Pour nous l'approche de Bernard Schmitt de la monnaie supranationale constitue un corpus théorique pour réfléchir sur la question.

---

[133]« Le conseil de l'union européenne, par décision du 23 novembre 1998, a confirmé que la France pouvait maintenir les accords sur des questions de change qui la lient actuellement à l'UEMOA, à la CEMAC et aux Comores (article premier de la décision du conseil) ».

III.3 - L'Approche de Bernard SCHMITT de la monnaie supranationale et son utilité dans nos zones monétaires actuelles

Avant de présenter, les arguments théoriques et et décisifs pour la réforme de la monnaie internationale, Schmitt faisait une appréciation générale de la nouvelle monnaie européenne.

Dans l'hypothèse où l'euro apparaît dans le monde actuel, privé de monnaie internationale.

L'auteur stipule que, le déficit de la balance des paiements américaine, n'est pas « structurel », car l'économie américaine n'en est nullement responsable. La cause du déséquilibre persistant se trouve dans l'utilisation du dollar ordinaire pour les paiements internationaux.

En effet trois conséquences fondamentales découlent du fait que le rôle de la monnaie internationale est tenu par une monnaie nationale :

> *1) En l'absence de monnaie supranationale, aucun pays ne peut distinguer sa balance des paiements financière de sa balance de paiements nominale : ainsi, tout excédent de sa balance unique signifie des ventes non payées ;*
> *2) Les dollars disponibles dans les trésoreries des entreprises et particulièrement des multinationales, pour servir de monnaie véhiculaire transnationale, faussent la définition de la valeur extérieure du dollar.*

L'auteur souligne à ce sujet que, les économistes ont eu raison de noter que le marché des eurodollars diminue l'emprise des Autorités sur les marchés monétaires, nationaux. Or, la contrainte s'exerce aussi sur le marché des changes. Le Gouvernement américain ne peut pas fixer en toute liberté la valeur extérieure du dollar, car la masse des eurodollars, égale au déficit cumulatif de la balance des paiements américaine, apporte par ses mouvements incontrôlés des écarts de change du dollar dans les différentes espaces nationales. Et dire que le taux de change du dollar échappe partiellement à la souveraineté des États-Unis, c'est dire réciproquement que le taux de change entre les monnaies nationales et le dollar échappe partiellement à la souveraineté des pays qui acceptent le « Dollar-Exchange standard » ;

> *3) Les euros dollars amassés dans les réserves, privées et officielles, sont des pseudo-richesses, car ils représentent la dette d'un pays insolvable.*

B. Schmitt, pense que, pour développer la démonstration de l'utilité de l'euro dans un monde doté du dollar international, il faudrait recourir à des connaissances nouvelles, notamment en théorie de la valeur, de l'inflation, des salaires et de la répartition au sein des économies nationales.

Mais dans le cas de cette étude, nous présentons juste les arguments de cette analyse que lui-même qualifie d'élémentaires, notamment la nécessité de l'institution de l'euro face au dollar international.

L'auteur aborde les aspects suivants :

- **L'euro et les salaires nominaux dans les pays de la communauté**

La théorie dominante considère l'augmentation des salaires nominaux comme une cause de l'inflation, parfois comme sa cause principale. On parle d'inflation « Cost-push ». Dans une autre, l'auteur se propose d'établir que l'inflation est due au déséquilibre entre de la monnaie, plus précisément un déséquilibre entre l'offre et la demande globale. Or, les salaires nominaux sont l'expression monétaire de l'offre globale. Ils concourent donc l'un des deux termes de la comparaison. Toutefois, l'identité de KEYNES, R=C+I, étend immédiatement liée à la demande globale la hausse nominale de l'offre globale. Il en résulte qu'aucun déséquilibre ne peut se former pàr cette voie. L'augmentation des salaires monétaires est un changement d'échelle, car elle modifie l'expression nominale d'une offre constante. Et comme l'échelle est changée simultanément et dans la même proportion pour la Demande, l'inflation, qui est définie comme un déséquilibre, est étrangère à l'opération. En un mot, le « cost-push » définit une hausse des prix et non à proprement parler un écart inflationniste. Il n'en est pas moins que le changement d'échelle affecte la valeur extérieure de la monnaie nationale.

Ainsi, en régime des parités fixes, quand une économie multiplie ses salaires nominaux par un facteur f, la valeur extérieure de la monnaie de ce pays est elle-même multipliée par le facteur f.

Corollaire : La fixité des taux de change n'a sa véritable signification que dans un ensemble de pays où l'accroissement des salaires nominaux per capita s'opère au même taux dans chaque pays.

- **La monnaie européenne dans la communauté ouverte**

L'un des objectifs de la communauté est précisément d'égaliser la croissance des salaires nominaux. Il serait même possible de les maintenir constants dans tous les pays membres. C'est qu'il faut se garder de raisonner dans la situation régie par l'euro comme si la monnaie européenne n'existerait pas. À l'heure actuelle, l'augmentation des salaires nominaux est une nécessité, car les salaires réels sont périodiquement amputés par l'inflation. La hausse des rémunérations monétaires est même une mesure gravement déficiente, car, dès qu'elle est générale dans le pays, elle s'analyse en simple changement d'échelle, sans apporter la redistribution voulue des revenus en salaires et en profits. L'important serait de supprimer l'inflation.

Or l'euro est un grand facteur de « rééquilibrage » des monnaies nationales. Si l'on réussit ainsi à éviter toute inflation importée, le pas essentiel vers l'équilibre général sera réalisé. Et dans un ensemble où l'inflation est nulle, les salaires réels croissent face aux salaires nominaux constants, pour deux raisons :

- Les prix des marchandises et des services individuels diminuent par l'effet de la productivité physique ;
- La loi de la baisse tendancielle des profits se vérifie : non seulement les salariés obtiennent une part grandissante du revenu national, mais à parts égales ils obtiennent une plus grande quantité de biens physiques.

Pour l'auteur cet enseignement suffit à démontrer l'utilité de l'euro dans un monde doté du dollar international. Il ajoute que « s'il est vrai que l'Europe pourra mieux que la multitude des autres nations dominer l'inflation et veiller au moins à harmoniser les taux d'accroissement des salaires nominaux dans les pays-membres, les taux de change entre les monnaies européennes seront véritablement fixes. »

- **L'euro et les taux de change non révisables**

L'auteur rappelle ici que la fixité des taux de change prend sa signification profonde dans un ensemble où chaque pays augmente les salaires monétaires au même rythme que ses partenaires. Cette harmonisation étant possible que dans la communauté, mais utopique à l'échelle de la planète. Il serait pour lui très souhaitable d'instituer l'Euro même si le Dollar international ($ i) existait déjà, car les taux de change entre l'euro et les monnaies européennes pourront être fixés définitivement, alors qu'il serait absurde de prétendre fixer irrévocablement les taux de change du dollar international.

Toutefois, le principe de la fixité absolue des taux de change en euro, affirme-t-il, pourrait être contesté par certains auteurs qui en plus de l'harmonisation des salaires nominaux, exigeraient d'abord l'égalisation des taux de croissance des économies européennes. À défaut de l'une ou l'autre de ces conditions, la valeur euro des monnaies européennes devrait être, révisable, selon ces auteurs.

La seconde condition est fondée sur une analyse erronée :

L'identité de KEYNES englobe les salaires nominaux (R), mais elle ne fait aucune référence à la croissance. Comme la loi de la valeur macro-économique est donnée par l'identité de KEYNES, la valeur de la monnaie nationale est indépendante du taux de croissance de l'économie.

La conclusion inverse repose sur la confusion entre les deux notions de valeur et de prix. Il est vrai évidemment que la croissance positive fait baisser les prix individuels. Mais, quel que soit son taux, la croissance de l'économie définit une plus grande production physique et non une production de valeur croissante.

Les taux de change fixes assortis de la constance (comparative) des salaires nominaux constituent bien la condition nécessaire et suffisante de la véritable fixité de la valeur extérieure des monnaies. L'auteur affirme que seul l'Euro est capable d'apporter les bienfaits de cette fixité irrévocable à la C. E. E.

- **L'euro et la totale liberté des mouvements de capitaux au sein de la communauté**

Bien que la disparité des taux de croissance des pays membres n'affecte pas la valeur euro des monnaies européennes, il reste vrai que dans un régime de taux de change fixes et irréversibles elle impose le déséquilibre des balances commerciales. C'est ici que s'exerce la loi de l'égalité nécessaire entre les excédents commerciaux et les exportations excédentaires de capitaux financiers.

Ce parallélisme, qui résulte de l'existence d'une monnaie supra-nationale, assure l'équilibre permanent des balances de paiements monétaires.

Schmitt, ajoute qu'aucun pays membre n'est lésé ni injustement avantagé. Totalement libres, les mouvements intracommunautaires de capitaux financiers apportent aux pays et aux régions relativement défavorisées la contrepartie des excédents commerciaux formés dans les pays et les régions en forte croissance économique, œuvrant ainsi pour une meilleure répartition du bien-être au sein de l'Europe unie. C'est là un effet de première importance. L'euro garantit à l'Europe la parfaite maîtrise des excédents commerciaux des pays membres, dont le produit vivifie l'économie européenne elle-même.

Grâce à l'euro, les excédents en dollar international de la Communauté sont eux aussi tenus sous strict contrôle des autorités monétaires européennes.

Nous voyons que ces arguments présenter par Schmitt, nous semblent utiles pour comprendre les fonctionnements et dysfonctionnements des systèmes monétaires actuels, notamment le système de la Zone Franc actuel et la zone euro., dans un contexte de monnaie internationale.

L'approche de Bernard SCHMIIT de la monnaie supranationale, nous explique les arguments théoriques et décisifs contre la flexibilité des taux de change comme solution de rechange à la création d'une monnaie internationale.

- **L'euro est une monnaie nationale**

D'après SCHMIT, dans la communauté tournée vers l'intérieur, l'euro est une monnaie supranationale.

En revanche, l'euro est une monnaie nationale pour la communauté tournée vers l'extérieur. Cette distinction permet de trancher le grand débat entre « monétaristes » et « économistes » :

- **À l'intérieur de la communauté, l'euro est une monnaie supranationale,** dont l'institution repose sur une seule condition préalable, l'égalisation des taux d'accroissement des salaires nominaux. Si l'euro n'existait pas, les « économistes » auraient raison, car les excédents commerciaux ne seraient pas nécessairement confrontés à des mouvements de capitaux compensatoires.

La certitude de l'équilibre exigerait alors l'équilibre des balances partielles : les excédents et le déficit commerciaux devraient être combattus par l'uniformisation des taux de croissance. Mais l'euro donne raison aux « monétaristes », pense l'auteur.
Véritable monnaie supranationale, l'euro respecte pleinement la personnalité de chaque pays membre. Il est inutile désormais de veiller à l'équilibre des balances commerciales, car l'uniformisation des taux de croissance n'est pas une question préjudiciable. La causalité inverse : l'euro offre une contribution déterminante à l'équilibre des taux de croissance des économies intracommunautaires.

- À **l'extérieur de la communauté, l'euro est une monnaie nationale,** l'euro est une monnaie nationale. Sur ce nouveau terrain, les « économistes » l'emportent.

La transformation de l'euro, monnaie nationale de l'Europe face au dollar international, en monnaie nationale des pays européens ne pourra être obtenue que plus tard. Les dollars internationaux-titres du FME sont l'amorce. Il est tout à fait concevable que le Fonds Monétaire Européen devienne un jour l'unique banque centrale de tous les pays de la communauté. Le remplacement des espèces nationales par l'euro est la finalité logique de la nouvelle monnaie européenne » (B. SCHMITT, 1975).

Dans son chapitre consacré à la réforme de la monnaie internationale, l'auteur se propose de mettre en lumière les défauts dérimants que comporte tout système qui fait l'économie de la création d'une monnaie des monnaies nationales.

- **La flexibilité des taux de change ne remplace pas la monnaie internationale**

A) L'argument théorique contre la flexibilité des taux comme solution de recherche à la création d'une monnaie internationale

Nous nous proposons juste de faire un bref résumé de ces analyses :

- L'auteur pense qu'en l'absence d'une monnaie internationale, les taux de change sont des prix relatifs : l'auteur conçoit ce raisonnement par des équations monétaires, et par conséquent les taux de change d'équilibre ne sont pas cohérents entre eux.
- La raison fondamentale de l'impossibilité d'une solution est l'exigence que toutes opérations qui entrent dans la détermination des taux de change soient des offres et des demandes de biens économiques réels, car, dès qu'un ajustement se rapporte aux monnaies elles-mêmes, il est en surnombre. Pour qu'une solution soit concevable, il est nécessaire que toute « équation monétaire » soit écartée.

Pour lui, le circuit offre donc la solution recherchée : il faut et il suffit que les monnaies soient prises dans la contrainte du circuit : dès lors, leurs taux de change en numéraire ne peuvent pas ne pas être cohérents entre eux.

- **Pourquoi établir le circuit international ?**

- On ne le peut pas si la circulation comprend plusieurs monnaies nationales ;
- On ne le peut même pas si une seule monnaie nationale se déplace dans le « circuit ».

Le circuit international ne peut être établi que sur une monnaie qui soit elle-même internationale.

- Le dollar international résout le problème de la cohérence des monnaies nationales, car il est leur numéraire.
- La création du dollar international est une implication logique de la thèse des « flexibilistes », même s'ils ne le soupçonnent pas : c'est que la flexibilité des taux de change laisse subsister l'incohérence ou la disparité des monnaies nationales.

B) L'argument décisif contre la flexibilité des taux de change comme

solution de rechange à la création d'une monnaie internationale

L'auteur pense que cet argument est très convaincant à condition toutefois que l'on ait compris la théorie de l'intégration de la monnaie. Parmi ces arguments avancés, l'auteur stipule qu'en chaque pays, la monnaie nationale admet une correspondance logique avec le produit national, en termes simples, cette correspondance est le pouvoir d'achat de la monnaie. La monnaie d'une économie n'a pas un pouvoir d'achat indéterminé, mais le pouvoir exact d'acheter l'ensemble de la production en biens et en services des facteurs payés en monnaie.

La théorie du circuit enseigne que le pouvoir d'achat monétaire dépensé sur le marché des biens produits ne peut être ni inférieur ni supérieur au pouvoir d'achat monétaire crée sur le marché des services producteurs : toute différence est purement nominale ou arithmétique. Le circuit ne tolère aucune différence réelle entre le pouvoir d'achat formé et le pouvoir d'achat dépensé. L'homme ne peut donc choisir qu'entre deux possibilités, précise-t-il :

- Ou bien, il gère la monnaie de telle sorte que le circuit s'accomplisse dans l'égalité arithmétique du pouvoir d'achat formé et du pouvoir d'achat dépensé ; on dit alors que la monnaie est équilibrée,
- Ou bien sa gestion est défectueuse, sans doute parce qu'il maîtrise la théorie du circuit, et le circuit s'accomplit néanmoins, mais dans l'inégalité arithmétique du pouvoir d'achat formé et du pouvoir d'achat dépensé, auquel cas on assiste à l'inflation ou à la déflation, ou encore aux deux déséquilibres monétaires à la fois.

D'autres arguments peuvent être avancés, mais nous nous limitons à ceux que nous venons d'avancer.

Nous adhérons très fermement aux arguments de Bernard Schmitt et autres auteurs non orthodoxes sur le rôle de la monnaie dans l'économie. L'analyse que fait Schmitt sur la monnaie supranationale est pertinente et nous semble très utile pour analyser et comprendre les dysfonctionnements de nos économies monétaires. Cela nous permet d'offrir un cadre théorique pour approfondir les outils que présentent les auteurs hétérodoxes dont nous avons compris l'esprit. Nous verrons en ce qui concerne les scénarios du futur en Zone Franc africaine quelle est l'approche de Bernard Schmitt qui en découle.

Voyons comment Robert Mundell analyse les dysfonctionnements de nos économies monétaires dans un contexte de l'Euro au SMI (et donc face au Dollar international). L'objet repéré ici est d'aborder la question de la monnaie du point de vue des relations économiques et monétaires internationales (et donc de l'économie politique internationale de l'intégration).

IV. L'Euro et les dysfonctionnements du système monétaire international[134]

Après avoir abordé l'approche de Henri Bourguinat sur les fonctions de la monnaie internationale et de Bernard Schmiit de la monnaie supranationale, nous voyons comment Robert Mundell aborde la question dans son entretien avec Torsterne Riecke (2004, problèmes économiques, n- 28-48). Dans cet article, l'auteur essaye de vanter les mérites de l'intégration économique et monétaire européenne. Nous verrons dans les pages qui suivent les arguments avancés par certains auteurs au plan théorique.

« Robert Mundell, considéré par certains comme le père spirituel de l'euro, estime que les pays industrialisés devraient lutter plus activement contre les fluctuations de change, notamment par des interventions et des accords de stabilisation entre les trois grandes espaces monétaires internationaux. Si par ailleurs, Mundell confirme la réussite du lancement de la monnaie unique, il insiste sur le fait que l'euro reste pour l'instant impuissant face au dollar, parce que les États-Unis peuvent manipuler le taux de change de leur monnaie en fonction des évolutions conjoncturelles de leur économie nationale. Enfin, Robert Mundell revient sur le pacte de stabilité qu'il juge nécessaire, mais pas suffisamment flexible ».

Ce constat pousse à réfléchir pour ce qui concerne l'avenir des pays de la zone Franc qui de facto se trouve rattachés à l'euro, certes l'Europe a entériné le rattachement du FCFA à la monnaie commune, cependant des questions subsistent sur l'avenir du FCFA et d'une manière générale celui des monnaies nationales en Afrique dans un contexte de globalisation.

Cette approche d'optimalité des zones monétaires déjà abordée dans le premier chapitre sera poursuivi dans le chapitre 9. où nous opposons les points de vue des monétaristes et des économistes sur la question.

Nous présentons l'intégralité de cet entretien accordé à R, MUNDELL : (voir annexe du chapitre 7).

Les fondements théoriques de cet entretien porte sur la problématique d'une zone monétaire optimale et, démontrent que depuis les travaux de Mundell (1961) et MACKINNON (1963), trois fondements caractérisent l'« optimalité » d'une zone monétaire : l'intégration des marchés des biens et des services, des capitaux et du travail.

L'intégration du marché des biens est l'élément le plus développé dans l'Union européenne. Aujourd'hui, les pays de la zone euro sont liés par une forte interdépendance commerciale : environ 50 % des échanges extérieurs des pays de l'UE sont composés de flux intracommunautaires. Cette

[134] Il s'agit ici du rôle international de l'euro. Cette question est abordée dans notre article sur les régulations économiques et monétaires en zone Franc et en zone euro à Paraître dans les travaux du CEMI.

interdépendance commerciale s'est développée entre économies relativement diversifiées

Elle s'effectue surtout sous forme d'un commerce intrabranche, contribuant ainsi à une corrélation croissante des cycles industriels en Europe. En revanche, le cycle européen des services est moins développé et plus éclaté.

L'homogénéité de la zone euro est ensuite assurée par des marchés des capitaux intégrés et des structures financières comparables. L'intégration des marchés des capitaux s'opère depuis plusieurs années à travers diverses réformes concernant les infrastructures, les procédures et les normes financières. Par ailleurs, des structures financières proches assurent que les canaux de transmission de la politique monétaire sont également comparables.

Le troisième élément de l'optimalité n'est cependant pas encore atteint. En effet, la marché du travail est faiblement intégré. Non seulement les taux de chômage et la structure des marchés du travail (par exemple le poids relatif de l'emploi public) varient fortement dans la zone euro, mais c'est surtout la complexité du droit du travail qui est source de rigidité et d'hétérogénéité. Par ailleurs, en ce qui concerne les régimes d'assurance santé et de retraite, s'ajoute le problème de la non-transférabilité des trois acquis dans les régimes respectifs.

L'article nous montre que dans son ensemble, la zone euro ne satisfait qu'imparfaitement aux critères d'une zone monétaire optimale. La capacité à absorber des chocs asymétriques pourrait en pâtir. Pour cette raison, plusieurs acteurs, par exemple la Banque Centrale européenne, suggèrent l'application des règles de bonne gestion budgétaire, ainsi que l'engagement de politiques structurelles, notamment sur le marché du travail.

IV.1 Les controverses récentes sur l'intégration économique européenne : « L'Europe à la croisée des chemins ou la fin de l'eurolibéralisme » ?

On peut ajouter à ces argumentations sur la dimension de l'intégration économique européenne, les contributions de E. LAHILLE[135] concernant le choc du 29 mai 2005, et les arguments avancés par J. SAPIR dans son ouvrage récemment paru *« La fin de l'eurolibélaisme »* aux éditions seuil.

Pour SAPIR, L'Union européenne est enlisée dans la crise et la vision eurolibérale dominante est affaiblie.

LHAHILLE, pense que « L'Europe est à la croisée des chemins. Peut-elle surmonter la crise multiforme dans laquelle elle est engluée ? Sur le plan économique, il conviendrait de doter l'UE d'un dispositif institutionnel

---

[135]E. LAHILLE (2005), « L'intégration économique européenne au choc du 29 mai 2005 », *Recherches internationales,* n-76, 2-2006, ppl7-35, cftravaux CEMI.

cohérent, où politiques économiques et interventions publiques serviraient la croissance, l'innovation technologique et la justice sociale, plutôt qu'une impossible stabilité économique et monétaire, qui débouche sur l'atonie. Mais les crispations doctrinales et les atermoiements autour de la réforme du PSC, du budget communautaire, de la stratégie de Lisbonne ou du projet de traité constitutionnel risquent fort de conduire l'UE vers un déclin de type vénitien ou de provoquer des crises politiques et sociales de plus en plus graves. »

Un point très important souligné par E. LAHILLE, au plan monétaire, « la politique monétaire a donc une lourde responsabilité. Le déni qui entoure cette question ne présage rien de bon. Faudra-t-il aller jusqu'à une crise de l'euro, ou à son rejet par les peuples, pour revoir non seulement les objectifs, mais aussi le statut de la BCE ?, s'interroge l'auteur et ajoute que l'architecture du système de politique économique est bancale et l'absence de coordination entre autorités monétaires et budgétaires révélatrices d'une erreur de conception initiale, imputable au cadre théorique qui est utilisé. Mais plutôt que de tirer les enseignements des erreurs passées, et de remettre en question les présupposés de la théorie standard, il est à craindre qu'on accentue le déplacement des problèmes de la sphère monétaire vers la sphère sociale.

L'auteur dans article se propose d'exposer les principaux arguments qui sont avancés par les tenants de l'orthodoxie économique pour expliquer le bilan de l'intégration économique européenne au choc du 29 mai 2005. Ce qui est plus intéressant, c'est que l'auteur souligne après avoir montré le caractère réducteur, l'importance des facteurs liés aux politiques économiques, à · l'architecture institutionnelle et aux fondements théoriques qui sous-tendent ces ensembles.

L'article contient une série de références bibliographiques très riches sur la question, et l'auteur montre que la plupart des observateurs s'accordent sur l'idée que les problèmes sont multiformes : économiques, politiques, institutionnels, identitaires, etc. De ce point de vue l'année 2005 aura servi de révélateur sur l'ampleur du malaise et les contradictions d'un projet qui s'épuise après plus de vingt ans de mise en œuvre. Et ajoute que les rejets français et hollandais du projet de traité constitutionnel européen (TCE) et l'esquive britanique marquent un tournant majeur dans le processus de « libéralisation » ininterrompue de l'UE. Sur fond de stagnation, cette orientation montre aujourd'hui ses limites.

Avant de nous axer sur le volet que nous abordons ici, l'auteur nous fait un rappel du débat au sein du courant dominant :

Trois conceptions économiques de l'UE s'opposent :

- La première correspond à une vision de l'on peut qualifier de « social-libérale », qui reste fidèle à l'esprit de la construction européenne telle qu'elle s'est effectuée depuis une vingtaine d'années. Elle relativise la portée des difficultés actuelles de l'Union, en se montrant optimiste pour l'avenir ;
- Le deuxième insiste sur le déclin de l'UE. Elle fait de la réforme son leitmotiv. Cette approche fustige le conservatisme et l'immobilisme européens et prône une orientation plus libérale ;
- La troisième approche souligne les contradictions d'une construction qui repose trop exclusivement sur une approche orthodoxe, dont les bases théoriques sont irréalistes. Elle préconise une réorientation plus ou moins radicale. En dépit de l'écho grandissant qu'elle rencontre auprès des opinions publiques européennes, elle est stigmatisée par le courant dominant. De ce fait, les points de vue semblent irréconciliables, tant les fondements théoriques sont éloignés les uns des autres.

Les arguments de l'auteur sont ainsi résumés ainsi comme suit : « Les rejets du projet de traité constitutionnel européen ont eu un écho paradoxal auprès du courant économique dominant. Les partisans du social-libéralisme qui sous-estiment la crise de l'UE ont été décrédibilisés. L'idée qui prévaut dorénavant est que le déclin de l'UE est la conséquence d'un conservatisme social qui paralyse le bon fonctionnement de l'économie de marché. Pourtant, une analyse des données et des principaux arguments avancés par les économistes « standard » montre qu'une autre interprétation s'impose. La stagnation, le retard technologique et de revenu, la perte de compétitivité, le chômage de masse, la montée des déficits publics, etc., sont le résultat des politiques économiques et des structures institutionnelles directement inspirées d'une doctrine eurolibérale qui a atteint ses limites. » (E. LAHILLE, 2006)[136]

Nous ne saurions ici aborder toutes les questions que les auteurs ont traité, mais nous nous focalisons sur le volet abordé par E. LAHILLE sur « la compétitivité et politique économique : de l'impuissance au handicap » (E. LAHILLE, p32-35)

Dans ce volet l'auteur aborde le rôle joué par l'euro dans le bilan macro-économique.

[136]E. LAHILLE est Professeur associé à l'ISTM-Chercheur au CEMI-EHESS.

Annoncée comme la pierre angulaire de la croissance et de la compétitivité, « lamonnaie unique reste officiellement une réussite. Pourtant, elle est écartée de l'analyse des performances de l'UE. Ce silence signale, en creux, le refus de faire l'analyse d'une politique monétaire inadaptée au contexte. Il faut, en effet, rappeler que la Banque Centrale européenne a imposé une hausse du loyer de l'argent (taux d'intérêt) dès 1999, qu'elle a poursuivi tout au long de 2000.

En remontant ses taux courts jusqu'à 4,75 %, elle a réduit progressivement la base de la croissance interne et misé sur la capacité des entreprises européennes à se développer sur des marchés extérieurs en recul. Ces choix visaient en priorité à maîtriser l'inflation sans considération de croissance et de change. »

Nous pensons comme l'affirment Lahille et Mundell (dans son entretien voir annexe du chapitre 7) que la monnaie unique est une réussite et la Banque Centrale européenne doit jouer un rôle primordial et doit arriver à maîtriser l'inflation. L'exemple de la zone euro doit inciter et servir de cadre de références théoriques pour les pays de la zone Franc où le FCFA joue un rôle fondamental en tant que monnaie unique.

Nous montrons dans le chapitre 9 que la prise en compte de la théorie de l'inflation peut aider les pays considérés à constituer une zone monétaire plus intégrée ou « une zone monétaire optimale » où est privilégiée la problématique de l'économie politique d'intégration (ou régionalisme institutionnel, voir tome 2).

Lahille pense en outre que, « l'hétérogénéité des situations dans la zone euro a conduit la BCE à s'engager dans une voie médiane qui n'a contenté personne », et les risques inflationnistes réels liés à la surchauffe dans certains pays (Irlande, Espagne) ont coïncidé avec des situations de ralentissement dans les « grands » pays. Par la suite, le desserrement de la politique monétaire n'a pas permis de soutenir l'activité. Ainsi la baisse d'un demi-point des taux décidée après le « 11/9 » a été, avec l'approvisionnement du système bancaire international en liquidités, le seul geste adressé aux marchés.

L'auteur montre par conséquent que les taux d'intérêt sont restés inchangés tout au long de l'année 2002, alors que la stagnation s'installait. Ces taux ramenés à 2 % en 2003, sont restés deux fois plus élevés qu'aux États-Unis, et en termes réels sont demeurés positifs ou nuls. La conséquence d'après lui est d'ordre psychologique, a été d'envoyer une série de signaux négatifs aussi bien aux marchés qu'aux entreprises. Certains auteurs comme A. Brender et F. Pisani ont montré à propos de la politique américaine que sa réussite repose sur la confiance qu'inspirent les décisions de la FED, de sorte que se mette en place un cercle vertueux entre agents publics et privés. Celui-ci débouche alors sur un système de co-gestion des taux avec les marchés financiers.137

« L'attitude rigide de la BCE tranche avec la pro-activité de la FED. Du coup, l'euro n'a cessé de s'apprécier face au dollar tout au long de 2002 et 2003, pour dépasser en 2004 1,34 dollar. La compétitivité-prix et les exportations européennes ont été pénalisées, ce qui a ralenti le potentiel de croissance de la Zone. Entre le point bas (d'octobre 2000) et le point haut de 2004, le taux de change euro-dollar a enregistré une hausse de plus de 50 %. Pour la seule année 2003, l'euro s'est apprécié pratiquement d'un quart de sa valeur par rapport au dollar. En 2004, l'euro a continué de s'apprécier de 16 %. En 2005, la remontée des taux américains l'a ramené autour de 1,25 dollar. La surévaluation de l'euro a touché toute la zone et particulièrement handicapé les pays dont le positionnement concurrentiel repose sur la compétitivité-prix des produits (France, Italie, Espagne). Elle a encouragé les mouvements de délocalisations industrielles et une accélération de la désindustrialisation » (E. Lahille, 2006).

L'auteur ajoute en effet que, si un euro fort freine les exportations et encourage les importations, il rend bon marché les investissements étrangers. Il incite à produire dans des pays à monnaie faible afin de restaurer des avantages comparatifs dépréciés par l'envolée du taux de change. Ainsi, les entreprises allemandes ont massivement investi chez leurs voisins d'Europe centrale et orientale pour amortir le choc monétaire et faire baisser les prix de production. La situation a cessé de se dégrader en 2005, en lien direct avec le recul de l'euro. Ce qui a permis une certaine reprise des exportations de la zone et une croissance sans éclats. (COE-CCIP, 2005).

Au plan fiscal, la stagnation s'est accompagnée d'un recul des rentrées fiscales, et les déficits publics se sont creusés. En 2001, le déficit public était de 1,6 % du PIB et est passé à 2,2 % pour l'ensemble de la zone en 2002, et à 2,8 % pour 2003. En 2004, la maîtrise des dépenses publiques a permis de stabiliser ce déficit autour de 2,7 %, au prix d'un freinage de l'activité.

L'évolution de ces indicateurs macro-économiques s'est traduite aussi niveau de la dette publique totale de la zone passant à 71 % du PIB. Pour plus d'éléments à ce sujet Cf (E. Farvaque, F. Huart et C. Vaneecloo) ; (E. Lahaille, op. cit).

Dans la pratique cela s'est traduit après le bras de fer opposant une partie de la commission et certains États membres, qui avaient dépassé ces seuils de suspendre, puis de réformer le PSC. Ces arguments avancés par Lahille sont pertinents tout comme ceux développés par Mundell sur le PSC (voir annexe chap 7).

Lahille affirme comme bon nombre d'auteurs que « les politiques budgétaires ont accompagné le mouvement descendant, tandis que la politique monétaire menée à contretemps s'avérait trop restrictive. C'est donc

[137] A. Brender et E. Pisani, *La nouvelle économie américaine,* Economica, Paris, 2004.

le renoncement à toute politique économique active qui s'est avéré décisif dans les contre-performances de l'euroland. »

Par exemple, la Suède, le Royaume-Uni et le Danemark n'ont pas connu un tel choc monétaire, ce qui explique leurs meilleurs résultats. Ils bénéficient du marché unique sans les inconvénients de la monnaie unique précise-t-il.

La réforme partielle du PSC ne change rien sur le fond. En l'état actuel, elle n'autorise ni le des stabilisateurs automatiques ni des mesures discrétionnaires contra-cycliques ; elle privilégie la stabilité. En outre, les risques inflationnistes dus à la flambée des prix de l'énergie et la remontée des taux américains ont conduit à la BCE à commencer à remonter ses taux à 2,25 %, en fin d'année 2005. De manière générale, une telle politique s'inscrit dans la logique des modèles théoriques du « cycle réel » qui, bien qu'abandonnés aux États-Unis ne font l'objet d'aucun amendement en Europe. (E. Lahille, 2006).

Les enseignements de Lahille ainsi exposés nous retiennent l'attention et nécessitent un argumentaire supplémentaire. Ainsi pour J-P Fitoussi, et J. Le Cacheux (2004), La position dominante de la BCE et le caractère asymétrique du système sont en cause dans ces résultats. L'orthodoxie en la matière prévoit que la recherche de l'équilibre général impose une stabilité monétaire doublée d'un équilibre des finances publiques. Mais en fait de stabilité, on observe une incontournable variabilité de la monnaie unique, une croissance structurellement faible, un retard technologique, une augmentation de la dette et des déficits et une progression du chômage existant avec des niveaux d'inflation historiquement bas (2,4 % en 2001 ; 2,3 % en 2002 et 2,1 % en 2003 et 2004 et 2,4 % en 2005).

Dans l'exposé fait par Lahille, l'auteur relève que la politique monétaire a donc une lourde responsabilité. Le déni qui entoure cette question ne présage rien de bon. Faudra-t-il aller jusqu'à une crise de l'euro, ou à son rejet par les peuples, pour revoir non seulement les objectifs, mais aussi le statut de la BCE ?

L'auteur prolonge sa critique en mentionnant que l'architecture du système de politique économique est bancale et l'absence de coordination entre autorités monétaires et budgétaires révélatrice d'une erreur de conception initiale, imputable au cadre théorique qui est utilisé. Mais plutôt que de tirer les enseignements des erreurs passées, et de remettre en question les présupposées de la théorie standard, il est à craindre qu'on accentue le déplacement des problèmes de la sphère monétaire vers la sphère sociale.

Dans ce contexte l'auteur nous montre qu'au sein du courant dominant caractérisé par trois conceptions économiques de l'UE, il y a :

- Un ralentissement conjoncturel qui masque une progression de longue période ainsi donc dans le prolongement de la vision social-libérale qui a servi de modèle à la construction européenne, l'idée qui prévaut est que l'UE traverse des difficultés passagères qui seront dépassées en poursuivant les changements déjà engagés. Longtemps hégémonique, cette vision perd en crédibilité, même si des économistes, parmi lesquels O. Blanchard, cherchent à montrer que la situation en France et en Europe n'est pas si mauvaise qu'ont veut bien le dire (Lahille) ;

- La crise marquée par un conservatisme synonyme de déclassement, ici la persistance de mauvais résultats dans l'UE a favorisé l'affirmation d'un discours moins optimiste qui bénéficie d'une forte audience et semble de plus en plus relayé, au sein des institutions européennes et dans de nombreux pays. Ainsi depuis le rapport d'André Sapir, qui dressait un bilan sévère pour l'UE et préconisait des mesures de libéralisation tous azimuts, jusqu'au Rapport Camdessus pour la France, le diagnostic est le même. L'UE et la France régressent dangereusement par manque de flexibilité de leur modèle économique.[138]

D'après E. Lahille, ces considérations théoriques découlent des erreurs de diagnostics et de cadre analytique :

Par exemple les arguments avancés sur la périodisation et la persistance de la crise dans l'euroland. Deux éléments attirent l'attention : sa persistance et son caractère larvé où la croissance de la zone euro est passée de 3,7 % en 2000 à 1,7 % en 2001, 0,9 % en 2002, 0,5 % en 2003, et s'est établie autour de 1,7 en 2004 à -1,8 % en 2006. Ainsi sur six ans la croissance moyenne sera à peine supérieure à 1 %. La stagnation persiste et on peut donc parler d'une crise conjoncturelle correspondant à la phase descendante d'un cycle.

- La nature du chômage et l'auteur stipulent que l'introuvable « modèle social européen » est-il encore d'actualité : dans ce domaine, la sous-estimation de la crise, permet d'ignorer la contradiction de conserver un système de protection sociale généreux avec un taux de croissance structurellement faible. Les alarmistes ont raison d'insister sur l'impossibilité de poursuivre dans cette voie ;
- Il faut repenser le chômage, d'après l'auteur le chômage de masse ne s'explique ni par l'absence de mise en concurrence des travailleurs ni uniquement par des mécanismes micro-économiques. Plus généralement, il n'est qu'à prendre l'exemple de la préférence individuelle des Européens pour les loisirs d'O. Blanchard pour se convaincre des limites des approches standards. La baisse du temps de

[138]Cf A. Sapir et al., An agenda for a Growing Europe : The Sapir Report, Oxford University Press, 2004, Cf M. Candessus (Groupe de travail présidé par), le sursaut vers une nouvelle croissance pour la France, La Documentation française, paris 2004, Cf E. Lahille, op cit

travail en France est-elle le résultat d'un arbitrage entre loisir et revenu ? L'auteur affirme comme le montre J. Pisani-Ferry ce choix ne s'est tout simplement pas présenté aux agents économiques.

Pour penser le chômage et l'emploi, le courant dominant se focalise sur certains éléments d' offre, coût et réglementation du travail, il en écarte d'autres dont le rôle évident : croissance et demande de travail, politiques économiques et politiques publiques de l'emploi, etc. Il privilégie les seuls déterminants micro-économiques du chômage, en excluant les autres niveaux : qu'ils soient sectoriels ou macro-économiques (voir article de Lahille).

- Le retard de productivité est dû à un défaut de politiques publiques, et la théorie standard exclut les actions la dimension globale et focalise son analyse sur le lien qui existe entre innovations technologiques et gains de productivité et sans une baisse du taux de chômage à long terme, les efforts technologiques, de toute façon insuffisants, ne se traduiront pas par un progrès significatif de la productivité globale vis-à-vis des États-Unis.
- En fin comme nous l'avions déjà signifié l'euro joue un rôle primordial dans le bilan macro-économique. Les arguments avancés dans ce travail nous semblent très enrichissants pour la compréhension du sujet : la monnaie unique reste officiellement une réussite, bien la remise en cause de l'approche standard fait l'objet d'un consensus. Nous verrons dans le chapitre 9, les arguments de remise en cause de la théorie standard de l'inflation par J.SAPIR, qui nous servirons de références théoriques pour notre réflexion et pour ce qui concerne une zone monétaire plus intégrée. Car comme l'affirme l'auteur « la question de l'inflation mobilise des réactions émotionnelles tout autant si ce n'est plus qu'une analyse économique scientifique. Pourtant l'accumulation de travaux qui, quoique provenant de cadres théoriques différents, convergent vers la conclusion qu'une certaine inflation correspond à un état normal de l'économie ne peut plus être niée. L'idée que la recherche par les autorités monétaires de l'inflation la plus basse puisse être contre-productive tend aujourd'hui à s'affirmer. »[139]

Nous pensons que ces arguments avancés sont utiles pour la compréhension des dysfonctionnements institutionnels dans les économies modernes avec la prise en compte des aspects structurels, sociaux et

[139]Cf : J. SAPIR, Quelle inflation pour la Russie ? Éiéments d'investigation du concept de taux « naturel » d'inflation, CEMI-EHESS, 2006.

environnementaux mobilisant toutes les sciences sociales dans les schémas d'intégration économique et monétaire.

Nous verrons dans le chapitre 9 comment par exemple le concept de taux d'inflation naturel peut donner des explications supplémentaires pour comprendre les dynamiques macro économiques dans le cadre institutionnel actuel (voir tome 2).

Conclusion du chapitre VII

Ce chapitre que nous venons de développer a été très loin de proposer un résumé exhaustif du débat européen, mais plutôt, il met l'accent sur quelques aspects spécifiques des dimensions de l'intégration et des zones monétaires, et des critiques qui en découlent. Il est alors faux de prétendre que ces analyses sont hors propos. Ces analyses ne remettent pas en cause les débats actuels sur la question. En effet le débat européen s'inscrit aujourd'hui dans une approche évolutive. Mais un rappel historique des initiatives intégrationnistes en Europe nous a été utile non pas pour transposer les trajectoires européennes à des trajectoires africaines. Pour ce qui concerne la Zone Franc qui a opté pour la séquence inverse de Bella Balassa sur l'intégration, nous affirmons que seule l'Europe montre un modèle réussit de cette approche.

En s'inspirant de l'exemple de l'Europe, la difficulté à prendre partie, d'un point de vue théorique comme empirique, sur les dimensions historiques, économiques et structurelles de l'intégration européenne d'une part et sur le caractère optimal d'une zone et de ses implications en matière de politique économique est mise en exergue.

Nous avons voulu montrer ici que l'intégration économique et monétaire correspond, en principe, à une phase avancée du processus d'intégration économique. Elle est souvent considérée comme la dernière étape avant l'intégration politique, c'est-à-dire le regroupement des pays dans un État fédéral.

L'Union européenne correspond à ce schéma d'évolution puisque la mise en place d'une monnaie unique à partir de 1999 alors 11 de ses quinze membres (dorénavant), prolongeait un processus d'intégration engagé depuis le traité de Rome et approfondi par l'acte unique et le traité de Masstricht et les traités qui s'en suivent.

« Pour certains, l'union politique doit pourtant précéder l'Union Monétaire, à l'image des États-Unis ou de l'Italie. L'émission de monnaie relèverait d'une souveraineté qui ne peut s'exprimer que dans le cadre d'un État unifié (ce que, d'ailleurs, l'histoire ne confirme pas). Mais l'Union Monétaire peut aussi être interprétée comme le passage à la forme communautaire plutôt que nationale, d'un bien public particulier, la monnaie » (Jean-Marc SIROEN, 2004). Il faut aussi souligner que la formation d'une zone monétaire peut-être la conséquence d'un accord de change, comme l'ancien SME précise l'auteur.

Mais aussi ont été prises en compte dans notre étude, les questions relatives au fondement des crises monétaires internationales qui s'illustrent par les analyses keynésiennes sur les zones monétaires. Pour ce qui concerne les pays africains de la zone Franc appelés à nombreuses réformes économiques et monétaires ces dernières années, ce débat sur l'optimalité des zones monétaires a été beaucoup plus abordé dans les pages précédentes).

Certes l'Europe ne remplit pas tous les critères d'une zone optimale, à plus forte raison les pays de la zone Franc face aux développés.

D'un côté, la mobilité de sa main-d'œuvre est faible, mais de l'autre, sa production est fortement diversifiée.

L'intégration monétaire signifie la perte d'un instrument de politique économique, qui a souvent été au service des politiques budgétaires et commerciales.

Cependant, la stabilité des changes et la fin, est un objectif recherché par tous les pays membres et qui prendra effet grâce à la création d'une Banque centrale unique et indépendante.

Enfin, sans recours à la politique monétaire, la politique budgétaire apparaît comme le dernier bastion de la souveraineté nationale. Pourtant la coordination est largement recommandée par certains pour le plein succès de l'intégration monétaire.

En outre ce chapitre a soulevé les problèmes liés à l'élaboration d'une zone monétaire, et par extension à son maintien (que nous allons revoir dans le chapitre 8 où nous insisterons sur les débats sur la dévaluation et sur les réformes monétaires et la problématique des privatisations, voir tome 2).

Pour ce qui concerne la Zone Franc CFA, notons que le débat autour de la dévaluation du FCFA a quelque peu occulté celui concernant les réformes à mettre en œuvre au sein de la Zone Franc (déjà abordé dans le chapitre 3), même si par le biais des rumeurs de démantèlement de cette zone, cette question restait primordiale.

Les partisans de la mise en place de mesures permettant à la zone de s'adapter aux nouvelles réalités écmiomiques, au titre desquelles la dévaluation pouvait intervenir, s'opposaient aux partisans d'une réforme en profondeur de la Zone, pour qui, notamment, la fin du rattachement de la monnaie des pays africains membres au Franc français (qui a disparu) était souhaitable.

La dévaluation du Franc CFA a finalement en partie répondu à ces deux objectifs : Elle s'inscrit à la fois dans un processus d'adaptation aux contraintes rencontrées, comme réponse à la surévaluation de la monnaie de la zone, et dans une logique de rupture historique, avec un « nouveau » FCFA et de nouvelles ambitions au titre desquelles l'intégration économique.

Soulignons que la recherche d'une approche plus intégrée passera entre autres par la résolution des déséquilibres des balances de paiements respectifs des pays dans les deux Zones monétaires (pays de la zone-euro et pays de la zone Franc) : condition nécessaire de réussir l'intégration économique[140], étant donné que l'arrimage du FCFA à l'EURO, renforce les relations commerciales entre les deux zones. (Cf. chapitre 7). Dans un papier présenté dans le cadre du CEMI-EHESS, nous montrons les avantages et inconvénients de rattachement du FCFA à l'euro dans un contexte d'appréciation de l'euro : Cas de l'élargissement de la zone CEMAC et de la Zone UEMOA.

Pour nous l'intégration économique Euro-Africaine, pourra constituer un mythe monétaire et pourra avoir une influence sur la contraction du commerce extérieur entre les deux zones.

Nous verrons alors dans le chapitre 8, comment une union douanière naît-elle ? Pourquoi deux ou plusieurs pays concluent-ils un accord tendant à supprimer les tarifs douaniers et les restrictions à leurs échanges, à harmoniser, voire unifier certains textes réglementaires et parvenir à une union économique véritable ? Un tel résultat est-il fait de contingences, d'intérêts de groupe ou bien de nécessités auxquelles les pays qui contractent l'union pourraient difficilement se soustraire ?

Alors nous verrons par la suite que, d'après la théorie économique, *il y a deux façons alternatives d'organiser un système monétaire international* : Un système monétaire peut être organisé :

- de façon à assurer la constance du pouvoir d'achat à l'étranger de la monnaie nationale ;
- de façon à assurer la constance du pouvoir d'achat de la monnaie nationale sur le marché interne, c'est-à-dire exprimé en termes de biens et de services existant sur ce marché.

Ce mythe monétaire et ces deux façons alternatives d'organiser un système monétaire international, vont nous aider à rechercher une zone monétaire plus intégrée en zone Franc à l'heure de l'euro.

En effet comme le stipule C.GNOS dans son ouvrage, l'auteur affirme que la « création de la monnaie unique est située dans une double perspective : celle de l'instabilité monétaire internationale et celle de la stratégie d'intégration économique et politique de l'Union. Elle est également examinée à la lumière d'un double défi : celui de la convergence des économies européennes et celui de la conduite des politiques économiques européennes » (C. GNOS, 1998).

---

[140] Une contribution de Claude GNOS dans le contexte européen est fort significative : in *revue Économies et Sociétés,* série » Monnaie », ME, n-1-2, septembre-octobre 1999, pp 189-204

L'auteur expose de façon précise et claire, les fondements de l'Union européenne, en se référant au rapport Delors et le traite de Maastricth qui pose des jalons de la monnaie unique européenne.

Ainsi il affirme que l'évolution du processus d'intégration auquel se sont soumis les pays de la communauté, l'accent mis sur les aspects économiques et monétaires de l'union a en grande partie occulté l'objectif d'union politique. Cela s'est confirmé au moment des négociations sur le traité de Maastricth où les conséquences politiques de l'union monétaire, le fédéralisme monétaire instauré par le traité ne suppose t-il pas un fédéralisme politique ? ont été sciemment passés sous silence, cela s'est confirmé ensuite des divergences de vue des partenaires à propos, par exemple de l'opportunité de donner un « gouvernement » économique à l'union.

Pourtant, en 1990, une conférence intergouvernementale (ou CIG on appelle ainsi une négociation entre les gouvernements des États membres en vue de modifier les traités) sur l'union politique s'est ouverte parallèlement à la conférence consacrée à l'UEM. (voir annexes, le rapport Delors et le traité de Maastricth, analyse empruntée à C.GNOS).

L'approche de B. SCHMIIT de la monnaie supranationale nous offre à la fois des arguments théoriques et décisifs pour en comprendre et de rechercher une approche international de l'intégration monétaire.

Tout en nous attirons l'attention que la monnaie a deux fonctions essentielles : monétiser l'économie ; former un pont entre passé et l'avenir. Dans le langage de la nouvelle théorie, la première fonction est remplie par la monnaie nominale, la seconde par la monnaie réelle.

Les contributions de Robert Mundell, sur la zone euro, nous incitent à réfléchir pour ce qui est l'avenir de la zone Franc et des zones monétaires africaines, étant donné que dans son ensemble, la zone euro, composée des pays industrialisés ne satisfait qu'imparfaitement aux critères d'une zone monétaire optimale à plus fortes raisons la zone Franc africaine composée de petits pays ouverts, sous-développés.

Nous verrons dans le chapitre 8, que la zone Franc africaine tend vers une zone monétaire beaucoup plus progressiste, avec son arrimage à l'euro., mais les débats sur la création monétaire en Afrique sont ouverts et les économistes et les décideurs pourront trancher le débat.

Pour ce qui concerne la zone euro, Mundell, suggère *« l'application des règles de bonne gestion budgétaire, ainsi que l'engagement de politiques structurelles appropriées, sur le marché du travail sous l'égide de la Banque centrale européenne. »*

Nous verrons également dans le chapitre 9, les arguments explicatifs de l'inflation qui contribuent à une approche économique et monétaire plus intégrée en zone Franc à l'heure de l'euro : Comme l'affirme Sapir, qu'il n'existe pas un modèle commun d'inflation (cf travaux du CEMI)[141] ;

À travers la critique de l'approche standard de l'intégration européenne, E. Lahille nous livre quelques arguments convaincants qui nous sert de cadre théorique à notre problématique, notamment celle de la recherche d'une approche médiane et équitable en zone Franc à l'heure de l'euro. Cette problématique étant repérée à travers plusieurs objets entre autres (l'économie politique internationale de l'intégration, régionalisme institutionnel). Pour l'auteur l'Europe est à la croisée des chemins. Peut-elle surmonter la crise multiforme dans laquelle elle est engluée ? Sapir pense que « l'Union européenne est enlisée dans la crise et la vision eurolibérale dominante est affaiblie ».

Pour nous le débat sur l'euro est un argument utile pour la compréhension de la crise européenne, car la monnaie comme instrument d'unification des territoires constitue un tournant essentiel pour le développement. Sa réussite doit être encouragée par la prise en compte d'autres facteurs d'insertion dans l'économie mondiale et/ou internationale. Dans ce contexte une monnaie unique et une Banque Centrale unique sont des institutions utiles pour la création d'une zone monétaire plus intégrée avec la prise en compte de toutes les dimensions.

Nous avons voulu montrer dans ce chapitre, que la création d'une zone économique et monétaire plus intégrée est une des réponses aux stratégies de l'intégration élaborées dans les années soixante par Bella Balassa selon lesquelles un pays pour réaliser l'intégration économique doit passer par cinq étapes de développement comme l'avait montré Rostow qui distingua cinq étapes pour réaliser la croissance économique et donc le développement.

Bien que s'inspirant de la théorie des zones monétaires optimales (qui est aussi l'objet de notre problématique), les pays de la zone Franc comme de la zone euro, considèrent cet outil d'inspiration keynésienne comme une des références théoriques pour la réalisation des initiatives intégrationnistes et donc comme stratégie de développement. Mais l'Europe donne un bel exemple de modèle complet de l'intégration. Les pays de la zone Franc par rapport aux de la zone euro ont choisi le schéma inverse de Balassa.

Donc une approche d'intégration en zone Franc à l'heure de l'euro est une approche économique internationale d'intégration remplissant les critères de Bella Balassa, de Rostow, de Mundell, de Benard Schmitt de la monnaie supranationale de production.., avec prise en compte les dimensions historiques, économiques, sociologiques, juridiques, anthropologiques, philosophiques.

[141]CEMI : Centre d'études des modes d'industrialisation, EHESS, Paris.

Références bibliographiques du chapitre VII

BOES, R. (1971), « in *Le plan FOUCHET et la perspective de l'Europe,* Bruges, Collège d'Europe ».

BOURGUINAT, H. (1992), *Maastricht et la théorie des zones monétaires optimales, Finance Internationale,* PUF, Themis.

BOURGUINAT, H. (2004), « Euro et gouvernance économique », *Cahier français* N-319 mars-avril, documentation française.

COHEN et WYPLOSZ, C.(1989), *The European Monetary Union : An Agnostic Evaluation,* in BRYANT, R., Currie, D., FRENKEL, J., MASSON, P. and PORTES, R. (eds), *Macroeconomie Policies in Interdepenent* World IMF.

COMELLIAU, C. (1985), « Les propositions de transferts massifs de ressources du Nord vers le Sud » in *Économie du Développement. Recherches économiques et sociales,* n-11-12, 1984, P95-120.

COMMUNIQUE FINAL DE LA CONFERENCE DES CHEFS D'ÉTATS ET DE GOUVERNEMENTS DES SIX (1969), in *« La Documentation française, articles et documents,* n-1987, 19 décembre.

COMMUNIQUE FINAL DE LA CONFERENCE DES CHEFS D'ÉTATS ET DEGOUVERNEMENTSDES SIX (1998) in « L'Union politique de l'Europe, jalons et textes », Paris, la *documentation française.*

CONSEIL CONSTITUTIONNEL (1992), « Décision N-92-308, De, 9 avril 1992. Traitésur l'Union européenne (Maastrichtl), rec, cc, 55, *JORF,* 11 avril.

CONSEIL CONSTITUTIONNEL (1992) ; Décision N-92, 312 De, 2 Septembre. Traité sur l'Union européenne (Masstricthii), rec. cc, 76, JORF, 3 Septembre. Décision N-92-313 DC, 23 Septembre.

D'ALMEIDA TOPOR, H. /LAKTOUM, M. (1994), *« L'Europe et l'Afrique : un siècle d'échanges économiques »,* Armand Collin.

DE ROUGEMONT, D. (1961) in « *Écrits sur l'Europe »,* Paris, Payots

DE ROUGEMONT, D. (1994), *Écrits sur l'Europe »* Vol. I, Paris Édition de la différence

DÉCLARATION SOLONNELLE (1983) de STUTTGANT sur l'Union européenne (Bull, CE, n-6/83, pt 1. 61)

EICHENENGREEN, B. (1990), « One money for Europe ? Lessons from the US Currency Union », *Économie Policy 10*P. 117-188.

EICHENGREEN, B. (1994), « The optimum Currency Diliemma », International monetary arrangements for *the 21'1 Century-Intégrating national economies, The Brookings Institution,* P79- 94.

FROOT, K.,et ROGOFF, K.,« The EMS, The EMU, and the transition to a common Currency », *NBER Macroeconomivs Annuals,* P. 26 9-316.

GIAVAZZI, K. et PAGANO, M. (1988), « The advantage of Fying one's hands : *ENS discipline and central bank credybility European Review,* vol32.

GNOS, C. (1989), « L'Écu, instrument de la politique agricole commune. *Dijon, Éditions Universitaires.*

GNOS, C. (1992), *« Les États-Nations européens à l'épreuve de la monnaie unique ». contribution à la dynamique de la démarche communautaire dans la construction européenne, sous la direction de* F. HERVOUË, Paris, La Documentation Française.

GNOS, C. (1992), « La transition vers l'UEM : Les vertus négligées de la monnaie commune », *Revue du marché Commun et de l'Union européenne, n-360,* Juillet-août, pp 621-626.

GNOS, C. (1998), *L'Euro : monnaie pour l'an 2000,* Éditions Management Société (EMS), Caen.

GNOS, C. (1999), « Les pays de la Zone euro doivent-ils se préoccuper des déséquilibres de leurs balances de paiements respectifs intrazone ? » in *Revue Économies et Sociétés, Série « Monnaie », ME,* N-1-2, Septembre, PP189-204.

GOLDSTEIN, A. (2004), « L'intégration régionale en Afrique est -elle au service du développement ? », *Problème Économique*n-2855, 7juillet.

GUETAT, I. (2004), Convergence au sein de la Zone MENA : analyses théoriques et études empiriques.

HAMMOUDA, BEN HAKIM., KASSE, MOUSTAPHA. (2001), *« L'avenir de la Zone Franc perspectives Africaines,* Préface d'Abdoulie Jenneti, Collection CODESRIA-Karthala.

HAYEK, F. (1976), *« Denationalisation of money »,* Hobat.

HENRY., G. M. (2003), *« Les crises au XX" è siècle 1873-2003.*

HEPP, B. (1967), *« Monnaie et crédit en Afrique noire »,* Paris Mars.

KEYNES, J. M. (1925), *« La Réforme monétaire 1923 »,* in The Économie consequences of Mr Churchill.

KEYNES, J. M. (1930-1971) in,, « A Treatise on Money : The pure theory of money, *the collected Writings of the* Jonh Maynard Keynes, vol. V, Macmillan, London.

KEYNES, J. M. ( ), *« Théorie Générale de l'emploi, de l'intérêt et de la monnaie* Paris, Payot,, P211- 212.

LA COMMISSION DU 16 JUILLET (1997) dite : *« AGENDA 2000 »,* (COM (97), 2000 final). V.

LA COMMISSION D'OCTOBRE (1997), *« Le printemps des peuples,* Europe Chron. 10.

LAHILLE, E. (2006), « L'Intégration économique européenne au choc du 29 mai 2005 », *article CEMJ-EHESS, dans Recherches internationales,* n-76, 2-2006, PP17-35.

LE CONSEIL DE L'UNIONEUROPEENNE (1998), ADOPTÉ PAR LE PARLEMENTEUROPÉEN (1984, FÉVRIER). Loi autorisant la ratification du traité sur l'Union européenne (« MaastrichtIII »), Rec. cc, 94, JORF, 25 Septembre 1992.

MACKINNO, R. (1963), « Optimum currency areas », *American Economie Review,*volume 53

MUNDELL, R. (1961), « A theory of optimum currency areas », *American Economie Review,*volume 51.

MUNDELL, R. (2004), « L'euro et les dysfonctionnements du système monétaire international », Entretien de Torsten Riecke avec Robert Mundell, *Problèmes économiques* n-2448, mars.

MOORE, B. J. (1988), *« Horizontalists and verticalists, The Marcoeconomics of credit money*, Cambridge University Press : Cambridge.

PERROUX, *F., « Indépendance de la nation »,* P63-64.

RAIMBAULT, G. (2003), « Mille termes pour comprendre l'Union européenne après l'introduction de l'Euro, L'Union européenne face aux grands problèmes du moment.

RIGAUX, A. et SIMON, D. (1997), *« Europe »,* Juillet.

SAPIR, J. (2006), *La fin de l'eurolibéralisme,* Éditions Seuil.

SAPIR, J. (2006), Quelle inflation pour la Russie ? Éléments d'investigation du concept de taux naturel d'inflation, *Séminaire du CEMI,* Octobre, 45p.

SAPIR, J. (2008), Une décade prodigieuse. La crise financière entre temps court et temps long, *Revue de la régulation, Capitalisme, institutions, pouvoirs,* n-2, 2e semestre 2008, Varia, Opinions-débats.

SAWRON, J. L. (1998), *« Élargissement à l'*EST : 1948-1998 »

SCHMITT, B. (1985), *« Un nouvel ordre monétaire international : le plan de Keynes,* in Poulon, F. (ed), *Les écrits de Keynes,* Paris, Dunod, p 195-207.

SCHMIIT, B. (1975), *La génération des monnaies européennes,* Castella. SCHMITT, B. (1989), *L'écu,* PARIS, Dunod.

SCHMITT, B. (1984), *La France souveraine de la monnaie,* Préface de Christian Goux, Économica-Castella.

SCHUMPETER, J. A. (1994), *History of Economie Analysis, New-York* : Oxford University Press.

VILLEPIN, X. (2004), « Rapport d'intégration pour l'Union européenne sur l'élargissement de la Zone euro.

ZORGBIDE, C. (1993), *Histoire de la construction européenne,* Paris PUF.

Annexes du chapitre VII

Annexe 1

Les grandes phases historiques

L'UE est aujourd'hui le résultat de l'effort et des réalisations concrètes menés par les promoteurs de l'Europe communautaire. Elle constitue dans le monde

l 'organisation la plus poussée d'intégration d'un ensemble de pays qui exercent ensemble leur souveraineté dans des domaines décisifs pour les citoyens : la monnaie unique, la libre circulation des personnes, les services, les marchandises et les capitaux, le progrès social, l'égalité des conditions de concurrence pour tirer le plus grand bénéfice d'un marché intérieur ouvert et dynamique.

Les bases constitutionnelles de cet ensemble sont :

Le traité de Paris instituant la communauté européenne du charbon et de l'acier (CECA) en 1951 ;

Les traités de Rome créant la communauté économique européenne (CEE) et la communauté européenne de l'énergie atomique (CEEA ou Euratom) en 1957.

Ces traités fondamentaux ont été modifiés :

- en 1986 par l'acte unique européen ;
- en 1992 par le traité sur l'Union européenne adopté à Maastricht ;
- en 1997 par le traité d'Amsterdam ;
- puis en 2001 par le traité de Nice.

Les traités ont créé entre les États membres des liens juridiques étroits. L'UE génère elle-même une législation qui s'applique directement aux citoyens européens et créer des droits spécifiques à leur profit.

Sources : FONTAINE, P., 2003

Annexe 2

L'Union Économique et Monétaire et l'Euro

Depuis le 1er janvier 2002, plus de 300 millions d'Européens utilisent l'euro dans leur vie quotidienne. Entre le traité de Masstricht, signé en février 1992, qui a fixé irrévocablement le principe d'une monnaie européenne unique, et la mise en circulation des pièces et des billets dans douze pays de l'Union, il ne s'est écoulé que dix ans. Ce délai a été court pour réaliser une opération unique dans l'histoire monétaire mondiale.

L'Euro, remplaçant des monnaies qui furent pour les pays européens les symboles et les instruments de leur souveraineté pendant des siècles, a fait considérablement progresser l'unification économique de l'Europe.

Mais l'Euro est également un facteur de rapprochement et d'identification des citoyens européens qui peuvent désormais voyager dans presque toute l'Union sans changer de monnaie.

Comment est née l'idée d'une monnaie européenne ? Dès 1970, le rapport Werner, nom du Premier ministre luxembourgeois de l'époque, proposait un rapprochement des économies et des monnaies de l'Europe des six. Il a fallu attendre mars 1979 pour concrétiser un premier pas vers cet objectif avec la mise en place du système monétaire européen (SME). Le SME a tenté de réduire durablement les variations de change entre les différentes monnaies des États membres en fixant entre elles des marges de fluctuations allant de 2,25 à 6 %. Mais les différentes crises liées à l'instabilité du dollar, à la faiblesse de certaines monnaies, attaquées notamment dans les périodes de tensions internationales, ont à plusieurs reprises affaibli les mécanismes du SME.

La nécessité d'une zone de stabilité monétaire s'est imposée au fur et mesure que progressait le marché intérieur. Il était en effet dans la logique de l'Acte unique, signé en février 1986, de rapprocher les risques de change entre les monnaies.

Comment aurait pu fonctionner un marché unique fondé sur la libre circulation des personnes, des marchandises et des capitaux si l'une ou l'autre monnaie faisait l'objet d'une dévaluation compétitive faussant le jeu des échanges et de la concurrence ?

La commission, présidée par Jacques Delors, a présenté en juin 1989 au conseil européen de Madrid un plan par étapes devant mener à l'Union économique et monétaire (UEM). Ce plan a ensuite été repris dans le traité, signé à Masstricht en février 1992, qui a fixé une série de critères que devaient remplir les États membres pour pouvoir parvenir à l'UEM. Ces critères portent la marque de la rigueur économique et financière : réduction du taux d'inflation, des taux d'intérêt, du déficit budgétaire (3 % du PIB), de la dette publique (60 % du PIB), stabilité du cours de change.

Par des protocoles annexés au traité, le Danemark et le Royaume-Uni se sont réservé le droit de ne pas passer à la troisième étape de l'UEM-c'est-à-dire l'adoption de l'euro même s'ils répondent aux critères fixés (clause d'opting-out). Le Danemark, à la suite d'un référendum, a déclaré qu'il n'envisageait pas d'y participer. La Suède a également fait part de ses réserves.

Les pères de la monnaie unique ont voulu garantir la stabilité de celle-ci, car la hausse des prix réduit la compétitivité de l'économie, mine la confiance des citoyens et diminue leur pouvoir d'achat. Ils ont, dans cet esprit, assuré l'indépendance de la Banque centrale européenne (BCE) qui a son siège à Francfort et dont les statuts garantissent la mission : agir sur les taux d'intérêt pour maintenir la valeur de l'euro.

Réuni en juin 1997 à Amsterdam, le conseil européen a adopté deux importantes résolutions :

- La première, connue sous le nom de « pacte de stabilité et de croissance », engage les États membres à maintenir leur discipline budgétaire. Cette discipline sera garantie par une surveillance multilatérale et l'interdiction de déficits excessifs ;
- La seconde résolution concerne la croissance. Elle indique que les États membres et la Commission se sont fermement engagés à donner une nouvelle impulsion pour maintenir l'emploi au premier plan des préoccupations politiques de l'Union.

Dans le cadre de la résolution sur la coordination des politiques économiques qu'il a adoptée à Luxembourg en décembre 1997, le Conseil européen a pris une décision importante en prévoyant que « les ministères des États participant à la zone euro peuvent se réunir de façon informelle pour discuter de questions qu'ils partagent en matière de monnaie unique ». Les chefs de gouvernement des quinze ont ainsi ouvert la voie à un processus de renforcement d'une appartenance commune, qui, au-delà de l'union monétaire, pourrait rapprocher plus encore les pays ayant adopté l'euro dans leurs politiques conjoncturelles, budgétaires, sociales et fiscales.

La réalisation progressive de l'UEM a facilité et consolidé l'ouverture du marché intérieur. Malgré les secousses économiques et financières qui ont ébranlé le monde (guerre en Irak, crises boursières, attentats terroristes), la zone euro a bénéficié de la stabilité et de la prédictibilité dont ont besoin les investisseurs et les consommateurs. La réussite de l'introduction des pièces et des billets, plus rapide que prévu, dès le premier trimestre de 2002, a également confirmé l'adhésion des citoyens. Ceux-ci peuvent maintenant comparer plus facilement les prix d'un pays à l'autre et faire jouer la concurrence pour leurs achats. *L'euro est devenu la deuxième monnaie du monde et a vocation à devenir une monnaie de réserve et de paiement à côté du dollar. Le rythme d'intégration des marchés financiers de la zone euro s'est nettement accéléré et se traduit par des regroupements entre les intermédiaires et les bourses des valeurs. L'Union européenne a fixé à 2005 la mise en œuvre d'un plan d'action pour les services financiers.*

Les grandes étapes de l'euro

- ***7 Février 1992 : signature du traité de Maastricht***

Le traité sur l'union politique et l'union économique et monétaire (UEM) est conclu à Maastricht en décembre 1991. Il sera signé en février 1992 et il entrera en vigueur en novembre 1993. Les monnaies nationales laisseront la place à une monnaie unique sous certaines conditions. Les pays qualifiés devront respecter plusieurs critères économiques dont le plus important est celui du déficit budgétaire qui ne doit pas dépasser de manière durable 3 % du produit intérieur brut (PIB). La dette publique ne devra pas être supérieure à 60 % du PIB. Les critères prévoient également une stabilité à long terme des prix, des taux d'intérêt et des cours de change des monnaies concernées.

- ***Janvier 1994 : l'Institut monétaire européen***

L'Institutmonétaire européen (IME) est mis en place, ainsi que de nouvelles procédures de surveillance pour encourager la convergence économique.

- ***Juin 1997 : le pacte de stabilité et de croissance***

Le conseil européen d'Amsterdam adopte le pacte de stabilité et de croissance et le cadre du nouveau mécanisme de change (SME bis) destiné à garantir la stabilité entre l'euro et les monnaies des États membres non participants. Le destin des faces européennes des pièces en euros est adopté.

- ***Mai 1998 : les Onze qualifiés***

Du 1er au 3 mai 1998 à Bruxelles, les chefs d'État ou de gouvernement décident que onze États membres sont qualifiés pour faire partie de la zone euro et ils annoncent les taux de change bilatéraux irrévocables et définitifs entre les monnaies participantes.

Le 1er janvier, les onze monnaies des États participants disparaissent au profit de l'euro qui devient ainsi la monnaie commune de la Belgique, de l'Allemagne, de l'Espagne, de la France, de l'Irlande, de l'Italie, du Luxembourg, des Pays-Bas, de l'Autriche, du Portugal et de la Finlande (la Grèce les rejoint le 1er janvier 2001). La Banque centrale européenne remplace l'IME. Elle est désormais responsable de la politique monétaire qui est définie et exécutée en euros. Les opérations de change en euros démarrent le 4 janvier 1999 à un cours proche de 1,18 dollar. C'est le début de la période de transition qui durera jusqu'au 31 décembre 2001.

- ***1er janvier 2002 : introduction des pièces et des billets***

Le 1er janvier 2002, les billets et les pièces libellés en euros sont mis en circulation. C'est le début de la période de retrait des pièces et des billets nationaux qui s'est terminée définitivement le 28 février 2002. Depuis lors, seul l'euro peut être utilisé dans toutes les transactions scripturales et fiduciaires.

Sources : les 12 leçons pour l'Europe par Pascal Fontaine, L'Union européenne office des publications.

Annexe 3

La relation entre l'UE et l'Afrique

La relation entre l'Europe et l'Afrique subsaharienne est ancienne : elle date de la conception même du traité de Rome, en 1957, qui faisait des pays et des territoires d'outre-mer de certains États membres des associés. Le processus de décolonisation entamé au début des années 60 a transformé ce lien en une association d'un type différent, entre pays souverains.

L'accord du Bénin, marque une nouvelle étape de la politique de développement de l'Union européenne. Cet accord, qui lie l'Union aux pays d'Afrique, des Caraïbes et du pacifique (ACP), est l'accord le plus ambitieux et le plus vaste conclu entre des pays développés et des pays en développement. Il a succédé à la convention de Lomé, signé en 1975 à Lomé, capitale du Togo, puis régulièrement mise à jour.

L'objectif fondamental de ce vaste accord d'assistance et d'échanges commerciaux est resté le même. Il s'agit « de promouvoir et d'accélérer le développent économique, culturel et social des États ACP et d'approfondir et de diversifier leurs relations (avec l'Union européenne et ses États membres) avec un esprit de solidarité et d'intérêt mutuel » (citation de la convention de Lomé).

Le nouvel accord comporte des changements qualitatifs considérables par rapport à ceux qui l'ont précédé, puisqu'il passe de relations commerciales fondées sur l'accès au marché à des relations commerciales plus étendues.

De nouvelles procédures ont été définies pour faire face aux problèmes de violation des droits de l'homme.

L'Union a consenti des concessions commerciales particulières pour les pays les moins développés, dont trente-neuf sont signataires de l'accord de Cotonou. À partir de 2005, ils pourront exporter librement pratiquement tous les types de produits sur le marché de l'Union.

Le Fonds européen de développement finance les programmes ACP grâce à un budget de 13,5 milliards d'euros sur sept ans, auxquels s'ajoutent 9,5 milliards d'euros prêtés par la Banque européenne d'investissement.

Sources : les 12 leçons pour l'Europe, par Pascal Fontaine, 200.

Annexe 4

Quel avenir pour l'Europe ?

« Un jour viendra où toutes les nations du continent, sans perdre leur qualité distincte et leur glorieuse individualité, se fondront étroitement dans une unité supérieure et constitueront la fraternité européenne. Un jour viendra où il n'y aura plus d'autres champs de bataille que les marchés s'ouvrant aux idées. Un jour viendra où les boulets et les bombes seront remplacés par les votes ».

Il aura fallu plus d'un siècle pour que ce discours prémonitoire et prophétique de Victor Hugo, prononcé en 1849, se transforme d'utopie en réalité. Deux guerres mondiales, d'innombrables conflits intraeuropéens et des millions de morts auront jalonné cet espace de temps et fait perdre jusqu'à toute espérance. Aujourd'hui, la première décennie du XXI Siècle s'ouvre sous de meilleurs auspices. Mais les risques et les défis, s'ils ont changé de nature, restent présents.

L'élargissement de l'Union à vingt-cinq États membres s'est poursuivi selon le calendrier fixé par les institutions de l'Union. « L'Europe a enfin pu réconcilier son histoire et sa géographie », a pu souligner une haute personnalité de l'un des nouveaux États membres.

De 2007 à 2015, l'Union devrait encore poursuivre son extension. Elle devra d'ici là, en accord avec les opinions publiques, définir ses frontières ultimes, qui seront géographiques, politiques et culturelles.

Sources : les 12 leçons sur l'Europe, Pasacal Fontaine, 2003.

Annexe 5

Entretien de Torsten Riecke avec Robert MUNDELL, Problèmes économique n° 2848, mars 2004, p 17-18

La Banque centrale européenne fait part de son inquiétude croissante quant à la forte appréciation de l'Euro. Que doit-elle faire ?

Jusqu'à présent, la BCE concentrait son attention uniquement sur la garantie de la stabilité des prix. Or, je ne crois pas qu'elle soit sur la bonne voie en faisant cela. La Banque centrale doit également s'occuper directement du taux de change de l'euro.

Que conseillez-vous ?

Les sept plus pays industrialisés devraient d'abord essayer de tempérer les fluctuations des marchés monétaires par des interventions. Il est important qu'ils définissent des taux planchers et des taux plafonds pour les changes.

Quel pourrait être le taux plafond de l'euro ?

À environ 1,30 dollar. Le gouverneur de la BCE Jean-Claude Trichet pourrait donner le coup d'envoi des interventions sur les marchés des changes.

L'échec des interventions du Japon montre cependant qu'elles n'apportent rien sur le long terme ?

En septembre 2000, les pays membres du G7 ont tiré du jour au lendemain vers le haut. Cependant, l'intervention n'a pas été très efficace, tout simplement parce que le G7 n'avait pas défini d'objectif de taux de change. Tous les systèmes de taux de change solides ont pu fonctionner avec succès grâce à des interventions.

Cela suffit-il ?

Les interventions ne sont une solution qu'à court terme, mais -pour voir plus loin-nous avons besoin d'un accord de stabilisation entre les trois grandes espaces monétaires que sont le dollar, l'euro et le yen. Nous devons trouver des solutions pour résoudre les problèmes de notre système monétaire erratique. Il est totalement absurde que les deux plus grandes monnaies du monde présentent des fluctuations de 40 %.

Quel pourrait être ce nouvel accord monétaire ?

Les marchés monétaires fonctionnent comme les marchés des matières premières : des cartels y empêchent les fluctuations des prix. Les systèmes de change ne sont rien d'autre que des cartels des gouvernements impliqués.

Est-ce que cela ne mène pas à une monnaie unique mondiale ?

Non, chaque région pourrait maintenir sa monnaie. Pour le commerce international, il y aurait cependant une unité de transfert commune basée sur un panier de devises constitué du dollar, de l'euro et du yen.

Comment un tel projet pourrait-il être mis en place ?

On pourrait prendre pour exemple la naissance de l'euro. La première étape serait un objectif d'inflation commun. Puis viendrait la fixation des taux d'intérêt par le biais d'un conseil commun de politique monétaire. La stabilité du taux de change serait ensuite garantie par les interventions.

Que signifie la chute dollar pour l'économie nord-américaine et le reste du monde ?

Si les banques centrales n'agissent pas, la chute du dollar va se poursuivre. Je ne peux pas dire quand le plancher sera atteint, peut-être à 1,35 dollar ou peut être dès 1,50 dollar. Il se produira ensuite un renversement de tendance, surtout si la croissance reste plus forte aux États-Unis qu'en Europe.

Et l'euro rechutera ?

Je ne crois pas que la monnaie européenne reviendra à des taux les plus bas. Les banques centrales asiatiques y veilleront.

Les Asiatiques vont soutenir l'euro ?

La moitié des réserves monétaires mondiales est détenue par la Chine, le Japon, Taïwan et Hong Kong. Ces quatre banques centrales détiennent probablement 80 % de leurs réserves en dollar et environ 18 % en euro. À l'avenir, ces banques souhaiteraient détenir 30 % de leurs réserves en euro. Cette demande fait que l'euro ne reculera probablement pas en dessous d'un taux à 1, 05 dollar.

Y a-t-il malgré tout un taux de change auquel la structure monétaire se trouve en équilibre ?

Un équilibre signifierait qu'un taux de change n'aurait pas de conséquences inflationnistes et déflationnistes. Nous avons cependant un risque d'inflation aux États-Unis et un risque de déflation en Europe. Un taux équilibré pourrait néanmoins se situer autour de 1,10 dollar pour l'euro.

Le taux de change reflète-t-il encore la puissance d'une économie ?

Oui, c'est certain. Une économie forte stimule également la demande de monnaie nationale.

Pourquoi alors le dollar est-il faible et l'économie nord-américaine forte ?

Cela semble paradoxal à première vue, mais confirme toutefois que le dollar est sous-évalué et l'euro surévalué.

Quelles sont les raisons d'une telle contradiction ?

L'endettement extérieur élevé des États-Unis est par exemple responsable de la faiblesse du dollar. Le déficit budgétaire et celui enregistré par la balance courante aggravent le problème.

Et si le dollar chute encore de 20 % en 2004 ?

Le monde entier achèterait alors aux États-Unis. Et cela provoquerait, d'autre part, une poussée inflationniste outre-Atlantique.

Quelle est l'ampleur du risque d'inflation pour l'économie nord-américaine ?

Les États-Unis ont un excédent de liquidités, ce qui représente un gros risque pour la stabilité des prix.

Vous critiquez le responsable de la Banque fédérale Alan Greespan ?

Je ne critiquerais pas Alan Greespan pour ce qu'il fait aux États-Unis, il fait son travail. Ce que je lui reproche, c'est une compréhension insuffisante des répercussions de sa politique sur le système économique mondial.

C'est-à-dire ?

L'Amérique a le pouvoir de manipuler le taux de change du dollar de façon à ce qu'il s'adapte à la conjoncture nationale. L'Europe n'a jusqu'à présent pas les mêmes moyens d'y faire face.

Vous êtes considéré comme le parrain de l'euro. Pensez-vous qu'il soit une réussite ?

Sans doute. L'euro est aujourd'hui la deuxième plus grande monnaie du monde. La monnaie unique est un gros avantage pour les entreprises européennes et elle conduira à l'intégration des marchés des capitaux.

Mais l'euro a-t-il servi aux États membres ? Les taux directeurs ne sont-ils pas trop élevés pour la faible croissance de l'économie allemande et trop bas pour le plein essor de celle de l'Irlande ?

C'est une erreur très répandue. Il existe également des difficultés de croissance similaires aux États-Unis. Lorsqu'une fraction de l'économie croît à un rythme plus rapide là-bas, elle reçoit plus d'argent. Le taux d'intérêt ne doit donc pas changer.

L'Amérique a un marché du travail beaucoup plus flexible et pas de barrières linguistiques. L'ajustement à un taux d'intérêt uniforme n'est-il pas beaucoup plus simple ?

L'ajustement à court terme ne s'effectue toutefois pas grâce à des mouvements de main-d'œuvre sur le marché du travail. C'est surtout le capital qui migre là où l'économie est la plus forte.

Des taux d'intérêt bas ne seraient-ils pas préférables pour l'Allemagne ?

Le niveau des taux d'intérêt n'est pas le problème de l'Allemagne. Je ne crois pas qu'elle manque de liquidités. L'Allemagne, comme le reste de l'Europe, a besoin d'une révolution du côté de l'offre de l'économie. La charge fiscale est par exemple bien trop élevée. Une première réforme a été entreprise, mais il reste encore beaucoup à faire.

L'euro peut l'aider ?

L'un des plus gros avantages de la monnaie unique est que les gouvernements ne peuvent plus rendre les banques centrales responsables de leurs problèmes.

La Commission européenne accuse l'Allemagne et la France d'avoir enfreint le pacte de stabilité et de croissance. Ce pacte a-t-il un sens ?

Sans le pacte, il y aurait un risque de phénomène d'opportunisme. Les pays membres de l'euro pourraient accumuler des montagnes de dettes et profiteraient cependant de taux d'intérêts et d'inflation faibles dans la zone euro. Les hommes politiques n'agissent pas comme des hommes d'État, mais plutôt dans le but d'être réélus.

Que conseillez-vous ?

La flexibilité est importante. La perte de flexibilité s'explique par le fait que le pacte est beaucoup focalisé sur le déficit budgétaire par rapport au produit intérieur brut. Si le Luxembourg avait un déficit budgétaire de 5 ou 10 % et une dette publique de 100 %, cela ne me dérangerait pas. Mais l'Italie, avec une dette publique de 110 %, s'autorise des déficits budgétaires aussi élevés, cela deviendrait un énorme problème.

Les limites de la dette publique sont donc décisives ?

Un pacte de stabilité réformé devrait définir des plafonds pour les dépenses de l'État, qui pourraient être maintenus à long terme.

Source : Problèmes économiques du 31 mars 2004, n-2848.

Conclusion de la troisième partie

Nous venons ainsi de présenter les nouvelles dynamiques d'intégration économique et sociale qui s'imposent en Zone Franc africaine. Les fondements d'une approche internationale entre la Zone Franc et la Zone Euro s'inscrivent dans le cadre du développement de la politique économique et monétaire internationale. Cette partie s'est proposé de définir la Nouvelle Zone Franc Africaine (NZFA), depuis l'arrimage du FCFA à l'Euro et nous présentons des différents scénarios qui se présentent à cette zone (en Afrique) dans la théorie économique. D'autres scénarios se proposent également de définir une nouvelle Franc africaine dans le cadre de l'élargissement. Le dernier scénario s'inscrit dans le cadre des traités de l'UEOMA et de la CEMAC. En présentant dans une perspective théorique historique et évolutive les dimensions de l'intégration économique européenne, cette partie analyse les différentes fonctions d'une monnaie internationale selon Bourguinat et l'approche de Schmitt d'une monnaie supranationale qui en découle en Zone Franc africaine. En fin nous montrons que la recherche des dynamiques d'intégration économique et monétaire en zone Franc à l'heure de l'euro est fondée sur la création d'une monnaie unique spécifique et d'une zone monétaire en Afrique ; celle-ci bien que difficile à réaliser nécessite, une libéralisation complète à long terme des économies africaines bien que l'outil de change s'inscrit dans le court terme.

De manière globale, cette partie propose une démarche issue d'une analyse à la fois réactive et théorique, car plusieurs fronts s'affrontent en rapport avec les crises internationales. Nous concluons qu'il n'existe pas un modèle commun d'intégration économique, car certains ont emprunté les schémas de Balassa (cas de l'intégration européenne), d'autres le chemin inverse (cas des pays de la Zone Franc africaine). La thèse examine également les implications de l'approche de Bernard Schmitt de la monnaie supranationale en Zone Franc africaine.

Au plan réactif cette partie offre des analyses construites à travers plusieurs objets que nous avons repérés dans la littérature économique tant zone Franc africaine et en zone euro. Il faut signaler ici que les scénarios du futur de la remise en cause ou non de la zone Franc datent de plus de 20 ans. Notamment les travaux de l'équipe conduite par DEBOISSIEU que nous tentons d'approfondir dans nos recherches futures. Au plan théorique cette étude privilégie les outils d'inspiration keynésienne, régulationniste, conventionnaliste et évolutionniste, en mettant en exergue les analyses issues des travaux hétérodoxes. Ces analyses seront beaucoup plus approfondies dans la Quatrième partie de la thèse, où la plupart de ces analyses convergence.

Conclusion générale

Nous venons ainsi de présenter les nouvelles dynamiques d'intégration économique et sociale qui s'imposent en Zone Franc africaine.

Nous avons montré que la Zone Franc demeure un régime monétaire original. La zone Franc Afrique a une dimension verticale du fait des liens monétaires (organisation sui generis) et sociopolitiques (espace sociopolitique) entre la France et les pays africains et une dimension horizontale compte tenu des relations d'intégration que nouent les pays africains de la zone entre eux (espace horizontale d'intégration économique). Cette orthogonalité de la zone l'éloigne d'une « zone monétaire optimale ».

La diversité des approches que nous avons présentés et analysés dans la deuxième partie, la mondialisation, les liens entre fiscalités, types de marché et d'accumulation et les enjeux du pouvoir, nous ont fourni des arguments pour comprendre les dysfonctionnements économiques et monétaires en zone Franc.

La structure fiscale de ces pays se caractérise par le poids prédominant des taxes assises sur les échanges internationaux et sur les droits de porte qui constituent une ressource que le passage obligé aux frontières rend plus aisément accessible.

Nous avons montré que, les fondements d'une approche internationale entre la Zone Franc et la Zone Euro s'inscrivent dans le cadre du développement de la politique économique et monétaire internationale. Cette partie s'est proposé de définir la Nouvelle Zone Franc Africaine (NZFA), depuis l'arrimage du FCFA à l'Euro et nous présentons des différents scénarios qui se présentent à cette zone (en Afrique) dans la théorie économique. D'autres scénarios se proposent également de définir une nouvelle Franc africaine dans le cadre de l'élargissement. Le dernier scénario s'inscrit dans le cadre des traités de l'UEOMA et de la CEMAC. En présentant dans une perspective théorique historique et évolutive les dimensions de l'intégration économique européenne, cette partie analyse les différentes fonctions d'une monnaie internationale selon Bourguinat et l'approche de Schmitt d'une monnaie supranationale qui en découle en Zone Franc africaine. En fin nous montrons que la recherche des dynamiques d'intégration économique et monétaire en zone Franc à l'heure de l'euro est fondée sur la création d'une monnaie unique spécifique et d'une zone monétaire en Afrique ; celle-ci bien que difficile à réaliser nécessite, une libéralisation complète à long terme des économies africaines bien que l'outil de change s'inscrit dans le court terme.

En gros cette partie propose une démarche issue d'une analyse à la fois réactive et théorique, car plusieurs fronts s'affrontent en rapport avec les crises internationales. Nous concluons qu'il n'existe pas un modèle commun d'intégration économique, car certains ont emprunté les schémas de Balassa (cas de l'intégration européenne), d'autres le chemin inverse (cas des pays de la Zone Franc africaine). La thèse examine également les implications de l'approche de Bernard Schmitt de la monnaie supranationale en Zone Franc africaine.

Au plan réactif, cette partie offre des analyses construites à travers plusieurs objets que nous avons repérés dans la littérature économique tant zone Franc africaine et en zone euro. Il faut signaler ici que les scénarios du futur de la remise en cause ou non de la zone Franc datent de plus de 20 ans. Notamment les travaux de l'équipe conduite par DEBOISSIEU que nous tentons d'approfondir dans nos recherches futures. Au plan théorique cette étude privilégie les outils d'inspiration keynésienne, régulationniste, conventionnaliste et évolutionniste, en mettant en exergue les analyses issues des travaux hétérodoxes. Ces analyses seront beaucoup plus approfondies dans la Quatrième partie de la thèse, où la plupart de ces analyses convergencent.

Bibliographie générale

AGENOR, P. R., MOONTIEL, P. J. (1996), Dévelopment Macroeconomies, Princeton University Press, Princeton, NJ.

AGLIETTA, M., BAULANT, C. (1994), Contrainte extérieure et compétitivité dans la transition vers l'Union économique et monétaire », Observations et Diagnostics Économiques, n-48.

AKITOBY, B. (1998), « Dévaluation, ajustement structurel et équilibre général intertemporel : Une analyse de la dévaluation du FCFA au Bénin », Development Resaerch Group, Room MC2, Washington.

AKITOBY, B. (1998), Dévaluation, ajustement structurel et équilibre général intertemporel : une analyse de la dévaluation du FCFA au Bénin, ln Économie Appliquée, tome LI, N-4, P. 83- 124.

ALLECHIM et NIAMKEY, M. (1994), « Évaluating the net gains from the CFA Franc zone membership : a different perspective », World Dévelopment, vol 22 n-8.

ASSIDON, E., et JACQUEMOT, P. (1988), « Politiques de change et ajustement en Afrique », Études et Documents, Ministère de la Coopération française.

ASSIDON, E. et Jacquemot, P. (1989), « Politiques de change et ajustement en Afrique », Études et documents, Ministère Français de la Coopération

BANQUE DE FRANCE, 1997.

BANQUE DE FRANCE, Zone Franc, Rapport 1994, P52-53.

BAYOUMI, T., et EICHENGREEN (1992), Shouking Aspects of European Monetary Integration, NBER Working Paper, n-49.

BATHIA, R. (1985), « The West African Monetary Union : an analytical review », FMI occasional papers, n-35.

BEAC, 1993.

BECART, A. (1992), L'inévitable dévaluation du FCFA, Le monde, du 13 octobre.

BECART, A. (1994), « La nouvelle Zone Franc Africaine », Revue Banque N-550 Juillet-Août 1994, p 47-49.

BECART, A. (1994), Une question oubliée dans la nouvelle Zone Franc Africaine, Revue Banque, Juin/Juillet.

BECART, A. (1994), La situation de la ZFA et l'éventuel rattachement du FCA à l'ECU, Communication au congrès de l'Association Internationale des Économistes de Langue Française, Luxembourg, 27 mai.

BECART, A. (l994), « La nouvelle Zone Franc Africaine : une question oubliée », Revue Banque N-550, P. 47-49, juin/juillet.

BECART, A. (l997), Intégration et Développement : Bilan et perspectives de la Zone Franc en Afrique, L'Harmattan.

BLOCH-LAINE, F. (et collaborateurs) (1956)., La Zone Franc, PUF, Paris.

BEUNIER, R. (1996), Effets de la dévaluation du FCFA sur la structure des échanges de la zone Franc en particulier avec la France.

BLANCHARD, O. J., SACHS, I. (1982), « Anticipations, récessions et politique économique : un modèle de déséquilibre intertemporel », Annales de l'INSEE 4748.

BOURGUIGNON, F., De MELO, J., SUWA-EISENMANN, A. (1995), Dévaluation et compétitivité en Côte-d'Ivoire », Revue Économique 46 (1).

BOURGUINAT, H. (1992), « Maastricht et la théorie des Zones monétaires optimales », Finance Internationale, PUF. Themis.

BUNEL, J. C. (1983), « La dévaluation : un remède nécessaire dans les pays en voie de développement » ? Une réponse, Faculté de CAEN

COHEN, D., et WIPLOSZ, C. (1989), « The European Monetary Union : An Agnostic Evaluation », in Bruyant. R, Currie. D, Frenkel. J, Masson. P and Portes.R (eds), Macroéconomie policies in an Interdépendent World, IMF

COLLANGE, G., et PLANE, P. (1994), « La dévaluation des Francs CFA : Le cas de la Côte-d'Ivoire », Économie Internationale, n-58, 2e Trimestre, P3-25.

CONNOLLY, M. (1982), « The choice of an optimal currency Peg for a small, open country », Journal of international money and finance, pp 153-164.CONSEIL DE L'UNION EUROPPÉENNE du 23 Novembre 1998.

COQUET, B. et DANIEL, J. M. (1992), « Quel avenir pour la zone Franc ? », Observation et diagnostics économiques, n-41.

COQUET, B. et DANIEL, J. M. (1993), « Quel avenir pour la Zone Franc ? », Lettre de L'OFCE, N-41.

COVENTION BEAC

CORDEN, W. (1990), « Exchange rate policy developing countries », Working, papers, pp 412.

DIARRA, M. (1972)., Les États africains et la garantie monétaire de la France, NEA, Dakar.

DOROODIAN, K. (1993), « Macroeconomies Performance and Adjustment under Policies Commonly Supported by the International Monetary Fund », Economie Development and Cultural Change 41, juillet, p. 849-864.

EDWARDS, S. (1986), « Are Devaluations Contractionary ? », Review of Economies and *statistics* 68, p. 50 1-508.

EDWARDS, S. (1989), *« Disequilibrum and structural adjustment », dans HB.Chenery et TN. Srinivaran (ed),* Hansbook of Devepment Economies, Amsterdam, North Bolland.

EDWARDS, S. (1989), Real Exchange Rates, Devaluation and Adjustment : Echange Rate Policies in Developping Countries, MIT, Press.

EICHENEGREEN, B. (1990), Is European optimum currency Areas ?, CEPRD Discussion Paper, n-478.

EICHENEGREEN, B. (1997), « Free trade and macroeconomie policy », travaux présentés au « World Bank » Annual Latin American Conference on Researchon Development Economies, Montevidee.

ENOH, C. (1999), « Problématique des zones monétaires, questions monétaire et budgétaire en Zone Franc : application à la Côte-d'Ivoire », Thèse de Doctorat, Sciences-Économiques

EMERSON, M., et al. (1990), One Market, one Money, Oxford University Press.

EMERSON, M et al. (1991), Marché Unique, Monnaie Unique, Economica

EMERSON, M, et HUME, C. (1991), L'écu, Paris, Economica.

FLANDERS, J et HELPMAN, E (1979), « An optimal exchange rate peg in a World of general floating », Review of economie studies, vol 46 n-144.

FLEMING, I. (1971), « On Exchange Rate Unification », Economie Journal vol 81, pp 467- 468.

FMI : Perspective économique et mondiale, 1994.

FRANKEL, J. A., ROSE, A. K. (1998), « The Endogeneity of optimum Currency Area criteria », The Economie Journal, vol. l08, 449, July, p. 1009-25.

FRANKEL, J. A. (1999), « No single Currency Regime is Right for All countries or All Times », NBER Working Paper,7338, september.

GERARDIN, H. (1989)., La Zone Franc. Histoire et Institutions, Tome 1, L'Harmattan, Paris.

GERARDIN, H. (1994)., La Zone Franc : La dynamique de l'intégration Monétaire et ses contraintes, Tome 2, L'Harmattan, Paris.

GERARDIN, H. (1997)., Intégration et Développement : Bilan et perspectives de la Zone Franc en Afrique.

GUILLAUMONT, S. (1988)., « Dévaluer en Afrique », Observations et Diagnostics Économiques, N-25.

GUILLAUMONT, P & S. (1988), Stratégies de développement comparées, Zone Franc et Hors Zone, Economica, Paris. Franc (sous la direction de), Economica.

GUILLAUMONT, P & S., PLANE, P. (1988), Participing in African Monetary Union : an Alternative Evaluation, World Development, n-5.

GUILLAUMONT, P.,et GUILLAUMONT, S. (1990), « Why and how to stabilize producer priees for export caps in developing countries », UNDP, World Bank. Trade Expansion Program,Occasional Paper, n-6.

GUILLAUMONT, P & S. (1991), Comparaison de l'efficacité des PAS en Afrique, Zone Franc et hors Zone Franc, CFD, Notes et études n-41.
GUILLAUMONT, P. (1995), « Déclin et renouveau de l'économie du développement », Revue française d'économie, Vol X, N -1.
GNAHOUI, S-P. (2000), La dévaluation du Franc CFA, Les politiques d'ajustement et ses conséquences dans les pays de l'UEMOA, Thèse de doctorat SC-ECO, Panthéon Sorbonne., Revue de l'OFCE.
GRUBEL, H. (1970), « The theory of optimum currency areas », the canadian journal of economies,vol 3, n-12.
GYLFASON, T., et RADETZKI, M. (1991), « Does Devaluation Make Sense in the Least Developed Countries ? », Economie Development and Cultural Change 40, octobre, p. 1-25.
GYLFASON, T., SCHMID, M. (1983), « Does Devaluation Cause Stagflation ? », Canadian Journal of Economies 16, novembre, p. 641-654.
HABERLER, G. (1970), « The international monetary system : somne Recent Developments and Discussions », dans Approches ta Greater Flexibility of Exchange Rates ed George N. halm, Princeton University Press, pp 115-123.
HERLAND, M. (1998), « Concilier liberté économique et justice sociale » : Les solutions pour Keynes. », Cahier d'Économie Politique : Histoire de la pensée et théories, l'Harmattan.
HUGON, PH. (1999), Zone Franc à l'heure de l'Euro, Édition Karthala, Paris.
HUGON, PH. (2002), Les économies en développement à l'heure de la régionalisation, Ed. Karthala, Paris.
HUGON, PH. (2005), Les nouvelles régulations de l'économie mondiale, Karthala, Paris.
HUGON, PH. (2005), Intégrations régionales dans les pays en développement, L'Harmattan, Paris.
HUGON, PH. (2007), Les spécificités de l'analyse institutionnelle des pays du Sud et leurs implications méthodologique, École Thématique : « les méthodes de l'analyse institutionnelle, La Rochelle 17-21 Septembre 2007.
INGRAM, J.(1969), « Comment : The optimum Currency Problem », in Mundell, R. A. and SWOBODA, A, Monetary Problems in International Economy, Chicago University Press.
INGRAM, J. (1970), Approaches in Greater Flexility of Exchange Rates, HALM G. N (eds), Princeton University Press.
ILTEA SON (1987), « The choice of an optimal exchange rate system for a small country under the 3 goods and 3 country models », International economie journal, vol I, n-2.
ISHIYAMA, Y. (1975), « The theory of optimum currency areas : a survey », FMI staff papers, vol 22.

INGRAM, I.(1969), « Comment : The Currency Area Problem, In Mundell, R. A et Swoboda (eds).

JACQUEMOT, P., ASSIDON, E. (1988), Politiques de change et ajustement en Afrique, Ministère de la coopération et du Développement, Paris.

KAMIN, S. B. (1988), « Devaluation, External Balance and Macronomic Performance : A look at the Numbers », Study in International 62, Princeton University.

KAMIN, S. B. (1995), « Contractionary Devaluation with Black Markets for Foreign Exchange », Journal of policy Modeling 17, p. 39-57.

KATENDI, F. (2004), Dévaluation du FCFA : Qui du nouveau départ de la Zone Franc il y a dix ans ?, Marché tropicaux et méditerranéens, n-3035, p 43-45.

KATSELI, L. (1983), Devaluations : A critical Appraisal of the IMF s'Policy Prescriptions », American Economie Review Papers and Proceedings, mai, p. 359-364.

KENEN, P. B. (1969), « The theory of optimum Currency Areas : An Ecleticview, In Mundell, and Alexander Swoboda (eds), Monetary Problems of the international economy, University of Chicago Press, pp 41-60.

KHAN, M. S. (1990), « Evaluating the Effects of IMF-Supported Adjustement : A survey », dans International Finance and the Lees Developed Coutries, K. PHYLATIS et M. PRADHAM (Ed), St. Martin's Press.

KILLICK, T. M., MALIK, M., MANUEL, M. (1992), « What Can We Know about the Effects of IMF Programs », Worl Economy 15, Septembre, P. 599-632.

Mac KINNON, R. (1963), « Optimum currency areas », American Economie Review, volume 53 Prescriptions », American Economie Review Papers and Proceedings, Mai, p. 359-364.

KRUGMAN, P., et TAYLOR, I. (1978), « Contractionary Effects of Devaluations », Journal of International Economies 8, p. 445-456.

KRUGMAN, P., TAYLOR, L. (1978), « Contractionary Effects of Devaluations », Journal of International Economies 8, p. 445-456.

LEMONIER, S. (1994), « Développement des Pays africains : Étude du Rôle de la Zone Franc et effets de la dévaluation du FCFA», Mémoire de DESS, Septembre 1994.

MACEDO, I.(1985), « Collective pegging to a single currency : The West African Monetary Union », Working papers, n-1574.

MACEDO, I.(1986), « Small Countries in monetrary unions : a twoo-tier model », Mondes en développement, Tome 14, N-56, pp 41-63.

MACEDO, I.(1988), « Collective pegging to a single currency : the West African Monetary Union », NBER n-999.

MANKINV. Gregory (l999), Macro-économie, traduction de la 3e édition américaine par Houad Jean De BOOECK Université

MERCENIER., I. (1987), « Contribution à l'étude de la dynamique macro-économique », thèse de doctorat, Université Libre de Bruxelles.
MERCENIER, I.(1989), « Ün Wealth Effects in Sticky-Price Exchange Rate Models with Optimizing Agents », Cahier de recherche n-3689, CRDE, Université de Montréal, 34p.
MERIGOT, J. G., et COULBOIS, P. (1938-1950), Le Franc, LGDJ, Paris.
MICHALET, C. A. (1983)., Le défi du développement indépendant, Ed. Rochevignes, Paris.
MUNDELL, R. A. (1961), « A Theory of optimum currency areas », American Economie Review,volume 51.
OCDE (1996, Rapport).
OYE MBA, C. (1982), « Réflexions sur l'évolution et les problèmes monétaires dans la zone BEAC », Marchés tropicaux et méditerranéens.
MONGELLI, F. P. (2002), « New views on the optimum currency Area Theory : what is EMU Telling us ?working paper, European Central bank, n-138, Avril.
MUNDELL, R. (1961), « A theory of optimum currency areas », American Economie Review,Vol 51.
PIEGAY, P. (2004)., ROCHON, L-P.(2004), « Les théories monétaires post-keynésiennes », in Revue Économie Appliquée Tome LVII, N-4, P. 163-186, décembre ISMEA les Press.
PHILARDEAU, S. (1993), Avantages et inconvénients d'une dévaluation du FCFA pour les pays africains de la Zone Franc, Mémoire DEA, IEP, Paris.
POURTIER, R. (1995), « Atlas de la zone Franc en Afrique Subsaharienne », Monnaie, Économie, Société.
RAFFINOT, M. (1991), « Dette extérieure et ajustement structurel », EDICEF, Vanves Cedex.
ROBISOPN, S. (1991), « Macroeconomics, Financial Variales, and Computable General Equilibrum Models »,World Development 19 (1), novembre, p. 1509-1525.
ROGOFF, K. (1985), « Can International Monetary Policy Coopération be Counterproductive ? », Journal of International Economies, 18, P. 199-217.
ROSE, A. K. (2000), « Üne Money, one Market : Estimating the Effet of Common Currencies on trade », Economie Pollicy,Vol.l, n-30, P. 7-46.
RUDOLOFF, M.(I969), Économie monétaire nationale et développement, Cujas, Paris.
SACHS, J., et SALA, I., MARTIN, X. (1991), Fiscal Federalism and optimum Currency Areas : Evidence for Europe from the United states, NBER,Working Paper, n-3855.
SACHS, I.(1991), Global Linkges : macroeconomic interdependence and cooperation in the World economy Warwick, J. Mc Kibbin, Jeffrey, D. Sachs, Washington : Brookings Institution, XVI,277P.

SACHS, I.(2006), The end of poverty : economie possibilities for out time, Penguin Book

SARGENT, T. et Wallace, N. (1981), « Sorne Unpleasant Monetarist Arithmetics, Federal Reserve Bank of Minneaolis Quarter/y Review,5, N-3.

TOWER, E. et WILLET, T. D (1970), The concept of optimum Currency Areas and the Choice between Fixed and Flexible Exhange Rates.

TOWER, E. (1970), Techniques of Political analisysis : an introduction, Belmont : Wadsworth publishing compagny, XIV,103P.

TRIFFIN, R.(1964), « Rapport sur les possibilités d'établir une union de compensation et des paiements en Afrique », BCEAO, NIS, N-1 03, Février, 15p.

TROTIGNON, J. (2004)., « Une Union Monétaire de l'Argentine et du Brésil est-elle réalisable ? » in Revue économie appliquée tome LVII N-4, décembre 2004.

VILAS BOAS, PH. (2001), « Réflexion sur la constitution d'une zone monétaire optimale au sein des principaux pays du MERCOSUR : L'Argentine et le Bresil », Mémoire DEA

VINAY, B. (1969)., Économie monétaire, Armand Colin/IIAP, Paris.

VINAY, B. (1988)., Zone Franc et coopération monétaire, Ministère de la Coopération, La Documentation Française.

WILLET, T. D. (1970), Exchange-rate Systems, interest rates, and capital Flows, International Finance Section, Princeton University

TEXTES CONSTITUTIFS :

Textes relatifs à l'UEMOA :

- Traité du 14 novembre 1973 instituant l'Union Monétaire Ouest-Africaine (UMOA)
- Accord de coopération entre la République française et les Républiques membres de l'Union Monétaire Ouest-Africaine du 4 novembre 1973
- Traité de l'Union Economique et Monétaire Ouest-Africaine (UEMOA) du 11 janvier 1994.
- Statuts de la Banque centrale des États de l'Afrique de l'Ouest (BCEAO)

Textes relatifs à la CEMAC :

- Convention de coopération monétaire des 22 et 23 novembre 1972
- Traité du 16 mars 1994 instituant la Communauté économique et monétaire de l'Afrique centrale (CEMAC).
- Convention régissant l'Union monétaire de l'Afrique centrale (UEAC).

- Convention régissant l'Union monétaire de l'Afrique centrale (UMAC)
- Statuts de la Banque des États de l'Afrique centrale (BEAC) Textes relatifs aux Comores :
- Accord de coopération monétaire entre la République Française et la République fédérale islamique des Comores du 23 novembre 1979.
- Statuts de la Banque centrale des Comores.

RAPPORT DE SOUTENANCE

Rapport de soutenance de la Thèse de Monsieur Thimoté DONGOTOU

Introduction

Monsieur Thimoté DONGOTOU a présenté le lundi 27 avril 2009, une Thèse de doctorat en **Economie des institutions,** dont l'intitulé est formulé ainsi qu'il suit:

« Les dynamiques d'intégration économique et monétaire en Zone Franc à l'heure de l'euro et développement institutionnel ».

La Thèse a été dirigée par Monsieur Claude GNOS, Maître de conférences HDR de l'Université de Bourgogne.

Une fois rassemblés, les membres du Jury se sont accordés pour désigner le Professeur Charles Zacharie Bowao, de l'Université Marien Ngouabi de Brazzaville, en qualité de Président du Jury. Le Président du Jury ainsi désigné à l'unanimité a remercié ses collègues pour la confiance et salué la coopération interuniversitaire comme facteur de progrès universel en matière d'enseignement supérieur et de recherche fondamentale et/ou appliquée.

Après quoi, les membres du Jury ont écouté Monsieur Thimoté DONGOTOU qui a fait, en une vingtaine de minutes, l'économie de son travail de Thèse. Puis, à tour de rôle, les membres du Jury se sont prononcés sur le fond et sur la forme de la dissertation soumise à leur critique appréciation. Monsieur Thimoté DONGOTOU a pu répondre aux différentes observations, questions et autres critiques formulées par les membres du Jury.

Enfin, conformément aux us et coutumes en la matière, le Jury a délibéré souverainement, et rendu publiques ses conclusions.

Résumé de la Thèse

Le document présenté selon les normes universitaires recommandées, se compose d'un volume de 755 pages, dont 42 pages de Bibliographie, agrémenté des Annexes (176 pages), de 7 pages d'abréviations et 1 page consacrée à la carte de la Zone Franc : soit un total de 829 pages.

La réflexion se focalise principalement sur quatre parties :

I - La zone franc comme projet d'intégration et de développement économique (approche historique et évolutive) ;

II - Approche d'intégration par la fiscalité et règles ;

III - La création monétaire en zone franc africaine(ZFA) : conditions et scénarios ;

IV - Les nouvelles régulations économiques et l'économie politique de l'intégration.

A l'aune des évolutions contemporaines liées particulièrement à la mondialisation, et à la lumière du débat en cours sur les différentes crises économiques et financières (débat qui est encore loin de se conclure), la Thèse se donne pour objet essentiel d'analyser les dynamiques d'intégration en zone franc à l'heure de l'euro, autant que faire se peut, selon une méthodologie plutôt non classique, qui en fait dans une très large mesure l'originalité, en effet.

Et pour cause ?

La méthode retenue par Monsieur Thimoté DONGOTOU se résume en la restitution intelligente et critique de nombreuses analyses disponibles, plus théoriques qu'empiriques, restitution qui ne fait pas l'économie d'une argumentation soutenue, parfois même débordante. Ainsi, volontairement, l'auteur a choisi de ne pas construire son travail à partir d'un socle empirique ou d'une formalisation économétrique, en concentrant sa démarche sur plusieurs aspects repérables au sein de la zone franc Africaine, et en mobilisant à souhait les outils issus des travaux d'auteurs hétérodoxes d'inspiration keynésienne, marxiste, régulationniste, évolutionniste.

La réflexion aboutit de façon éclectiquement originale à la conclusion que la zone franc procède d'une organisation sui generis, et n'est donc pas une ZMO, encore que :

a) une harmonisation de la fiscalité est nécessaire et que la théorie hétérodoxe des finances publiques empruntée aux travaux d'auteurs postkeynésiens et circuitistes peut-être appliquée dans les PVD et en ZFA ;
b) les dimensions de l'intégration européenne ne présentent pas de risque de décalcomanie aux PVD ;
c) l'analyse de la monnaie supranationale et les scénarios qui engagent l'avenir de la zone franc africaine ne semblent être réalisables qu'à très long terme ;
d) l'Economie Politique Internationale de l'Intégration (ou le régionalisme institutionnel) se révèle comme n'étant que de nouvelles régulations en ZFA à l'heure de l'euro.

Les différentes articulations et argumentations se structurent principiellement sur les mots clés que voici : Zone franc, Zone euro, Théorie des Zones monétaires optimales (ZMO), Approches par l'intégration fiscale et par les règles, monnaie supranationale, nouvelles régulations économiques et monétaires, économie politique internationale de l'intégration, régionalisme institutionnel.

Interventions de Messieurs les membres du jury :

Charles Zacharie BOWAO,
Professeur, Président du jury, Université Marien NGOUABI/Brazzaville

Pour lui, la réflexion entreprise dans le travail de Monsieur Thimoté DONGOTOU apparaît fortement d'actualité. Le travail est relativement bien structuré, équilibrée dans ses articulations, et pertinent quant aux perspectives qui s'en dégagent.

Les points de vue développés par le doctorant s'inscrivent dans l'approfondissement absolument nécessaire dans la recherche contemporaine en sciences sociales, même si les questionnements soulevés à juste titre nécessitent autant une décentralisation disciplinaire qu'un recadrage interdisciplinaire, pour mieux rendre compte des perspectives fonctionnalistes retenues, relatives aux réformes inhérentes aux processus d'intégration économiques et financières, entre la France désormais engagée dans l'euro, et l'arrimage à l'euro du franc CFA.

Dans le travail, il se dégage la nette impression que toute la démarche de l'auteur n'est pas ponctuée systématiquement de prises de position personnelle. L'analyse est dominée par une sorte de tolérance épistémologique qui n'est pas toujours de mise pour ce genre de travail universitaire. Ainsi, le doctorant aurait pu prendre en compte le débat controversé en cours au niveau de l'Union Africaine sur la portée et la limite de l'éventualité d'une « monnaie unique africaine ». Tout comme il aurait pu investir dans cette dissertation les points de vue des auteurs comme Ben Hammouda et autres qui abordent ces

3

questionnements sans solution de continuité, notamment dans le cadre du Conseil pour le développement de la recherche en sciences sociales en Afrique (CODESRIA).
Il est bien regrettable que nulle part dans le travail ne se problématise, pour ainsi dire, la notion de mondialisation, notion si chère aux économistes en général, aux « monétaristes » en particulier, alors que les dynamiques d'intégration mises en perspective sont, à tort ou à raison, une caractéristique essentielle de celle-là. Or, le caractère interdisciplinaire gagnerait à un tel exercice épistémologique, surtout s'il s'accompagnait d'une analyse comparative entre « mondialisation » et « mondialité », pour mieux cerner les contours du temps contemporain (cf. par exemple : ***Bowao C.- Z. La mondialité entre histoire et avenir, Paris, Ed. PAARI, 2004***)

La dissertation en discussion suscite quelques interrogations, entre autres :

1. Du point de vue des perspectives, quel est le point de vue de l'auteur sur les Zones monétaires optimales d'un point de vue rétrospectif et prospectif ?

2. Relativement aux dynamiques d'intégration économique et monétaire, y'a-t-il une différence entre « mondialisation » et « globalisation » ? Quel est le sentiment de l'auteur sur les expériences francophones et anglophones en la matière ainsi considérée ?

3. La Thèse pose un problème de surdétermination entre l'intégration monétaire et l'intégration économique, que pense le doctorant sur la question de la dévaluation et de la compétitivité ? La dévaluation des monnaies fortes (l'euro, par exemple) peut-elle avoir des conséquences sur les autres zones monétaires ?

4. La monnaie unique en Afrique est-elle vraiment une réponse souhaitable à la nécessité d'accélération économique et l'intégration monétaire ?

Alain PARGUEZ,
Professeur, Rapporteur, Université de Franche Comté

Pour avoir fait le pré rapport à la soutenance, le Professeur Alain PARGUEZ, pense que la version présentée de la Thèse de Monsieur Thimoté DONGOTOU est parmi les meilleures qui traitent des problèmes des pays en développement en matière monétaire et financière.

Alain PARGUEZ fait quelques remarques de fonds d'une part sur le concept d'économie capitaliste abordée dans la Thèse et la théorie du circuit monétaire faisant allusion à l'économie du Mexique d'autre part : pour lui il s'agit d'un mariage plutôt audacieux.

Une autre remarque a porté sur le traité de Maastricht. Il pense que Michel AGLIETTA et CARTELIER ont joué un rôle dans son élaboration. Il pense également que le traité développe la pire orthodoxie économique. Concernant la théorie des Zones monétaires optimales développées dans la Thèse, il souligne que personne n'a jamais trouvé une Zone monétaire optimale et que les modèles d'équilibre général Walrasiens se reposent sur les conceptions et paradigmes classiques de compréhension de la monnaie.

Une autre remarque porte sur l'euro : pour Alain PARGUEZ, l'Europe a de l'avantage d'avoir une monnaie unique (cf. Les arguments de Claude GNOS qui pense que l'euro a un aspect positif).
A ce sujet il définit une monnaie unique comme un bien et que l'union monétaire européenne a été prise en otage. Si l'on appliquait la politique des pays de la Zone euro aux PVD ce serait vraiment catastrophique.

Le Professeur Alain PARGUEZ insiste sur le fait que la théorie du circuit monétaire ne présente pas de contrainte exogène limitant les analyses de l'Etat. Les arguments développés dans la Thèse de Monsieur Thimoté DONGOTOU ont tendance à s'inscrire dans une vision progressiste. Allusion faite à La thérapie de choc appliquée à la Russie et aux autres pays issus de l'éclatement de l'Europe de l'EST.

D'où la question : est-ce grâce à l'union monétaire que l'Afrique peut progresser économiquement et socialement?

Comment la Zone Franc peut elle être liée à une zone monétaire en pleine régression ?

Par rapport à MUNDELL, Alain PARGUEZ pense qu'il est ultraconservateur.

En conclusion, Alain PARGUEZ souligne que le travail de Monsieur Thimoté DONGOTOU est très intéressant, mais ne fait pas trop la différence entre l'union monétaire et la conception de l'union monétaire dans le contexte africain dans l'optique d'une classification rigoureuse.
Il pense aussi que la théorie monétaire de l'Etat est en contradiction avec la théorie de MUNDELL.

Jacques SAPIR,
Professeur, Directeur d'Etudes, EHESS, Paris

Selon Monsieur Jacques SAPIR, la Thèse de Thimoté DONGOUTOU est une réflexion qui traite des sujets importants extrêmement sollicités dans les années 1990.
Il suggère de faire un parallèle avec le FCP (qui pose les mêmes problèmes en terme de développement c'est-à-dire le problème du devenir du FCP) : d'où la question faut-il raccrocher le FCFP ?
La Thèse soulève la problématique du développement institutionnel et traite de façon remarquable des problèmes monétaires des pays de la Zone franc et donc de l'économie politique internationale de ces pays.
Comme tout travail, le Professeur Jacques SAPIR pense que le travail de Thimoté DONGOTOU présente aussi bien des lacunes que des atouts.

Les lacunes :

La Thèse présente des imperfections de forme (pages 609), les reproches de fonds ayant déjà été signalés.

Faut-il parler d'intégration monétaire ou d'intégration du développement ?

L'auteur de la Thèse aurait pu dire davantage sur :

- les zones de coopération économiques optimales « ZCEO » ;
- la discussion sur les économistes hétérodoxes (RODRICK ...)
- l'hétérodoxie appliquée dans la zone euro (AGLIETTA....)

La Thèse pose à cet effet un problème d'usage d'hétérodoxie. Elle présente les limites de l'épistémologie ouverte. La thèse manque un devoir de vérité, autrement dit, il n'y a pas de prise de position personnelle.

La première partie fait une revue de la littérature.

Le travail manque d'enracinements ; la théorie du futur de la zone franc présente quelques limites. Concernant les références de terrain on apprend très peu par rapport aux rapports du FMI et la Banque mondiale.

Des atouts de la thèse :

La Thèse de Monsieur Thimoté DONGOTOU est un travail positif. Elle pose le problème du développement institutionnel du Franc CFA depuis les années 90, 2000-2002 : les approches de la dévaluation du FCFA de 1994.
Jacques SAPIR suggère à Monsieur Thimoté DONGOTOU plus d'audace intellectuelle, bien que l'humilité soit une qualité pour un jeune chercheur, mais elle peut aussi être un défaut. Cet atout peut ne pas permettre d'établir une position personnelle sérieusement élaborée.

Un autre atout de la Thèse se trouve dans le fait d'aborder la politique monétaire de la Banque Centrale Européenne(BCE) notamment le commerce intra-industriel (intra-branche). Elle traite la question de la violence de la monnaie.

Un atout pour la zone franc serait de faire la comparaison avec le secteur exportateur (cas du Gabon par exemple) : ces problèmes ne peuvent pas faire l'objet d'une homogénéisation abusive par la monnaie.

La Thèse soulève aussi une approche « des mécanismes du FCFA » qui pose problème.

En conclusion : Jacques SAPIR pense que Monsieur Thimoté DONGOTOU a des moyens pour aller plus loin dans sa recherche, notamment en faisant la confrontation des études empiriques et économétriques. Monsieur Thimoté DONGOTOU a les capacités de se dépasser en s'affirmant, autrement dit en proposant des analyses plus dynamiques d'intégration par rapport à la complexité de la Zone Franc dans ses deux composantes.

Claude GNOS,
Maître de Conférences HDR, Directeur de Thèse (Université de Bourgogne)

En tant que Directeur de la Thèse, Monsieur Claude GNOS a plutôt recadré le travail de Monsieur Thimoté DONGOTOU. La Thèse soulève le problème de la monnaie et de l'hétérodoxie. Comment peuvent-ils être appliqués dans les PVD.

Pour Claude GNOS, la Thèse présente le processus d'intégration monétaire et soulève les questions monétaires et d'intégration monétaire et développement. Elle aborde la théorie des Zones monétaires optimales appliquées en Afrique. La question de l'euro est abordée par rapport à l'approche de Bernard SCHMITT de la monnaie supranationale.

Pour Claude GNOS, Monsieur Thimoté DONGOTOU a la possibilité de poursuivre son travail notamment le problème de la monnaie qui rend l'économie monétaire réelle. La Thèse soulève le problème de l'originalité de la monnaie notamment en faisant allusion aux travaux de PARGUEZ.

En conclusion, le Professer Claude GNOS adhère aux critiques formulées par ces prédécesseurs sur le travail de Thimoté DONGOTOU.

Conclusion

Après avoir répondu avec ferveur aux questions posées par les membres du Jury, Monsieur Thimoté DONGOTOU a pris acte des critiques formulées et a suggéré de poursuivre ces recherches dans le cadre des formations postdoctorales. Trois points semblent déterminants pour l'appréciation ultime du travail de recherche de Thimoté DONGOTOU.

1 - la question de l'enjeu risqué d'un travail universitaire ;

2-les limites inéluctables de toute application méthodologique ;

3-la complexité de la position « africaine » par rapport à la position « européenne », aussi bien historiquement qu'au regard de l'avenir de la civilisation humaine.

Le Professeur Charles Zacharie BOWAO, en tant que président du jury, tient à redire à quel point la recherche de Thimoté DONGOTOU est stimulante et originale pour la recherche contemporaine en sciences sociales et en particulier en sciences économiques.

Si l'économie est avant tout une science sociale, le travail de Thimoté DONGOTOU ouvre des perspectives pluridisciplinaires enrichissantes pour l'évolution possible de nos cursus universitaires. Devant cette perspective la Thèse de Thimoté DONGOTOU peut-être la première pierre d'un nouvel édifice épistémologique à construire, dans une perspective non classique. Les membres du Jury conseillent à Monsieur Thimoté DONGOTOU sur la base d'une relecture de son travail, de spécialiser ses recherches sur l'Economie Politique Internationale des pays de la Zone franc, en insistant sur les possibilités d'accords monétaires qui pourraient remplacer l'actuel F Cfa, en tirant les enseignements sur l'action du FMI et de la Banque Mondiale ces vingt dernières années.

En définitive, la Thèse de Doctorat en **« économie des institutions »** de Monsieur Thimoté DONGOTOU a obtenu, après délibération, la mention **« très honorable »**.Thèse pouvant être reproduite dans son intégralité, après relecture.

Fait à Paris le 27 avril 2009

Le Président du jury :

Charles Zacharie BOWAO, Professeur,
Université Marien NGOUABI

Membres :

Claude GNOS, Maître de Conférences,
Directeur de thèse, Université de Bourgogne

Alain PARGUEZ, Professeur,
Université Franche Comté

EHESS

Jacques SAPIR,
Professeur, Directeur d'Etudes, EHESS

Copie certifiée conforme à l'original
Paris, le 21/9/2010
Pour le Directeur des Enseignements et de la Vie étudiante
et par autorisation
Catherine Redon
Responsable du Service de la Scolarité

8

Table des matières

DEUXIÈME PARTIE
APPROCHE D'INTÉGRATION PAR LA FISCALITÉ ET RÈGLES : RECHERCHE D'UN CORPUS THÉORIQUE EN ZONE FRANC

TROISIÈME PARTIE
LA CRÉATION MONÉTAIRE EN ZONE FRANC AFRICAINE

DROIT
AUX ÉDITIONS L'HARMATTAN

Dernières parutions

DROIT DES RESSOURCES NATURELLES
Éléments d'élaboration, d'analyse et d'évaluation des lois
Mukendi Mukendi Ntantamika
Préface de Maître Emery Mukendi Wafwana
Cet ouvrage tente de répondre à la problématique induite par la quête scientifique et politique d'un meilleur système d'appropriation des ressources naturelles, d'un meilleur dispositif de contrôle d'accès à leurs gisements et de redistribution des revenus de leur exploitation. C'est par la construction d'archétypes de régimes juridiques déduits des critères institutionnels, écologiques, sociaux et économiques du principe de développement durable que ce livre procède.
(Coll. Harmattan RDC, 612 p., 49 euros)
ISBN : 978-2-343-15169-4, EAN EBOOK : 9782140122569

LES PROCÉDURES DE CONTRÔLE A POSTERIORI EN RD CONGO
Mise en oeuvre de contrôles douaniers et accisiens modernes et efficaces
Alain Tenday Lupumba
Préface d'Albert Yuma Mulimbi - Postface de Gabriel Mwepu Numbi
"Les objectifs de cet ouvrage sont de sensibiliser les professionnels et les autres acteurs du commerce international aux spécificités du contrôle douanier a posteriori et d'offrir une approche pratique et spécifique des rôles et responsabilités des uns et des autres. En l'intitulant Les procédures de contrôle a posteriori en RD Congo, mise en oeuvre de contrôles douaniers et accisiens modernes et efficaces, l'auteur a volontairement pris le parti de questionner l'ensemble des composantes susceptibles d'influencer la performance de l'administration douanière, y compris les aspects humains" (extrait de la préface de Albert Yuma Mulimbi)
(Coll. Comptes Rendus, 270 p., 28 euros)
ISBN : 978-2-343-17235-4, EAN EBOOK : 9782140122149

AN OUTILINE OF CUSTOMS POLICY OF THE DEMOCRATIC REPUBLIC OF CONGO
2003-2010
Jean-Paul Esamba Bokel'Ipoka
Foreword by Déo Rugwiza Magera
An Outline of Customs Policy of the Democratic Republic of Congo presents in the easiest way what is meant by customs policy in general, its basics namely: objects, elements, sources, instruments, functions (...), regional and international frameworks. The author stresses on the customs policy progress from 2003 to 2010, which is a decisive period in the DRC customs management, through the implementation of 2003 customs reform and modernization programme.
(Coll. Harmattan Cameroun, 156 p., 17 euros)
ISBN : 978-2-343-17710-6, EAN EBOOK : 9782140122040

LA GOUVERNANCE FORESTIÈRE EN RÉPUBLIQUE DU CONGO
1899-2017
André Ondele-Kanga
Ce livre a été rédigé pour documenter et archiver, au profit des générations futures, l'historique de la gouvernance forestière en République du Congo de 1899 à 2018. Il dénonce un paradoxe de la

gouvernance forestière actuelle qui, renonçant à la croissance économique du secteur, fonde son satisfécit sur le succès diplomatique retentissant qui fait jouer au pays un rôle honorifique de leadership des forêts du bassin du Congo.

(Coll. Harmattan Congo-Brazzaville, 376 p., 37,5 euros)

ISBN : 978-2-343-15305-6, EAN EBOOK : 9782140121845

LES CHEFFERIES TRADITIONNELLES AFRICAINES FACE À LA DYNAMIQUE DES RÉFORMES TERRITORIALES

Contribution à l'étude des processus de décentralisation

Koko Adiki Tovenim

Cette étude, au-delà d'un bilan sur les processus de décentralisation en Afrique, se veut aussi prospective en offrant une mise à jour des institutions locales en Afrique subsaharienne dans le cadre des réformes territoriales entreprises ces dernières années.

(Coll. Études africaines, 228 p., 24,5 euros)

ISBN : 978-2-343-17045-9, EAN EBOOK : 9782140121371

LES MUTATIONS RÉCENTES DE LA JUSTICE ADMINISTRATIVE EN AFRIQUE FRANCOPHONE

Etude critique à partir du modèle camerounais

Olivier Fandjip

En Afrique francophone, on observe ces dernières années des réformes qui tendent, d'une part, à consolider les différents modèles de justice administrative en vigueur et, d'autre part, à améliorer la qualité de la justice. Ces évolutions renouvellent les interrogations sur la déconcentration et l'autonomie des juridictions administratives. À travers une analyse critique et prospective, cet ouvrage montre que, malgré l'importance de ces mutations, les problématiques de l'accès et de l'autonomie de la justice administrative se posent encore avec acuité.

(Coll. Études africaines, 254 p., 25 euros)

ISBN : 978-2-343-16510-3, EAN EBOOK : 9782140120657

DROITS DES TÉLÉCOMS ET DU NUMÉRIQUE

Profil africain et congolais, prospective comparée d'Europe et de France

Kodjo Ndukuma Adjayi

Les télécoms, l'Internet et le numérique sont des facteurs techniques de transformation du droit. À l'origine, les télécoms étaient sous le régime des services publics. À partir des États-Unis et de l'Europe, l'OMC (1994-1997) a promu le droit sectoriel de la régulation. Partout, de nouveaux défis sont nés, dans le démantèlement des monopoles vers une totale économie de marché. Pour la République démocratique du Congo, ses lois « dérégulatrices », figées depuis le 16 octobre 2002, contrastent avec les mutations numériques, économiques et sociétales des États postmodernes à l'épreuve d'Internet. L'« Europe des télécoms » réajuste constamment sa politique législative autour d'objectifs structurants : construction du marché, diffusion technologique, protection des données, etc. Si l'Afrique s'adapte à peine et avec peine, la République démocratique du Congo entend bien encadrer télécoms et TIC, renouveau de régulation étatique, échanges et commerce électroniques, à travers trois textes de loi en gestation...

(Coll. Enjeux et droits numériques, 434 p., 39 euros)

ISBN : 978-2-343-15722-1, EAN EBOOK : 9782140119033

DROIT DE L'ÉCONOMIE NUMÉRIQUE

E-commerce et dérégulation européenne, française, internationale, africaine, congolaise des télécoms

Kodjo Ndukuma Adjayi

Télécoms, Internet et numérisation ont donné prise à la révolution numérique. La phénoménologie d'ordre sociétal qui en résulte est une source réelle pour le Droit. Aujourd'hui, l'État fait face à des polycentres du pouvoir normatif et aux géants planétaires du Net. L'indépendance du Net postule la régulation seulement par le code informatique et par le marché. Tourneboulés, les paradigmes du droit offrent deux approches possibles de législation : via le contenu des activités réseautées ou via leur contenant. Le réseau est, en effet, la voie électronique pour le commerce à distance. Il monétise la valeur du clic ainsi que les intelligences sans cesse inventives. Il faut donc appréhender les enjeux dans le champ d'un Droit de l'économie numérique.

(Coll. Enjeux et droits numériques, 460 p., 42 euros)

ISBN : 978-2-343-15721-4, EAN EBOOK : 9782140119057

ESCULAPE ET MARS

Certificat médical et détention d'armes

Tanguy Kerneïs

Comment rédiger un certificat médical pour "faire du tir" et que faut-il écrire ? Engage-t-on sa responsabilité pour établir un certificat lors d'une demande d'inscription à l'examen du permis de chasser ou pour rédiger un document pour ce patient qui vient d'hériter du fusil du grand-père et qui veut le conserver ? Cet ouvrage explique les arcanes de la législation des armes et détaille les diverses situations pour que ces certificats ne deviennent pas une source d'inquiétude supplémentaire à une époque où la détention et l'usage d'une arme provoquent une angoisse sociétale.

SPM (92 p., 13 euros)

ISBN : 978-2-917232-98-9, EAN EBOOK : 9782140119460

CENTENAIRE DE LA DEUXIÈME RÉVOLUTION RUSSE

Perceptions et représentations contemporaines

David Cumin

2017 fut l'année du centenaire de la Révolution russe. Les contributions regroupées dans cet ouvrage s'intéressent aux perceptions et aux représentations contemporaines de cet événement. Comment perçoit-on le bolchevisme et l'URSS de nos jours, aussi bien en Russie qu'en France ou en Europe occidentale ? Andreï Gratchev (ancien conseiller de Mikhaïl Gorbatchev) fournit une réponse inédite sur ce point.

(Coll. Épistémologie et philosophie des sciences, 182 p., 19 euros)

ISBN : 978-2-343-17482-2, EAN EBOOK : 9782140120411

SÉPARATION DES POUVOIRS ET CONTRE-POUVOIRS

Actes des 1ères journées scientifiques de droit constitutionnel

Palais des Congrès de Niamey, du 10 au 13 octobre 2017

Oumarou Narey

Avec l'Association Nigérienne de Droit Constitutionnel (Andc)

L'ouvrage tente de remettre en lumière l'essence de la séparation des pouvoirs et l'esprit des contre-pouvoirs alors qu'ils ont toujours été au centre des débats doctrinaux. La tombée en désuétude de la théorie ou son inadaptation aux réalités contemporaines fait que l'on assiste aujourd'hui à la construction d'une notion de substitution, celle de contre-pouvoir. Mais le recours presque frénétique à la notion, dans le champ du droit constitutionnel et politique, comporte un risque principal : celui de la perte de toute portée explicative et de son sens critique.

(Coll. Harmattan Sénégal, 518 p., 49 euros)

ISBN : 978-2-343-16827-2, EAN EBOOK : 9782140120237

QUAND SURVEILLER C'EST PUNIR

Vers un au-delà de la justice pénale

Dominique Rivière

Punir semble la réponse naturelle à un acte jugé indésirable. Pourtant, constatant l'impossibilité de définir clairement l'acte délictueux ou criminel, et réalisant que ce sont surtout les pauvres qui sont punis, la question du sens de la peine se pose, et plus encore sa justification. Remplacer le mot crime par situation problème, c'est envisager un au-delà de la justice rétributive. Refuser toute violence, c'est aller vers une société où le paradigme punitif cède la place au soin, à l'éducation, à la médiation, à la protection des personnes. Abolir la prison, et le Code pénal, suppose un changement de regard : l'autre, dans une altérité parfois très difficile, reste un être de parole et ne peut être l'objet de coercition. Puissent ces lignes ouvrir un nouvel horizon qui exclue radicalement la violence.

(Coll. Questions contemporaines, 222 p., 22,5 euros)

ISBN : 978-2-343-17356-6, EAN EBOOK : 9782140120138

POUR UNE CRIMINOLOGIE INTERCULTURELLE
Ethnoprobation
Guillaume Arandel
Préface de Philippe Pottier. Postface de Loïck M. Villerbu
Travailler avec des personnes délinquantes ou victimes suppose une adaptation à la diversité humaine et la singularité des situations. Or, dans un contexte d'interculturalité, les risques d'incompréhensions, de méprises et de maladresses sont démultipliés. L'analyse proposée ici s'appuie sur différentes méthodes et s'inspire de disciplines telles que : l'approche comparée (France, Canada, Mali), la philosophie, l'anthropologie juridique, l'ethnopsychiatrie, la communication interculturelle ou encore des témoignages. Développer ces savoirs revient à se donner l'opportunité de mieux appréhender les différentes cultures pour, in fine, encourager une meilleure prise de conscience de celle dans laquelle nous évoluons. Il s'agit de mieux appréhender les cultures questionnées, en comprendre leurs déviances et de gagner en lucidité sur leurs valeurs.
(Coll. Controverses, 134 p., 15 euros)
ISBN : 978-2-343-17291-0, EAN EBOOK : 9782140120008

LA DOMANIALITÉ DES BIENS DE L'ADMINISTRATION PUBLIQUE À L'ÉPREUVE DES RÉGIMES FONCIERS TRADITIONNELS
Samba Sarr
De nombreuses difficultés demeurent par rapport à la gestion du domaine, qu'il soit public ou privé, qu'il appartienne à l'Etat ou aux collectivités territoriales. Les droits coutumiers désormais reconnus et magnifiés à la faveur de la valorisation des traditions séculaires contestent la primauté du droit écrit. L'auteur présente la photographie des biens de l'administration publique ainsi que leur évolution par rapport aux régimes fonciers coutumiers.
(426 p., 42 euros)
ISBN : 978-2-343-17362-7, EAN EBOOK : 9782140120046

LES SÛRETÉS ET GARANTIES RÉELLES DANS LES PROCÉDURES COLLECTIVES
Yaya Diallo
Préface de Philippe Delebecque
En France et dans l'espace OHADA, le droit des procédures collectives renvoie aux procédures judiciaires spéciales et dérogatoires par rapport au droit commun réservées au traitement curatif des difficultés des entreprises. D'ordre public, ce droit est destiné à l'entreprise débitrice et à ses créanciers. Conformément aux objectifs poursuivis, les droits et sûretés subissent des atteintes et des restrictions. Mais cette emprise naturelle du droit des procédures collectives sur les sûretés des créanciers est remise en cause. Les nouveaux mécanismes de garantie de créance ont été différenciés des sûretés réelles classiques. Il en résulte une incohérence entre le droit des sûretés et le droit des procédures collectives. Pour y remédier, cette thèse propose l'extension de l'emprise du droit des procédures collectives aux propriétés sûretés.
(Coll. Logiques Juridiques, 564 p., 49 euros)
ISBN : 978-2-343-15222-6, EAN EBOOK : 9782140119538

LIRE LES CONSTITUTIONS
Laureline Fontaine
Ouvrage coordonné par
Le phénomène du constitutionnalisme englobe plusieurs événements et appréciations : la philosophie initiale s'appuyant sur la valeur du droit comme « capable » de limiter et de cadrer le pouvoir politique qu'il s'agit effectivement de limiter et de cadrer, relayée par la valeur anthropologique du droit comme « élément traducteur » de la société humaine ; l'élaboration, la pratique, l'interprétation, la pensée et la diffusion des constitutions aussi, au sein des différents espaces géographiques et temporels, qui comptent donc autant d'éléments non juridiques que juridiques.
(Coll. Questions contemporaines, 196 p., 19,5 euros)
ISBN : 978-2-343-16082-5, EAN EBOOK : 9782140119132

Structures éditoriales du groupe L'Harmattan

L'Harmattan Italie
Via degli Artisti, 15
10124 Torino
harmattan.italia@gmail.com

L'Harmattan Hongrie
Kossuth l. u. 14-16.
1053 Budapest
harmattan@harmattan.hu

L'Harmattan Sénégal
10 VDN en face Mermoz
BP 45034 Dakar-Fann
senharmattan@gmail.com

L'Harmattan Cameroun
TSINGA/FECAFOOT
BP 11486 Yaoundé
inkoukam@gmail.com

L'Harmattan Burkina Faso
Achille Somé – tengnule@hotmail.fr

L'Harmattan Guinée
Almamya, rue KA 028 OKB Agency
BP 3470 Conakry
harmattanguinee@yahoo.fr

L'Harmattan RDC
185, avenue Nyangwe
Commune de Lingwala – Kinshasa
matangilamusadila@yahoo.fr

L'Harmattan Congo
67, boulevard Denis-Sassou-N'Guesso
BP 2874 Brazzaville
harmattan.congo@yahoo.fr

L'Harmattan Mali
Sirakoro-Meguetana V31
Bamako
syllaka@yahoo.fr

L'Harmattan Togo
Djidjole – Lomé
Maison Amela
face EPP BATOME
ddamela@aol.com

L'Harmattan Côte d'Ivoire
Résidence Karl – Cité des Arts
Abidjan-Cocody
03 BP 1588 Abidjan
espace_harmattan.ci@hotmail.fr

L'Harmattan Algérie
22, rue Moulay-Mohamed
31000 Oran
info2@harmattan-algerie.com

L'Harmattan Maroc
5, rue Ferrane-Kouicha, Talaâ-Elkbira
Chrableyine, Fès-Médine
30000 Fès
harmattan.maroc@gmail.com

Nos librairies en France

Librairie internationale
16, rue des Écoles – 75005 Paris
librairie.internationale@harmattan.fr
01 40 46 79 11
www.librairieharmattan.com

Lib. sciences humaines & histoire
21, rue des Écoles – 75005 Paris
librairie.sh@harmattan.fr
01 46 34 13 71
www.librairieharmattansh.com

Librairie l'Espace Harmattan
21 bis, rue des Écoles – 75005 Paris
librairie.espace@harmattan.fr
01 43 29 49 42

Lib. Méditerranée & Moyen-Orient
7, rue des Carmes – 75005 Paris
librairie.mediterranee@harmattan.fr
01 43 29 71 15

Librairie Le Lucernaire
53, rue Notre-Dame-des-Champs – 75006 Paris
librairie@lucernaire.fr
01 42 22 67 13

www.ingramcontent.com/pod-product-compliance
Lightning Source LLC
LaVergne TN
LVHW021136061026
849535LV00002B/262
* 9 7 8 2 3 4 3 1 3 8 4 3 5 *